U0905884

國家社科基金重大項目《荆楚全書》編纂成果

荆楚文庫

劉鳳章集

劉鳳章 著
劉松余 編校

荆楚文庫編纂出版委員會
華中師範大學出版社

劉鳳章集

LIUFENGZHANG JI

圖書在版編目(CIP)數據

劉鳳章集 / 劉鳳章著; 劉松余　編校 .
—武漢 : 華中師範大學出版社 , 2018.11
（荆楚文庫）
ISBN 978-7-5622-8070-5
Ⅰ. ①劉…
Ⅱ. ①劉…　②劉…
Ⅲ. ①《周易》- 注釋　②倫理學 - 研究
Ⅳ. ① B221.2　② B82
中國版本圖書館 CIP 數據核字（2017）第 312627 號

責任編輯: 郭志剛
整體設計: 范漢成　曾顯惠　思　蒙
責任校對: 熊　然
責任印制: 王興平
出版發行: 華中師範大學出版社 (中國・武漢)
地址: 湖北省武漢市洪山區珞喻路 152 號
電話: 027-67863426（發行部）　郵政編碼: 430079
録排: 桂子工藝
印刷: 湖北新華印務有限公司
開本: 720mm × 1000mm　1/16
印張: 29.75　插頁: 16
字數: 430 千字
版次: 2018 年 11 月第 1 版　2018 年 11 月第 1 次印刷
定價: 121.00 元

出版説明

湖北乃九省通衢，北學南學交會融通之地，文明昌盛，歷代文獻豐厚。守望傳統，編纂荆楚文獻，湖北淵源有自。清同治年間設立官書局，以整理鄉邦文獻爲旨趣。光緒年間張之洞督鄂後，以崇文書局推進典籍集成，湖北鄉賢身體力行之，編纂《湖北文徵》，集元明清三代湖北先哲遺作，收兩千七百餘作者文八千餘篇，洋洋六百萬言。盧氏兄弟輯録湖北先賢之作而成《湖北先正遺書》。至當代，武漢多所大學、圖書館在鄉邦典籍整理方面亦多所用力。爲傳承和弘揚優秀傳統文化，湖北省委、省政府决定編纂大型歷史文獻叢書《荆楚文庫》。

《荆楚文庫》以“搶救、保護、整理、出版”湖北文獻爲宗旨，分三編集藏。

甲、文獻編。收録歷代鄂籍人士著述，長期寓居湖北人士著述，省外人士探究湖北著述。包括傳世文獻、出土文獻和民間文獻。

乙、方志編。收録歷代省志、府縣志等。

丙、研究編。收録今人研究評述荆楚人物、史地、風物的學術著作和工具書及圖册。

文獻編、方志編録籍以 1949 年爲下限。

研究編簡體横排，文獻編繁體横排，方志編影印或點校出版。

《荆楚文庫》編纂出版委員會

2015 年 11 月

劉鳳章先生像

輯自《武昌中華大學三十四屆畢業同學録·教職員合影》(1934 年)

(華中師範大學檔案館收藏)

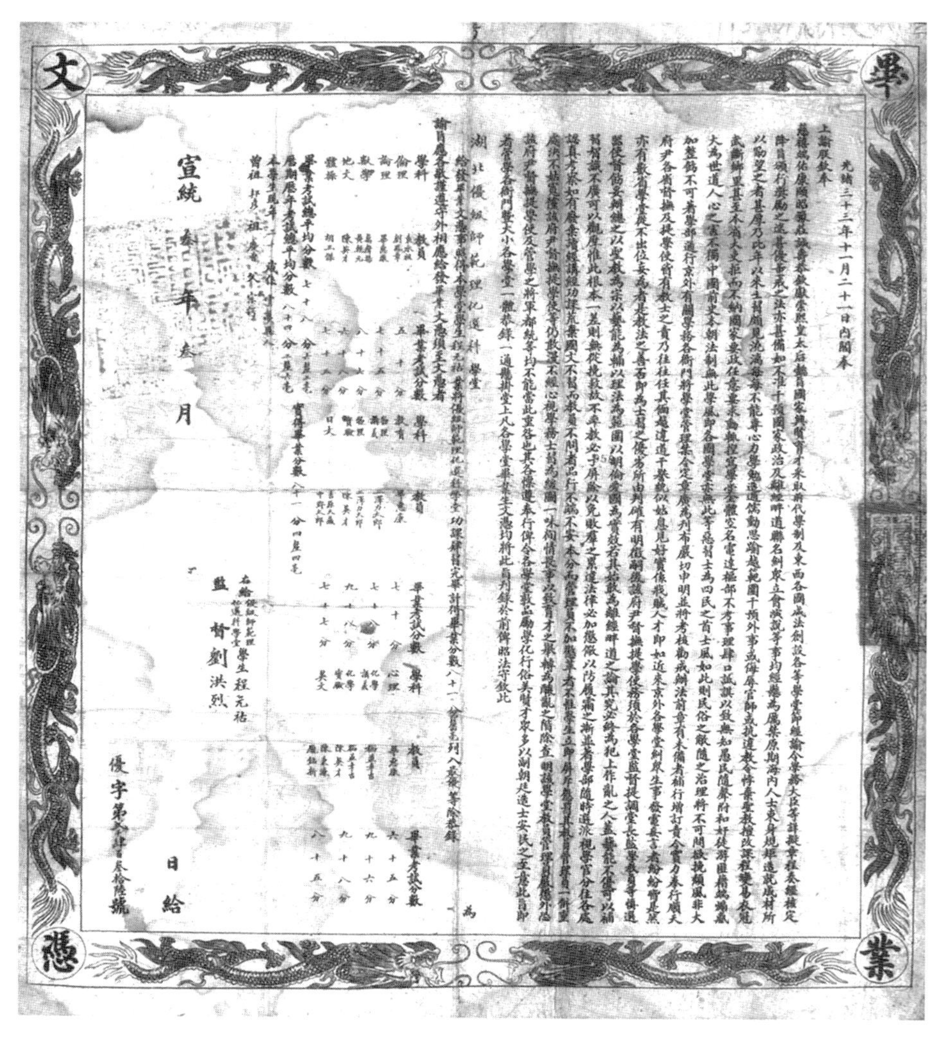
文憑
學業
光緒三十三年十一月二十一日內閣奉
湖北優級師範理化選科學堂
歷期歷年考試總平均分數八十四分
實得畢業分數八十一分四厘四毛
右給優級師範理化選科學堂學生程元祜
監督劉洪烈
宣統叁年叁月　日給

劉鳳章執教的兩湖優級師範理化選科學堂畢業文憑

（武漢市檔案館收藏）

私人講學權輿闕里河汾湖州
先後繼起降及晚近波頹風靡
學失中義遂銷其實囊括古
今達用明體爲國樹人
非圖利己猗與休哉復
乎尚矣
劉鳳章題

劉鳳章手迹

輯自《武昌中華大學二十周年紀念特刊》

（中國國家圖書館收藏）

畢業證書

學生何許係湖北省江漢道夏口縣人現年二十三歲在本大學政治經濟別科修業期滿考查成績及格准予畢業此證

私立武昌中華大學　代表人陳宣愷

學長劉鳳章

民國四年九月一日給

政字第玖拾捌號

武昌中華大學畢業證書

（武漢市檔案館收藏）

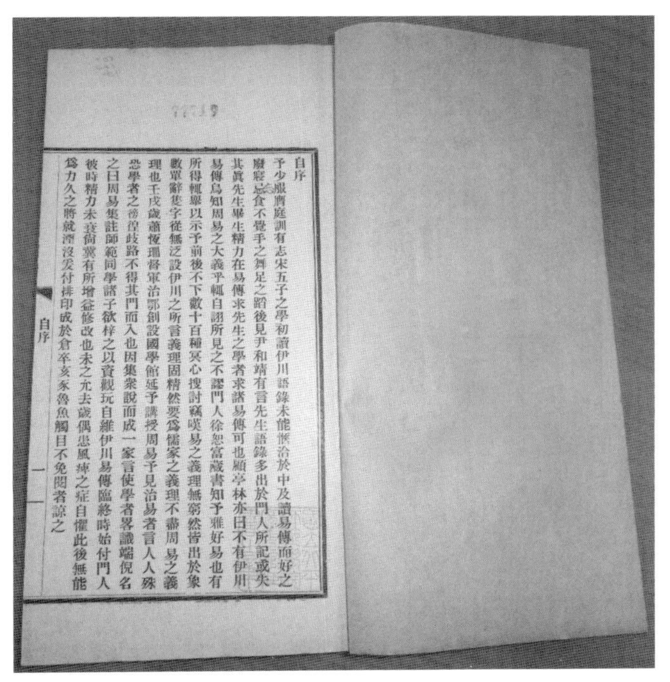

自序

予少服膺庭訓有志宋五子之學初讀伊川語錄未能愜洽於中及讀易傳而好之廢寢忘食不覺手之舞足之蹈後見尹和靖有言先生語錄多出於門人所記或失其眞先生畢生精力在易傳求先生之學者求諸易傳可也顧亭林亦曰不有伊川易傳烏知周易之大義乎輒自詡所見之不謬門人徐恕富藏書知予雅好易也有所得輒舉以示予前後不下數十百種冥心搜討竊嘆易之義理無窮然皆出於象數單辭隻字從無泛設伊川之所言義理固精然要爲儒家之義理不盡周易之義理也壬戌歲蕭恆珊督軍治鄂創設國學館延予講授周易予見治易者言人人殊恐學者之彷徨歧路不得其門而入也因集衆說而成一家言使學者畧識端倪名之曰周易集註師範同學諸子欲梓之以資觀玩自維伊川易傳臨終時始付門人彼時精力未衰尚冀有所增益修改也未之允去歲偶患風痺之症自懼此後無能爲力久之將就湮沒爰付排印成於倉卒亥豕魯魚觸目不免閱者諒之

自序　一

劉鳳章撰《周易集註》原版自序

（北京師範大學圖書館收藏）

劉鳳章撰《周易集註》三册四卷書影

（華中師範大學圖書館收藏）

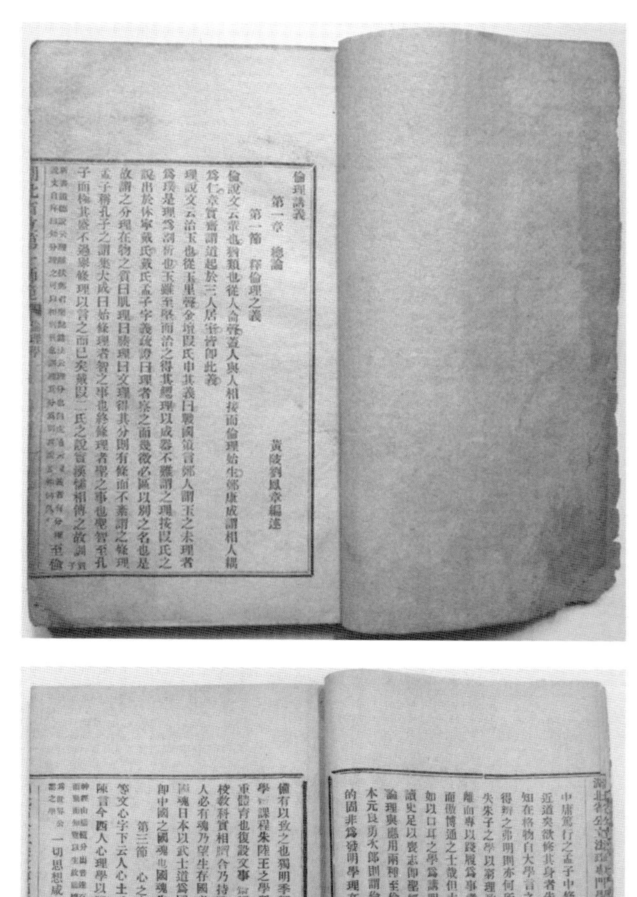

倫理講義

第一章 總論

第一節 釋倫理之義

黄陂劉鳳章編述

倫說文云輩也類也從人侖聲蓋人與人相接而倫理始生鄭康成謂相人耦爲仁章實齋謂道起於三人居室皆即此義

理說文云治玉也從玉里聲金壇段氏申其義曰戰國策言鄭人謂玉之未理者爲璞是理爲剖析也玉雖至堅而治之得其鰓理以成器不難謂之理按段氏之說出於休寧戴氏戴氏孟子字義疏證曰理者察之而幾微必區以別之名也是故謂之分理在物之質曰肌理曰腠理曰文理得其分則有條而不紊謂之條理孟子稱孔子之謂集大成曰始條理者智之事也終條理者聖之事也聖智至孔子而極其盛不過舉條理以言之而已矣戴段二氏之說皆漢儒相傳之故訓至倫

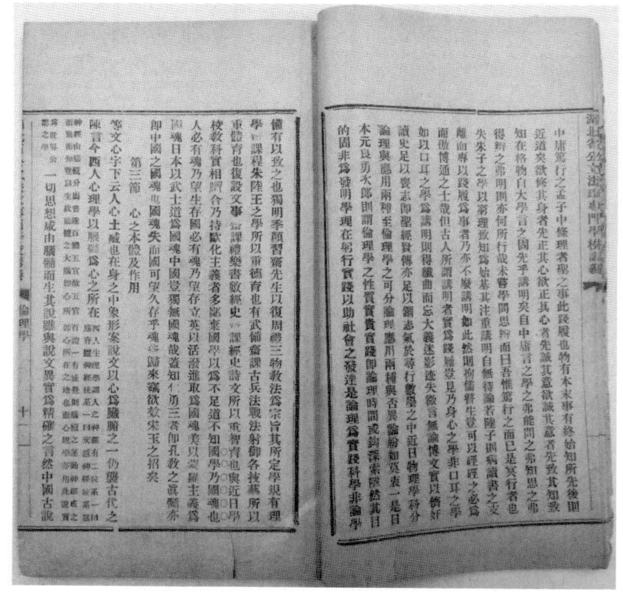

中庸篤行之孟子中條理者聖之事此踐履也物有本末事有終始知所先後則近道矣欲修其身者先正其心欲正其心者先誠其意欲誠其意者先致其知致知在格物自大學言之固先乎講明矣自中庸言之學之弗能問之弗知思之弗得辨之弗明則亦何所行哉未嘗學問思辨而曰吾惟篤行之而已是冥行者也朱子之學以窮理致知爲始基其注重講明自無待論若陸子則病讀書之支離而專以踐履爲事者乃亦不廢講明如此然則拘儒皆生豈可以硜硜之必爲而傲博通之士哉但古人所謂講明者實爲踐履豈見乃身心之學非口耳之學如以口耳之學爲講明則得纖曲而忘大義迷影迹失微言無論博文實以飾好讀史足以喪志即羣經賢傳亦足以錮志氣於尋行數墨之中近日物理學科分論理與應用兩種至倫理學之可分論理應用兩種與否異論紛如莫衷一是日本元良勇次郎則謂倫理學之性質實貴實踐即論理時間或鉤深索隱然其目的固非爲發明學理在躬行實踐以助社會之發達是倫理爲實踐科學非論學

備有以致之也獨明季顏習齋先生以復周禮三物教法爲宗旨其所定學規有理學齋課程朱陸王之學所以重德育也有武備齋課古兵法戰法射御各技藝所以重體育也復設文事齋課禮樂書數經史齋課經史詩文所以重智育也與近日學校教科實相暗合乃持歐化主義者多鄙棄國學以爲不足道不知國學乃國魂也人必有魂乃望生存國必有魂乃望存立英以活潑進取爲國魂美以崇拜主義爲國魂日本以武士道爲國魂中國豈獨無國魂哉蓋知仁勇三者即孔教之眞髓亦即中國之國魂也國魂失而國可望久存乎魂兮歸來竊欲效宋玉之招矣

第三節 心之本體及作用

篆文心字下云人心土臧也在身之中象形案說文以心爲臟腑之一仍襲古代之陳言今西人心理學以腦髓爲心之所在

一切思想咸由腦髓而生其說雖與說文異實爲精確之言然中國古說

倫理學 十一

劉鳳章編述的《倫理學》書影

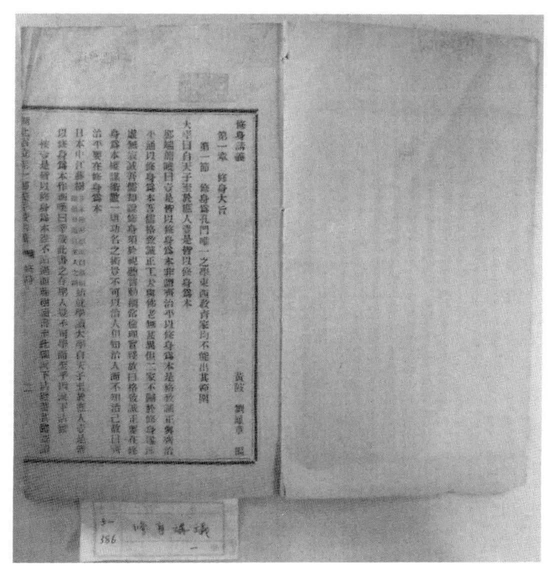

劉鳳章編撰的《修身講義》書影

（湖北省立第一師範學校刊印）

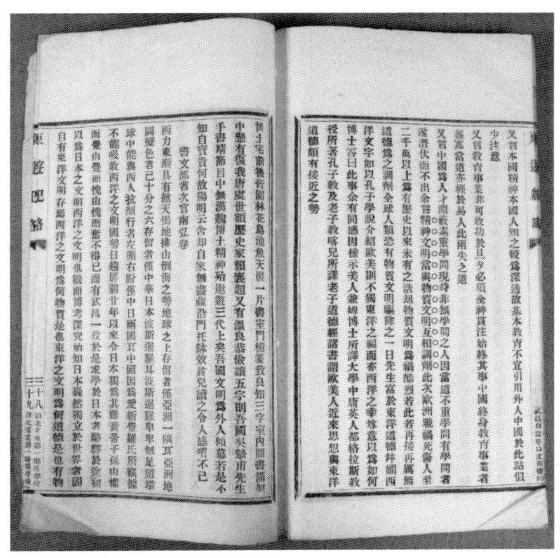

劉鳳章編撰的《東游紀略》書影

（湖北省博物館收藏）

湖北省立第一師範學校管理員一覽表

姓名	籍貫	履歷	職務	薪俸數目	到校年月	備考
劉鳳章	湖北黃陂	前充湖北學務公所普通科科長兼總務專門兩科副科長歷充武昌府師範文[illegible]師範兩湖優級師範理化專科各校教員民國成立後充中華大學學長兼湖北公立法政學校教員前後服務十一年	校長兼修身教員	壹百元 叁拾貳元	三年八月	
楊錫珊	湖北鍾祥	肄業經心書院及兩湖文高等學堂曾充漢陽府中學堂及江西優級師範選科數學教員	校監	伍拾元	三年四月	
姚恩浩	湖北蘄水	兩湖總師範學堂五年畢業曾充本省教育雜誌社編輯及啟黃中學校教員	校監	伍拾元	二年十月	
阮景星	湖北監利	兩湖總師範學堂五年畢業曾充教育司總務科科員	校監	伍拾元	二年十月	

1916 年《湖北省立第一師範學校管理員一覽表》

（載湖北省檔案館藏《省立第一師範總案》）

劉鳳章（前排右四）1934 年主持續修黃陂敦睦堂《劉氏宗譜》留影

（載湖北黃陂敦睦堂民國甲戌年續印《劉氏宗譜》卷一）

前　言

劉鳳章先生（1865—1935），清末民初著名教育家、倫理學家，終身以講學和辦教育爲職志。清光緒末年，在武昌多所學堂執教，任湖北學務公所副科長、科長，推轂薦士，鼎新革故。民國初建，被黎元洪副總統委以顧問；仍致力於教育事業，先後任武昌中華大學學長、湖北省立第一師範校長、湖北省立國學館教授，主辦武昌養正高等小學等，“三育并進”，重在“耘心”。他曾率團赴國内外考察教育，借鑑中外辦學經驗與舉措，以培育民族幼苗、創造國家新機爲己任，發揚中國傳統文化精神，言傳身教，篤學篤行。他研講國學，编著教材，宣揚宋明儒學説，倡導知行合一，求真務實，竭誠精進。① 他的“學生中多異才”，諸如徐行可、惲代英、余家菊、陳啓天，以及蔡以忱、吴德峰、包惠僧、王樹聲、徐復觀、周謙冲等，卓有建樹，俱著聲名。

一、族學淵藪　教館發端

劉鳳章，字文卿，一字耘心，晚號岱樵，譜名華銈，原籍湖北省黄陂縣灄口劉新集鄉（今屬武漢盤龍城經濟開發區），“生清同治乙丑年二月十五日未時。清庠生，鄉試膺。”②

據黄陂盤龍城劉氏家譜，本宗始祖劉拱宸元末曾授經學。清雍正《湖廣通志·名宦志》載：“劉拱宸，字守中，吉水人。洪武二年，以

① 劉松余：《劉鳳章先生清末民初教育活動簡述》，臺灣《傳記文學》月刊 2013 年 2 月號，第 60～67 頁；《清末民初著名“耘心”教育家劉鳳章》，臺灣《傳記文學》月刊 2018 年 2 月號，第 34～42 頁。

② 湖北黄陂敦睦堂《劉氏宗譜》卷九世系表，1934（民國甲戌）年續印，第 53 頁。

賢才薦知黄陂縣。性廉潔。”“時文廟傾頽，與廣文周賢合力捐建；補葺二程讀書處，訪得裔孫名祖川者，令其守護；暇即訓課士子，一時人才蔚起。在任七年，士民紀其善政十二條於石，以誌不忘。”清同治《黄陂縣志》卷二“表賢哲者凡九坊”，其中，“程鄉坊”是宋儒程顥和程頤誕生處，設於劉拱宸任内，“系明洪武三年立”，“以瞻望前賢，昭示後世”；該書卷三《學校志》還記載，縣學宫的先後修繕，“尚有知縣劉拱宸”等。劉拱宸敬賢興文，退休後駐籍黄陂南鄉漢口北郊，後裔延綿繁昌，世居豐荷山麓、盤龍湖畔，“忠厚傳家，詩禮教子”，勤讀力耕，族學淵藪。十三世劉龍光乾隆九年中舉，次年進士及第。嗣後，族裔連登榜名，文經武緯，相得益彰。黄陂敦睦堂《劉氏宗譜》載明，劉鳳章爲劉拱宸第十八世孫，年少多受族叔祖馥廷（道光舉人）、采臣（同治歲貢，禮部銓選訓導）等前輩教誨。黄陂敦本堂《劉氏宗譜》，是與敦睦堂《劉氏宗譜》同宗共祖的另一支譜，著名黄陂嘉慶榜眼、歷官翰林院編修至刑部尚書的劉彬士，清道光元年（1821 年）序續刊敦本堂《劉氏宗譜》，對劉拱宸及其後裔有中肯介紹：“守中先生，自明初宰陂邑、入陂籍，善政炳炳勒於石，遺事煌煌載於誌，子孫蕃昌，科名相繼，誠爲西陵巨族。予幼與公之裔孫等，同考交游，久既習聞其事，謁鄉賢、名宦二祠，復見廟食馨香焉。”① 1914 年敦本堂續譜輯録的光緒年間家規族約，乃時爲秀才的劉鳳章參與修訂。家規獎學條文列有：“讀書之子，寒素居多。前代酌定：入泮者，給卷費四十緡；中舉者，給北上費八十緡；科場費，每人三緡，以示鼓勵。”他出生和生活在這樣的家族中，耳濡目染好學之風，求知若渴，勵志讀書。至今，劉鳳章先生的逸聞軼事，仍爲故里鄉親津津樂道。

劉鳳章於兄弟中排行居長，其父熟於宋儒之學，因時亂輟讀，寄望長子綦切。六歲即命入學，二十一歲“以府縣前茅入泮”，後鄉試

① 劉彬士：《〈劉氏宗譜〉序》，《武漢盤龍城（湖北黄陂）敦本堂·劉氏宗譜》第一編《1914（民國甲寅）年續刊敦本堂劉氏宗譜》卷一，新加坡君欣齋出版，2015 年 3 月 18 日第 1 版，第 26～27 頁。

“房薦四次，堂備兩次”。至三十七歲，值“朝議變制”與“國事日艱”，應試策論與經濟特科，因忤於主司政見下第，“遂無意科舉矣”。其間，他結識徐惠卿，兩人思想默契，情深義重。徐惠卿家設教館時，聘爲幼年徐行可之師，劉鳳章的執教生涯由此發端。徐行可後留學日本，成爲著名收藏家、文獻學家，曾執教武昌、北京的大學，捐宏富私藏於國家。①

清朝末年，面對西方列强的壓迫，民族危機空前嚴重，張之洞在教育界提倡敬教勸學，作育人才，主張“中學爲體，西學爲用”，積極推行湖北教育改革，爲全國教育近代化探索與實踐作出示範，以圖富國强兵。1903年，劉鳳章贊襄創辦《湖北學報》，宣傳張之洞的改革舉措，并得識黄紹箕诸先生。黄紹箕、高凌霨任提學使時，他相繼任湖北學務公所專門科副科長、普通科科長兼總務科副科長，管理海外留學事務，編辦《湖北教育官報》等，踐行廢科舉、辦學校的教育新政策。劉鳳章認爲：“井舊則污濁，故以革新爲貴也。”② 湖北議設憲政籌備處，他與清政府代理人周旋，薦舉留學歸國的湯濟武、張海若主事（後二人被推爲正副會長掌理湖北諮議局，武昌辛亥起義時諮議局通電全國，敦促各省響應革命）。他還先後受聘兩湖優級師範理化選科學堂、武昌府師範學堂、支郡師範學堂、武昌普通中學堂及私立法政學堂等處，編撰講義，教授修身、歷史和倫理等學科。

二、執掌大學　育才有道

民國之初，副總統黎元洪兼領鄂督，聘劉鳳章爲顧問。黄陂陳宣愷與其子陳時傾財興學，“乃奉命與劉耘心公謀於鄂，編章選校”，得同鄉黎元洪等人贊助，“卜校地於武昌”，1912年5月創辦私立武昌中

① 劉松余：《劉鳳章與徐行可之間的師生情誼》，臺灣《傳記文學》月刊2016年9月號，第32～37頁。

② 劉鳳章：《周易集註》，1934年武昌刊印本，卷二革卦卦辭首條疏釋。

華大學。① 武昌是辛亥首義之地，中華係新建民國之名。這樣名義的大學應運而生，對那時的青年極具吸引力。劉鳳章與陳家是黄陂故交，婉謝校長之聘，就任中華大學學長與常任董事，并一直任國學系教員、中國文學系教授，在校持續授課二十餘年。同時兼湖北省公立法政專門學校等處教習。劉先生講授國學，發揮宋明儒學精神，啓示修齊治平之理，敦勸青年勤學儉樸，繼往開來，作革新社會的準備，誠以"知而不行，有如未知"，努力提高年輕學子的思想認識，激發行其所知的探索精神。

劉鳳章講學執教，備受稱道。近現代著名教育社會學家陳啓天，1912 年考入武昌中華大學，1915 年畢業時留校中學部任教。他在《寄園回憶録》中説："大學教育的精神領導者，是學長劉文卿先生。他名鳳章，湖北黄陂人，曾留學日本，好講陽明之學，學者因稱爲劉陽明先生。著有《倫理學講義》及《周易簡義》等書，頗能發揮國學的要領。對於學生循循善誘，不辭勞瘁，亦具有講學精神。在清末民初，他是一個不可多得的教育家。"又説："學長劉文卿先生的精神，最使我感念難忘。""他所教的正式功課，只有倫理學一門，每周兩三小時。他利用這門功課，指點實踐倫理的道理與方法，尤其着重發揮王陽明之學。因此我得稍稍了解陽明之學的要旨，是要人先拔本塞源，去掉私欲，做一個以天地萬物爲一體的大人物，而其下手方法，則在致良知與知行合一。這種學説，不但足以矯正當時科舉與官場的積弊，而且可以鼓舞學者的志趣，將學問從自己的心上和事上實踐出來。""我國舊日分老師爲兩種：一是經師，二是人師，而以人師最爲人所推重。依我看來，劉先生可算是晚近的一個人師而兼經師，具有中國傳統文化的精神。""劉先生的人格教育精神，爲現在許多教育家所不能及。"②

近現代著名教育家、社會活動家余家菊，1918 年在武昌中華大學畢

① 陳時：《武昌中華大學成立始末記》，武昌中華大學 1916 年 1 月 7 日出版《光華學報》第 1 年第 2 期附録第 7 頁。

② 陳啓天：《寄園回憶録》，臺灣商務印書館，1972 年 10 月增訂 1 版，第 75～76 頁。

業，與惲代英爲校中學部同事，他在《五十回憶録》和《六三回憶録》中寫道："劉文卿先生在清末民初，湖北教育界講學，有極大影響。"① "在湖北提倡陽明學的人，是黄陂劉文卿鳳章。""他是黄陂同鄉，講陽明之學，提倡致良知與知行合一，教書時以强烈的熱情發揮他不平凡的意見，我受他很大的影響。""在大學同班中有惲代英者，受劉先生的影響也不淺，提倡即知即行。"他在《疑是録》中還寫道："劉鳳章文卿先生爲大學學長，宣揚王陽明，時作國學講演，予頗受影響，傾向研習國學。""劉先生之作人啓示"，是爲在中華大學"三不可忘"的名師之一。②

三、接長一師　治校有方

湖北省立第一師範學校，1913 年以兩湖總師範學堂改辦開學，1926 年北伐軍攻克武昌後撤銷。十餘年間，校長更迭達 10 人、12 次。劉鳳章擔任校長時間最久（1914—1921），他招賢納士，整理校務，敦尚和睦，制定"樸誠勇敢，勤苦耐勞"校訓③，創一師鼎盛時期。1919 年，劉鳳章率湖北教育考察團赴日本以及上海、江浙考察學務，詳撰考察報告《東游紀略》，記録好經驗，報導新趨向，以資改進國内教育參考。他借鑑中華大學的成功辦學經驗，衝破當時守舊思想的重重禁錮，融合考察國内外教育的心得，鋭意進取，舉措焕然，形成湖北一師的辦學新風格，以培養新青年，鼓鑄新國魂。

一師的日常教學推陳出新，盡力爲學生延請好的老師，盡力提倡讀書的風氣，强調實驗實踐，重視體操、軍操和拳術，砥礪學生實際操作

---

① 劉敦勤：《敬述先伯劉公文卿數事》，臺灣《傳記文學》月刊 1977 年 4 月號，第 83 頁。

② 余家菊：《余家菊景陶先生回憶録》，臺北市慧炬出版社，1994 年 1 月初版，第 49、106、209 頁。

③ 劉仲衡：《回憶教育界耆宿劉鳳章先生》，《武漢文史資料》1983 年第 2 輯，第 136 頁。

能力；還聘美國友人教英文班會話，爲留學者創造條件，邀請退役軍官到校實施軍事訓練等。一師的周日文會是名師講座，也是學術交流的平臺，活躍了校園的學術氛圍，黄侃、劉博平、于澤漢、蔡存芳、萬聲揚、魯濟恒、彭邦楨、傅廷儀、何膺恒，以及章太炎、梁啓超、黄炎培、陶行知、晏陽初、黎錦熙、黎錦暉、孟禄、李立夫、李漢俊等，是劉先生治校時聘請的任課教員或講座專家。他“每星期，必召集學生至禮堂，講群經大義及世界大勢，使不忘國粹及瞭然世界趨勢。八年如一日。”刘先生雖尊崇儒學，周日文會主講《伊川易傳》，但對西方文化和新學派并不一概排斥，兼容并包，明體達用，也請新人物李漢俊等作過專題報告。衆多造詣深厚的學者專家設壇講授，極大地開拓了師生的視野，引領學生與時俱進，探求新知。

現代新儒學大師徐復觀，1918 年考入湖北省立一師，在校就讀五年。他 1981 年撰文説：“近五十多年來常常想到我住湖北省立第一師範學校時的校長劉鳳章先生，總感到真正以宋明儒講學精神辦學校的，民國以來僅有他一人。這在教育史上，在儒林傳中，都應占非常重要的地位。”又説：“宋明儒講學的精神，或者可以三端來加以概括：第一，他們講學的動機是來自繼往開來的真實責任感。第二，他們所追求的是要能證驗之於身心、證驗之於社會的‘真知灼見’。第三，他們要培養出的是在人格上能擔負得起人類運命的考驗。劉先生所處時代不同，但用心未嘗不是一致的。”①

劉鳳章崇德治校，求是力行。湖北省立一師出版《文選拔萃》，選編學生作文和史地各方面論述，交流心得，鼓勵上進。并聯繫内憂外患的時勢，寓愛家愛國、救亡圖存於教學，爲激勵民衆，多方啓迪，召唤復興，以雪國耻。考試命題如：“講究鄉土歷史，最足增人愛國心，諸生於本邑先正遺迹，諒有所聞，試縷舉而著於篇。”學生余六鰲 1918 年暑假編纂的《通山縣鄉土志略》，北京大學圖書館收藏至今。余六鰲撰《志

① 徐復觀:《憶念劉鳳章先生》,《徐復觀全集·無慚尺布裹頭歸·交往集》，九州出版社，2014 年 6 月第 1 版，第 280 頁。

序》道："物競日烈，列强日横，國家危急存亡，志士傷心抱憤，新知固宜速研，舊識尤應精探。""邇者校長劉先生目擊時艱，定鄉土志爲諸生暑假練習之目。蓋國家圖維新之治，首重人才；人才之興，肇端蒙養。蒙以養正，賴夫教育多方。師範洵教育之母，而鄉土志爲教育之要務，師範生之所當悉者也。"① 劉先生當時推重山西和南通的教育，喜歡太原"洗心社"。一師學生於 1918 年創建"證人社"，倡導讀書修身。"證人社"有組織章程，有盾形的銅質證章，上刻"嚴禁嫖、賭、煙、酒"。對此，他極爲贊賞，明白這是崇尚立德的讀書團體，極力支持，多予指導。

劉鳳章嚴厲批判舊式教育，指出："蓋吾國教育二千年以來，皆以造成官吏爲目的，此項深毒中入骨髓，如沈痼之不能起。"他提出："今欲立起沈疴，非大聲疾呼以教育促進實業，以實業補助教育不可"，而"欲提倡職業教育，必自師範學校始。"② 并主張"儒者必先治生"，提倡學以致用，將工業由個人做起，鼓勵同學們由課堂手工業擴充到帶有市場性的手工業，常説："人一能之，己百之；人十能之，己千之。"學校照明原用煤油燈，改用電燈時由老師指導，學生親自動手完成安裝和修理。"證人社"的同學很熱心，小規模做粉筆、墨汁、油墨、肥皂、牙粉、鞋粉之類，先由學校采用，再推向社會。另據一師畢業的劉仲衡回憶，"劉先生早年執教于文普通學堂，那時董必武老師正在該校讀書，名師高徒，十分接近，感情甚篤。辛亥武昌首義，黎元洪爲湖北都督，劉先生即推董老師在都督府任職，接長一師後，又聘董老師爲國文教員。"③ 董必武

① 余六鼇：《通山縣鄉土志略·通山縣鄉土志序》，北京大學圖書館編《北京大學圖書館藏稀見方志叢刊》第 266 册，國家圖書館出版社，2013 年 8 月第 1 版，第 5～6 頁。

② 《各省師範學校爲師範教學之改進意見·湖北省立第一師範學校》，中國第二歷史檔案館編《北洋政府檔案》第 93 册（教育部第五册），中國檔案出版社，2010 年 12 月第 1 版，第 544～546 頁。

③ 劉仲衡：《回憶教育界耆宿劉鳳章先生》，《武漢文史資料》1983 年第 2 輯，第 143 頁。

後任一師訓育主任，輔導“證人社”改爲“人社”，使之成爲參與社會活動的愛國群衆組織。

一師實施“德智體”兼備之教育方針。劉鳳章樂育爲懷，宣講王陽明之學，躬行踐履，率先垂範，督導勉勵，薰陶漸漬，學生多趨敦品力學，勵志上進。當時，一師學習之風甚濃，師生思想活躍，校内社團很有生氣，文體活動内容豐富。文學社、工藝組、運動會、足球隊等，頗有影響。學生吴德峰品學兼優，與“證人社”成員關係密切，常以修身與治學相勉，秘密從事革命活動，爲當局偵知，被密令抓捕。劉先生愛生心切，聞訊即密囑學監阮景星趕赴黄土坡吴家，促速回避，自己挺身而出，多方斡旋，平息事態，保護了進步學生。吴德峰 1949 年後擔任武漢市長，常常追念老師劉鳳章，并推薦阮景星爲省政府參事。

一師師生勇於追求真理，“五四”運動時期和北伐軍進入武漢前後積極參加愛國運動和革命活動，出類拔萃，英才世顯，亦有烈士爲國獻身；出席中共一大的董必武、包惠僧都曾在一師工作或学习，諸多畢業生後來成爲革命先驅或著名學者。徐復觀曾説：“中國文化精神的指向主要是在成就道德而不在成就知識。”① 他 1952 年在臺中師範以《我的師範學校生活》爲題作演講，回憶了在湖北省立一師的經歷，强調：“師範學校校長的學養，可以決定師範教育的成功與失敗。”② 湖北一師人才輩出，成就卓著非偶然所致，與劉鳳章誨人不倦，教學先教本、教人先教心的精英教育理念，實乃有着直接的關係。經過時間的冲刷，实用的利害被淡化，派别的成见被冷却，人們逐漸理解他的言行、领悟他的内心，深感“經師易遇，人師難逢”。

---

① 徐復觀：《中國知識分子的歷史性格及其歷史的命運》，《徐復觀全集·論智識分子》，九州出版社，2014 年 4 月第 1 版，第 28 頁。

② 黄金鰲：《師範出身的徐復觀先生》，《徐復觀全集·追懷》，九州出版社，2014 年 3 月第 1 版，第 106～107 页。

四、修身治學　匠心獨具

劉鳳章以儒行碩學盛負時譽，“不僅在本校裏得到一致的擁戴，同時也是武漢文化教育界中的重鎮。”① 黎元洪欽其人格與學行，曾派赴曲阜，作爲副總統的代表祭孔。劉鳳章不圖名利，清廉自守，黎元洪禮聘他爲顧問時懇辭不就，黎元洪照例每月發送薪俸三百元，亦堅辭不收，歷年所積達數千元，均存漢口黄陂實業銀行；後經友人婉勸，復承黎元洪提供校舍，爲師範學生實習創造條件，利用該款在武昌黄鶴樓南樓主辦小學，采《周易》蒙卦“蒙以养正”之義，命名爲“養正小學”。徐復觀憶及劉先生道：“他個人生活，刻苦嚴肅，外出時路程再遠，從不坐人力車。冬天不穿皮襖，煙酒不沾，甚而連茶都很少飲。在他的衣、食、住、行任何一方面，都找不出絲毫浮華之習。”“我們那位陳腐的劉校長，確是一位了不起的人物。他是以宋明儒者的講學精神，辦理學校。他先要我們切切實實、堂堂皇皇地做一個人，因爲知識是要人格去擔當的。現在想起來他的用心，他的思想很有見地，并不陳腐。”② 當時官僚政客排擠他的人説他“作僞”。他上修身課理直氣壯地向學生説：“讀書人要能站得起來，不走上升官發財的老路，首先必從生活儉約上立根基。生活一任意，便易流於放侈；生活放侈，行爲不能不隨之邪僻。我們只要相信是對的便去做，不怕人駡爲作僞；守之終身不改，不就是真的嗎？”③

清末民初，“西力東漸，具有掀天揭地、排山倒海之勢”。當“醉

---

① 徐復觀：《五四運動的一個角落》，《徐復觀全集·無慚尺布裹頭歸·生平》，九州出版社，2014年7月第1版，第58頁。

② 黄金鰲：《師範出身的徐復觀先生》，《徐復觀全集·追懷》，九州出版社，2014年3月第1版，第107、109頁。

③ 徐復觀：《憶念劉鳳章先生》，《徐復觀全集·無慚尺布裹頭歸·交往集》，九州出版社，2014年6月第1版，第281頁。

心歐化”思潮鼓蕩之際，劉鳳章一如既往，力學敦行，直言“中國一切改良，一切進化，皆須從中國自有之文明之精神而出，不能徒襲西方形式”，指出“國學乃國魂”，“國學者，一國精神之所寄”，闡明“滅人國者，必滅其宗教，滅其歷史，滅其語言、文字、風俗”，“故國學存則其國存，國學亡則其國亡”，進而疾呼“保存國學”。① 他撰述：“孔子真精神全在《易·繫》，有曰‘變動不居’，又曰‘變通者趣時者也’，又曰‘變而通之以盡利’，斷無不能與時世相應之理。陽明善學孔子，亦在不立格式，惟取知行之合一。今因講孔學者多不能實踐，名爲尊孔，實則誣孔，是在采王學以補救之。”② 他强調：“拘守故常不足以語大道矣。况社會日赴繁難，進步頗速，徒泥往昔之識見，不適於今日之社會，淺識皆知”，“當隨時變易，以期與道合”③。他一戰後第二年率團赴日考察教育，與東京學者探討國内外形勢和戰後世界趨勢，聯繫文化方针與人类文明，論及德育和教育精神之重要，指出“精神文明當與物質文明互相調劑”，“有物質而無道德，則所謂文明者乃殺人之文明。殺人者，終必自殺。”④ 這些觀點見地超卓，剛正淵粹，時至今天仍具極强的現實意義。

1923年湖北省創辦的國學館，是本地設立的高等教育機構，以“昌明國學，内存國性，外美國風，促文化之進行爲宗旨”，履行教學、學術研究、社會服務三大責任。其中，拟定學術研究對全國的責任有兩項：“一、編輯教科書暨講義，以輔助教育界之進行。二、刊發國學雜志及演講集，以普及國民尊重微言之思想。”劉鳳章常言道：“《周易》非僅卜筮

---

① 劉鳳章：《倫理學》，1915年前後湖北省立第一師範學校講義，第4、39、40、77頁；湖北省公立法政專門學校講義，第11頁。

② 劉鳳章：《東游紀略》，1919年湖北省立第一師範學校、武昌百壽巷口文藻齋印，第35頁。

③ 劉鳳章：《修身講義》，1915年前后湖北省立第一師範學校講義，第5頁。

④ 劉鳳章：《東游紀略》，1919年湖北省立第一師範學校、武昌百壽巷口文藻齋印，第37～38頁。

之書，實中華民族文化與智慧的結晶。”他在湖北國學館任教授時，“講《周易》、《毛詩》，編有《周易淺説》三卷。”後將數十年研究積累所得，整理寫成《周易集註》四卷。當今學者分析認爲，這可以看成是湖北國學館倡導履行全國國學責任“編輯教科書暨講義”的一個成果。① 今在武漢、北京、上海的幾所大學圖書館查詢，均發現藏有1934年在武昌印行的《周易集註》綫裝本。1982年藝文印書館在臺北據徐復觀等人的校正重刊時，劉先生侄女劉敦勤撰《〈周易集註〉跋》説：“《易經》一書，窮究萬事變易之理，直探宇宙造化之源，論者謂爲世界奇書之一，歷伏羲、文王、孔子三聖發展而成；漢代以後，治《易》者代有其人，皆各有所見，要不出象數、義理兩派。先伯著此書，博覽有關《易經》之著述達百數十種，深思熟慮，取菁擷華，而以孔傳為宗，還儒家易學之本來面目，其弘揚儒教，保存國粹，嘉惠後學，實非淺鮮。”

1926年，湖北國學館的創辦出資人去世。國民革命軍北伐占領武昌後，國民政府由廣州遷都武漢。北伐軍中有的人視國學爲消極力量。是時，劉鳳章年逾花甲，處境嚴峻，生活凄苦。當時在北師大授課的黄侃，曾於1927年7月14日致書劉静晦，信中寫道：“耘心先生近日興居何以？居鄉抑居城耶？侃於吾鄉諸老輩，極不忘先生耳。四海皆秋，悲哉蕭瑟，慎護玉體，共勵歲寒。幸甚，幸甚！”② 劉鳳章後來回顧叙及當年：“以後，遂蟄居僻壤，絶口不敢言天下事。庚午秋，徐生行可薦予館四川蘇君汰餘家，姚玉堂、黄師讓子女附焉。越三年，毫無成效。乃在塾既虚糜錢穀，去塾復餽以多金。主人情厚，殊爲可感。”③ 他辭館家居，格物窮理，博采衆長，潛心著述。劉鳳章的

① 孫勁松：《傳兩湖餘韻　開三鎮新風——湖北國學館辦學歷程》，《光明日報》2013年12月30日第15版。

② 黄季剛：《黄季剛詩文鈔》，湖北人民出版社，1985年9月第1版，第79頁。

③ 劉鳳章：《七十自叙》，1934（民國甲戌）年湖北黄陂敦睦堂續印《劉氏宗譜》卷十七藝文紀，第30頁。

遺著多被徐行可收藏或批注，師生情誼非同一般。如今，在國家圖書館和北京大學圖書館、吉林大學圖書館，都可以查閱劉鳳章當年撰寫的《東游紀略》，唯湖北省圖書館特藏舊籍中，附訂有劉先生録入族譜的《七十自叙》，全文經徐行可點校朱批，還分别鈐有“中國科學院武漢分院圖書館藏”和“湖北省圖書館藏書”印章，這也是徐行可捐贈十萬册古籍流轉的標記。

五、爲人正直　是非分明

劉鳳章對人周到懇篤，凡請來賓到校講演，無論時間多長，他總是畢恭畢敬地站在一旁聆聽，直到演講完畢，體現了他對人對學識的高度尊重和个人深厚的文化修養。他“自揣學無一長，而責任綦重”，尊師愛生，恪盡職守。因爲有的學生太用功，自習下得太遲，早上起得太早，以致健康發生問題，不僅一師校監常巡視，劉先生也常巡視，巡視目的不僅在警告不用功的學生，同時也勸告太用功的學生。劉先生對貧苦學生尤爲關心，據徐復觀憶述：“在我最窮困的時候，他把我找去説：‘你的一枝筆，將來要負天下大名，還怕没飯吃，你堅忍地讀下去。’這話當時對於我確是莫大的鼓舞！現在他雖已不在人世，而他的精神，他的風範，却永留人心。”① 劉鳳章講學時苦口婆心，“開卷有益，勤能補拙”常不離口，“專精之至，神奇自生”書示學子，總是勉勵同學們用功讀書，奠定堅實基礎，親授修身課，教以爲人處世的原則，上課常把書上的道理和當時的情形對照講解，往往痛砭時弊。他嫉惡如仇，最深惡痛絶升官發財的世俗觀念，多予以嚴詞抨擊。周謙冲撰《師門五年記》，追憶劉先生講課説：“‘升官發財’是中國幾千年帝制官僚傳統不斷的壞風俗惡習慣。民國儘管誕生，而舊帝國舊傳統舊風俗舊習慣，依然根深蒂

① 黄金鰲：《師範出身的徐復觀先生》，《徐復觀全集·追懷》，九州出版社，2014年3月第1版，第109頁。

固於人心而不可拔除，這是最可悲哀的事。”劉鳳章對一師招收新生綜合省察，國文考試要求嚴格，許多考生難以逾越這一關，作文曾親命試題：“破山中賊易，破心中賊難，其故安在，試申論之。”①

1915 年袁世凱稱帝前，假借“籌一国之治安”名義，湖北的代理人發起勸進復辟，教育界亦有阿諛追隨者。劉鳳章事前北上參加中央師範會議，即聞袁有帝制自爲之説，深歎袁誤國圖謀。他曾就此記述：“南下後，籌安之説甚囂塵上，當局擬組織請願團，派人諷予爲發起人。予決此事發生，天下事必不可收拾，力拒之。後教育會正副會長廉得此情，具書將軍巡按，願為號召。將軍巡按，嘉其知大義。某會長知予不願也，首以名册囑師校副署，并舉例云：一、署名；二、不自署名者，伊為代署；三、不肯署名，書明理由。咄咄逼人。自念生平奉一心爲嚴師，心所謂危，屈於威武而强從之，死何能瞑目也！因援筆書云：某月某日，大總統命令學界人員，不准干與政治。兹舉涉政治範圍，恪遵大總統命令，不敢署名。斯時，各校觀望不前，唯予馬首是瞻。教育會無如之何，乃電京師籌安會，謂予首反對。同人爲予危。”② 劉鳳章不受利誘，不畏威逼，在湖北率先抵制，堅拒簽名，寧爲保衛民國而死，决不偷生開倒車去擁護復辟醜行，在一師大禮堂召集全校師生開會，慷慨陳詞，拂袖辭職，高呼：“爲保衛民國計，雖赴湯蹈火，在所不辭！”師生哭泣，聲震校園，列隊送别校門。次年袁死，劉先生才返校視事。劉鳳章正氣凛然，忠愛共和；反袁復辟，誓死護國；氣魄磅礴，聲名遠播。他欽佩締造共和的元勳，獲悉黄興、蔡鍔相繼去世時，悲痛作聯吊唁：“纔哭英雄，又哭英雄，英雄有幾，英雄有幾；創造民國，再造民國，民國在兹，民國在兹。”安陸學者陳培庚，1923 年在武昌司門口被官

① 周謙冲：《師門五年記》，劉鳳章撰《周易集註》附録，藝文印書馆，1982 年 9 月校正初版，第 1 頁。

② 劉鳳章：《七十自叙》，1934（民國甲戌）年湖北黄陂敦睦堂續印《劉氏宗譜》卷十七藝文紀，第 27 頁。

僚私人包車撞死，劉先生作聯直斥當道："當道盡豺狼，斯世那容公立足；同堂處燕雀，前途更令我傷心。"

劉鳳章生活的清末民初，恰逢中國千百年未遇之大變革時期。在這樣的歷史背景下，他受科舉誘迫而苦讀經史，行教學改革育英才救國，其兼备的"開放進取"與"保守執著"雙重性格，儒道二者結合之處人處世人生觀，在他的學術和教育實踐中表現出來。他自律嚴格，不苟言笑，謙恭有禮，厭惡争鬥。"五四"時期，新學思潮湧來，"新的風氣，吹到了武漢，新人物要破舊立新"，學校校長频繁更迭。1921年夏季，"劉先生潔身自好，一遇着學潮，立刻辭職而去。"① 雖淡出一師掌理，仍受聘湖北國學館、中華大學等多處，砥節勵行，憂國憂時，繼續授課講學②。後屢有聘請出任官職之事，均婉拒未就。劉先生宅心仁厚，生活清嚴，持正不阿，甘於淡泊，其愛國耿介，任俠果决，學邃行端，恂恂儒者。他積勞成疾，晚年返回故里，將《周易集註》修訂付梓，1935年病逝。

劉鳳章先生是中国近現代教育的一位先行探索者，一位儒學淵深、勤勉敬業的知識分子，也是一位充满良知、堅持正義、有骨氣、有遠見的愛國學者。他不僅辦學施教有方，而且治學嚴謹有成。我們首次全面追尋搜集劉先生遺著，覓獲四部完整舊籍：《周易集註》、《倫理學》、《修身講義》和《東游紀略》；還有佚散於民初書報、期刊、族譜和歷史檔案中的部分雜著文章。劉先生著作倡言之三論，即："精神文明當與物質文明互相調劑"論、"升官發財"乃帝制中國傳留之壞風俗

① 徐復觀：《五四運動的一個角落》，《徐復觀全集・無慚尺布裹頭歸・生平》，九州出版社，2014年7月第1版，第59頁。

② 據中國國家圖書館藏1924年版《武昌中華大學總覽》：劉鳳章爲校常任董事、前任學長、現任大學國學系教員；又據該館藏1935年版《武昌中華大學二十周年紀念特刊》載《現任職教員題名録》，以及1935年版《武昌中華大學三十六届畢業同學録》載《各院院長教務長及教職員》和《在校教職員名籍録》：劉鳳章任中國文學系教授。

惡習慣論、孔子真精神全在《周易・繫辭》論，此確乎警世不朽之論！他還通過對中西文化比較和國際社會歷史的闡述，深刻分析民族文化事關民族命運，明確提出要保存中國傳統文化，揚棄繼承，隨時變易創新，以期符合時代需要。他編著的授課教材和教育考察報告，具備較强實踐性，且顯示出史料的特徵，從一個方面客觀呈現了民初國學教育的狀況與湖北教育涉外學習先進的實際；集中反映了他篤信宋明理學，尊孔講經，提倡陽明學説，和爲人師表、“耘心”育才的執教理念，以及追求教育救國、致力復興中華的精神，具有時代的進步性，也存在歷史的局限性。而他畢生獻身教育、精心育才的作爲，足堪後世欽佩與師法。

2014年，湖北省决定編纂出版《荆楚文庫》叢書，《劉鳳章集》的整理工作隨後展开。進行點校和編輯時，《周易集註》據北京大學圖書館藏1934年版勘誤本，并以湖北省圖書館藏本中徐行可的批注作校勘；《倫理學》據天津市教育委員會藏湖北省立第一師範學校1915年前後刊印本，并與武漢圖書館藏湖北省公立法政專門學校刊印的《倫理學》對校；《修身講義》據湖北省圖書館藏湖北省立第一師範學校1915年前後刊印本；《東游紀略》據湖北省博物館藏1919年湖北省立第一師範學校、武昌百壽巷口文藻齋刊印本；雜著據原版舊籍等資料，僅《〈孝感文徵〉序》與雜誌刊印本作了對校。華中師範大學周國林教授對書稿編校作了具體指導并撥冗校閲。華中師範大學嚴一欽博士、魏巍博士和侯江荣碩士與湖北省博物館館員羅恰碩士，以及許才芝女士等，辛勤協助做了大量的初步整理。資料搜集與利用得到中國國家圖書館、上海圖書館、首都圖書館、北京大學圖書館、中國人民大學圖書館、天津市教育委員會教育發展戰略辦公室、湖北省圖書館、湖北省博物館、湖北省檔案館、武漢圖書館、武漢方志館、武漢市檔案館、武漢大學圖書館、華中師範大學檔案館、武漢城市職業學院科研處、中國科學院圖書館等單位，以及劉敦勤、劉寅初、劉恒耀、劉桂文、劉斌、陳澤原、董中鋒、蔡夏初、李文瀾、梅珍生、孫勁松、丁四新、李攀、裴高才、葉學文、袁皓、屠秀麗、傅莉萍、趙秀榮、賈曉寧、蔡路武、黄紅萍、鄢静慧、王鋼、范志毅、管小柳、戴波、孫智龍、黄英運、蔣剛苗、朱小梅、張冬榮、米開會、王洪强、王文娟、閆通寶、田志峰等先生的大力支持與幫助，還有桂子工藝吴小佩女士等耐心對書稿排版和修改。在此，一併致謝。由於資料不盡完善及編者能力有限，編校整理未必周全悉當，疏誤之處在所難免，懇請讀者批評、指正。

劉松余

2017 年 8 月　初稿於北京九龍山

2018 年 6 月　定稿於武昌東湖梨園

總目録

周易集註

目　録

自　序

予少服膺庭訓，有志宋五子之學。初讀伊川《語録》，未能愜洽於中。及讀《易傳》而好之，廢寢忘食，不覺手之舞足之蹈。後見尹和靖有言："先生語録，多出於門人所記，或失其真。先生畢生精力在《易傳》，求先生之學者，求諸《易傳》可也。"顧亭林亦曰："不有《伊川易傳》，烏知《周易》之大義乎?"輒自詡所見之不謬。門人徐恕富藏書，知予雅好《易》也，有所得輒舉以示予，前後不下數十百種。冥心搜討，竊嘆《易》之義理無窮，然皆出於象數，單辭隻字，從無泛設；伊川之所言義理固精，然要爲儒家之義理，不盡《周易》之義理也。

壬戌歲，蕭恒[1]珊督軍治鄂，創設國學館，延予講授《周易》。予見治《易》者言人人殊，恐學者之彷徨歧路，不得其門而入也。因集衆説而成一家言，使學者略識端倪，名之曰《周易集註》。師範同學諸子欲梓之，以資觀玩；自維《伊川易傳》臨終時始付門人，彼時精力未衰，尚冀有所增益修改也，未之允。去歲偶患風痺之症，自懼此後無能爲力，久之將就湮没，爰付排印。成於倉卒，亥豕魯魚，觸目不免，閲者諒之。

中華民國歲在甲戌暮春，黄陂劉鳳章序。

周易集註雜述

名　稱

《周禮》:“太卜掌三易之灋,一曰《連山》,二曰《歸藏》,三曰《周易》。”其經卦皆八,其别皆六十有四。鄭康成《易贊》及《易論》云:“夏曰《連山》,殷曰《歸藏》,周曰《周易》。”又釋云:“《連山》者,象山之出雲,連連不絶。《歸藏》者,萬物莫不歸藏於其中。《周易》者,言易道周普,無所不備。”孔仲達謂其説無所據。斷周爲代名,引《易緯》因代以題周爲證。考《世譜》:“神農一曰連山氏,黄帝一曰歸藏氏。”《連山》、《歸藏》既均爲代名,則《周易》稱周,取岐陽地名無疑。其謂夏曰《連山》、殷曰《歸藏》者,蓋夏用神農之易,殷用黄帝之易耳。至以易爲名者,《易緯·乾鑿度》云:“易一名而含三義。易,簡也,變易也,不易也。”鄭康成云:“易一名而含三義。易簡,一也。變易,二也。不易,三也。”此三義實得命名之意,不必别立異説。列《易》於經,《子夏傳》無明文,論者謂後人所加。然考前漢孟喜《易》本云“分上下二經”,是孟喜之前已題經字。《小戴記·經解》云:“絜静精微,《易》教也。”《易》既列於《經解》,則《易》之稱經,由來舊矣。

源　流

伏羲作八卦,因而重之。重卦之人有四説,此據《繫傳》。文王作卦辭,一名彖辭。周公作爻辭,一名象辭。孔子作“十翼”《上彖》、《下彖》、《大象》、《小象》、《文言》、《上繫》、《下繫》、《説卦》、《序卦》、

《雜卦》。《漢書·藝文志》曰："人更三聖，世歷三古。"三聖者，伏羲、文王、孔子也。三古者，伏羲爲上古，文王爲中古，孔子爲下古也。不言周公者，以父統子也。或以班固衹言三聖，《繫辭》僅言文王作《易》，未及周公，遂疑爻辭亦文王作。不知《左傳》明云："韓宣子來聘，見《易》象與《魯春秋》，曰：'周禮盡在魯矣。吾乃今知周公之德與周之所以王也。'"蓋周公作《象辭》，當時未通行列國。宣子至魯乃始得見。至孔子作《傳》，始昌明於世。此作《易》之源流也。

《漢書·儒林傳》："自魯商瞿子木受《易》於孔子，以授魯橋庇子庸，子庸授江東馯臂子弓，子弓授燕周醜子家，子家授東武孫虞子乘，子乘授齊田何子裝。及秦禁書，《易》爲卜筮之書，獨不禁。故傳受者不絶。"《隋書》："秦焚書，《周易》獨以卜筮得存，惟失《説卦》三篇，後河内女子得之。"漢興，田何以授丁將軍寬，寬以授田王孫，王孫以授孟喜、施讎、梁丘賀。由是，《易》有施、孟、梁丘之學三家，咸立於學官。此皆易學之今文也。同時言《易》又有東萊人費直，以《彖》、《象》、《繫辭》、《文言》解説上下經，字皆古文，言其《易》出自子夏。又有焦贛之《易》，言出自孔子。贛傳之京房，其言《易》皆以陰陽災異爲説，而費氏之《易》終不絶焉。及東漢之世，費氏《易》愈盛，陳元、馬融、荀爽、鄭康成并傳費氏《易》，爲之作注，是曰漢《易》。此則易學之古文也。又同時有虞光，世傳《孟氏易》，五傳而至虞翻。於是《易》别有虞氏之注，是爲西漢易學，今文之支流。大抵漢儒之《易》皆假象數以立言，至其末流復多雜入禨祥之説。三國魏氏之世，學者佻撻，惡經典之紛賾，而漢《易》遂微矣。魏王弼倡廢象數而以老莊之言説《易》，謂聖人之《易》，其象皆假耳。韓康伯繼之，一時學風盡尚清譚。至晋永嘉之亂，而施、孟、梁丘之《易》亡。隋代王注盛行，孔穎達作《義疏》，用王遺鄭，漢《易》遂由是廢。唐李鼎祚《周易集解》集虞翻、荀爽三十餘家之説，漢《易》賴以僅存。宋程子作《易傳》，大義雖明，而廢象數如故。朱子作《本義》，闡義理而兼取象數，然義理是而象數已非。陳摶作《先天後天之圖》，邵子傳其學，作《皇極經世》以推衍之。

朱子篤信其説，因所言象數已非漢儒之象數矣。清代儒者或言漢《易》，或言宋《易》。言漢《易》者，以惠定宇、張皋文爲最著。言宋《易》者，則以李文貞爲大宗。此傳《易》之源流也。

篇　　次

古《周易》，文王卦辭，周公爻辭，爲經上下二篇。孔子“十翼”爲《傳》十篇，各爲一書。費直始以《彖》、《象》、《繫辭》、《文言》解説上下經。鄭康成合《彖傳》、《大象》併《小象傳》附於經，加“彖曰”、“象曰”字，王弼祖之，謂孔子贊《易》之辭本以釋經，宜相附，近又取《文言》附入乾坤二卦，加“文言曰”三字於首。於是好古者每歎古《易》之亡。至宋吕東萊訂正古《易》十二篇，朱子《本義》初本亦據吕氏篇次。至明初修《大全》，復析《本義》從《程傳》之序，則今之行本也。清《御纂周易折衷》仍依古本篇次，經、傳各别。但傳所以釋經，附傳於經，觀玩較便。《三傳》附於《春秋》，世未有以爲病者，何獨至於《易》而疑之？今謹依《正義》爲次，並依李鼎祚《周易集解》本，於每卦首附加《序卦傳》焉。

序　　卦

孔子《序卦》因卦之名，説名之義，序其名義。前後相承以詔學者，使人易於領會，此亦讀《易》之一法。韓康伯、孔穎達頗致疑。蓋以上篇三十卦，下篇三十四卦，六十四卦兩兩相對，是伏羲、文王定卦之先後，以兩卦之對爲次序。孔子《序卦》則以一卦之名爲次序，與原本意義似别。伊川作《上下篇義》附《易傳》之後，謂卦之分以陰陽，陽盛者居上，陰盛者居下。然考之上篇，有乾者凡十一卦，有坤者亦十一卦，下篇有坤者四卦，有乾者亦四卦，且剥有坤又陰盛，乃居上篇，大壯有乾又陽盛，乃居下篇。伊川雖有説辨别，但逐卦推義以求合，其條例不一。朱子作《易本義》，首言“簡帙重大”，故分爲上下篇。查文王所作六十四卦彖辭，不過七百十五字，謂之“簡帙重大”，得乎？由伊川之説則分卦有義，由朱子之説則分卦無義。今按上篇首乾、坤，終坎、離，下篇首咸、恒，終既濟、未濟。上篇首天地陰陽之正也，故以水火之正終焉；下篇首夫婦陰陽之交也，故以水火之交終焉。餘五十六卦，其形既兩兩相對，其義仍一一可求，所謂《易》奇而法者，此也。孔子作《傳》，隨宜轉注，左右逢源，言雖近而旨則遠。韓、孔諸氏疑與羲文本意不和，亦妄甚矣。

義　　例

時

《易》道貴時。《彖傳》言時義。時，用此一卦之時也。六爻時物，則於卦時内，又爲爻之時：如復主一陽之復，而五陰皆有復義；遯主四陽之遯，而二陰亦主遯。言從卦時也。屯初爲建侯之主，屯二即以初爲二難之剛，同人以二五中正之應爲利貞，而於爻則以二應五爲吝，皆與全卦之義不同。所謂六爻，時物也。

位

《易傳》中言位者有二義：列貴賤者存乎位，五爲君位，二三四爲臣位，故皆曰：“同功而異位。”初、上爲無位之爻，譬之於人，初爲未仕之人，上則隱淪之士，故乾之上曰“貴而無位”，需之上曰“不當位”。若以一卦言之，則皆謂之位，故曰“六位時成”，曰“《易》六位而成章”，是則卦爻之位非取象於人之位矣。

德

德有根於卦者焉。健、順、動、止，明説之類是也。有生於爻者焉，剛柔中正之類是也。德無常善，適時爲善，故健、順、動、止明説之，德失其節則悖矣。剛柔之道，逆其施則拂矣。惟中正則無不宜，而中爲尤善。中正二字，《典》、《謨》以來第言虛理，至孔聖傳《易》，而遂有實象可據：以一卦分二體，而以二五爲中之象，以六爻分陰陽之位，以所乘之陰陽當位爲正之象。推之而無不驗，按之而不可易，斯亦奇矣。

交

《易》道貴交。天地不交，則萬物不生；君臣、父子、夫婦、兄弟、朋友不交，則人道滅絶。故《易》以陰交陽、陽交陰爲造化之樞紐。孔子更從二體六爻内，以應言乎遠交，以比言乎近交，而後交之道始備。交有善不善，而吉、凶、悔、吝生焉，則又於應、比之内考其中不中、正不正、合時義、違時義以定之，是在神而明之也。

中　爻

《繫傳》云："雜物撰德，辨是與非，則非其中爻不備。"中爻即互卦，有以互體而備全卦之用者。如屯互坤爲衆，故利建侯；互艮爲止，故勿用有攸往；師之丈人以互震也，蠱之先甲後甲以互震也，頤互坤，故取養義；中孚三四大離，故取中虛之義；此一例也。有從互體而立爻義者，同一震也，重卦之四在互艮互坎之中，故見泥象；同一艮也。重卦之三在互坎互震之中，坎有危薰心象。此又一例也。

主　爻

凡所謂主爻，有就成卦之爻言之者，有就主卦之爻言之者。例如師、比、小畜、履、同人、大有、謙、豫、剥、復、夬、姤之類，此以成卦之爻言之也。乾之九五，坤之六二，此以主卦之爻言之也。主卦之主，必皆德之善而得時得位者。有一卦而以兩爻爲主爻者，例如屯以初九、九五爲主爻，卦惟兩陽，初九爲侯，九五則建侯者也。蒙以九二、六五爲主爻，九二，師也，六五，尊師以教人者也。其餘各卦，皆可準此推之，茲不贅舉。

學《易》當以孔《傳》爲宗

《易》道廣大，無所不包，有就象數言之者，有就義理言之者。漢儒説《易》多主象數，然稽之《漢書·儒林傳》，若丁寬、費直未嘗不尚義理。宋儒説《易》多主義理，而朱漢上、項平甫未嘗不言象數。象數固言《易》者所不廢，乃一變而爲焦、京入於禨祥，再變而爲陳、邵務窮造化，遂不切於民用。義理固言《易》者所當明，乃一變而爲王輔嗣雜以老、莊，再變而爲蘇紫溪参入禪學，《易》遂漸流於異端。議論糾紛，視他經爲尤甚。夫群言淆亂，折衷聖人。孔子爲萬世立極之聖人，"十翼"爲所手著，韋編三絶而後成，非若《詩》、《書》、《春秋》之删削，猶有難求其説者，又未經秦火，其書獨完。高忠憲曰："《易》注自夫子，即注即經，非夫子，烏知《易》之所語爲何語哉?"錢辛楣《周易讀翼揆方序》："三聖人爲之經，宣尼爲之傳。故舍'十翼'以言《易》，非《易》也。"學《易》者當知所從事矣。

孔《傳》示人學《易》之法

觀　　象

《易》者，象也。象也者，像也。王輔嗣謂“得意在忘象”，此乃二氏談玄説空之唾餘，非孔子下學上達之正義。蓋《易》之名物固從象生，易之義理亦從象出，特立象不一例。有以卦情立象者，有以卦形立象者，有以卦變立象者，有以大象立象者，有以中爻立象者。《説卦》言象雖詳要，亦未可拘，在學者會觀其通也。

玩　　辭

陳圖南謂羲畫不立文字，使天下之人觀其象而已。后世卦畫不明，《易》道不傳，聖人於是不得已而有辭。不知羲畫不立文字，以當時尚未有文字也。程伊川曰：“得其辭不達其意者有矣，未有不得其辭而能通其意者也。”蓋辭寄於象，苟不得於象，必謬於辭，謬於其辭，必害於其道。聖人因象立言，無隻字泛設。學者玩索而有得於《易》道，思過半矣。

觀　　變

徐仲車曰：“欲觀聖人之道，必於其變。蓋變則縱横反覆，不主故常，故必觀於其變。”此言非爲《易》發，實足盡《易》之藴。《易》畫僅一奇一耦，變而爲八卦，再變而爲六十四卦，更變而爲三百八十四爻，篇末終之以未濟，以示萬變之無窮，蓋《易》無卦不變，無爻不變，無占不變也，世儒所謂變，非《易》之變也。是筮法之變，老變而少不變也，於是則《易》之變寡矣。

玩　　占

卜筮者，《易》之小數耳。八卦成列，而《易》道大備矣。聖人因圖書，衍蓍策以寓卦，徵吉凶而定民志，勸善遏惡，神其道而設其教也，非謂德不加修，祇憑龜策耳。是以舜之禪禹，蔽志不卜；臧孫辰居蔡，孔子譏之。其自言曰："五十以學《易》，可以無大過矣。"夫所謂無大過者，豈蓍策云乎哉？又曰："人而無恒，不占而已矣。"夫所謂不占者，豈不用蓍策云乎哉？無往非《易》，即無往非占。《易》不可須臾離，占即不可須臾廢，在人神而明之耳。

孔《傳》示人用《周易》之方

《大象》稱君子者五十二，稱先王者七，稱后者三，稱上稱大人者皆一。皆著一"以"字，即一"以"字示學者當身體而力行之，此用《易》之法也。

《易》貴致用

邵子曰："知《易》者，不必引用講解，是爲知《易》。孟子之言未嘗及《易》，其間《易》道存焉，但人見之者鮮耳。人能用《易》，是爲知《易》，如孟子可謂善用《易》者也。"《孟子外書》語及《易》，但未足據。按：《易》六十四卦，一"時"字該之。孟子稱孔子爲聖之時，是知孔子者莫如孟子，即知《易》者亦莫如孟子。孔門中，能用《易》者莫如顔、曾二子。顔子有不善，未嘗弗知，知之未嘗復行，此能用復也。曾子思不出其位，此能用艮也。準此讀《易》，而《易》之用無窮矣。

《易》貴未然之防

王伯厚曰："坤曰'早辨'，解曰'夙吉'，治之於未亂，爲之於未有。'在周子謂之'幾'，在張子謂之'豫'。"又曰："'制治於未亂，保邦於未危'。泰之極則'城復於隍'，既濟之極則'濡其首'，不於其未而於其既，則無及矣。"又曰："'履霜'戒于未然。'月幾望'戒於將然。《易》貴未然之防，至於幾則殆矣。"按：《易》貴未然之防，語出邵子，最爲讀《易》者所當知。王氏歷引《易》象以證明其説，爲人之意至深切矣。

《易》原

有謂《易》原於太極者，《繫傳》言"易有太極，是生兩儀，兩儀生四象，四象生八卦"是也。但周子所言"太極"與《繫傳》所言"太極"不可混而爲一。蓋周子《太極圖説》所言陰陽五行相生之序，顯與《易》别。《繫傳》言"易有太極"，明明主易而言，非謂天地萬物之先有此"太極"也。王輔嗣釋大衍曰："演天地之數所賴者五十也。其用四十有九，則其一不用也。不用而用以之通，非數而數以之成，斯易之太極也。"解《易》者多宗此説，實爲得之。有謂《易》原於圖書者，蓋以《繫傳》有云："河出圖，洛出書，聖人則之。"不知伏羲則圖書以演筮，非則圖書以畫卦也。筮數爲九、六、七、八，合之皆十有五，《河圖》縱横反覆，其數皆爲十五，據劉牧《鈎隱圖》。適與之合，故聖人則之。《繫傳》又曰："古者包犧氏之王天下也，仰則觀象於天，俯則觀法於地。觀鳥獸之文與地之宜，近取諸身，遠取諸物，於是始畫八卦。"《易》原盡此數語中矣。宋程泰之作《易原》八卷，元蕭景元作《讀易考原》一卷，均未免辭費。

《易》圖

伏羲畫卦，卦象不易明，文王作卦辭以明之。卦辭不能明者，周公作爻辭以明之。爻辭不能明者，孔子作“十翼”以明之。“十翼”作而《易》蘊盡矣。學者確遵孔義，引而伸之，觸類而長之，見仁見知，當各有所得。《卦氣圖》、《爻辰圖》皆本於緯書。《納甲圖》本於《參同契》，《先天圖》本於陳摶。講宋《易》者不信卦氣、爻辰、納甲，講漢《易》者不信先天，其實二者各尊所聞，非《易》之精髓。自宋以來，先天之學尤爲學《易》者所崇奉，蓋以信朱子者深信邵子。然考朱子《答王子合書》明言：“康節言伏羲卦位，近於穿鑿附會，且當闕之。”至後何以復采其説，殊爲可疑。學者當以朱子此書爲正。朱文端《合訂》云：“宋元以來，《易圖》不下數千，於四聖人之精義全無干涉，今一概不取。”最爲有識。但學者不明卦畫，觀象玩辭，恐亦不得其門而入。沈敬亭作《周易孔義集説》，前列三圖，一爲《八卦方位圖》，一爲《乾坤生六子圖》，一爲《因重圖》，皆據《繫辭》、《説卦》之文，其餘概從删薙。今援是例，學者取而觀之，亦可掃除紛紜轇轕之習矣。

八卦方位

《説卦傳》：萬物出乎震，震東方也。齊乎巽，巽東南也；齊也者，言萬物之潔齊也。離也者，明也，萬物皆相見，南方之卦也；聖人南面而聽天下，嚮明而治，蓋取諸此也。坤也者，地也，萬物皆致養焉，故曰“致役乎坤”。兑，正秋也，萬物之所説也，故曰“説言乎兑”。戰乎乾。乾，西北之卦也，言陰陽相薄也。坎者，水也，正北方之卦也，勞卦也，萬物之所歸也，故曰“勞乎坎”。艮，東北之卦也，萬物之所成終而成始也，故曰“成言乎艮”。

乾坤生六子圖

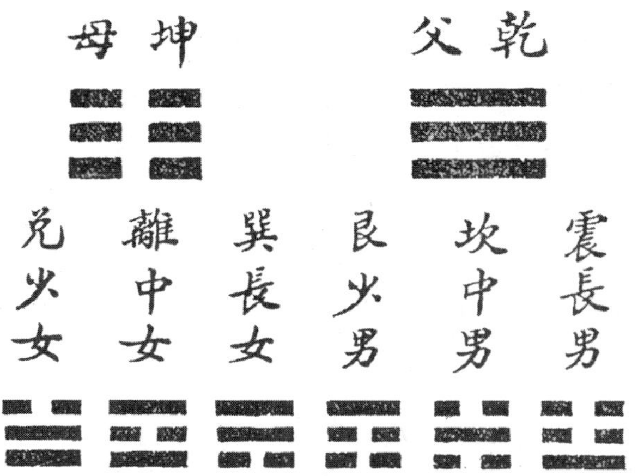

《説卦傳》云：乾，天也，故稱乎父。坤，地也，故稱乎母。震一索而得男，故謂之長男。巽一索而得女，故謂之長女。坎再索而得男，故謂之中男。離再索而得女，故謂之中女。艮三索而得男，故謂之少男。兑三索而得女，故謂之少女。

因重圖[1]

巽		震		坤		乾	
大過	巽	隨	益	萃	觀	夬	小畜
蠱	恒	頤	震	剝	豫	大畜	大壯
鼎	升	噬嗑	復	晋	坤	大有	泰
井	姤	屯	无妄	比	否	需	乾

兑		艮		離		坎	
兑	中孚	咸	漸	革	家人	困	渙
損	歸妹	艮	小過	賁	豐	蒙	解
睽	臨	旅	謙	離	明夷	未濟	師
節	履	蹇	遯	既濟	同人	坎	訟

① 《易》圖均以原書圖形影印刊入。《因重圖》中，原書的益、鼎、未濟、遯四卦圖畫有误，刊入時作了修正。

周易集註卷之一

上　經

胡雙湖曰："上經十八卦，反對成三十卦；下經亦十八卦，反對成三十四卦。上經五十二陽爻，五十六陰爻；下經五十六陽爻，五十二陰爻。"

䷀ 乾下乾上

干令升曰："取始於天地，天地之先，聖人弗之論也，故其法象必自天地而還。"

乾：元，亨，利，貞。此卦辭，亦名彖辭。文王所繫，後仿此。卦者，掛也。言懸掛物象，以示人也。彖者，斷也。言斷定一卦之才德與吉凶也。乾爲天，不曰天而曰乾者，天以體言，乾以用言。法天者，法其用不能法其體，故謂之乾。元亨利貞，解見《彖傳》及《文言》。

《彖傳》：大哉乾元，萬物資始，乃統天。《彖傳》，孔子所作，以釋文王彖辭。後仿此。元者，始也。天之生氣也，萬物之生，皆資一元。故曰"萬物資始"。亨則生意之長，利則生意之遂，貞則生意之成。天德不外一生字，故曰"統天"。大哉乾元，乃聖人見乾元之德，無有限極，而深嘆美之，非以大訓元也。

雲行雨施，品物流形。大明終始，六位時成。時乘六龍以御天。此釋亨也。雲雨，坎也，大明，離也。乾卦而舉坎離，坎離，天地之用也。雨以潤之，日以晅之，萬物之生，莫不賴此。行施，言其升降也。終始，言其往來也。日月往來而四時以成，六爻即四時之象，故曰"六位時成"。六龍，即六位，以所居上下而言，謂之六位。以陽氣升降而言，謂之六龍。前言萬物，此言品物，元未有區別。故渾稱之曰

“萬”。亨已見流動，故析言之曰“品”。前言統天，此言御天。以一元總明乾德，故曰“統天”。以六龍分配乾象，故曰“御天”，乘駕六龍，如御之者然。大明從侯行果説，《禮》：“大明生於東”，《晋·彖傳》：“順而麗乎大明”，皆其證也。

乾道變化，各正性命。保合太和，乃利貞。推其本統言之，曰“乾元”。極其變化言之，曰“乾道”。各正性命，是利；保合太和，是貞。性者，物所受；命者，天所賦。太和即貞内所含之元也。正性命曰“各”者，一本之所以散爲萬殊也。保太和曰“合”者，萬殊之所以歸於一本也。萬物出於元，入於元，乃見乾元之大。

首出庶物，萬國咸寧。乾爲首，乾道首出庶物而萬彙亨。咸寧，印各正保合也。自大哉乾元至此，總釋四德。舊解或貼天道，或貼聖人，於文義弗順。

《大象傳》：天行健，君子以自强不息。乾爲天，兩乾相重，有天行一日一周，日日一周之象。萬古不息，何健如之。君子法天象以自强，由己而不由人。自强，象乾之健；不息，象乾而又乾。

初九，潛龍勿用。此周公爻辭，亦名象辭。後仿此。居第一位，故曰“初”。九，老陽之稱。龍，變化不測之物，乾道變化，故以龍象之爻居最下。潛龍之象，陽性好動，急於有爲，故戒以勿用。伊尹耕莘野，諸葛處隆中，正合此爻。其勿用也，乃所以善其用也。

《象傳》：潛龍勿用，陽在下也。此名小象，孔子所作以釋周公象辭。後仿此。陽以德言，下以位言，在下以時言。雖有其德，无其位，无其時，决不可用也。《易》道陰陽，聖人於乾坤之初，揭陰陽二字，明乾坤爲《易》之門也。

九二，見龍在田，利見大人。以三才論，二於六畫卦爲地道，故象田。於三畫卦爲人道，故象大人。出潛，故見此作師之大人。非孔孟不足以當之。

《象傳》：見龍在田，德施普也。陽氣著於地，而澤普及於物，猶大人見於世，而德普及於人也。

九三，君子終日乾乾，夕惕若，厲无咎。三於六畫卦爲人道，有乾德君子之象，居下卦之終，終日之象，夕亦日之終。下乾終而上乾繼乾乾之象。乾乾惕若，即《虞書》危微意，乃聖賢相傳心法，故雖厲而无咎。

《象傳》：終日乾乾，反復道也。項平甫曰：“自上而下曰‘復’，自下而上曰‘反’。”三之上下，皆得純乾，故曰“反復道”。

九四，或躍在淵，无咎。陽動，故言躍；陰虚，故象淵。或者，疑之也。四多懼，故言或變巽爲進退。方躍忽止，此人之知進知退者，退可安身，進不失時，故无咎。

《象傳》：或躍在淵，進无咎也。進字，釋躍字。四居改革之際，進退不能驟决。聖人揭一進字以决其疑，欲其出而有爲也。

九五，飛龍在天，利見大人。六畫之卦，五上爲天道，故象天。五居上卦之人道，故曰"大人"。五爲乾之主，居中得正有天德而居天位，如飛龍在天。澤普萬國，天下皆利見之。此作君之大人也，非堯舜不足以當之。

《象傳》：飛龍在天，大人造也。造猶作也。大人作而在天位，猶龍飛而在天衢。

上九，亢龍有悔。窮高曰"亢"。知進而不知退，則有悔。曰"有悔"者，非必然之辭也。是貴有道以處之。

《象傳》：亢龍有悔，盈不可久也。日中則昃，月盈則缺。盈不可久，時乃天道。處高者，所當知也。

用九，見群龍无首，吉。陽爻七九，陰爻八六，九六變而七八不變。易占其變，故七八无辭。而爻皆九六，六爻皆變，則主變卦彖辭，此通例也。乾六爻變則以用九占，坤六爻變則以用六占，此特例也。群龍无首，此乾變坤之象。剛柔相濟，故吉。

《象傳》：用九，天德不可爲首也。天德循環不已。子生於亥，春回於冬，不見其首。聖人體天德，亦循環不已，故曰"天德不可爲首"。"不可"二字，非禁辭，乃不可端倪，不可方物之意。

《文言傳》阮文達曰："古人以簡策傳事者少，以口舌傳事者多；以目治事者少，以口耳治事者多。故同爲一言，轉相告語，必有愆誤。是必寡其辭，協其音，以文其言。使人易於記誦，無能增改。且无方言俗語雜於其間，始能達意，始能行遠。此孔子於《易》所以著《文言》之篇也。"

元者，善之長也，亨者，嘉之會也，利者，義之和也，貞者，事之幹也。君子體仁足以長人，嘉會足以合禮，利物足以和義，貞固足以幹事。君子行此四德者，故曰"乾，元亨利貞"。"元亨利貞"，皆善也，因發見處各别，而命名遂異。在事之初爲善，善之衆盛爲嘉。衆得其宜爲義，義所成立爲事。在天象春夏秋冬四時，在人爲仁義禮智四德。《彖傳》釋元亨利貞，專就天德言。此則先言天德之自然，自君子體仁，下則言人事之當然。使人知仁義禮智四德，非聖人强迫人使然。仰觀天象，自有生以來，即具此理。天舍是，無以爲天；人舍是，無以爲人。君子行此四德，故曰"乾，元亨利貞"。"行"字重看，物必見諸行，乃爲實德。僅知不足言德也。

初九曰“潛龍勿用”，何謂也？子曰：“龍，德而隱者也。不易乎世，不成乎名，遯世无悶，不見是而无悶。樂則行之，憂則違之，確乎其不可拔，潛龍也。”此釋初爻辭。龍德即聖人之德。六爻同德，因時位不同，而隱顯異。初潛在下，隱者之象。不易乎世，言不爲世所移也。不成乎名，言德成而名未著也。遯世无悶，則不怨天。不見是而无悶，則不尤人。心以爲樂，己則行之，如疏食飲水之類。心以爲憂，己則遠之，如畏匡阨陳之類。確乎不拔，言不枉己而徇人。此潛龍之義也。

九二曰“見龍在田，利見大人”，何謂也？子曰：“龍，德而正中者也。庸言之信，庸行之謹，閑邪存其誠，善世而不伐，德博而化。《易》曰‘見龍在田，利見大人’，君德也。”二居中，故曰“正中”。正中與中正有别。中正指二事言，謂中而且正也。正中指一事言，謂正當其中也。庸言之信，庸行之謹，所以成己。善世而不伐，德博而化，所以成物。閑邪，則有以化其外誘。存誠，則有以全其本真。李隆山曰：“乾畫一實，則誠。坤畫- -虚，則敬。乾九二言誠，坤六二言敬。誠敬二字，始於庖羲心畫，而實天地自然之理也。”君德，明其非君位也。

九三曰“君子終日乾乾，夕惕若。厲，无咎”，何謂也？子曰：“君子進德修業。忠信所以進德也。修辭立其誠，所以居業也。知至至之，可與幾也。知終終之，可與存義也。是故居上位而不驕，在下位而不憂，故乾乾因其時而惕，雖危无咎矣。”進德以心言，修業以事言。君子終日乾乾，夕惕若者，非僅空存諸心，尤當實見諸事。修辭立誠，由實心而闡發實理。前曰“修業”，後曰“居業”，如修屋然，既修乃可居也。三近上體，知至也。居下體之終，知終也。至則至之，見幾而作也。終則終之，惟義所在也。以是居上，心未嘗驕。以是居下，心未嘗憂。故雖危而无咎。

九四曰“或躍在淵，无咎”，何謂也？子曰：“上下无常，非爲邪也。進退无恒，非離群也。君子進德修業，欲及時也，故无咎。”上與進，躍也。下與退，在淵也。无常，无恒，成之義也。既不陷於陰邪，亦不流於孤僻，與伊尹五就湯、五就桀相似。進德修業，四與三同，三則須俟時而動，四則欲及時而進也。

九五曰“飛龍在天，利見大人”，何謂也？子曰：“同聲相應，同氣相求。水流濕，火就燥，雲從龍，風從虎，聖人作而萬物睹。本乎天者親上，本乎地者親下，則各從其類也。”乾旁通坤，乾坤成列，而生六子。五居尊位，六子皆爲之用。震爲雷，巽爲風，雷風相薄，聲相應也。艮爲山，兑爲澤，山澤通氣，氣相求也。坎爲水，離爲火，就濕就燥，水火不相射也。而且山澤通氣，蒸而爲雲。震、巽相薄，合而爲風。乾龍坤虎，各相感契。震、坎、艮，本乎天者也。巽、離、兑，本乎地者也。親上親下，各以類從。乾首出而萬國咸寧，聖人作而萬物睹。觀天可以知聖，觀聖亦可以知天也。

上九曰“亢龍有悔”，何謂也？子曰：“貴而无位，高而无民，賢人在下位而无輔，是以動而有悔也。”時位已失，人心已去，猶欲動而有爲，故有悔。能静退，則悔可亡。

潛龍勿用，下也。此下以人事言之，未爲時用，故云下。

見龍在田，時舍也。舍，去聲。隨所在而居，不逢時，亦不違時。

終日乾乾，行事也。進德修業，必見諸行事，乃徵諸實。

或躍在淵，自試也。谷拙菴曰：“人見者淺，自見者真。必自家試之，而後可決。”

飛龍在天，上治也。上治，猶言盛治。

亢龍有悔，窮之災也。《程傳》：“窮極而災至也。”

乾元用九，天下治也。李文貞曰：“用九之上，加以乾元者，元，首也。元統天而歸於貞，則終始无端，而不可爲首，即用九之義也。聖人所以首出庶物无爲而治歟？”

潛龍勿用，陽氣潛藏。此下以天道言之。本爻即復之初爻，當夏正十一月之候，陽氣尚未發洩，故曰“潛藏”。

見龍在田，天下文明。在田，謂陽氣上達於地。文，謂物之鮮榮。明，謂化之光顯。

終日乾乾，與時偕行。天時不息，☰，乾乾不息。同於天時，故曰“與時偕行”。

或躍在淵，乾道乃革。離下而上，變革之時。道字輕看，猶言陰道陽道。

飛龍在天，乃位乎天德。陽至九五，乃得其位，故曰“位乎天德”。時當夏正三月，天功大成之候也。

亢龍有悔，與時偕極。與時偕極，言窮而不知變也。

乾元用九，乃見天則。張彦陵曰：“不曰乾爻用九，而曰乾元用九，統六爻而歸之元也。亢而用變。”正是貞之極□[2]歸於元。乾之所爲，終始相因而无首也，故曰“乾元用九”，可見乾道變化之則。

乾元者，始而亨者也。利貞者，性情也。乾始能以美利利天下，不言所利，大矣哉！此復言四德之義。乾元者，氣之始。萬物資以亨通利貞者，由各正以及保合。原其始，萬物同一性情，察其終，萬物各具性情，故曰“性情”也。乾始，即乾元。以美利利天下，不言所利，此乾之利所以爲大，即乾元之所以爲大也。

大哉乾乎。剛健中正，純粹精也。六爻發揮，旁通情也。時乘六龍，以御天也。雲行雨施，天下平也。此言一卦之性，及六爻之情。剛以體言，健以用言，中則不過，正則不偏。純則不雜，粹則不變，精則純粹之至也。此統全卦而言之也。及其散而有爲，分裂四出，而各有得，則爻也，故曰“六爻發揮”。旁通情也，以爻爲情，則卦之爲性明矣。時乘六龍以御天者，重取釋《彖》之文，極贊乾道之大。雲行雨施，天下平者，言天下普得其利而無偏陂。

君子以成德爲行，日可見之行也。潛之爲言也，隱而未見，行而未成，是以君子弗用也。此以下復明六爻之義。德必見諸行，乃爲成德。君子之德，本可日見諸行，特潛而在下，故隱而未見，行而未成。蓋君子之能爲者德也，所不能爲者，時與位也。其不用也，非无心於用也。

君子學以聚之，問以辨之，寬以居之，仁以行之。《易》曰“見龍在田，利見大人”，君德也。二位正中。之字，指正中之理。天下惟中庸不可能，苟非學聚問辨，有此致知工夫，寬居仁行，有此力行工夫，則所謂中者不中矣。君德如此，天下幸而見之，其利何如哉？

九三重剛而不中，上不在天，下不在田，故乾乾因其時而惕，雖危无咎矣。三四居兩乾絶續之交，以乾接乾故曰“重剛”。位非二五，故不中。在天則安於上，在田則安於下。三居上下之際，其位爲多憂。因時而惕，則无時不惕，雖危无咎矣。

九四重剛而不中，上不在天，下不在田，中不在人，故或之。或之者，疑之也，故无咎。以三才言，三四皆人道。三近於地，四則近於天，非人所處，故曰“中不在人”。不在天，不在田，不在人，故在淵，淵即潛之處，潛則退，躍則進。進退未決，故疑惕者，戒懼於平日。疑者，審慎於當前，臨事致審，故无咎也。

夫大人者，與天地合其德，與日月合其明，與四時合其序，與鬼神合其吉凶。先天而天弗違，後天而奉天時。天且弗違，而況於人乎，況於鬼神乎？九五，大人中正无私，以天德居天位，而與天爲徒，故天地日月四時鬼神悉合而无間也。與天地合其德，謂覆載。與日月合其明，謂照臨。與四時合其序，若賞以春夏，刑以秋冬。與鬼神合其吉凶，若福善禍淫。先天而天弗違，後天而奉天時，言天人之合一。大莫如天，天且弗違，則近者如人，小者如鬼神，不足論矣。

亢之爲言也，知進而不知退，知存而不知亡，知得而不知喪。其唯聖人乎？知進退存亡而不失其正者，其唯聖人乎！進退屬身，存亡屬命，得喪屬位。知其一而不知其二，則亢而有悔。兩言“其唯聖人乎”，前爲知進退存亡得喪者發，後爲知進退存亡而不失其正者發。僅知進退存亡，其道或詭於正，必知之明，處之當，而皆不失其正，此非聖人不能。不及得喪者，舉重以概輕也。

䷁ 坤下坤上

坤：元，亨，利牝馬之貞，君子有攸往，先迷，後得主，利。西南得朋，東北喪朋，安貞吉。乾爲馬，乾牡而坤牝，故言牝馬。陰无元，以陽爲元。坤元即乾元也。坤含乾元，亦得亨通。而利貞之義小異，蓋乾無所不利，坤所利者，牝馬之貞耳。牝馬順之至，貞固守此，至順之中，而有至健，此坤德也。往，行也。君子所行，柔順而利貞，則與坤合德。坤從乾，則得所主，先乎乾則迷於所往，得主，則无所不利矣。文王卦位，西南巽、離、兑，均屬陰，坤之朋也。東北震、坎、艮，均屬陽，乾之朋也。得朋以佐乾，固利，喪朋以從乾，无利。地體安靜貞固，人以此自處，則吉。

《彖傳》：至哉坤元，萬物資生，乃順承天。至義與大略别，大則无外，至則有極。資始，以氣言；資生，以形言。坤元，即乾元，故曰“乃順承天”。

坤厚載物，德合无疆。含弘光大，品物咸亨。牝馬地類，行地无疆。天覆地載，其德相合。含，謂无所不容。弘，謂无所不有。光，謂无所不顯。大，謂无所不被。有此四德，品物皆得亨通。牝馬屬陰，故曰“地類”。无疆有二義：德合无疆，言其廣博；行地无疆，言其長久。“含弘光大”二句，釋“亨”字；“牝馬地類”二句，釋“利貞”。

柔順利貞。君子攸行，先迷失道，後順得常。西南得朋，乃與類行。東北喪朋，乃終有慶。安貞之吉，應地无疆。坤不自主，承天以施萬物，柔順也。承天以生物，直至有終，貞利也。君子法坤所行，亦當如是。坤道主成，成在後，故先迷而失其道。後乾而動，則順而得其常。西南得朋，乃與陰爲類。東北喪朋，則從陽而有慶。地道安貞，人能法坤，其吉亦應地无疆。

《大象傳》：地勢坤，君子以厚德載物。天以氣運故曰“行”，地以形載故曰

"勢"。馮時行曰："法坤以厚德，法重坤以載物，天地民物之表，聖賢道學之傳，非德之厚，孰能載之?"

初六：履霜，堅冰至。履象初，霜象六。陰生於午，當夏正五月。五陰而霜降。六陰而冰堅。一陰之月，尚未有霜。然陰氣既萌，君子履之，知地之下有霜兆焉。此即堅冰所由至也。未至而先憂其至，杜漸防微之意切矣。

《象傳》：初六"履霜堅冰"，陰始凝也，馴致其道，至堅冰也。履霜堅冰，朱子據《魏志》作"初六履霜"，今從之。馴，順習也。胡雲峰曰："上六，其道窮也。由初六順習其道，以至於窮耳。兩其道具載始末，《經》曰'堅冰至'，要其終也。《傳》曰'至堅冰'，原其始也。"

六二，直、方、大，不習无不利。二柔順中正，得坤德之全。正則无私，直也。中則无偏，方也。內直外方，故大坤以簡能承天而行，順物而成，初无假於修習，故不習无不利。

《象傳》：六二之動，直以方也。"不習无不利"，地道光也。二動從乾，看一"以"字，知坤之方，原於乾之直。不言大者，大由直方而見也。九五爲乾之主爻，故言天德，六二爲坤之主爻，故言地道。

六三，含章可貞，或從王事，无成有終。坤爲文，故言章。三爲兑體，故含也。人之章美，暴露於外者常有限，含蓄於中者常无窮，三位雖不正，以含章故亦可貞。乾爲王，坤從之，无成謂不居成功，正含章之意。三居重卦之半，故言无成。居內卦之上，故言有終。謙九三，睽六三，義亦猶此。

《象傳》："含章可貞"，以時發也。"或從王事"，知光大也。內含章美，待時而發，或從王事，則有可發之機，然含之不深，則發之无力。淺暗之人，有善惟恐人不知，安能含章？能含章而以時發，智之光大可知也。

六四，括囊，无咎无譽。坤中虛囊象。四陰爻在三五間，三剛爻在下囊底，結也。五剛爻在上囊口，結也。括囊之象，四多懼，處重陰閉塞之時，咎固致罪，譽亦致疑。括囊則二者皆无，其默足以有容。陽明擒宸濠之後，群小互相搆煽，陽明始則稱病西湖，既則逃入九華，但求免罪，不復言功，正合此爻之義。若在位而不敢言，假此爻以自文，則爲張禹、胡廣，失經義矣。

《象傳》："括囊无咎"，慎不害也。謹慎不與物競，故不被害。

六五，黄裳，元吉。黄，中色；裳，下飾。荀九家：坤爲黄，爲裳。黄裳之象下，下，本坤德。黄裳者，謂有至美之德，而能下人也，故元吉。

《象傳》："黄裳，元吉"，文在中也。孔子以中正定爻之德。此爻首見"中"字，坤爲文，有諸中者見於外。黄裳見於外，以文德在中也。

上六，龍戰於野，其血玄黄。坤爲夏正，十月之卦，陰窮於亥。窮陰薄陽，故至於戰。《説卦》言"戰乎乾"是也。居卦外野象，玄乾，天色，黄坤，地色。血玄黄，陰陽兩敗俱傷之象。履霜不謹，遂至流血，秉國鈞者，可不先事而預防哉？

《象傳》："龍戰於野"，其道窮也。道即馴致其道。初六陰之微，故戒其長。上六陰之極，故著其窮。陽窮於上則災，陰窮於上則戰，故易窮則變。

用六，利永貞。用六説見乾卦。安貞變爲永貞，坤之乾也。安者，順而不動之意；永者，健而不息之意。

《象傳》：用六"永貞"，以大終也。陽之極不爲首，是无首也，坤之極以大終，是无終也。終始循環，變化无端，造化之妙如是。

《文言傳》：坤至柔而動也剛，至静而德方。後得主而有常，含萬物而化光。坤道其順乎！承天而時行。乾剛坤柔，定體也。坤不動則已，動則陽剛見焉。在初爲復，在二爲師，在三爲謙，循是而往皆剛也。乾動坤静，定體也。坤固静矣，及其承乾之施，生物各有定形，不可移易，此其德之方也。蓋柔静其體，剛方者其用也。坤得乾，始能施其用，故曰"有常"。此一節極贊坤之順乾，以申《彖傳》釋卦辭之意，不分釋四德者，以坤之四德即乾之四德也。

積善之家必有餘慶，積不善之家必有餘殃。臣弑其君，子弑其父，非一朝一夕之故，其所由來者漸矣，由辯之不早辯也。《易》曰"履霜，堅冰至"，蓋言順也。此釋初六爻辭。善惡無不報，而遲速有時，其關鍵在一"積"字。滔天之禍，基於一念之不善。馴而成之也易，逆而制之也難，辨之於早則可治，積之以漸則勢成。《易》曰"履霜，堅冰至"，由漸而至也。坤爲順德，但順之亦必有道，順所不當順，非心邪念，无所不至矣。

"直"其正也，"方"其義也。君子敬以直内，義以方外，敬義立而德不孤。"直、方、大，不習无不利"，則不疑其所行也。此釋六二爻辭。乾二言誠，坤二言敬，敬，所以存誠也。乾二言仁，坤二言義，義，所以輔仁也。德不孤釋"大"字，德有吉有凶，遵是而行，則行无不利，而疑竇可釋矣。

陰雖有美，含之以從王事，弗敢成也。地道也，妻道也，臣道也，地道无成而代有終也。此釋六三爻辭。乾爲大始，坤爲大終。先迷故弗敢成，得主故代有終。爻曰"有終"，此曰"代有終"者，見"終"亦非坤之所有也。

天地變化，草木蕃。天地閉，賢人隱。《易》曰："括囊，无咎无譽"，蓋言謹也。此釋六四爻辭。天地交爲泰，天地閉爲否。四居重陰閉塞之際，有否象。君子當此時，有位當去，无位當隱。初曰"蓋言順"，值微陰之萌，其觀變也深；此曰"蓋言謹"，處重陰之介，其審時也至。

君子黄中通理，正位居體，美在其中而暢於四支，發於事業，美之至也。此釋六五爻辭。黄中屬黄字，通理屬裳字，正位屬黄字，居體屬裳字。有黄中之德，則理可旁通；有正中之位，則體可安居。有此二美積於中，故暢於四支，而美在一身；發於事業，而美在家國。此所以爲美之至也。美至故其吉大。

陰疑於陽必戰，爲其嫌於无陽也，故稱龍焉。猶未離其類也，故稱血焉。夫玄黄者，天地之雜也，天玄而地黄。此釋上六爻辭。陰盛則疑於陽，至不相容而有戰。陽生於子，實始於亥。純陰之月，未嘗无陽，故稱龍以明之。血爲陰類，卦仍屬坤，故稱血。陰陽色雜，故稱玄黄，言陰陽俱傷之意。

䷂震下坎上

《序卦傳》：有天地，然後萬物生焉。盈天地之間者唯萬物，故受之以屯。屯者，盈也。"屯者，物之始生也。"此孔子所作，後仿此。

屯：元亨，利貞。勿用有攸往，利建侯。屯，盈也，難也，春也。盈以氣言，難以事言，春以時言。屯爲春之始。春，篆作萅，以草之出爲象。春不可見，見於草，草始生而昧爲春。草昧初開，故曰屯。以卦象言，震爲雷，坎爲雲，轇轕不通，屯難之象。以卦德言，下動上陷，動乎險中。屯之義，動故元亨，遇險故利貞。震性好動，故戒以勿有所往。生民有欲，无主乃亂。多難之世，他事未遑，建侯實宜急也，故利建侯。上互艮，勿用有攸往之象，震驚百里，侯象。坤爲土爲衆，利建侯象。

《彖傳》：屯，剛柔始交而難生。動乎險中，大亨貞。雷雨之動滿盈，天造草昧。宜建侯而不寧。繼天地以用事者，長子也，其次爲坎，始交謂震，難生謂坎。坎險在前，動以求亨。遇險而能自守其正，其亨乃大。"雷雨之動滿盈"，釋"亨"字。震未動，坎氣屯而爲雲，動則化而爲雨，如是則陰陽和洽，而其動也滿盈，天造天運也，當草創雜亂冥昧晦塞之時，非建侯無以致治，未可自安暇逸也。坎勞震動，不寧之象。

《大象傳》：雲雷，屯。君子以經綸。坎雲上布，雷作而雨，未成陰陽之氣，結塞未通，所以爲屯。天下方屯，棼如亂絲，經綸皆治絲之事，經以引之，綸以合之，亂者始歸於理。經以象雷之震，綸以象雲之合。

初九，磐桓，利居貞，利建侯。磐桓，柱石也。初雖震體，居中爻艮坤之下，如柱石錯於地，不可移易，即彖辭勿往之義也。蓋霹靂震動事業，全從山嶽鎮定心術中流出，故利居貞。建如斯之人以爲侯，則利國利民。艮爲石，震爲木，磐桓之象。

《象傳》：雖磐桓，志行正也。以貴下賤，大得民也。磐桓而不輕進，與因利乘便者有别，即此見志行之正。《象傳》"正"字始見於此。以九居初，故爲正。陽貴陰賤，坤衆爲民，九退居初，以貴下賤，大得民也。

六二，屯如，邅如。乘馬班如，匪寇婚媾。女子貞不字，十年乃字。六二中正，比初應五，初志在濟屯，以網羅人才爲志，二爲初所制，故有屯如邅如之象。震爲馬，乘之者九五也，震於馬爲馵足爲作足，班如之象。坎爲盜賊之象。五與二爲正應，匪寇也，乃婚媾也。女子許嫁曰字，不字，謂不字於初，乃字，謂字於五也。坤數十，互坤十年之象。

《象傳》：六二之難，乘剛也。十年乃字，反常也。二柔初剛，二乘剛而爲所制，不能驟脱於難，遲之十年，正應方合，乃得復反其常也。

六三，即鹿无虞，惟入于林中。君子幾，不如舍，往吝。鹿，虞翻、王肅本作麓，山足也。下爲倒艮，上爲互艮。六三適居兩艮下爻之間，故取麓象。考《春秋》"沙鹿崩"，范寧注："鹿，山足。"據此則鹿訓山足亦通。山下故曰"林中"。即，就也。虞，謂虞人。四爲三前導，而爻體偶虚，无虞之象。入山志在得禽，既無虞人，則倀倀何之？君子見幾而作，不如舍去，以免往而致吝。三當震極，不中不正，又介坎陷艮止之間，故其象如此。

《象傳》："即鹿无虞"，以從禽也。君子舍之，往吝窮也。險阻在前，无虞而獵，非惟無益，反以致害。爻介震動艮止之間，或往或舍，一聽自決，與其往取吝窮，曷若舍之之爲愈也。

六四，乘馬班如，求婚媾。往吉，无不利。馬在險中，故班如。四雖才柔，然居得其正，與初爲正應。婚媾之象，二以非應而不字，四以正應而往吉。出處之道如是。

《象傳》：求而往，明也。明非四求也，必待求而往，非性修智明不能。爻例上爲往，下爲來，六四下從初亦謂之往者，自我適人，當謂之往，不謂之來。需上六三人來，亦謂之來者，人來適我，當謂之來，不得言往，此變例也。

九五，屯其膏，小，貞吉；大，貞凶。五陷險中，與初不應，雷聲未作，雲氣布於上而未爲雨，屯膏之象。膏澤未及於民，人將不我信，徐圖整理，尚可勉就範圍。大加振刷，勢必群相驚懼，其反感將有爲意料所不及者，故治新國用輕典。

《象傳》："屯其膏"，施未光也。一陽爲二陰所掩，未光之象。澤屯而不施，故未光。

上六，乘馬班如，泣血漣如。上陰柔不足有爲，退而求三，復無援助之力，勢處險極，故有"乘馬班如，泣血漣如"之象。坎爲加憂，爲血卦，泣血漣如之象。

《象傳》："泣血漣如"，何可長也。何可長也，謂何可長如此也。憂勞固可興國，但徒憂亦屬无濟，道在知變耳。

䷃ 坎下艮上

《序卦傳》：物生必蒙，故受之以蒙。蒙者，蒙也，物之穉也。蒙與萌通。《説文》："萌，草芽也。"以明蒙有始生之義也。穉，《説文》：幼禾也，是物生之蒙也。

蒙：亨。匪我求童蒙，童蒙求我。初筮告，再三瀆，瀆則不告。利貞。乾坤之後，剛柔始交。初交成震，再交成坎，三交成艮。震坎合而爲屯，艮坎合而爲蒙。屯主震之一陽，而曰"利建侯"，君道也。蒙主坎之一陽，而曰"童蒙求我"，師道也。蒙，昧也。物之初生，蒙昧未明也。山下有險，蒙之象。内險外止，蒙之義。人生而蒙，非性之昧，故有亨之理。童蒙謂五，艮爲童蒙。我，二也。他卦皆貴以陽求陰，惟蒙有師道。禮聞來學，不聞往教，貴以陰求陽，故彖辭特以"匪我求童蒙，童蒙求我"二語示其例，見與他卦以陽求陰者有别也。初筮，主九二言，再三，主上九言。内卦初筮，外卦再筮。二當初筮之中，上居再筮之三，筮所以决疑，决之不一，則意以煩雜而益增其惑。故初筮則告，再三則瀆。瀆，污褻之意。坎爲瀆，瀆則不告，即不憤不啓、不悱不發之意，所以促其自動。其不告也，乃不教之教，正深於教者也。貞，正也。蒙之爲義，利以養也。

《彖傳》：蒙，山下有險，險而止，蒙。"蒙亨"，以亨行，時中也。"匪我求童蒙，童蒙求我"，志應也。"初筮告"，以剛中也。"再三瀆，瀆則不告"，瀆蒙也。蒙以養正，聖功也。坎險艮止，處不安而進不利，所以爲蒙。"時中"二字，括盡教育之義，當其可之謂時，無過不及之謂中。志未應而遽欲亨之，非時中也。蒙以養正，時過而後養，非時中也。“志應”二字宜玩，謂二感而五應也。善教育者，非僅濬其智識，在有以陶其心志。志應則見其心志之活潑，但此無以感之，彼亦安得而應之，應生於感也。故善教者不僅以言教，貴以身教，不僅以身教，貴以神教。應之深乃見感之神，剛中謂二，二惟剛中，故應不窮而告有節，無節而至再三，則爲瀆。瀆而仍告，則昏蒙之童，不惟不能領受，反愈增疑惑，是瀆蒙矣，故不告。二至上象頤養象，養正於蒙，法之至善。蓋發而後禁，則扞格而難伸。不待禁而養之於豫，此作聖之基。始於蒙而終於聖，不外一正字。瀆蒙以上亨之義，蒙以養正，二句利貞之義。

《大象傳》：山下出泉，蒙。君子以果行育德。水在山下，爲始出之泉，其源靜深而有本，其流壅閼而未通，其象爲蒙，德見於事爲行，行得於心爲德。君子體蒙爲象，以果决其行，涵養其德，此正作聖工夫。果行，象泉之出；育德，象山之深。

初六，發蒙，利用刑人，用説桎梏，以往吝。初處坎下，象泉之始發，故曰“發蒙”。四之困蒙，五之童蒙，皆主蒙者言也。九二剛中，爲治蒙之人，初比而承之，又剛柔相得，故曰“利用刑人，用説桎梏”。刑，即“儀刑文王”之刑。人謂九二。桎梏，蒙之象，能刑人，則能説此桎梏，豁然涣然，如泉源之達。二“用”字承一“利”字，皆言初之所宜用也，若儀型在前，不知取法，安於桎梏，拘蔽日深，必往而爲困蒙之吝。初與四應爲往。

《象傳》：“利用刑人”，以正法也。正法，言當以正爲法也。“以”字釋“用”字，“法”字釋“刑”字，“正”字釋“人”字。

九二，包蒙，吉。納婦，吉。子克家。敷教在寬，故曰包蒙，凡言包者，皆外包乎内也。包與納，二虚能受之象。克家，九剛能任之象。諸爻皆陰，故云婦。二能包納，則克濟其君之事，猶子能治其家也。

《象傳》：“子克家”，剛柔節也。節與接同，二有剛中之賢，五以柔中接之，所以能成克家之功也。

六三，勿用取女，見金夫，不有躬。无攸利。金夫指九二。乾爲金，故稱金夫。三與上爲正應，不能法屯之貞。舍初而從五，乃貪利慕勢，失身於二，此女子之蒙者，故宜勿娶。上艮爲躬，爲上所棄，不有躬之象。爻本陰柔，不中不正，又居艮止坎陷之中，不能自拔，故有此象。

《象傳》：“勿用取女”，行不順也。婦人以從夫爲順。舍其正應而他適，行之不順莫大乎是。

六四，困蒙，吝。處二陰之間，與二陽不比不應，故困也。有困於天，有困於人。困而學之，困於天或不困於人。既不遷善，復不擇善，所謂困而不學，民斯爲下者歟？繫之以吝，欲其知耻而自奮也。

《象傳》："困蒙之吝"，獨遠實也。陽稱實。四承乘皆陰，故曰"獨遠實"。吕榮公謂"人生内無賢父兄，外無嚴師友，而能有成者少矣"，正四之謂也。

六五，童蒙，吉。艮爲少男，五本艮體，故曰"童蒙"。具柔中之美質，下應九二，能自得師如太甲之於伊尹，成王之於周公，虚己下人，吉孰大焉。

《象傳》："童蒙之吉"，順以巽也。中爻爲順，變爻爲巽，受教之道，非虚中巽順不能獲益。童蒙之吉，其道由此。

上九，擊蒙，不利爲寇，利禦寇。艮爲手擊象，應爻坎爲盗寇象。三不順教，上剛不中，故擊也。御寇乃出於不得已，爲寇則鄰於好戰。本卦二剛皆治蒙者，九二剛而得中，其於蒙也能包之，治之以寬者也。上九剛而不中，其於蒙也乃擊之，治之猛者也。

《象傳》："利用禦寇"，上下順也。中爻坤順象，御寇而不爲寇，則擊之正所包之，上順下，斯下自順上也。

䷄ 乾下坎上

《序卦傳》：物穉不可不養也，故受之以需。需者，飲食之道也。飲食男女，人之大欲。屯、蒙言男女，需言飲食，防人欲之險，欲人在二者之間皆得其正也。需不訓飲食，而以飲食言者，人之所需，莫切於飲食也。

需：有孚，光亨，貞吉，利涉大川。水在天上，尚未成雨，需之象也。乾主乎進，遇坎險不肯遽進，需之義也。孚，信之在中者也。二五皆中實，故言有孚。互離爲日，日在天上，无所不照，又在坎水兑澤間，水日之光，相爲蕩射，故言光。兑説故亨，陽正故貞。坎爲大川，乾健而知險，故利涉。需爲人情所不願，必有孚而後燥平妄釋。由静而生光明，神寧體泰，由安而致亨通，更能貞固守之，則處事吉而涉大川亦利也。

《彖傳》："需"，須也。險在前也，剛健而不陷，其義不困窮矣。"需，有孚，光亨，貞吉"，位乎天位，以正中也。"利涉大川"，往有功也。險在前，謂坎也。乾性剛健，剛則能斷，健則知險，既有定識，復有定力，不肯冒進而陷於險，度之於義，自不至於困窮矣。位乎天位謂五，五雖爲坎主，然所處中而且正，德同乎乾，乾恃五而進，故有須乎五。五恃乾爲援，則五亦須乎乾矣。故曰需，須也，需而不進，非不往也，惟不輕進，是以往而有功，大川可涉，而險可出矣。

《大象傳》：雲上於天，需，君子以飲食宴樂。雲上於天，必待陰陽和洽然後爲雨，故名曰需。君子觀需之象，居易俟命，飲食以養其身體，宴樂以和其心志。無入而不自得，坎酒食而互兑口，飲食之象。乾陽舒而互兑説，晏樂之象。

初九，需于郊，利用恒，无咎。國外曰郊，乾爲郊，故曰"需於郊"。下三爻由遠而進初，所需最遠，恐其中途改變，故戒以"利用恒"。言必安常守静，始無咎也。

《象傳》："需於郊"，不犯難行也。"利用恒，无咎"，未失常也。恒爲乾德。人而無恒，或爲才能所使，或爲事勢所迫，或爲義氣所激，犯難而行，而不自覺。乾初勿用，利用恒，則不失乾之故常矣。

九二，需于沙，小有言，終吉。二與五，應水中之剛，沙之象。互兑，小有言之象。二有剛中之才，見前有坎窞之險而不遽進。退而隱者，責之以潔身。進而仕者，責之以拯溺。二則不激不隨，相時而動，不失己，亦不失人，故終吉。

《象傳》："需于沙"，衍在中也。雖小有言，以吉終也。衍者，寛平之地，乾九二，寛以居之，外雖險而中寛，則雖小有言，而不爲所動，以吉終。正所謂"利涉大川，往有功也"。

九三，需於泥，致寇至。上與坎接，故稱泥。坎爲盜寇象，三不中而迫於險，但致寇則寇至，不致寇則寇不至。

《象傳》："需於泥"，災在外也。自我致寇，敬慎不敗也。以二體作内外言，於此首見"外"字。災在外，言迫於坎也。寇自我致，則禍起於我，非起於寇，處以敬慎，則寇可不至。乾以惕无咎，意亦猶此?

六四，需於血，出自穴。坎爲血卦。物資水以養，人資血以生。血爲陰屬，四與初應，陰陽調和，故曰"需於血"。穴，坎下偶虚象，出自穴，則不陷，非求賢以自助，曷克臻此?

《象傳》："需於血"，順以聽也。順聽乎初，見陰以從陽爲順也。舊説泥於"血"字，謂四爲陽所傷，不知傷必見拒，决不順以聽也。

九五，需於酒食，貞吉。萬物需雨澤，人需飲食。九五爲需之主，需於酒食。有人人樂其樂，利其利之意。貞吉謂守正道而得吉，與沈湎怠荒者有别。

《象傳》："酒食貞吉"，以中正也。"中正"二字并見始此。酗酒嗜食，凶之道。九五中正，嗇于自養，豐于養人，所以獲吉。

上六，入于穴，有不速之客三人來，敬之終吉。穴，坎上偶虛象。三人，下乾三爻象。乾西北卦，賓位，客象。速，召也。《儀禮》有速賓之文。三陽自上外出，主人未應，不速之客也。六位高險深，不需而進，故入於穴，犯難者也。三人偕來，上雖入穴，所敬之客，拯之使出，故終吉也。三需泥以敬慎而不敗，上入穴敬客而終吉。不敬，則無在不成險阻；能敬，則所至悉爲坦途。人可不知處險之道哉？

《象傳》："不速之客來，敬之終吉"，雖不當位，未大失也。三陽爲五而來，上不當位。然柔順而能敬，不敢失人之心者，必能得人之力，故入險終能出險，雖有所失亦不大。

䷅ 坎下乾上

《序卦傳》：飲食必有訟，故受之以訟。鄭康成曰："訟猶争也，言飲食之會，恒多争也。"

訟：有孚窒惕，中吉，終凶，利見大人，不利涉大川。訟字從言從公。人有争不能直之於私，故言於公也。以卦象言，天運於上，水流於下，其行相違，所以成訟也。以卦德言，乾剛坎險，上剛以制其下，下險以伺其上，此訟之所由起。就一人言，内險而外健，就二人言，此險而彼健，此訟之所由成。有孚，謂不爲無情之辭，情即實矣。因曲直之未分，不能无窒。因勝敗之未明，不能無惕，窒則恐其成訟，惕則不敢遽訟也。若既訟則以中止爲吉，終訟爲凶。蓋怨宜釋不宜結也。利見大人，言獄可得其平。不利涉大川，言險決不可冒。九二中實有孚之象，一陽沈溺於二陰之間，窒之象。坎爲加憂，惕之象。陽剛來居二，中之象。上九過剛，終之象。九五中正，大人之象。坎爲水，互巽爲木，木在水中，本可涉大川，因上有三陽之實，陰虛又遇巽風，易入於險，故有不利涉之象。

《彖傳》：訟，上剛下險，險而健，訟。"訟：有孚窒惕，中吉"，剛來而得中也。"終凶"，訟不可成也。"利見大人"，尚中正也。"不利涉大川"，入於淵也。不險則不生訟，不健則不能訟。險而又健，致訟之由。二剛自外來而得中，惟得中而訟，因以中止，故吉。上九過剛，因終訟而致凶，故曰"訟不可成"。中正爲聽訟之道，惟九五備有此德。《書·吕刑》云："咸庶中正"，蓋深得此意。涉險而至入險，不利孰甚，故戒之。

《大象傳》：天與水違行，訟。君子以作事謀始。乾坎本同氣而生，一動之後，遂至背道而馳。始於相合，終於相違，訟之象也。君子觀此則知訟端之起，由於始之不慎。凡事有始有中有終，訟中吉終凶，然能謀其始則訟端既絶，中與終皆不必言矣。坎水流行不息，作事之象。乾知大始，謀始之象。

初六，不永所事，小有言，終吉。永字象水長流不已，初在坎下，尚未長流，不永之象。有言，偶爻開口象，不曰訟而曰事者，方事之起，猶冀其不成訟也。才弱位下，稍有不平，微愬而不敢遽訟，雖有言而小，故終吉。

《象傳》："不永所事"，訟不可長也。雖"小有言"，其辯明也。當訟初起，故以不可長爲戒，應四互離，故其辯明。

九二，不克訟，歸而逋，其邑人三百户，无眚。卦以應爻爲訟。五剛居尊，二與之訟，其勢不敵，幸其得中，不敢求直，故歸而逋，邑大則猶有據邑之嫌。三百户則其邑小。《周禮》："憑小犯寡則眚之。"眚者，四面削其地也。二爲下體之君，君既不争，則邑人亦不被其害，故無眚。《説卦》："坎萬物所歸，又爲隱伏。"歸逋象坎，坤體故爲邑，互離，户象。

《象傳》："不克訟"，歸逋，竄也。自下訟上，患至掇也。竄字釋歸逋，見勢不敵，竄遁以求自全，否則自下訟上，禍患之至，如自掇取。二既得中，必不爾也。

六三，食舊德，貞厲，終吉。或從王事，无成。坤中爻變而成坎，初三皆坤之舊，舊德即順德，曰貞曰或從王事，皆坤三之舊辭。食舊德則能安分，從王事無成則不越分。貞則守正，厲則自危，守正而知自危，則争自泯，不至興訟，故終吉。

《象傳》："食舊德"，從上吉也。訟主勝人，不主從人。守坤之舊，順以從人，則争端絶矣。故吉。

九四，不克訟，復即命，渝安貞吉。不中不正，故不克訟。二與五訟，不克者勢。四與初訟，不克者理。四知理之不可違，歛其好勝之氣，而即於命，變其好争之心，而安於貞。渝，變也，變而成巽。巽爲命，復即命之象，變而得位，故安貞吉。

《象傳》："復即命，渝安貞"，不失也。九四變爲六四，則變得其正，性既柔順，自无好訟之失，故曰"復即命"。渝安貞，不失也。

九五，訟，元吉。居中得正，彖辭所謂大人是也。大人在上，未訟則感之而化，已訟則就之而直，吉孰大焉。

《象傳》："訟，元吉"，以中正也。爾身克正，罔敢不正？民心罔中，惟爾之中，所謂使民無訟者如此。

上九，或錫之鞶帶，終朝三褫之。或者，非必然之辭。鞶帶，命服，以賞有功，非以獎訟。上與三訟，三守其順，上逞其剛，容有或勝之理，終有必敗之時。雖或錫之，終必褫之。楊惲告霍氏，息夫躬告東平，以此而侯，卒以此誅。與此爻情事正合。乾爲圜鞶帶之象，離日居下，終朝之象。坎爲盜，褫奪之象。

《象傳》：以訟受服，亦不足敬也。以訟受服，不褫亦不足敬，況必褫乎？此極言訟之不可終也。

䷆坎下坤上

《序卦傳》：訟必有衆起，故受之以師。師者，衆也。凡有血氣者皆有争心，訟與師皆起於所争。兩造相争謂之訟，兩國相争謂之師。師起於訟者，因微至於著也。

師：貞，丈人吉，无咎。坤衆坎險。用衆以行險，師之象也。内險外順，險道而以順行，師之義也。貞，坤德也。坤以順爲貞，兵凶戰危，非民所願。以義而動，衆心乃順。衆之順，師之貞也。丈人謂九二，互震爲長子，二剛得中，坎水内明，震雷外威，是齒德俱尊，智勇兼全者也。如此乃無愧丈人之稱。師貞矣，而又以丈人將之，故吉且无咎。吉，謂克敵。無咎，謂完師。

《彖傳》：師，衆也。貞，正也。能以衆正，可以王矣。剛中而應，行險而順，以此毒天下，而民從之，吉又何咎矣！師貞非徒以己正也，以衆正也。能左右之曰以，能以衆正，舉天下不正者，均反於正，如是則王天下不難矣。主持正義，剛中而應，言任將之道。二剛中，五以柔道應之，方得展其才。行險而順，言興師之道。至險而以至順行之，民乃服從。毒如毒藥之攻病然，去毒者必以毒。將欲安之，必先毒之。老子所謂不得已而用之者是也。師以正舉，以順動，猶不免於毒天下，故雖吉而无咎。《雜卦傳》猶以爲憂，聖人慎戰之心於此可見。坎爲險毒象，坤爲順爲衆，民從之象。

《大象傳》：地中有水，師。君子以容民畜衆。水容於地，而不見有水。兵寓於農，而不見有兵。君子觀水由地中行，取其容而有制，而得師之象。不容無以得天下之心，不畜無以制天下之命。容畜，坎象，民衆，坤象。

初六，師出以律，否臧凶。坎爲法律，出師之初，以嚴法律爲第一義，失律則雖善而凶，極言法律之不可弛也。臧，謂克敵。凶，謂殃民害義。

《象傳》："師出以律"，失律凶也。以律不言吉，見法律爲行軍者所必守，或勝或敗，猶未可知，失律則雖善戰而亦凶。蒲騷之役，可爲殷鑑。

九二，在師，中吉，无咎，王三錫命。九二剛中，即《象傳》所謂丈人。剛濟以柔，威和並用，居中位而得中道。以是人而在師中，則有勝殘去殺之吉，而无勞民傷財之咎。然將兵者將也，將將者君也，老成持重，讒謗易生，如趙營平之在湟中，羊太傅之在襄陽，必有貪功喜事之徒，以師久無功爲言者，非人君信任之專，寵命迭頒，安能全威望而資鎮攝？賴六五以柔中應之，故二得遂其志。王指五，自二至五，歷三爻，皆偶虚開口，王三錫命之象。

《象傳》："在師中吉"，承天寵也。"王三錫命"，懷萬邦也。天謂五也。卦通同人。乾爲天，五能順天。二在師中吉，以其承天之寵也。王三錫命，以二之能懷柔其民，不主威服也。將而知此，則不自恃其功，君而知此，則不濫行其賞。坤爲萬邦，坎爲憂懷萬邦象。

六三，師或輿尸，凶。九二，師之主也。三居其上，外柔弱而内剛狠。而復主軍制，如趙穿之違臾駢，欒黶之蔑荀偃，不奉帥令，豈不見凶？坤爲輿衆象。

《象傳》："師或輿尸"，大无功也。二陽爲大，統制全軍，復使三主之，則事權不一，三固見凶，二亦因以無成功，故曰"大無功"。郭子儀之師潰於相，其明證也。

六四，師左次，无咎。六四得位而无應。无應，不可以行，得位則可以處。軍行出則尚右，旋反則尚左。震位居左，左次之象，坤體平陸而無險。左次則依震林坎水，有險可據，故無咎。楊誠齋曰："善戰者不必進，退亦進也。禹之班師，晋文之退舍是已。使高祖不至白登，太宗不渡鴨緑，咎於何有？"

《象傳》："左次无咎"，未失常也。見可而進，知難而退，師之常道、常律也，左次亦必以律。

六五，田有禽，利執言，无咎。長子帥師，弟子輿尸，貞凶。執言猶《書》所謂奉辭。禽在山林不爲物害，固无俟乎獵取。入於田則害稼，非屏除不可，故伐罪必先奉辭。禹之征苗，啓之伐有扈，胤之征羲和，自虞夏以來，未有師出無名者。坤順也，坎剛居中直也，順且直則有言可執，何咎之有？長子謂二，震爲長子。弟子指三，三體坎，坎爲中男，震之弟。長子帥師，復使弟子主之，則雖正而亦凶。六五性陰柔故許之，而復戒之。二爲田坎爲豕，田有禽象。

《象傳》："長子帥師"，以中行也。"弟子輿尸"，使不當也。二五居中相應，以中行，謂二有剛中之才，使之當也。使不當，謂六三以不中不正之才，而使之主師，則所使不當矣。裴度請勿置監軍而淮蔡以平，李德裕請罷監軍而三鎮皆定。任將不專，未有不取禍者。不當由於上使，欲五知所擇也。

上六，大君有命，開國承家，小人勿用。五爲君位，爻比六五，大君有命之象，爻爲陰小人之象。上與三應，以位爲弟子，以德爲小人。師終凱旋，頒爵定封，或開國而爲諸侯，或成家而爲大夫，所以賞功也。小人勿用，大君之命辭也。凡師之興，皆由於小人。幸有丈人，師克終矣。若又用小人，則前師終而後師復起，必至兵連禍結而不已，故戒以勿用。不永所事，息訟之端於始；小人勿用，杜師之原於終。聖人憂世之心切矣。

《象傳》："大君有命"，以正功也。"小人勿用"，必亂邦也。正功言賞必當功，在師則錫命，旋師則正功，優禮丈人，師乃克捷。蓋師之所賴者丈人，所忌者小人。用小人，則爲師之所自起，不可不慎也。

䷇ 坤下坎上

《序卦傳》：衆必有所比，故受之以比。比者，比也。崔憬曰："方以類聚，物以群分。人衆則群，類必有所比矣。上比相阿黨，下比相和親也。相黨則相親，故言比者，比也。"

比：吉。原筮，元永貞，无咎。不寧方來，後夫凶。地得水而柔，水得地而流，比之象也。五以陽居尊位，衆陰比而從之，比之義也。凶生於乖戾，今既得親比，故云比，吉也。《爾雅·釋言》："原，再也。"蒙之剛中在下卦，故曰"初筮"。比之剛中在上卦，故曰"再筮"。蒙之筮，問之於人者也，不一則不專。比之筮，問之在我者也，不再則不審。馬援謂"當今之世，不但君擇臣，臣亦擇君"，原筮即審擇之意。元者，善之長也。五陽乾元，故曰"元"，永恒也。貞，正也。全體坤，坤利永貞，故言永貞。具此三德，然後足以長人，得其人而親比之，而後可以无咎。凡卦自上而下曰來，比之成卦，本以衆陰比陽爲義，而五猶以位在坎中，憂畏不寧，方且來比於下。上下交相比，乃益見親切。五陽爲夫，上在五後爲後，後夫凶者，如萬國來朝，而防風後至。天下歸漢，而田横不來，其不能獨存也必矣。坎險多憂不寧之象。

《彖傳》：比，吉也。比，輔也，下順從也。"原筮，元永貞，无咎"，以剛中也。"不寧方來"，上下應也。"後夫凶"，其道窮也。比，吉也。言人相親切則吉也。比，輔也，言陽居尊位，群下順從以親輔之也。蓋輔者，比之義；順從者，又輔之義。坤爲順，坤在下，而比於上，是下順從於上也。《詩・大雅》："克順克比"，是其義也。剛中謂五，剛中則無私，此所以爲元也。剛中則行健，此所以爲永也。剛中則不偏，此所以爲貞也。有此三德，始得无咎。上下應者，言陰上比於陽，而陽亦下比於陰。上能下下，故歸之者如流水。舊解有以上指上六言者，誤矣。不知上爲無應，故見凶，應則比，比則吉矣。上居卦極，以柔乘剛，自外德化而比道以窮，所以爲後夫凶也。凡言窮，皆示以當變，變則通也。

《大象傳》：地上有水，比。先王以建萬國，親諸侯。地中有水，水藏乎地中而不可見也。地上有水，水行乎地上而有所歸也。物之相比，莫親於地與水，故爲比。地上之水，散則萬，合則一，如萬國之民，各比於一侯，又如萬國之侯，各比於一王。不曰諸侯親王，而曰王親諸侯，蓋上之親下，甚於下之親上。萬國象地，諸侯分布其上，象水。

初六，有孚比之，无咎。有孚盈缶，終來有它，吉。《易》例貴正應，惟比諸爻，不論應否，而以比五爲義。初去五最遠，比之最先，與人交止於信，信義既孚，故得無咎，且不僅無咎已也。果信義昭著，而復充實，且有他吉。初不與五應，故曰有它，謂意外之獲也。魯之分地於齊以先至而多受地，亦它吉也。坎爲水，有孚象。坎卦五爲有孚，四爲用缶，坎水盈則下流，故初六取以爲象。

《象傳》：比之初六，有它吉也。初以非應而得比於五，故曰"有他吉"。

六二，比之自内，貞吉。《易》例上卦爲外，下卦爲内。此卦六二言内，六四言外，分言内外見於此。諸爻比五，二獨與五爲正應，相比尤見親切，如留侯之於高祖，鄴侯之於肅宗，地居親近，謀參帷幄。唐德宗稱陸贄爲内相，意亦猶是。二得正，親比而非阿比，故吉。

《象傳》："比之自内"，不自失也。自内而比於五，不失己可親之人也。《論語》曰："因不失其親，亦可宗也"，是其義也。

六三，比之匪人。三不中不正。乘承應皆陰，所比皆非其人之象。玩彖辭此爻亦應比五，緣中爻艮位有止而不進之象，又居坤末，迷于所往，故取義獨别。

《象傳》："比之匪人"，不亦傷乎？暱近匪人，可傷孰甚？

六四，外比之，貞吉。外比者，明不應初而比五也。二四皆以陰居陰，是自處已得其正。而上承九五，所比又得其正，故皆言貞吉。

《象傳》：外比於賢，以從上也。《程傳》："五陽剛中正，賢也。居尊，位上也。親賢從上，比之正也。"

九五，顯比，王用三驅，失前禽，邑人不誡，吉。王者之心廓然大公，貌與人相親，心不可與人相見。王者不爲也，故曰“顯比”，言顯明其比道也。比者親之，不比者任之。王用三驅，如天子田獵不合圍，網開一面是也。失前禽，如來者不拒，去者不追是也。邑人不誡，不相警備以求必得之意，如此乃見大同氣象，故吉。師、比皆有禽，師禽在内，境内之寇也，執之固宜。比禽在外，化外之民，失之何傷？師執言猶誡，比、不誡並其言，而亦亡之矣。内卦爲後，外卦爲前，故言前禽，前禽即後夫。衆已比五，而上獨後，是爲後夫。衆皆隨五，而上獨前去，是爲前禽。坤爲衆，爲輿馬，駕坤輿以行，驅象。艮爲黔喙，坎爲豕，禽象。

《象傳》：“顯比”之吉，位正中也。舍逆取順，失前禽也。邑人不誡，上使中也。五居中得正，有其德，復有其位。逆者舍之，順者取之，不强人之必從，而人自无不從。上使中，言下之相喻無言，非下之中自爲之，乃上之中實使之也。

上六，比之无首，凶。陽者陰之首，卦之四陰，皆上比五，是爲有首。上乘九五而不承焉，比之无首者也。當比之時，衆皆得主，己乃獨立，凶可知矣。乾无首而吉者，陽不自以爲首，得君道也。比无首而凶者，陰不以陽爲首，失臣道也。

《象傳》：“比之无首”，无所終也。陰以陽爲首，則有所終。先陽則迷，安得有終？

☴乾下巽上

《序卦傳》：比必有所畜，故受之以小畜。《程傳》：“物相比附則爲聚。聚，畜也。又相親比，則志相畜，所以次比。畜，止也，止則聚矣。”

小畜：亨。密雲不雨，自我西郊。小者，陰也，畜者，止也。巽陰得位，上下五陽，皆其所畜，以小畜大，小畜之象。畜之未極，陽猶尚往，小畜之義。物畜則止，止極則行，故小畜而有亨義。我，文王自謂也。凡陰蔽之極，則陽氣薰蒸而爲雨。密雲不雨者，陰方上往，未至于極。自我西郊者，方起于此。未至于彼，文王傷膏澤之未能普，由己德之有未孚而引咎自責，欲積誠以感之也。乾氣升故爲雲，密雲象。巽風離日，不雨象。兑在西，乾爲郊，西郊之象。

《彖傳》：“小畜”，柔得位而上下應之，曰小畜。健而巽，剛中而志行，乃亨。“密雲不雨”，尚往也。“自我西郊”，施未行也。柔得位指四，上應之指五。上二陽，助其畜者，下應之，指内卦三陽受其畜者。非應曰應，陰者，陽之所求也。畜道不一，以陽畜陽，謂之大畜；以陰畜陽，謂之小畜。舊解多主臣畜君，郭白雲獨主畜天德，義較賅括。内健則立心正，外巽則處事和，剛中九五也。志行，四之巽志也。剛德居中而巽，是以亨也。曰尚往則非不往，曰未行則非不行，畜極而通。雲終爲雨，澤必下逮，但須待時耳。

《大象傳》：風行天上，“小畜”。君子以懿文德。風行天上，有氣而无質，有聲而无實，能畜而不能久，小畜之象。爲學首在畜德。大畜有囊括宇宙、包羅萬古之心胸，故曰“多識前言往行以畜其德”。小畜有一言必謹、細行必矜之學力，故曰“以懿文德”。懿取巽體柔順之象，德取乾體剛健之象，文取互離文明之象。

初九，復自道，何其咎，吉。乾初復體，剛則得正。雖與四應，能自樂其道，而忘人之勢，不屑進而求榮。何荷通，受也。應而不相得，四將咎之，初寧受其咎，而不肯貶其道，其自立如此。身名俱泰，故吉。

《象傳》：“復自道”，其義吉也。求己而不求人，復所當復，於義爲吉。

九二，牽復，吉。二雖辨之不早，未能自復，爲初所牽而復焉，是能舍己而從人者也，故吉。

《象傳》：“牽復”在中，亦不自失也。剛而居中，與過剛者有别，故牽於初而復亦不自失。

九三，輿説輻，夫妻反目。輻，子夏、京房《傳》均作輹，與大畜説輹同。輹，《釋名》及《鄭注》皆云“狀如伏兔，在軸上”。案：輻無説理，必輪破轂裂而後説也。輿下之輹，乃有説。時，夫謂三，妻謂四，三性過剛不能自制其動，爲四所畜。進不利於行，故曰輿説輹。退不安於室，故曰夫妻反目。乾伏坤、離伏坎皆有輿象，説輻兑毁折象。離爲目目象，巽多白眼，反目之象。

《象傳》：“夫妻反目”，不能正室也。自無過舉，何待於畜？孔子罪其不能正室，自非妻之過，乃夫之過。此探本之論。

六四，有孚。血去惕出，无咎。中虚爲孚之本，中實爲孚之質，故四與五皆言有孚。一陰畜五陽，其力弱，其事難，四能與五孚，則精誠所感過於勢力之敵，故血去惕出而無咎。離伏坎爲血，爲加憂，故言血惕。

《象傳》：“有孚，惕出”，上合志也。上合五中而巽志行，見非僅一陰之力也。

九五，有孚，攣如，富以其鄰。五與四孚，如拘攣然。陽實爲富，相比爲鄰。五能推其富以助四，是富以其鄰也。名以巽止健，實以健止健也。巽爲繩，攣如之象。

《象傳》："有孚攣如"，不獨富也。不獨有其富，而與四共之，所以能成畜也。

上九，既雨既處，尚德載。婦貞厲，月幾望。君子征凶。項平甫曰："居畜之極，畜道以成。不雨者既雨，尚往者既處。説輹者爲載，反目者爲婦，《彖》之所謂亨者，於是見之。德積而成載，所畜大矣。然以小畜大，非可常之事。婦道貞此而不變則危，君子過此而復行則凶。月望則昃，陰極則消，自然之理。進而不止，能无凶乎？既亨之後，又以戒之。"

《象傳》："既雨既處"，德積載也。"君子征凶"，有所疑也。以小畜大，而至於成，尚欲前往，必以致疑。疑如陰疑於陽之疑，巽爲不果，疑象。

䷉兑下乾上

《序卦傳》：物畜然後有禮，故受之以履。物畜不通，則君子先懿文德，内畜德以養其心，外設禮以制其宜。美在其中而暢於四支，此履所以繼畜也。

履：履虎尾，不咥人。亨。凡卦皆先舉卦名而後繫以辭。此言履而綴以虎尾二字，蓋以僅言履不足以盡卦義也。同人、艮二卦亦同此例。履者，禮也。履本訓行，不訓禮。因人所踐履，未有能外禮者，故復訓履爲禮。卦兑下乾上，天尊於上，澤卑於下，履之象也。内和悦而外剛健，禮嚴而有和之義也。履虎尾即《書》言"若蹈虎尾"之意。履之爲卦，乾惕巽順兑説，以此行禮，則雖遇强暴而不爲所辱，如履虎尾而不被咥，所以得亨。依《彖傳》柔履剛之文，則虎指乾，蓋取其健也。

《彖傳》："履"，柔履剛也。説而應乎乾，是以"履虎尾，不咥人"。"亨"，剛中正，履帝位而不疚，光明也。三以柔進退履衆剛，故有履虎尾象，而不咥人。亨者，以説而應乎乾也。剛中正謂五，履帝位即釋履虎尾。大凡踐履工夫，須於至難至危之處，試驗得過，始無往不利。危无過於履虎尾，尊莫過於帝位。由尊而推之卑，由危而推之安，天下之時位盡矣。如是則内省不咎，其道光明。光明釋亨字，互離爲光明之象。卦辭未有險於履者，九卦處憂患，以履爲首，思深遠矣。

《大象傳》：上天下澤，"履"。君子以辨上下，定民志。禮有定分，故上天下澤爲履。上不可侮下，泰所以通上下之情。下不可僭上，履所以嚴上下之分。参觀二義，始得其平，辨上下者乾之斷，定民志者兑之説。

初九，素履，往，无咎。初陽在下，未爲物牽。率其天真，不加緣飾，所謂素履，如舜之飯糗茹草，若將終身；顔子簞瓢陋巷，不改其樂。循是而往，何咎之有?

《象傳》："素履之往"，獨行願也。素位而行，不願乎外，所謂大行不加，窮居不損者也。无應故曰獨行。

九二，履道坦坦，幽人貞吉。行道路者由中則平坦，從旁則崎嶇。九二居柔而得中，故曰"履道坦坦"。上無應與，故曰"幽人"。幽静之人，淡泊自安，无所歆羨，故正而且吉。爻變成震，爲大塗，大塗故坦。雷藏澤中，幽人之象。或以二爲臣位，不得言幽人。不知勢利之忘，在心不在境也。

《象傳》："幽人貞吉"，中不自亂也。富貴不淫，貧賤不移，威武不屈，則中不自亂。

六三，眇能視，跛能履，履虎尾，咥人，凶。武人爲于大君。陰柔居剛，不中不正，故眇自謂能視，跛自謂能履。冥行蹈險，履虎尾而不知懼，取咥宜矣。然剛柔无常，惟人所用。若武人爲於大君之事，身履行陣，置生死於不顧，則雖凶，而不損爲正。是故處常用二之幽，處變用三之武。道非一端，隨時履之可矣。互離爲目，互巽爲股，遇兑故眇。離爲甲胄武人之象。乾爲大爲君，大君之象。

《象傳》："眇能視"，不足以有明也。"跛能履"，不足以與行也。"咥人之凶"，位不當也。"武人爲于大君"，志剛也。視不能明，行不能遠，又居不當位，是以履虎尾而逢咥也。惟志從九五之剛，如以武人而效命於大君之事，則得悦而應乎乾之道矣。

九四，履虎尾，愬愬，終吉。乾本能惕，四復多懼，防患周密，所以免害。漢高殺戮功臣，蕭何以善處而得免，正合此爻情事。愬愬，畏縮貌，巽爲進退愬愬之象。

《象傳》："愬愬，終吉"，志行也。危者使平易之道，三志剛故不行，四志行以柔也。

九五，夬履，貞厲。夬者，决也。慨然以天下之事爲可爲，主張太過。雖使得正，亦屬危道，蓋剛中則有能爲之資，履帝位則挾可爲之勢。下以兑説應，則又得以遂其欲爲之志。如此者，幸而不幸也。人莫躓於山而躓於垤。玩貞厲二字，聖人之垂戒深矣。

《象傳》："夬履，貞厲"，位正當也。五位正當，不忘貞厲之戒，此所以履帝位而无咎也。

上九，視履考祥，其旋元吉。禍起于冥行，三不足與有行，以視之眇，故无足不行，无目不晾。履未有不貴視者，祥朕兆也。視其所履，可以考將來之吉凶。旋，如周旋折旋之旋，非禮弗履，則中規中矩，故元吉。居極應説，故有此象。

《象傳》：元吉在上，大有慶也。位在乾上，天應乎上，人説于下，慶孰大焉。

䷊乾下坤上

《序卦傳》：履而泰，然後安，故受之以泰。泰者，通也。姚德祐曰："安上治民，莫善於禮。有禮然後泰，泰然後安也。"

泰：小往大來，吉，亨。泰，通也。天氣下降，地氣上升，陰陽交通，萬物發育，泰之象也。陰小陽大，往來者以六爻卦言之，由内而之外爲往，由外而復内爲來。諸卦六爻取相應，而陽以下陰爲貴，故應之極正者莫如泰，吉孰大焉。此卦亨通之極，而四德不具者，物既太通，多失其節，故不得以爲元始而利貞也。

《彖傳》："泰，小往大來，吉，亨。"則是天地交而萬物通也，上下交而其志同也。内陽而外陰，内健而外順，内君子而外小人。君子道長，小人道消也。坤往乾來，一往一來。合而言之，有交之象，分而言之，有内外消長之象。天地以氣交而萬物育，上下以志交而萬國寧，此吉亨之道。在合而有交也。以内言爲陽爲健爲君子，以外言爲陰爲順爲小人。而君子之道日以長，小人之道日以消，此吉亨之象，在分而有辨也。君子道長，小人道消，蓋君子得志，初不必去小人，而小人回心向化，則樂爲君子矣。

《大象傳》：天地交，泰。后以財成天地之道，輔相天地之宜，以左右民。天地氣交，乃得通泰，此泰之象。財，荀爽本作裁。裁成地者，天也，輔相天者，地也。后則兼言裁輔者，於天有所裁而酌其陰陽之和，於地有所輔而善其剛柔之用。致泰者君，故專言后，民坤象。左右，互震兑之象。

初九，拔茅茹，以其彙。征吉。茅，叢生草。茹，根也，在下故曰根。彙同類，而與四應，四亦上卦之初也。拔茅使以其彙，征吉。化異爲同，化小人爲君子也，彖言大來、爻言征吉者，蓋彖主成卦之全象而言，爻主時義而言。君子之志行故吉。震爲蕃鮮，巽爲草木，故泰、否初爻，均有茅象。

《象傳》："拔茅征吉"，志在外也。外指外卦言，初應四，四孚初，此泰之所以爲交也。

九二，包荒，用馮河，不遐遺。朋亡，得尚于中行。二以陽剛居中，爲泰主爻。所以致泰者賴此。當大事者貴有大度，非局量褊淺者所能堪也，故宜包荒。然包豈調停敷衍之謂哉？事有當爲，必勇往直前以圖之，蓋包荒似仁，馮河似勇也。立賢貴无方，故不遐遺。有黨則有仇，故朋亡。中行謂五，尚如尚主之尚。二備四德故得，上配六五之君，不言吉而吉可知矣。乾包坤，包荒之象。兑澤震足，馮河之象。遐指五陰，二能包之，不遺之象。朋指三陽，二上應五，亡朋之象。

《象傳》："包荒"、"得尚于中行"，以光大也。光則其心足以共見，大則其量足以有容。

九三，无平不陂，无往不復。艱貞无咎，勿恤其孚，于食有福。一平一陂者地之勢，一往一復者天之行，此暗取乾坤象。坤在上故先言平陂，乾在下故後言往復。无平不陂，然不可聽其陂也。无往不復，然不可任其復也，必艱難其行，而不掉之以輕心。貞固其性，而不參之以邪念，杜漸防微，始克无咎。小人在前不必憂也，惟積誠以孚之，則猜嫌盡泯。君子食于人，小人食人，此兩福之道也。

《象傳》："无往不復"，天地際也。三四當天地相交之際，故以平陂往復爲戒。

六四，翩翩，不富，以其鄰不戒以孚。《詩·小雅》："輯輯翩翩。"《毛傳》云："往來貌。"四與初交往來之象。陰虚陽實，四與五上爲鄰，皆陰爻，故曰"不富"。四結其所居之鄰，翩翩而下從陽，不待戒而自孚，虚己下人，不自滿足，此泰道之所以成。

《象傳》："翩翩不富"，皆失實也。"不戒以孚"，中心願也。皆者統三陰而言，失實即不富之義。中心願，言安而行之，無俟勉强也。

六五，帝乙歸妹，以祉元吉。帝女下嫁之禮，至湯而備。《京房傳》引湯嫁妹之辭曰："無以天子之尊而驕諸侯。陰之從陽，女之順夫，天下之義也。往事爾夫，必以禮義。"湯稱帝乙，故或疑帝乙即湯。據《左傳·哀九年》："陽虎卜伐宋，遇此爻。曰：'微子啓，帝乙之元子，我安得吉？'"是帝乙爲微子父也，玆可不泥？第就爻義而言，五歸妹而二尚主，上下交而其志同，所以成泰。此天下之福，非一人之福，故曰"元吉"。二任其勞，五受其祉，所謂任人者逸。中四爻互歸妹，故二卦五爻辭略同。

《象傳》："以祉元吉"，中以行願也。坤下從乾，居中降志，故曰"中以行願"。

上六，城復于隍，勿用師，自邑告命，貞吝。有水曰池，无水曰隍。城復于隍，泰極而否之象。設又以兵爭，益之亂耳，故勿用師。奮武不若修文，故曰“自邑告命”，世之治也。萬方受命，告命僅限於邑，天下事可知矣。但安於順乾之貞，則雖吝而不至於凶。少康以一旅一成復國，安見自邑者，不可與有爲乎？

《象傳》：“城復于隍”，其命亂也。天命靡常，治久必亂。保泰之君子，所貴防之於早。吴囦《易解》，終於《泰論》，而於人事三致意，其書作於徽宗全盛時，蓋得先事預防之意矣。

䷋ 坤下乾上

《序卦傳》：物不可以終通，故受之以否。《雜卦傳》：“否、泰反其類也。”物極則反，天道之常，故泰受之以否也。

否：否之匪人，不利，君子貞，大往小來。否者，閉塞不通。卦象卦德均與泰反。匪人奇偶自然象。田疇云：“人之形上虚下實，故七竅皆上處，否有倒懸之象，非復人理凶象也。”或疑“之匪人”三字衍文，由比六三而誤也。觀《傳》不特解可見，其説亦通。不利，即《象傳》所謂“萬物不通”，天下无邦，小人道長，君子道消也。“君子貞”者，即《大象傳》所謂“儉德避亂不可榮以禄”也。泰先言小往大來而後言吉亨，是以天運推之人事。否先言匪人不利君子貞，是以人事參之天運。泰則歸之天，否則責之人，垂戒深矣。

《彖傳》：“否之匪人，不利，君子貞，大往小來”，則是天地不交而萬物不通也，上下不交而天下无邦也。内陰而外陽，内柔而外剛，内小人而外君子，小人道長，君子道消也。反泰爲否。以天道言之，陰陽失其和，則肅殺之氣勝，而萬物零落。以人道言之，柔剛失其用，則乖錯之事多，而萬邦陵替。以世道言之，則在内者小人，在外者君子，小人道長，君子道消，此晦盲否塞之所由來也。世運之否，雖曰天命，豈非人事哉？泰言健順，否獨不言，以有天地之形，失乾坤之性也。

《大象傳》：天地不交，否。君子以儉德辟難，不可榮以禄。天地不交，其象爲否。君子當否塞之時，必能忍天下不可忍之窮，始能避天下不可避之難。不可榮以禄，謂不可有榮禄也，非戒辭。坤爲吝嗇，儉德之象。三陽居外，避難之象。乾爲禄，互艮止，爲不可榮以禄之象。

初六，拔茅茹以其彙。貞吉，亨。《程傳》："泰之時以同征爲吉，否之時則以同貞爲亨。始以内小人外君子爲否之義，復以初六否在下爲君子之道。《易》隨時取義，變動无常。否之三陰，上皆有應。在否隔之時，故无應義。初六能與其類貞固其節，則處否之吉，而道之亨也。爻以六自守於下，明君子處下之道，象復推君子之心，固未常不在天下也。"按：程説最精，舊解多泥陰爲小人，期與卦辭相合，説遂支離。不知《易》道變動不居，彖辭以全卦取象，六爻則各就時義而言，往往與全卦絶不相蒙。陰爲小人，而安貞守順，有時亦稱其君子，聖人於坤《文言》常舉其例矣。

《象傳》："拔茅，貞吉"，志在君也。坤性承乾，志在君，蓋處畎畝而樂堯舜之道之意。

六二，包承，小人吉，大人否，亨。坤承乾，二正承五，爲五所包，故曰"包承"。小人謂二，大人謂五，二陰本小人，然居中得正，則小人中之君子也。小人不害君子，則不僅小人之吉，大人之否且因之以亨矣。東漢黨人得吕强而禍稍紓，王陽明得張永而功以成，安見小人不爲君子用哉？

《象傳》："大人否亨"，不亂群也。物三爲群，謂下三陰，二處群陰之中，而中正獨立，是不亂其群也。大人之否，所以賴之而亨。

六三，包羞。二爲五包，以中正也。三不中不正，又居高位，爲人指目，當否道將革之時，欲自鞏固其位，如丁謂之媚萊公，蔡京之附温公，求其包容，不知可羞實甚也。虞云坤爲恥，《廣雅》："恥，羞也。"

《象傳》："包羞"，位不當也。三與上應，皆不得位，故曰"不當"。

九四，有命无咎，疇離祉。互巽故有命。疇，類也。離，麗也。四以陽居陰，剛柔相濟，故其命順人心。德宗在奉天，詔書所到，驕將悍卒，聞之感泣，唐祚因以不絶。是疇類共受其福也。泰以命亂而致否，否以有命而轉泰，命之關係如此。

《象傳》："有命无咎"，志行也。初志在君，四應初，故其志得行。

九五，休否，大人吉。其亡其亡，繫于苞桑。人依木旁以息曰休。人情厭亂，冀得休息。求治太急，反以激變，必如九五陽剛中正之大人，時有其亡其亡之念，以國家之大，不繫于磐石，而繫於于苞桑，其戒慎恐懼，爲何如也。桑柔木，草木叢生曰苞，巽爲木，苞桑之象，爲繩故繫。

《象傳》：大人之吉，位正當也。三剛皆濟否之君子，五位獨正當，所以得與民休息也。

上九，傾否。先否後喜。不曰否傾而曰傾否者，蓋值世運之否，不可聽其自然，當以人傾之也。先否後喜，即先天下而憂後天下而樂之意。變兑爲説，喜之象。

《象傳》：否終則傾，何可長也！剥極必復，故不可長。

☰☲ 離下乾上

《序卦傳》：物不可以終否，故受之以同人。上下不交，由于其志不同，故傾否必藉同人之力。

同人：同人於野，亨，利涉大川，利君子貞。乾爲天，離爲火，互巽爲風，風發火熾，其光燭天，同人之象也。五爲乾之主，二爲離之主，二爻以中正相應，上下相同，同人之義也。野者曠遠之處，无所間隔。争名者於朝，争利者於市，於野則无所争，如是而同，則誠同矣。天下大同，則无塞不可通，故亨，无險不可濟，故利涉大川。世有侈言大同而不出於正者，故曰“利君子貞”。離伏坎爲水，巽木爲舟，乾知險，利涉之象。

《彖傳》：“同人”，柔得位得中，而應乎乾，曰同人。同人曰“同人於野，亨，利涉大川”，乾行也。文明以健，中正而應，君子正也。唯君子爲能通天下之志。同人以一柔爲卦主，然徒柔不足以同乎人也，故須得位得中而應乎乾，乃可謂之同人。通塞濟險，皆藉乾剛之力，曰“乾行”，見非一柔之所能也。以卦德言，文明則能察理，剛健則能勝私，以二五之所處中正，順乎人心而合乎天德，此皆君子之正道也。天下之志萬殊，惟此大中至正之道。上下千載，縱横萬里，若合符節。道同則志同，君子之心，純一於道，故能以一人之心，通億萬人之心。通則同矣。

《大象傳》：天與火，同人。君子以類族辨物。天上運，火上炎。不同其物而同其性，君子法之。以類族辨物，審異以致同，乃非苟同。類族如天之无不覆，辨物如火之無不照。

初九，同人於門，无咎。門前爻偶虚象。同人與隨皆易溺於私，故隨必出門而後有功，同人必出門而後无咎。

《象傳》：“出門同人”，又誰咎也。誰對二三四五言。宗之吝，戎之伏，墉之乘，師之克，皆咎也。初出門而无偏黨，雖欲咎之，將誰咎之。

六二，同人於宗，吝。宗謂五。同人之道，貴乎大公。同人於宗，則有所私，故吝。卦名同人，取二五之中正，爻辭則以相應爲吝，以同人之利於野也。

《象傳》：“同人于宗”，吝道也。二僅同五，私在二，故爲吝道。

九三，伏戎於莽，升其高陵，三歲不興。三以剛暴居二五之間，欲同乎二，而二乃五之正應，懼五之以師相遇也。乃伏戎於莽，而陰行其險惡，升其高陵，而不勝覬覦，然理不直，勢不敵，卒之三歲不興。巽爲人，伏象，爲草木，莽象。離爲甲兵，戎象。巽爲高，高陵之象。一爻爲一年，自三至五，頻遇剛敵，三歲之象。巽爲不果，不興之象。

《象傳》："伏戎於莽"，敵剛也。"三歲不興"，安行也。與五爲敵，五得勢而復有理，豈三之所能敵？故畏而伏藏。安行，言必不能行也。

九四，乘其墉，弗克攻，吉。四不中正，復无應與，欲與二同。乘墉而攻，大有負隅之勢，然其義則弗克也。知弗能克，而能自反，故吉。巽爲高，墉象。四在巽上，乘墉之象。

《象傳》："乘其墉"，義弗克也。其吉，則困而反則也。義弗克明，屈於義非屈於勢也。則者，義理當然之則。困于心而反於義，斯動不違，則此改過之效也。善莫大焉，故吉。

九五，同人先號咷而後笑，大師克相遇。九五剛健中正，應二文明，全乎君子之貞者也。君子欲以一己之心通天下之心，積誠相與。而人不我諒，致有戎之伏，墉之乘，不能和平統一，至用大師，此非君子之本心也。故先號咷，卒以勢理均足以相克，故後笑。離伏坎爲加憂，號咷之象。九五變中爻爲兑説，後笑之象。旅先笑後號咷者，本卦未變。中爻兑説，故先笑。上九變則説體變爲震動，成小過災眚之凶矣，故後號咷。火无定體，亦號咷而後笑之象，爲目故相遇。

《象傳》：同人之先，以中直也。大師相遇，言相克也。五得中而理直，見人之不我同，中心憂傷，故先號咷，相克謂能克三四也。

上九，同人於郊，无悔。乾爲野，又爲郊。野无畛域，盡人與同之象也。郊遠城市，无人與同之象也。上居卦外，有遯世不見知而不悔之象。

《象傳》："同人於郊"，志未得也。志，即大同之志。隱居求志，而不能通天下，故曰未得。同人六爻，自於于門以至于郊，而卦義未盡，蓋于郊則權利之心盡去，惟以正道爲依歸，必道同而後大同之治可期。人人争權，人人争利，則蕲大同而適以召大亂。天下之大安得盡以君子之爲志乎？聖人於同人一卦，蓋有无窮希望，无限慨嘆焉。

䷍ 乾下離上

《序卦傳》：與人同者物必歸焉，故受之以大有。善與人同，則德有以及物，而物自歸焉，故受之以大有。

大有：元亨。大有者，所有之大也。日在天上，普照萬方，大有之象也。五以一柔居尊位，而衆陽皆爲所有，大有之義也。卦辭僅言元亨，更无他辭，惟此卦與鼎，義皆尚賢，尚賢故大亨通。

《彖傳》："大有"，柔得尊位大中，而上下應之，曰"大有"。其德剛健而文明，應乎天而時行，是以元亨。同人曰"柔得位得中而應乎乾"，以柔在下也。大有一柔在上，位曰尊位，中曰大中，此特辭也。應乎乾，主應者而言。上下應，主應之者而言。五陽而應一陰，柔之用至是而極。所有孰大於是乎？故曰大有。以卦德言，剛健文明，乃其體也。應天時行，乃其用也。合是二美，中德乃全，故曰大中。陰居五不足異也，陰具大中之德，諸陽皆爲所用，乃足貴，故曰尊位。以天道言，如日行之當午。以君道言，如堯之垂裳，舜之恭己。光武以柔道得天下，亦庶幾近之。

《大象傳》：火在天上，大有。君子以遏惡揚善，順天休命。火在天上，无所不照，故曰大有。君子法其明以照物，則物无遁形。善惡畢露，賞善罰惡，在上之權。然惡必待罰，則其惡已著。善必須賞，則賞有時而窮。不曰罰而曰遏，則有以警於先。不曰賞而曰揚，則有以繼其後。天命善善而惡惡，順天休命，見遏揚出於大道之公，非一己之私。斯尚賢而民不争，知善知惡，法日之明。或遏或揚，法乾之斷。

初九，无交害，匪咎，艱則无咎。五處尊位而下交，初處最下，而獨遠於五，故有无交之害。然堯舜之世，尚有巢許，其害僅在无交，匪有咎也。艱則无咎，謂律己而能刻苦，處世而无忮求，故无咎。

《象傳》：大有初九，无交害也。初九之上，而著"大有"二字，見初九守正不阿，在他卦未有害處。大有之世，諸陽皆應，己獨无交，故害也。

九二，大車以載，有攸往，无咎。九二剛中，有任重致遠之才。合衆陽而上應五，五以虚中納下，故往而无咎。乾爲大車，大車之象。

《象傳》："大車以載"，積中不敗也。積重者易敗，大則其中足以有容，可以任重而行遠，故不敗。五下交二，坤厚，能載載之象。兑爲毁，折敗之象。五下降，二上升則爲同人。衆槩易舉，不敗之象。僖十五年《左傳》，涉河，侯車敗。隱三年《傳》曰："鄭伯之車僨於濟。"是車僨爲敗也。

九三，公用亨于天子，小人弗克。三公位，天子謂五。僖二十五年《左傳》："晋文公納王，筮得大有之睽，曰：'吉，遇公用亨于天子之卦。'"亨古作享，謂朝獻也。奉大有之物，以朝獻于王，非剛正无私者不能。小人則自私其有，故弗克。爻變爲兑，取容悦，小人之象。

《象傳》："公用亨于天子"，小人害也。不私其有，故不爲害。小人則自利其利，大有適以致大害也。

九四，匪其彭，无咎。四以剛臣近柔主，疑于自專其盛，以居陰位，故能自退抑。善則歸君，當其盛而不有其盛也，故无咎敗。彭，盛多貌，四陽大壯，彭之象。

《象》曰："匪其彭，无咎"，明辯晢也。晢，《釋文》從《説文》作哲。《説文》："哲，明晰也。"謂之明辯而又謂之晢者，見明智之極也。明智之人，洞悉物理，知高必危，滿必傾，故能辯之於早。四居離初，明晢之象。

六五，厥孚交如，威如，吉。居上臨下，不曰臨，而曰交，見五之虚中善下。厥孚交如，謂上之孚下，下之孚上。衹見情誼之篤，而忘勢位之尊，世之好自尊大者幾疑其不威也。不知在上而能自下，開誠心，布公道，則其體愈降，其望愈崇，故威如而吉。孚離中虚象，離爲日。日當卓午，人不敢仰視，威如之象。

《象傳》："厥孚交如"，信以發志也。"威如之吉"，易而无備也。在心爲志。大有之時，上下以誠信相與，應之在下，發之則在上也。威如則疑于上下相防，故申之曰"易而无備"，言積誠所至，人望而自畏。出于平易，非恃法制禁令而有所戒備也。

上九，自天祐之，吉无不利。《繫傳》云："祐者，助也。天之所助者順也，人之所助者信也。履信思順，又以尚賢也。"此釋上爻，而即以終全卦之義。上居賓師之位，雖天子不得而臣。五虚己下之，尚賢之禮，至斯而極，故吉无不利。

《象傳》：大有上吉，自天祐也。天謂上，上雖居卦外，因五能尚賢，而上亦助之，野无遺賢。世所以成大有，大有上吉。明此乃大有之吉，非僅上九之吉也。

䷎艮下坤上

《序卦傳》：有大者，不可以盈。故受之以謙。大有則近於盈，盈不可以久，故受之以謙。

謙：亨。君子有終。謙者，有而不居之義。艮山雖高，屈處坤地之中，謙之象也。艮止坤順，止于卑順，謙之義也。持身涉世，最忌盈滿，謙則慮以下人。行无不達，故亨也。凡矜伐皆欲之動，惟君子之心，止而无欲。物來順應，安履乎謙，終身不易，故曰"君子有終"。乾三入坤，故曰君子。艮終萬物，有終之象。

《彖傳》：謙，亨。天道下濟而光明，地道卑而上行。天道虧盈而益謙，地道變盈而流謙，鬼神害盈而福謙，人道惡盈而好謙。謙尊而光，卑而不可踰：君子之終也。謙所以亨者，以艮體光明，來居於內。艮三即乾三，艮處於下，故曰“天道下濟”。山高地卑，坤往居上，故曰“地道卑而上行”。盈者謙之反也。觀氣運則見虧盈之度，考山川則見變流之形，驗災祥則知禍福之理，稽從違則知好惡之情。四者自然之道，故皆曰道。人道易知，天道鬼神不可知。以其昭著之跡象推之，則天地鬼神之心可得而見。謙尊而光，謂尊崇他人，而己愈光顯。卑而不可踰，謂卑抑自下，人亦不得而踰越之也。凡一陽統五陰之卦，《彖傳》皆指出一剛字，獨謙不然，謙不貴剛也。下互坎居北方，鬼神之道。

《大象傳》：地中有山，謙。君子以裒多益寡，稱物平施。郝京山曰：“不言地下，山不在地下而在地上。地能含之，以藏于其中也。自尋丈而較，丘阜岡隴，皆在地上。遠眺大觀，終南泰華，滅没无形。雖崎嶇兀突，概覺地道之爲平，故曰地中有山，謙。”而能謙如此，是故君子觀象天地之間，萬物高下，多寡不齊，取此益彼，正足相當。有如稷能司稼而不能治水，契能弼教而不能明刑，人我分際平等，豈得過生低昂？賢智者不得驕以爲有餘，愚不肖者不得邈以爲不足。一身之中，手能持不能行，耳能聽不能視，以此濟彼，適得均平。豈得以手驕足，以耳誇目乎？君子所以稱物之輕重而平其施，不敢妄生高下，是君子之地中有山象也。施者用使之意，猶《周禮》施舍之施。”案：裒荀鄭諸儒讀作捊取也。互坎爲水，至平莫若水，故以取象。

初六，謙謙君子，用涉大川，吉。卦爲謙，初居最下，故曰謙謙。謙而又謙之君子，内去驕矜，外自无險阻。用此道以涉大川，何難之有？故吉。互坎在前，震足臨之，涉大川之象。

《象傳》：“謙謙君子”，卑以自牧也。牧，養也。養牛羊曰牧，使之馴服，方可以言養。初位最卑，養德如是，則養也至矣。坤爲馬爲牛爲地，艮爲山，牧之象。

六二，鳴謙，貞吉。鳴主陰陽相感而言。中孚，鶴鳴子和，《莊子》蟲雌應，皆謂相感也。二承三，上應五，故皆言鳴。自鳴其謙，恐近於諂。二居中得正，故吉。

《象傳》：“鳴謙貞吉”，中心得也。鳴者，心之聲，中心得，見非僞謙也。

九三，勞謙，君子有終，吉。謙之成卦，在此一爻，故爻辭與彖辭略同。居下卦之終，上承下接，有勞而謙，如禹之不矜伐，周公之不驕吝。善始尤能善終，吉何如之？體坎爲勞，震動亦有勞象。

《象傳》：“勞謙君子”，萬民服也。坤爲民，衆陰歸之，故曰“萬民服”。

六四，无不利，撝謙。撝與麾同。四本謙順之德而居勞謙之上，鳴者宣之於口。撝則見之於躬，所謂動容周旋是也。位尊於三，處多懼之地。跼蹐而不自寧，動作施爲，无往不用其謙，即无所往不利用撝謙也。

《象傳》："无不利，撝謙"，不違則也。震動坤順，遇順而動，故不違則。

六五，不富，以其鄰利用侵伐，无不利。六五坤之主。坤衆皆其鄰也，而曰不富者，不自恃其衆也。自古惟不恃其衆者，乃能用衆。謙之一字，自禹征苗而益發之。蓋兵驕必敗，謙則不恃其衆，故利用侵伐。《老子》："大國下小國，則取大國。"又曰："抗兵相加，哀者勝矣。"老子尚柔，故深知此義。互坤爲衆，震爲長子，帥師征伐，行師象。震動坤順，順以動，故利。

《象傳》："利用侵伐"，征不服也。不服始征，非我致寇也。

上六，鳴謙，利用行師，征邑國。上居順極，見三之從事獨勞，而己反居其上。心不自安故亦自鳴其謙。然位高得衆，人樂爲用，故利用行師。五君位，侵伐可及天下。上臣位，師征僅限於國邑。震爲行，行師之象。坤爲國邑，邑國之象。

《象傳》："鳴謙"，志未得也。"可用行師"，征邑國也。志在處卑，而又居上，故曰"志未得"。可者僅可而未盡之辭。蓋師者不得已而用之，用以征邑國，言不敢勤遠略也。

䷏ 坤下震上

《序卦傳》：有大而能謙，必豫，故受之以豫。郭白雲曰："以謙有大，則絶盈滿之累。故優游不迫，而暇豫也。"

豫：利建侯行師。豫者，和樂也。震初出地，其聲奮發通暢，豫之象也。坤順震動，動必以順，豫樂之道也。坤爲國，震主器，其侯也。坤爲衆，震長子，其師也。建侯可以興利，行師所以除害，均非自爲也。順衆而動，故利。

《彖傳》：豫，剛應而志行，順以動，豫。豫順以動，故天地如之，而况建侯行師乎？天地以順動，故日月不過，而四時不忒。聖人以順動，則刑罰清而民服，豫之時義大矣哉！四陽爲卦主，以一剛居五柔之中，上承六五之君，下應初六之民，而坤衆順從，是剛有應而志得行也。順衆而動，衆比豫説，故爲豫。豫順而動，雖天地之大且如之，建侯行師其不能違天則也審矣。日月四時，天地之動也，順則不過而不忒。發政施令，聖人之動也。順則刑清而民服。天地聖人，其動皆必以順，豫順而動，時義之大爲何如哉？艮冬春之交，坤夏秋之交，故言四時。震威坎律，故言刑罰，坎水故言清，坤順故言服。

《大象傳》：雷出地奮，豫。先王以作樂崇德，殷薦之上帝，以配祖考。奮，動也。雷動乎上，萬物乃豫，故爲豫。雷初發聲，當夏正二月，生物之始。帝者生物之宗，祖考者生人之始，先王觀象，因動報本反始之思，而作樂崇德。中和之氣，足以格天神而達幽隱，而顯著者无論矣。殷盛貌，帝出乎震，位在上，上帝之象。互艮爲門闕，互坎爲隱伏，宗廟鬼神之象。

初六，鳴豫，凶。柔不中正，上應四，四乃豫之主。有此强援，小人得之，自不勝其志得意滿，藏於心而遂發於口。輕淺如是，凶可知矣，應震雷鳴之象。

《象傳》："初六，鳴豫"，志窮凶也。位方在初，其勢未窮，而一處豫樂，其志即不能自持，是其志已窮矣，凶之道也。

六二，介於石，不終日，貞吉。二與五不相應，與四不相比，居中得正，性介如石。視權勢若浼，遠而去之，不俟終日，此不以世俗之樂爲樂，而自樂其樂，豫之正者也，故吉。爻居坤地之中，艮山之下，介於石之象，在下卦之中不終日之象。

《象傳》："不終日，貞吉"，以中正也。中正者其守堅，不溺於豫，故能辨之早、去之速。

六三，盱豫，悔，遲有悔。盱，張目也，三不中正，惟富貴利達之求。倚四若泰山，仰視其顏色，而俯承其鼻息，未嘗不内自愧悔也。故盱豫有悔，悔者，改之幾。明知其非義，如班固之於竇憲，蔡邕之於董卓。遲之又久，猶豫不能自决，則悔無及矣。坎伏離，盱，象變巽爲不果，遲象。

《象傳》："盱豫有悔"，位不當也。位不當則進退失據，故有悔。

九四，由豫，大有得。勿疑，朋盍簪。四爲卦主，群陰之所由豫也。大有得，得群陰也。群下歸附，易滋樹黨植私之疑。四體剛心直，故勉以勿疑。同類曰朋，謂衆陰也。盍，合也。一陽爲首，衆陰爲髮，陽横其間，如簪之聚髮然。惠定宇謂漢時始有簪。考《鹽鐵論》："神禹遺簪"，《列女傳》："宣后脱簪珥"，是三代上已有簪矣。坎，爲加憂。疑，象坤爲衆朋象。

《象傳》："由豫，大有得"，志大行也。即《彖傳》所謂"剛應而志行"。

六五，貞疾，恒不死。疾者，豫之反，《書》"有疾弗豫"是也。貞疾，固有之疾也，人有固疾，因有累於身，不敢縱其欲，故得恒不死。四功高震主，五之所視，爲疾也，正孟子所謂法家拂士者。國之不亡，實賴乎此。卦惟二與五不言豫，二性堅介，有守于己，不爲豫也。五近剛正，見正于人，不敢豫也。坎爲心病，疾之象。震爲反生，不死之象。

《象傳》："六五貞疾"，乘剛也。"恒不死"，中未亡也。剛謂四，中謂心，心在身之中也。心若未亡，則身不死，故哀莫大于心死，而身死次之。

上六，冥豫成，有渝无咎。上處豫極，沈迷不反，故爲冥豫。憂勞可以興國，逸豫可以亡身。冥豫而成，凶可知矣。然有渝亦可无咎，以克念可作聖也。已成尚可望其變，則未成者可知。初鳴即凶，遏其惡于始也，上渝无咎，開其善於終也。聖人望人改過遷善，情切如此。本卦大體坎象，坎水内明外暗，上處卦外，冥象。又坎月在雷雨之際，亦昏冥之象。位居震極，震動故有渝。爻變爲離，卦變爲晋。明出地上，由晦而明，有渝之象。

《象傳》："冥豫"在上，何可長也？何可長，釋有渝之義，蓋許其善變也。此卦《彖辭》："利行師建侯"義本全美，爻則舉"建侯行師"，概未之及，以卦辭合震坤，兼順動二義，至於爻則義偏矣。故不言建侯行師，且多凶咎，惟不溺於豫始可免。生於憂患，死於安樂。人生大抵皆然，豈僅爲有國者言乎？

䷐震下兑上

《序卦》曰：豫必有隨，故受之以隨。順以動者，衆必隨之。

隨：元亨，利貞，无咎。隨，從也。少女隨長男，隨之象也。震動兑説，隨之義也。以二體言，震剛居下，兑柔居上。以六畫言，剛皆居下，柔皆居上，例如以貴下賤，以多問寡，乃如大舜所謂舍己從人者，其義最大。故備四德曰元亨利貞，而繼以无咎者，以隨人易涉朋黨之私，故必備四德而始无咎也。襄九年《左傳》：穆姜筮得艮之隨，姜曰："《周易》曰：'隨，元亨，利貞，无咎。'有四德者，隨而无咎，我皆无之，豈隨也哉？我則取惡，能无咎乎？"穆姜此論甚正。以筮法言，遇艮之八，是五爻皆變，僅二不變也。舊説謂應以不變爻爲占，而使妄舉彖辭，實爲不合。果然則是用九六，兼用七八矣。

《彖傳》：隨，剛來而下柔，動而説。隨，大亨，貞无咎，而天下隨時。隨時之義大矣哉！剛來下柔，以卦變言，謂乾上之剛，下交於坤之初也。初上爲成卦之主，交得其正，此動彼説，故爲隨。然隨必以正，不正則雖大亨不免有咎矣。初上得其正，二五亦隨之以中正，所謂天下隨之也。相隨以正，故无咎。時者當其可之謂也。因革損益，一隨乎時，則隨時之義，豈不大哉？天下隨時，王肅本作隨之。應從王本。

《大象傳》：澤中有雷，隨。君子以嚮晦入宴息。雷發聲於春，收聲於秋。兑正秋，正雷藏聲之時。君子觀隨之象，以嚮晦，入宴息。君子法天行，在自强不息，宴息實所以成其不息也。日出於震，入於兑，由震趨兑，嚮晦之象。巽爲入，互艮艮止爲宴息。

初九，官有渝，貞吉，出門交有功。官，主也。初主四，常也。變而隨二，則失其常。然當隨之時主隨不主應，二中正而初隨之，是變而得其正，故吉。擇善而從，集思廣益，則非特一人之吉，且有功於天下。《左傳》："隨其出也。"隨利出門，故初云出門。二偶門象，互艮爲門。

《象傳》："官有渝"，從正吉也。"出門交有功"，不失也。從正謂從二，交必以正，故有功而无失。

六二，係小子，失丈夫。小子謂三，丈夫謂初。二位中正，因震體上行，舍初而上係三。係者，情之溺於私者也。交出於私故有失，互巽爲繩係象。

《象傳》："係小子"，弗兼與也。二本非比匪之人，以居隨時。既係於三，則不能兼初。蘧子馮初嬖八人，而申叔退避。郭子儀初信張曇而幕僚求去。雖正人亦不能无失。

六三，係丈夫，失小子。隨有求得，利居貞。丈夫謂四，小子謂二。三无中正之德，轉隨有求得者，以所係之得其人也。然人之處世，品莫卑於有求，禍每伏於所得，故勸以居貞，則不以利爲利，而以義爲利也。

《象傳》："係丈夫"，志舍下也。三處二四之間，係上故必舍下。

九四，隨有獲，貞凶。有孚在道，以明，何咎？四與五同體同德。五居尊得正，四得隨五，所隨獨得其正，故三猶須有求，四則不求自獲。然所獲之多，即凶之所在。故雖貞而亦凶，必有孚在道以明，則不至有咎，何至於凶？蓋孚於誠，則不計利禄，明乎道，則非承意旨，信而獲上，則所獲多矣。互艮光明，故曰"以明"。

《象傳》："隨有獲"，其義凶也。"有孚在道"，明功也。其義凶謂有凶之理，惟明故有功。

九五，孚於嘉，吉。嘉，善也。九五中正，惟善是與。合天下之善，以爲一己之善，故不曰隨而曰孚。誠孚於衆，而衆自隨之，故吉。《文言》："亨者嘉之會"，孚於嘉，即《彖傳》大亨之意。

《象傳》："孚於嘉，吉"，位正中也。凡五言中正者，五爲中，陽爲正，此爻例也。

上六，拘係之，乃從，維之。王用亨於西山。持以手爲拘，縛以物爲維。上居卦外，如高人逸士，志不隨人。九五下柔，故上爲所拘係而不能去。拘係之不足，又從而維之。兩之字指上，王謂五。王用亨於西山，即使之主祭而百神享之之意。神爲所格，則人可知矣。艮爲手，拘象。巽爲繩，維象。兑位西，艮爲山，西山之象。

《象傳》："拘係之"，上窮也。位窮於上，有往而不反之意，故必拘係之。他卦兑居外者上爻，多不吉。兑爲口舌，咸卦取之。兑爲毀折，大過取之。此卦獨别者，以隨義在以剛下柔也。《易》不可爲典要如是。

䷑ 巽下艮上

《序卦傳》：以喜隨人者必有事，故受之以蠱。蠱者，事也。《書·益稷》曰："股肱喜哉，元首起哉"，終之以"庶事康哉"。是以喜隨人者必有事也。蠱不訓事，物壞則萬事生矣，故曰"蠱者，事也"。

蠱：元亨，利涉大川。先甲三日，後甲三日。蠱壞極而有事也。於文，皿蟲爲蠱。器中盛諸蟲致壞爛之義。巽女惑艮男，巽風落艮果蠱之象也。巽柔艮止，委靡因循，蠱之義也。治蠱曰蠱，猶治亂曰亂。亂爲治根，蠱爲飭源，故元亨。大難在前，利在速拯，故曰"利涉大川"。卦以初上變而不成乾坤，是父母之蠱也。幹父母之蠱者，長子之責。震居甲方，故言甲。文王卦位，先震三位爲乾，後震三位爲坤，故言三日。先甲三日而幹父之蠱，後甲三日而幹母之蠱。上下各還本位，則卦成泰。飭蠱者正欲其反泰也。舊解先甲三日謂辛，取自新之義，後甲三日謂丁，取丁寧之義。鄭重其事於事之未行，先三日而告之。事之既行，後三日而戒之，俾家喻户曉，而不敢犯，其説亦通。巽舟入兑澤，震足出兑澤，利涉之象。

《彖傳》：蠱，剛上而柔下，巽而止蠱。蠱，元亨而天下治也。"利涉大川"，往有事也。"先甲三日，後甲三日"，終則有始，天行也。卦由泰變。乾初往居坤上而成艮，故曰"剛上"。坤上六來居乾下而成巽，故曰"柔下"。下巽而莫逆，上止而無爲。因循坐壞，所以致蠱。壞而復使大通，而天下泰，飭蠱之效也。利涉大川，他卦言往有功，此獨言往有事者，以人貴事事。人人相安於无事，則天下之事，從此起矣。此飭蠱者所以必有事也。坤爲大終，乾爲大始，終則有始，謂坤之上反乎乾之初而成泰。剥極而復，亂極而治，天道之自然也。治事者必法天行，謹之于事先事後，飭蠱之道也。

《大象傳》：山下有風，蠱。君子以振民育德。山下有風，風遇山而回旋，物皆撓亂，蠱之象。飭蠱之君子，見民氣之頹敗，則思有以振之。見民德之澆漓，則思有以育之。蠱之時百廢未舉，而獨先民德，蓋天下之大亂，起於人心，撥天下之大亂，在於正人心。不言事而言德，推及於微矣。震動在外，振民之象，兑澤在内，育德之象。

初六，幹父之蠱，有子考，无咎，厲終吉。幹，正也，有經理扶植之意。初以陰居下，所應復柔，其才似不足以幹蠱。巽變爲乾，外巽順而内剛健，不失幹父之道。父没曰考，據《康誥》所云"大傷厥考心"，則父在亦可稱考。父子一體，子能幹則父无蠱矣。故人樂有子也。子當諭親於道，蠱而後幹，父與子心均不安矣，故厲。然與濟惡者有别，故終吉。卦由泰變，乾坤乖錯，故諸爻皆以父母取義。

《象傳》："幹父之蠱"，意承考也。意承考，謂先意承志，即善則歸親之義。

九二，幹母之蠱，不可貞。二與五應，六五柔尊，有母象。幹母之蠱，尤難於父，可以情感，而難以理争。可以潛移，而難以顯正。二本巽體，巽以行權，以陽居陰，有剛之實，无剛之迹，故曰"不可貞"。不可貞，謂不可貞固主之，致母以難堪也。

《象傳》："幹母之蠱"，得中道也。處中用巽，剛而能柔，得剛柔之中也。

九三，幹父之蠱，小有悔，无大咎。過剛不中，有乖幾諫之義，於心不安，故小有悔。於理无愆，故无大咎。

《象傳》："幹父之蠱"，終无咎也。三爲震之主，爻有幹之才，負幹之責，故周公僅許之，而孔子深予之。

六四，裕父之蠱，往見吝。位當艮止，體居兑説。以容説爲事親之道，故不用幹而用裕，德可裕也，蠱不可裕也。持是而往，其見吝也必矣。紹述之論，實以禍宋。君子觀象，寧爲三之悔，勿爲四之吝。

《象傳》："裕父之蠱"，往未得也。不幹而裕，以是而往，未爲得也。四變爲鼎，有折足之象，故云未得。

六五，幹父之蠱，用譽。五以柔濟剛，復得中道。用此道以幹父，則不露更張之迹，惟見繼述之善。子不失正道，親亦得令名，榮譽之至也，故曰用譽。

《象傳》："幹父，用譽"，承以德也。爻稱幹父者三，初承以意，三承以才，五承以德。承以德則幹父之道盡矣。幹親者當以五爲法。

上九，不事王侯，高尚其事。王謂五，侯謂三，上居卦外，特立獨行。不以王侯之事爲事而高尚其事，蓋世運之蠱，由士大夫競争權利之所致，争權競利，此士大夫心志之蠱也。上九高尚其事，而獨遠去權利，是諸爻所治者國事之蠱，上所治者士大夫心志之蠱也。桐江一絲，繫漢九鼎，誰謂高尚之不足以治蠱乎？

《象傳》："不事王侯"，志可則也。高尚其事，如孟子所謂尚志，居仁由義，非放情物外以爲高也，故曰"志可則"。

䷒ 兑下坤上

《序卦傳》：有事而後可大，故受之以臨。臨者，大也。可大之業，由事而生，故曰"有事而後可大"。臨非訓大，大者，以上臨下，以後臨小。凡稱臨者皆大者之事，故以大釋之。

臨：元亨，利貞。至于八月，有凶。臨，逼近也。密近相臨者莫如地與水，故地上有水則爲比，澤上有地則爲臨，臨之象也。二陽方長，上逼四陰，臨之義也。震故元亨，坤故利貞。天備四德，而四時行。臨人者行此四德，所以法天。法天道者必察天運。臨，夏正十二月之卦也。陽進一位則爲泰，故卦辭極美。反對爲觀，觀，八月之卦也。陰進一位則爲剥，故有凶。"至於八月，有凶"，則未至八月，尚无凶也。无凶而憂其有凶，《易》貴未然之防如此。

《彖傳》：臨，剛浸而長，説而順，剛中而應。大亨以正，天之道也。"至于八月，有凶"，消不久也。浸，漸也。《陰符經》云："天地之道浸。"列子所謂"一氣不頓進，一形不頓虧"。言二陽長于下漸進也。以卦德言，兑説坤順，下説上順，則有浸潤之功，无陵逼之勢，而二五以剛中相應，復有剛柔相濟之美，故得大亨以正。大亨而不以正，僅可謂天行，不可謂天道。陰陽消長，天運之自然。至于八月，則爲時尚久，而曰"消不久"者，於方長之時，而戒以將消，較履霜堅冰之意，更深遠矣。

《大象傳》：澤上有地，臨。君子以教思无窮，容保民无疆。地在澤上，澤在地下，以上臨下，其象爲臨。君子以教思无窮，不徒曰"教"而又曰"思"，如澤之漸入地中，无有窮已之時也。不徒曰"容"而又曰"保"，如地之周圍于澤外，无有疆域之限也。无窮象澤之深，无疆象地之廣。

初九，咸臨，貞吉。《泰》曰"朋來"。初二兩咸字，即朋字之義。朋黨忌私，必正而後吉。

《象傳》："咸臨，貞吉"，志行正也。初臨以正，四感以正，正己而物正者也，故曰“志行正”。

九二，咸臨，吉无不利。卦之得名在此爻。與初同心同德，上與五應，庶民盡在臨蒞之下，故吉无不利。衆陰方甚，君子之勢分，則小人之勢合。宋元祐時君子非不多，而有洛蜀朔黨之分，熙寧之小人，乃得乘間而抵隙，此昧於咸臨之義也。

《象傳》：“咸臨，吉无不利”，未順命也。四陰在上，負强而未順命，必與初咸臨積誠相感，乃吉无不利。

六三，甘臨，无攸利。既憂之，无咎。位當兑，甘言悦人，此違道以干譽者也。以此臨民，何利之有？知其不利而憂之，此改過之道也，故无咎。坤爲土，土爰稼穡，作甘之象。互震知懼，憂象。

《象傳》：“甘臨”，位不當也。“既憂之”，咎不長也。以陰居陽，故位不當，變泰，故咎不長。

六四，至臨，无咎。四與初皆當位，相應以誠，但見情意之至，不取言語之甘，故曰“至臨”。革薄從忠，去文反質，四有之矣，故无咎。坤爲至，故曰至。澤地相比，親切之至。至，臨之象。

《象傳》：“至臨，无咎”，位當也。以陰居陰，下應亦正，故曰“位當”。

六五，知臨，大君之宜，吉。五以柔中，下應剛中，不自任而任賢，合天下之知以爲知，此知之最大者，故曰“知臨”。《中庸》所謂“聰明睿知，足以有臨”者是也。孔子稱舜爲大知，首在好問察邇言，是大君之宜，莫先於此也，故吉。

《象傳》：“大君之宜”，行中之謂也。行中即舜用中之意，行中故宜，非徒恃明察也。

上六，敦臨，吉，无咎。位居坤極，坤厚載物，以厚接物，未有不安者，故敦復无悔，敦臨吉且无咎。大凡陽長則陰消，君子道長，則小人道消。臨卦諸陰爻，上爻獨无凶象，何也？以兑説坤順，二陽方長，群陰不惟不抵抗之，而且順應之，故陽得受其福，陰亦藉以免禍。君子何嘗不利於小人哉？陰柔在上多有咎。臨上以順陽，不獨免咎而且吉，此示小人自處之道也。《易》何嘗不爲小人謀哉？土上加土爲敦，正互凡兩坤，敦之象。

《象傳》：“敦臨之吉”，志在内也。志在内，指初二兩陽，保全善類，天必福之，故吉。

䷓ 坤下巽上

《序卦傳》：物大然後可觀，故受之以觀。德業盛大，則有象以示人，可以動人觀瞻，故受之以觀。

觀：盥而不薦，有孚顒若。觀者，有以示人，而爲人所仰也。風行地上，萬彙感化，觀之象也。二陽在上，四陰在下，陽剛居尊，爲群下所觀仰，觀之義也。卦以觀名，故借祭祀言之。祭當盥時，穆然无爲，薦則有所事矣。下之觀上，不於有事時觀之而於无事時觀之，猶祭祀之誠。盥時可見，不待薦時也。下之觀上，不在貌而在心，斯上之示下，不以迹而以神。盥而不薦，誠已通神。上通則下孚，顒，仰首而望之貌。"有孚顒若"，即篤恭而天下平之意。卦畫二陽在上，四陰在下，有宗廟之象，故曰"觀艮爲門闕"。互艮亦宫廟之象。艮手巽潔，故爲盥。艮止，故不薦。

《彖傳》：大觀在上，順而巽，中正以觀天下。"觀盥而不薦，有孚顒若"，下觀而化也。觀天之神道，而四時不忒，聖人以神道設教，而天下服矣。以卦體言，二陽在上，故曰"大觀在上"。以卦德言，下順上巽，九五中正以示下，而爲下所觀仰，故曰觀。下觀而化，見下之化於其上，不在迹象而在隱微也。神即誠，體於心謂之誠，妙於物謂之神，天之神寓於時，聖人之神寓於教。觀四時不忒，天之神道可知矣。觀天下服教，聖人之神道可見矣。觀臨爲反對之卦，臨言消不久，即指觀而言，至觀獨不言消長者，則以四陰雖長，而上乃巽風，風之化物，其神不測。下以坤順承之，則四陰雖盛，適爲順民，不消陽而順陽，風之效、教之功也。其得力尤在九五一爻，九五以中正居上，下觀而化，全恃乎此，故取象獨别。又"大"象艮，艮止有力，足制群陰，其象亦足取也。

《大象傳》：風行地上，觀。先王以省方觀民設教。風行地上，周徧萬物，其象爲觀，先王法之，以省察四方，隨其地而觀其俗，順其情而設其教，亦如風行地上，无不周徧。方與民屬地，省之觀之教之屬風。

初六，童觀，小人无咎，君子吝。初陰柔在下，獨遠於五，所觀淺近，童子之觀也。不識不知，小人之常，何咎之有？若君子則必觀政而知德，見不及遠，故吝。君子小人以位言，互艮爲童。

《象傳》：初六"童觀"，小人道也。日用不知，此小人之常道也。

六二，窺觀，利女貞。二五正應，宜觀五者莫如二，因自三至五，互艮爲門闕。坤陰居内，有女子内處而外觀之象，故曰"利女貞"。

《象傳》："窺觀，女貞"，亦可醜也。童子之見不真，婦人之見不廣，初既吝，故二亦可醜。

六三，觀我生，進退。生，生民也。三爲群生之領袖，欲進而觀五，必退觀同類之順從與否。蓋順于下乃可獲于上也。“我”者，同之之辭，所謂吾儕小民也。“生”字，舊解不一説，茲從虞氏義，互巽，進退之象。

《象傳》：“觀我生進退”，未失道也。欲進仍退，期於合道，非意存觀望也。

六四，觀國之光，利用賓于王。王謂五，五中正以觀天下。盛德光輝，惟四得之親切，非若初之童二之窺也，故曰“觀國之光”。《春秋傳》：“吴季札聘魯，請觀周樂；晋韓起聘魯，觀《書》于太史氏。”皆觀國之光之事也。《詩》言“嘉賓”，《禮》言“賓興”，古君臣間有賓主意。四爲諸侯之領袖。五接以賓禮，故曰“利用賓于王”。坤爲土，故曰國。互艮光輝之象。

《象傳》：“觀國之光”，尚賓也。尚與上通，言上見賓于天子也。

九五，觀我生，君子无咎。我者，親之之辭。古者君民一體，小人也而以君子之道待之，所謂民可近不可下也。大觀在上，群下均觀而化，何咎之有？君子絶句。

《象傳》：“觀我生”，觀民也。蒼生群生芸生，古多稱民爲生。孔子恐人誤解生字，故特揭之。

上九，觀其生，君子无咎。其指九五，上與五同德。助五以化民，視民如君子，民未有不知感者也。故无咎。

《象傳》：“觀其生”，志未平也。卦近于剥，一轉移間，則君子變爲小人。故其志未平，所謂乾以惕，无咎也。

䷔震下離上

《序卦傳》：可觀而後有所合，故受之以噬嗑。嗑者，合也。中正以觀天下，下觀而化者宜无不合矣，故可觀而有所合也。

噬嗑：亨。利用獄。噬，齧也；嗑，合也。上下二陽如頤頷，中偶畫如齒。九四一陽在中，如頤中有物，噬之乃合，噬嗑之象也。離明震威，明以察之，威以除之，噬嗑之義也。有梗則不通，噬嗑則梗去，故亨。噬嗑以去頤中之梗，刑獄以去天下之梗。治刑獄者貴乎明决，明莫如電，决莫如雷。噬嗑才兼明决，故利用獄。坎爲法律，又爲刑獄，用獄之象。

《彖傳》：頤中有物，曰噬嗑。噬嗑而亨，剛柔分，動而明，雷電合而章。柔得中而上行，雖不當位，利用獄也。頤中有物必噬而嗑之，卦辭言“噬嗑，亨”。《彖傳》添一而字，謂噬而合之乃亨，不噬則仍不亨也。以卦才言，震剛離柔。以卦德言，震動離明。此以分而效其用者也。雷合電而動以章，電合雷而明以章，此合而成其用者也。柔得中謂五，五爲尊位，故曰上行。以陰居陽，位雖不當，然施之用獄，未有利于此者。卦辭言“利用獄”，幾疑取其剛斷。孔子乃以歸之六五之柔中，其哀矜惟良之義乎？

《大象傳》：雷電，噬嗑。先王以明罰勑法。雷電當從石經，本作電雷。噬嗑以合爲義，雷震必電，電掣必雷，无不合者，故曰噬嗑。先王法之明罰如電，勑法如雷。罰者刑之薄，法者刑之先，先施其法，則不敢犯，薄用其罰，則不忍犯，此聖人使民无訟之意。坎爲法律，又爲刑獄，明罰勑法之象。

初九，屨校滅趾，无咎。屨校謂以械爲屨也，初在下故言趾。屨校滅趾，此刑之最輕者。震性剛躁妄動，故陷屨校之刑。震以恐致福，小懲大戒，故无咎。震爲足，坎爲校，震没坎下，屨校滅趾之象。

《象傳》：“屨校滅趾”，不行也。震爲行，妄行則進於惡矣。互艮止之，故不行。

六二，噬膚，滅鼻，无咎。膚，肉之柔脆者，噬膚滅鼻，極言獄之易治。二以中正之德，治易服之人。一訊而即得其情，无久縶濫刑之咎。互艮爲鼻，二居艮之下端，正與所噬之膚相直，滅鼻之象。

《象傳》：“噬膚，滅鼻”，乘剛也。乘初之剛，濟二之柔，故噬而即嗑。

六三，噬腊肉，遇毒。小吝，无咎。腊，肉之堅剛者，三不中不正。己不正而欲正人，人必不服，如噬腊肉然。非但難嗑，反更遇毒。楚靈王刑慶封，反令播其惡於衆，是遇毒之類也。然小人之惡，終不可長，故雖吝而无咎。三在膚裏，故稱肉。離日熯之，爲腊。坎爲隱伏，坎在前，遇毒之象。

《象傳》：“遇毒”，位不當也。三位不當，治人不治，所以見吝。

九四，“噬乾胏，得金矢。利艱貞，吉。胏，肉之有骨者。乾胏難噬，以喻用獄者搏豪强，治貴近也。金取其剛，矢取其直，剛而且直，則不畏勢，不徇情，治獄之道得矣。然以所居不正，故戒以艱貞。先艱後貞者，明所遇之艱，非才之罪。能以貞勝，雖艱，亦吉。以全卦言，四爲間，以爻言則爲除間者。《易》之變動不居如此。離爲乾肉，乾胏之象。坎爲矢，金矢之象。

《象傳》：“利艱貞吉”，未光也。有强梗者，天下之不幸，去强梗者，賢人之不得已，故曰“未光”。四火明體，互坎外暗，未光之象。

六五，噬乾肉，得黄金。貞厲无咎。噬乾肉以喻多年積案。五爲君位，凡獄之上達帝廷者，必以事關重大，一時難以處決。黄，中色，五以柔中居剛位，柔不過縱，剛不過暴，適得其中，有得黄金之象。卦辭所謂利用獄，正指此爻。而猶曰“貞厲无咎”者，正如穆王訓夏贖刑，刑既輕矣，猶曰“朕言多懼”是也。陰稱肉，位當離日中烈，故曰“乾肉”。

《象傳》：“貞厲无咎”，得當也。言必如此治獄，始爲得當。《象》言不當位，此言得當。《象》以位言，此以事言也。

上九，何校滅耳，凶。居卦之外，中有伏險，上有亢威。以去震獨遠，雖有雷霆之怒，若罔聞知。炎炎於上，有不戢自焚之象。《繫傳》所謂“善不積不足以成名，惡不積不足以滅身”者是也，故凶。何與荷通，坎爲桎梏，校象。一剛横於上，荷，校之象。坎爲耳，校厚故滅耳。

《象傳》：“何校滅耳”，聰不明也。不聰聽則不明，至於罪大惡極，而罹大辟之凶。商鞅若聽趙良之言，蕭至忠若納宋璟之諫，何至於禍？蓋不明根於不聽也。離爲目，主視爲明；坎爲耳，主聽爲聰。上居坎離之上，坎滅而離象亦毁，聰不明之象。

䷕離下艮上

《序卦傳》：物不可以苟合而已，故受之以賁。賁者，飾也。直情而行謂之苟，禮以飾情謂之賁。君臣父子夫婦朋友之際，均不可苟合也，故受之以賁。

賁：亨。小利有攸往。山下有火，草木品彙，皆被光彩，賁之象也。内文明而外艮止，文質彬彬，賁之義也。離德文明，无徑情直行之弊，故亨。然禮勝則離，樂勝則流，過於文飾，又失其本真。艮止而不過，故曰“小利有攸往”。

《彖傳》：賁，亨，柔來而文剛，故亨。分剛上而文柔，故小利有攸往。天文也。文明以止，人文也。觀乎天文，以察時變，觀乎人文，以化成天下。剛須濟以柔，坤上之柔來居乾中而文剛，故亨。柔必附剛，分乾二之剛，往居坤上而文柔，故小利有攸往。剛柔交錯，自然之象，此天文也。文貴乎明，不明則无别，又貴乎止，不止則流，文明以止，此人文也。時變者如春夏之敷華，柔來文剛也。秋冬之成實，剛上文柔也。化成者如禮樂之明備，文明之功也。性命之各得以止之效也。《易》有剛柔往來上下相易之説，而最著於賁，前儒卦變之説不可泥。

《大象傳》：山下有火，賁。君子以明庶政，无敢折獄。山下有火，草木賁然有光華，《書》曰“賁若草木”是也，故曰賁。君子法之，以明庶政，必使典章制度燦然秩然，以成文明之治。至於折獄則以實不以文，凡所謂文致文網深文舞文，皆爲治獄者所忌，明離象，无敢艮止之象。

初九，賁其趾，舍車而徒。軒車人之所以爲賁者，舍車而徒，衆人以爲羞者，君子以爲賁也。二來飾初，初内飾於心，不資於外，非剛正而明者不能。舍車舍二也，徒往應四也。二坎爲輪，車象。四震爲大塗爲足，足行大塗，徒行之象。初居最下，故言趾。

《象傳》："舍車而徒"，義弗乘也。

以義爲賁，故寧舍車而徒行。觀人者當於發足時觀之。

六二，賁其須。三至上有頤象，二附之，故爲須。二以坤上之柔來而文剛，非有加於剛之外也，猶須之附於頤。隨頤而動，舍頤而須不足獨美也。是故文不虚行，必於其質。有文無質，非君子之文也。

《象傳》："賁其須"，與上興也。上指三。離炎上而不及下，故初不受賁。而上賁三，二柔三剛，剛柔相須，以成其賁，故曰"與上興也"。

九三，賁如，濡如，永貞吉。三居坎離之間，有離之文以自明，故曰"賁如"。有坎之水以自潤，故曰"濡如"。濡，潤澤貌，即《詩》"羔裘如濡，六轡如濡"之義。九三非不貞也，能永其貞，則濡不至於陷，故吉。

《象傳》："永貞之吉"，終莫之陵也。終莫之陵，言終不使文有加於質也。

六四，賁如皤如，白馬翰如。匪寇，婚媾。四入艮體，文明將止，賁道變矣，故下三爻以文爲賁，上三爻以白爲賁。皤與翰皆白色，《記》言商人尚白，戎事乘翰是也。以白爲賁，猶舍車而徒，以義爲賁，不假外飾以爲賁也。白馬翰如指初，初與四爲正應，當文勝之時，而欲尚質以救浮靡。四與初復有同情以阻於三，故稍涉遲疑。然初之翰如而來，志在助四匪寇也，乃婚媾也。初舍車而徒，不以車賁者，豈復以馬賁？白馬翰如，假象也，喻行之速也。震爲馬爲白，白馬之象。坎爲盜寇之象。

《象傳》：六四當位，疑也。"匪寇婚媾"，終无尤也。以其當位，得與初應，爲三所阻，故疑。以其守正，終與初合，故無尤。

六五，賁於邱園，束帛戔戔。吝，終吉。邱園，隱士所居，指上言。卦以剛柔交錯爲賁，故有應者以應爲賁。初與四是也。無應者以比爲賁，二興三五與上是也。上居卦外，無位之地，故曰"賁於邱園"。戔戔，淺小之意，束帛戔戔，見隆以情，不在隆以物，迹雖近吝，而志在尊賢，故終吉。艮爲山，邱園之象。離爲中女，當午位，蠶絲束帛之象。

《象傳》："六五之吉"，有喜也。五上相合，故有喜。

上九，白賁，无咎。居賁之極，則失於華。居艮之極，則守乎樸。賁極反本，復於無色，故曰"白賁"。此有道之士，遺去紛華，泊然世外，以質素爲賁者，故无咎。考孔子與子張、子貢論及賁，輙[3]愀然不樂。《雜卦傳》云："賁，無色也。"間嘗仰觀天道，俯察人事，文固不可一日无也。即以從周之志而論，亦在郁郁之文，何讀《易》至《賁》而獨不樂？非惡夫文也，蓋深見夫周衰文勝之敝，不得不思有以救之也。聖功惡文之著，而至於不顯。王道救文之敝，而歸於尚忠。天下安有偏勝之理乎？

《象傳》："白賁，无咎"，上得志也。齊桓好紫，國人皆紫。上敦樸素，則天下无不化矣。故曰"上得志"。

䷖ 坤下艮上

《序卦傳》：致飾然後亨則盡矣，故受之以剥。剥者，剥也。物之文者久而必剥，此賁所以受以剥也。

剥：不利有攸往。剥，落也。艮山高起，附著於地，剥之象也。五陰在下，一陽在上，陰勝陽孤，勢將傾圮，剥之義也。卦僅一陽，往則並一陽而消之矣，故不利。君子當此時，安坤之順，守艮之止。巽言晦迹，留其身以待天行之復，則今日之不利有攸往者，即異日之利有攸往者也。艮止在前，不利之象。

《彖傳》：剥，剥也，柔變剛也。不利有攸往，小人長也。順而止之，觀象也。君子尚消息盈虚，天行也。剥有剥落之義。以五柔剥一剛，小人道長，君子道消之時也。君子當此時，豈僅全身遠害，一聽氣數之適然哉？觀剥之象，即可得治剥之道矣。坤順艮止，順而止之，不逆而激之，如孔子之見南子、應佛肸，孟子之説齊宣，與夫陳平之王諸吕，狄梁公之事武后，皆得此道者也。觀象爲學《易》通例，孔子特於剥發之，以順而止之，乃旋乾轉坤，大作用。觀剥象而即可得，不必他有所求也。碩果得存，即來復之基。乾息爲盈，坤消爲虚。消息盈虚，天行之自然。君子尚之，順天而不逆天，徐而俟其來復。處剥之道，孰有加於此者乎？

《大象傳》：山附於地，剥。上以厚下安宅。山附於地，有傾頽之勢，故其象爲剥。上，君也，下，民也。君托於民，猶山之附於地。厚下，厚民生也，宅者，上所居之位，居上者厚下而不剥下，正所以自安其宅也。此"民爲邦本，本固邦寧"之意。不曰君子、大人、先王，而曰上者，以本卦一陽在上，作《易》者喜見之，故以上言，大象言宅，爻言牀言廬，以艮一陽覆幬於上，此以卦形立象也。厚，如地之厚，坤象。安，如山之安，艮象。

初六，剥牀以足，蔑。貞凶。初在下故言足。蔑，荀爽本作滅，猶削也。貞即上九所謂碩果，乾元至收藏成實爲貞，碩果之象也。坤以從乾爲安貞，今不從乾而蔑乾，蔑乾之貞，即自蔑其貞矣。初去上甚遠，而即以蔑貞言之，此履霜堅冰至之義，故凶。

《象傳》："剥牀以足"，以滅下也。蔑貞適以自蔑，故曰"以蔑下"，蓋小人害君子，未有能獨存者也。

六二，剥牀以辨，蔑。貞凶。辨，牀梐也，在足與身之間，所以辨上下也。剥牀以辨，則上下不分，而紀綱以亂。小人害君子，未有不由此道者也，故取以爲喻。蔑貞與初同，故其凶亦同。

《象傳》："剥牀以辨"，未有與也。《易》以陰陽相應爲有與，二與五不相應，故言"未有與"。

六三，剥之，无咎。三在陰中，獨與陽應，此小人中之君子也。當剥之時，君子不能救君子，惟小人能救之。君子因以得全，小人亦隱受其福，故无咎。

《象傳》："剥之无咎"，失上下也。上下群陰，志在剥陽，三獨與陽應，故曰"失上下"。剥以失上下而无咎，猶坤以喪朋而有慶。

六四，剥牀以膚，凶。剥牀以膚，則近乎人身矣，其凶可知。艮爲膚，膚象。

《象傳》："剥牀以膚"，切近災也。四近君位，剥至於四，故曰"切近災"。

六五，貫魚以宫人寵，无不利。魚爲陰物，以喻衆陰。卦一陽在上，衆陰隨五而進，如貫魚然，以宫人寵，示不自專。四切近災，至五則消極矣。卦有順而且止之象。不獨不害君子，且率群小以親君子，此君子之利，亦小人之利也，故曰"无不利"。三以應陽而无咎，五以比陽而无不利。小人亦何苦害君子哉？

《象傳》："以宫人寵"，終无尤也。无尤謂无妒害瀆亂之尤，釋无不利之義。

上九，碩果不食，君子得輿，小人剥廬。碩果即初二所謂貞。果中有仁，天地生生之心存焉，此元之所以起於貞也。碩果不食，則有復生之理。君子當亂世而獨存者似之。夫世愈亂則民愈思治，君子必爲人所愛戴，有得輿之道焉。小人怙惡不悛，必欲盡去君子，甚至剥廬而不恤，此亦勢之常也。不言吉凶，欲小人自擇也。

《象傳》："君子得輿"，民所載也。"小人剥廬"，終不可用也。君子安則民得所載，君子去則小人失所庇。然則小人非害君子，實以自害，故曰"終不可用"，

“民、載”皆坤象。

䷗震下坤上

《序卦傳》：物不可以終盡，剥窮上反下，故受之以復。《易》窮則變，物極則反，此復所以次剥也。

復：亨。出入无疾。朋來无咎。反復其道，七日來復，利有攸往。復，反也。雷存地中，陽氣初復，復之象也。剥上一陽，復來於下，復之義也。復亨，既復則亨也。就天時言，陽氣復則萬物亨。就人事言，君子復則大道亨。出入无疾，謂復之一陽。出乎上而入乎初，皆得安行自如，无復乖戾之疾。朋來无咎，謂復之一陽既長，歷臨、泰、壯、夬而至乾，順行自如，絶无差忒之咎。其所以致此者有道焉，自姤一陰生而陽失其道，歷遯、否、觀、剥而至坤，陽道盡矣。至是而始得復，故曰“反復其道”。陽生於子，陰生於午，自午至子七而必復，歲月日莫不皆然。由姤至復，適歷七位，故曰“七日來復”，此乾坤消息之理。天行如是，人道亦然。旦晝牿亡，夜氣常存，是无疾也。正人一進，多士彙征，是朋來也。私欲去而天良發，小人退而君子進，亦反而復其道也。得道多助，向之不利有攸往者，今乃利有攸往矣。觀於復而知天人之合一也。

《彖傳》：“復，亨”，剛反。動而以順行。是以“出入无疾，朋來无咎”。“反復其道，七日來復”，天行也。“利有攸往”，剛長也。復，其見天地之心乎？復何以亨？以剥上一剛，窮於上而反於下也。下震上坤，動而以順行，此出入往來，所以无疾无咎也。天行謂天道之運行，天行反復，數以七月爲期，臨消計以八月，欲其遲，復長計以七日。喜其速，剛長與剛反對。反者，自上而下，由剥反而爲復。長者，自下而上，由復長而至乾，陽氣萌動，君子道長，故利有攸往。天地无心，以生物爲心。剥落之時，生機盡滅，天心幾不可得而見。一陽初動，生生不已之功，即朕兆於此。四端之在人心，亦猶是也。天地之心，不可得而見，而於復見之。不曰性情而曰心者，一陽初動，謂之性則已發，謂之情則未著，故特以心言之。非以天地之心爲心，烏能知天地之心乎？

《大象傳》：雷在地中，復。先王以至日閉關，商旅不行，后不省方。雷，陽也。雷在地中，一陽來居五陰之下，其象爲復。至日，冬至之日，當夏正十一月。一陽初復，其氣甚微，當安靜以養之。商旅不行，下之安靜也。后不省方，上之安靜也。

艮爲門闕，復反對，閉關象。坤爲闔户，亦閉關象。巽爲商爲近利市三倍，震伏巽，商旅不行象。姤象“后以施命誥四卦[4]”，伏姤故不省。

初九，不遠復，无祇悔，元吉。從坤反震而變此爻，不遠復也。人心一念之善，動機亦如此。諸卦多言悔，亡无悔，此獨言无祇悔者，蓋悔亡者，悔已見而能亡也。无悔者，待有悔而无之也。无祇悔謂有不善未嘗不知，知之未嘗復行，不至於悔而本无也。此顏子之“庶幾”，吉之先見者也，故爲元吉。

《象傳》：“不遠之復”，以修身也。修身爲儒學第一義，孔子於釋復初爻顯揭之，教人法天之學也。

六二，休復，吉。六二虚中與初相比，能親師取友以成其德，事半功倍，復之休美者也。初能克己，二資於人，功不同而復同，故吉。

《象傳》：“休復之吉”，以下仁也。下謂初，一陽在下，爲卦之主，猶仁人也。二能親仁，所以獲吉。

六三，頻復，厲，无咎。不中不正，處動之極。動故頻復而頻失，頻失故厲，頻復則仍无咎。初爲危詞以聳之，遏惡也。繼用温語以慰之，勸善也。

《象傳》：“頻復之厲”，義无咎也。失而後復，其勢固危，然能改過，揆之於義因无咎也。

六四，中行獨復。四居群陰之中，下與初應。不溺偏私，不隨潮流，獨往獨來，置毁譽禍福而弗顧，其行復，異狂狷，故曰“中行”。爻辭言中行，此外惟泰、夬與益。泰、夬言於二五，以居上下之中也。益與復言於三四，以居一卦之中也。

《象傳》：“中行獨復”，以從道也。道指初，從道而不從衆，此爲四之獨見。

六五，敦復，无悔。卦本坤體，又互坤，厚之至也。不遠復者，善心之萌，敦復者，善行之固，故初无祇悔，而五无悔。

《象傳》：“敦復无悔”，中以自考也。中爲六五固有之性，人所受於天之生理也。考，《爾雅》訓成，自考猶言自成。二以比初而復，四以應初而復，五以中道自成，不待比應而自復，所謂復以自知者也。

上六，迷復，凶，有災眚。用行師，終有大敗。以其國君凶，至于十年不克征。坤先迷，至上而猶不復，則迷之極矣。爻之凶未有至此者。彖言出入无疾，此則外有災而内有眚矣。彖言朋來无咎，此則行師至於大敗，以其國君凶矣。彖言七日來復而利往，此則遲之十年，不克征矣。一念之迷，至於身敗名裂，兵連禍結，國破家亡，遲之又久，不能獲一息之安。世之執迷不悟者，觀象至此，能勿惕[5]然懼，猛然省乎？坤爲衆，震帥之行，師象。十年，坤數。

《象傳》："迷復之凶"，反君道也。君道在初，自二至五无有不順。上獨反之，故凶。

☳☰ 震下乾上

《序卦傳》：復則不妄矣，故受之以无妄。不善之動，妄也。復則无妄矣；故无妄所以次復。

无妄：元亨，利貞。其匪正有眚，不利有攸往。无妄者，至誠无虚妄也。《史記·春申君傳》作"毋望"。惟無所期望，始克无妄也。天下雷行，其動以時，无妄之象也。震應乎乾，其動以天，无妄之義也。震故元亨，艮故利貞也。无妄疑无不正矣。然匹夫匹婦，以情痴而徇身，盗賊凶人，以信誓而共命，是无妄亦有匪正者。匪正之无妄，乃大妄也。故有眚而不利于所往，艮止在前，不利往之象。

《彖傳》：无妄，剛自外來而爲主於内，動而健，剛中而應。大亨以正，天之命也。"其匪正有眚，不利有攸往"，无妄之往何之矣？天命不祐，行矣哉！无妄外乾内震，乾剛自外來。而爲主於内，謂震得乾之一陽而爲動主，此乃天之所以與我者，動而健則動合乎天矣。剛中而應，謂九五以剛居中，己身正也。下應六二復中正，所應正也。正則能大亨，此天命之當然也。至六三、上九則不正，不正則妄矣，故有眚而不利於往。若自以爲无妄，而仍欲往焉，則何之矣？悖乎天者天必不祐。曰"行矣哉"，言必不行也。此誠意者貴先致知，自以爲无妄乃妄之大者也。

《大象傳》：天下雷行，物與无妄。先王以茂對時育萬物。天下雷行，雷動不妄，則物亦无妄，故曰物與无妄。先王法之，以茂對時育萬物。茂與懋通，勤勉之意。對時者相時而動，育物者因材而篤。雷動以時，故於震取時。乾元資始，故於乾取育。

初九，无妄，往吉。初爲震主，即乾之初。内无虚假，外繫无應，任天而動，肆應咸宜，故往无不吉。震爲足，往象。

《象傳》："无妄之往"，得志也。至誠未有不動者，故往而得志。

六二，不耕穫，不菑畬，則利有攸往。妄念之起，在於有所期望。不方耕而望其穫，不方菑而望成畬，此所謂正其誼不謀其利，明其道不計其功也，如此則利有攸往。二中虚故有此象。田一歲曰菑，二歲曰畬，二在地上，有田象，故乾二亦言在田。

震爲耒耜，爲禾稼。互艮爲手，耕穫之象。

《象傳》："不耕獲"，未富也。言未有富之心。

六三，无妄之災，或繫之牛，行人之得，邑人之災。位不中正，遇非其時，事出意外，有如行人得牛，邑人受其災者，此所謂无妄之災也。夫无妄之災，亦事勢之所難免。貌似陽虎，孔子被圍；同舍取金，不疑代償。如必以无妄不應有災，是即妄之所由起矣，故君子祇盡其在我。坤爲牛，巽繩繫之，繫牛之象。乾爲行，人指上，坤爲邑人，謂三。

《象傳》：行人得牛，邑人災也。非意所及，理當順受。

九四，可貞，无咎。道貴因時，非可貞夫一者也。初與四皆无繫應，初爲震主，震性動，動以天，故往吉。四互艮，艮性止，止乎剛，故可貞无咎。可貞與利貞有別，利貞重在正字，可貞重在固字，謂可固守之也。

《象傳》："可貞无咎"，固有之也。貞固守之，乃互艮固有之性。

九五，无妄之疾，勿藥有喜。九五以中正而居尊位，應二亦中正，宜無疾也。以值无妄之時，非疾反類乎疾，此无妄之疾也。无妄之疾，如太虚雲影，自來自去，原無足病。如視爲真疾，多方以求治，則因妄生妄，而疾轉增矣，故勿藥有喜。漢以清淨寧一而致治，宋以改作紛更而召亡。吕誨臨終以疾諫，其言不誠可思乎？五變成坎，爲心病，疾之象。巽木艮石，藥之象。

《象傳》："无妄之藥"，不可試也。試則反成災矣。

上九，无妄，行有眚，无攸利。上九剛極，无妄者也。下應六三，則繫以私。内多欲而外施仁義，不知其行已有眚矣，何利之有？本卦上下異義，下震應乾，故以行爲利。上乾互艮，故以止爲利。六三當行而復止，上九當止而欲行，皆違乎天也。違天必有大咎，天命不祐，行矣哉！

《象傳》："无妄之行"，窮之災也。恃其无妄，其行至亢，故象與乾上九同。

䷙ 乾下艮上

《序卦傳》：有无妄，然後可畜，故受之以大畜。无妄則誠，誠則實，實則可畜，此畜所以次无妄也。

大畜：利貞。不家食，吉；利涉大川。大，陽也。以巽畜乾，謂之小畜。以艮畜乾，謂之大畜。畜，有蘊畜、止畜二義。天在山中，所蘊者大，大畜之象也。乾健上進，艮以止之，大畜之義也。以大畜人者，非智取而術馭之也。利用貞，己守正而不移，則人自服正而不欲往。畜賢者貴能養賢，接之以隆禮，予之以厚禄，使不食於家而食於國，吉孰大焉。養賢者貴能尚賢，資大才以濟大難，而險阻可涉，利莫大焉。兑口在外，不家食象。震爲木，兑爲澤，震木行兑澤中，利涉大川象。

《彖傳》：大畜剛健，篤實輝光，日新其德，剛上而尚賢，能止健，大正也。"不家食，吉"，養賢也。"利涉大川"，應乎天也。剛健屬乾，篤實輝光屬艮。艮篤實蘊於内，故光輝發於外。乾健行不息，故其德日新。剛上而尚賢，謂上九。上九内篤實而外光輝，己身正矣。而所尚三陽，即爲日新其德之賢，則所尚亦正，此之謂大正。止健者非抑其進也，蓋英才類多躁進，必歷試諸艱，增益其閱歷，涵養其德量，而後才堪大用。至是始與之共天位，食天禄，則我收得人之慶，人快大道之行，養賢之效斯爲極矣。應天者應乎乾也，天者時而已矣。高賢乘時而出，天下无不可濟之險也。

《大象傳》：天在山中，大畜。君子以多識前言往行，以畜其德。天者，氣而已矣。凡山中雷雨風雲之氣，皆天也。天在山中，所畜者大，故爲大畜。君子觀天在山中之象，而知虚在實中，一在萬中，德在言行中。不求多識，而以德自高。此德其所德，非聖人之所謂德也。互兑爲口，前言之象。互震爲行，往行之象。多識象天之容覆，畜德象山之繚繞。

初九，有厲，利已。初與四應，初陽鋭於上進，四得位而畜止之，有危厲象。初行而未成，正店潛時，亦利於已之象。

《象傳》："有厲，利已"，不犯災也。知其危而止其行，故不犯災。需初不犯難，謂坎水之險，此不犯災，謂艮山之阻。

九二，輿説輹。輿所以行，説輹則不可行矣。初二皆受害，初言有厲，而二不言者，初以陽居陽，鋭於上進，二以陽居陰，位復得中，可止則止也。此初二之分也。説輹與《小畜》九三同。彼言反目，而此不言者，三四非應，二五則正應，此二卦之分也。乾爲大車輿象，互兑毁折，説輹之象。

《象傳》："輿説輹"，中无尤也。二得中道，故无妄進之尤。

九三，良馬逐，利艱貞。曰閑輿衛，利有攸往。三位震初，震性善動，豈終於不進者？復與上同道，故引初二以並進，如良馬之相逐然。然前多阻礙，未可輕易視之也。必艱難其行，貞固其志，如楚莊之日討軍實，无稍鬆懈。閑輿，利行世之具也。閑衛，備周身之防也。如是則可以濟世，可以保身，而利有攸往矣。曰當從鄭康成本作日。乾爲馬，良馬象。互震而動故逐，遇艮止不得上馳，利艱貞之象。

《象傳》："利有攸往"，上合志也。與上同德，往必合志。

六四，童牛之牿，元吉。大畜有二，曰養賢，曰止健。養賢之義，於彖言之四五兩爻則言止健也。初欲上進，四以柔順止之，如童牛而範以牿，使之不能踰越。賈誼所謂絶惡於未萌，而起教於微渺，使民日遷善遠罪，而不自知，此之謂也；故元吉。牿，牛馬牢也，所以防牛馬之逸，《書》云"牿牛馬"是也。

《象傳》："六四，元吉"，有喜也。己順而人不逆，故有喜。

六五，豶豕之牙，吉。二欲上進，五以柔中之道止之，如豶豕而繫之以牙，蓋防其突逸也。先事豫防，故吉。《爾雅》："豕子豬豶豶"，豶取其少，猶童牛。牙，《埤雅》："以杙繫豕也。"坎爲豕，乾坎體豕象。乾居亥位，亦豕象。震爲木，牙象。

《象傳》："六五之吉"，有慶也。慶即喜，喜者據己言之，慶則其喜及人。五居君位，所畜者大，故言慶。

上九，何天之衢，亨。此畜極而通之義，言天衢者見天无畔无際，唯其所之，大開賢路，其象如是。此責惟上九克負担之，故曰"何天之衢"。何與荷通，艮爲山爲徑路，爻居乾上，天衢之象。

《象傳》："何天之衢"，道大行也。道釋天字，大行釋衢字。不家食，涉大川，此其時矣。

䷚震下艮上

《序卦傳》：物畜然後可養，故受之以頤。頤者，養也。畜德則直養无害，頤所以次大畜也。

頤：貞吉。觀頤，自求口實。頤，輔車之名。口主飲食以養人，故又訓養。上下二奇如頤，中四爻如齒，頤之象也。下動上止，亦頤象。卦體似離，故曰"觀頤"。中虚故求實也。養不可以苟得，必貞乃吉，所以考其正不正者，豈有他哉？於己取之而已矣，故貴自求。求其所當求，舍其所不當求，頤養之道盡矣。求養於己，此所當求者也；求養於人，此所不當求者也。養性養形，其道爲均，觀頤者貴於此，觀之審耳。

《彖傳》：頤，貞吉，養正則吉也。觀頤，觀其所養也。自求口實，觀其自養也。天地養萬物，聖人養賢以及萬民，頤之時大矣哉！頤貞吉者，養以正則吉也。觀頤，觀其所養之正不正也。求養於己者正，求養於人者不正。此卦震體皆凶，艮體皆吉。震性動，動而求諸人者也，故凶。艮性止，止而求諸己者也，故吉。然而觀頤者，亦惟觀其自養耳。由此義推之，天地養萬物，聖人養賢人以及萬民，皆得養之正者。本卦下震上艮，萬物始乎震，成乎艮，天地養萬物之功，終始於二卦之内。四時八卦之用，皆包於頤，頤之時不誠大哉？

《大象傳》：山下有雷，頤。君子以慎言語，節飲食。雷聲震遠，山下有雷，則聲尚潛藏。君子法之，慎言語以養其德，節飲食以養其身。言語飲食，動之象；慎節，止之象。

初九，舍爾靈龜，觀我朶頤，凶。龜之爲物，靈而不食。初九得正，伏而在下，有靈龜之象。朶，垂貌，上九一陽垂於上，故曰"朶頤"。以爲卦主，故稱我。陰求養於陽，固其所也。初以陽居陽，有類靈龜，本足自養，不必求於人，乃亦動於口腹之欲。有靈不知自保，有貴不知自珍，故凶。卦外離中虚象，離，故有龜象。

《象傳》："觀我朶頤"，亦不足貴也。飲食之人，則人賤之矣。位雖得正，亦不足貴。

六二，顛頤。拂經于丘頤，征凶。求養於下爲顛，求養於上爲拂。丘頤謂上九，陰求陽養，未爲失正。二與初比，舍初而求上，上非正應，與常經相背，故曰"拂經"，征凶，言不征則不凶也。二本中正，因居震體，震性好動，動於欲則失正矣，故戒止之。卦有自然織紝象，初爲持經之下杼，上爲受經之上軸，四爻如布帛之經，故以經取象。艮爲手，拂象；爲山，丘象。

《象傳》："六二，征凶"，行失類也。上非應與，故曰"失類"。

六三，拂頤，貞凶，十年勿用，无攸利。三與上應，以陰求陽似无凶理，因位居震極，性躁妄動，恃有强援，而貪得无厭，拂乎頤之正道，凶可知矣。十年勿用，爲上言之也。言違拂正道之人，惟利是視，當永遠棄之，用則有害而无利。十年坤數。

《象傳》："十年勿用"，道大悖也。卦辭頤貞吉，爻辭拂頤貞凶，故曰"道大悖"。又上性正，三性動，道不同方，亦相悖也。

六四，顛頤，吉。虎視眈眈，其欲逐逐，无咎。四與初應，顛而求頤，宜也。初四位皆得正，又應之善者，故吉。荀九家艮爲虎，上艮爲虎，下震倒觀即艮，亦爲虎。兩虎相向，視眈眈之象；牝牡相求，欲逐逐之象。凡求友輔仁，求賢致治，其心之專一，情之真切當如之，故吉而且无咎。初凶四吉者，初動四止，時變故其象亦變也。

《象傳》："顛頤之吉"，上施光也。艮光輝，初陽上施，光乃益顯。

六五，拂經。居貞吉，不可涉大川。五居尊位，養人者也。不能自養，而反資乎上，此亦拂乎常經也。五自知才之不足，深居高拱，貞於從上，如成王不疑周公，漢昭委任霍光，養賢人以及萬民，故吉。但不足於才，僅處常不能處變，故不可涉大川。艮止居象。

《象傳》："居貞之吉"，順以從上也。順以從陽，坤之本性。

上九，由頤。厲吉，利涉大川。上九陽剛在上，五賴之以養人者。天下之養，皆出一人，故曰"由頤"。稷思天下有飢，由己飢之，即此意也。任天下之大事者，多致天下之大疑，必戰兢惕厲而後吉。五不利涉而上利涉者，五人君不可喜事，上人臣不可畏事也。卦體象虚舟，五柔安於艮止，不利涉象。上體乾，乾知險利涉象。

《象傳》："由頤，厲吉"，大有慶也。人己皆得其養，慶莫大焉。

䷛ 巽下兑上

《序卦傳》：不養則不可動，故受之以大過。養直无害，不動則已，動必有大過人者，此大過所以次頤也。

大過：棟橈。利有攸往，亨。大過，大者過也，陽過乎陰也。澤本潤木，今居其上，反以滅木，大過之象也。二陰在外，四陽積中，大過之義也。木曲爲橈，棟橈以卦象言，喻禍變之大，利有攸往亨。以卦才言，四陽雖過而二五得中，内巽外説，有濟變之才，故利有攸往而得亨也。先言亨後言利有攸往者，亨自亨，利自利也。此先言利有攸往後言亨者，言往乃亨，不往則不亨也。當大過之時，不可委之時命，必須有抱冰握火之志，扶顛持危之力，乃始有濟。卦體象坎，坎爲棟，棟象。兑爲毁折，橈象。

《彖傳》："大過"，大者過也。"棟橈"，本末弱也。剛過而中，巽而説行，利有攸往，乃亨。"大過"之時大矣哉！兑巽皆柔卦，以二卦合并，陽處中，極其盛大，故曰大者過也。本謂初，民爲邦本之義。末謂上，君爲輕之義。本末俱弱，此棟所由橈也。剛過而中，指二五，謂過而得中也。時當用柔，以柔爲中，時當用剛，以剛爲中。如藥不瞑眩，厥疾弗瘳。自治微疾視之，則謂之過。以藥病相對而言，則謂之中，此剛過而中之義也。過而自知其過，當大過之時，巽順和説，處之泰然，不動聲色，其才亦大過人矣。此所以利有攸往而得亨也。大過之時宜大有爲，如立非常之大事，興不世之大功，成絶俗之大德，无其時決不能有其事也。贊曰："大矣哉，懼人之失時也。"

《大象傳》：澤滅木，大過。君子以獨立不懼，遯世无悶。澤水高漲，至於滅木，其過已甚，故爲大過。當此潮流澎湃，鮮有不仆且悶者。君子則砥柱中流，獨立不懼，不入濁流，遯世无悶，其操守學養，必有大過人而非流俗所能及也。中四剛過有乾象，故象與乾初同義。

初六，藉用白茅，无咎。初以巽柔而居最下，此過於謹慎者也。藉，承也。物措於地，已獲安全，而復承之以茅，此慎之至也。初以過柔之道，處過剛之世，過而得中，故无咎。巽爲白爲草，白茅之象。

《象傳》："藉用白茅"，柔在下也。初處大過之時，在下而用柔道，如郭林宗不爲激言覈論，所以獨免。

九二，枯楊生稊，老夫得其女妻，无不利。稊，鄭氏本作荑，稺苗也。以奇偶言，二爲楊身，下偶爲荑。五爲楊身，上偶爲華，其義互見。楊身雖枯於上，稺稊復萌於下，此生意也。老夫而得女妻，亦有生生之意。二剛得中，下比於初，資柔以自養，過而不過，故无不利。

《象傳》："老夫女妻"，過以相與也。老少原非正偶，故曰"過以相與"。

九三，棟橈，凶。卦有四剛爻，三以剛居剛。位復不中，此剛之大過者，過剛則折，凶可知矣。三四居中，故均以棟言。彖辭棟橈，惟九三當之，三舍初而應上，志在逐末。四比五而應初，志在救本也。本弱則不勝其重，此致橈之由。

《象傳》："棟橈之凶"，不可以有輔也。應上才柔，不可爲輔。剛愎自用，不可以輔。

九四，棟隆，吉。有它，吝。四以剛居柔，又與初應，當大過之時，治標而不忘本，志與三反，故不橈而隆，吉可知矣。三居下卦之上，下弱則上傾。四居上卦之下，下實則可載，一橈一隆，當就二爻上下體看，但四與上同體，設舍初而務説於上，則進退失據而吝生矣。里丕之中立，鄧析之兩可，終致失敗，故聖人設此以戒之。

《象傳》："棟隆之吉"，不橈乎下也。下謂初，初敬慎。四與初應，故不橈。

九五，枯楊生華，老婦得其士夫，无咎无譽。五與二同象，二生稊尚含而待苗，五生華則洩而益枯。老婦謂上，兑爲少女而曰"老婦"者，以上六窮陰，處大過之極，故以老婦稱之。士夫謂五，五陽，壯盛，故以士夫稱之。君子自任大過，小人反藉之以爲用，如老婦之誘惑士夫，而士夫反爲婦得，非陽之咎也。一時之華，一時之合，殊不可恃。无咎无譽者，言不足咎不足譽也。賤之也。

《象傳》："枯楊生華"，何可久也？"老婦士夫"，亦可醜也。未培其本，雖榮不久。老婦失節，行亦可醜。

上六，過涉滅頂，凶。无咎。遇非其時，才不濟事。不濟而以死繼之，故有過涉滅頂之象，此志士仁人之苦心也。可殺而不可辱，故雖凶而无咎。夫趨吉避凶，本人情之所同，而有時事值萬難，身與仁不能兩全。生與義不能併獲。則君子寧殺身以成仁，舍生以取義，鼎鑊在前，甘之如飴，刃鋸在望，蹈而弗顧，豈故爲矯激之行哉？亦以陽剛之氣，直養无害，至大至剛。充塞於天地之間，非他物所能沮喪而遏抑之也。无大過人之行者，不能處大過之世，故聖人於大過之終特顯揭之。巽舟入兑澤，涉象。乾爲首，爻居互乾上，滅頂之象。

《象傳》："過涉之凶"，不可咎也。不可咎謂不可得而咎，蓋深許之也。

䷜ 坎下坎上

《序卦傳》：物不可以終過，故受之以坎。坎者，陷也。過涉滅頂，大過極矣。物不可以終過，故受之以坎。坎三四兩陽，變而之陰，以柔濟剛，无過中之虞也。

習坎：有孚，維心亨。行有尚。坎，陷也，險也。習，重習也。上下兩坎，故曰"習坎"。四陰象地，二陽象水，水行地中，坎之象也。一陽陷於二陰之中，坎之義也。他重不言習，坎獨言習者，以人生處世，皆在坎中，非習於坎不能成其德也。性入於形，氣拘物蔽，是内坎也。形入於世，境阻時艱，是外坎也。欲求出坎，在明心學。以象觀之，一陽内陷，是爲心病。以才觀之，一陽中實，是謂心亨。有孚心亨，此出險之道也。蓋行則能出險，止則陷矣。六十四卦，獨於坎揭出心字，道心惟微之旨，乃益顯著。二互震爲行，動應五，故行有尚。

《彖傳》："習坎"，重險也，水流而不盈，行險而不失其信。"維心亨"，乃以剛中也。"行有尚"，往有功也。天險不可升也。地險山川丘陵也，王公設險以守其國，險之時用大矣哉！坎爲險，習坎故爲重險。坎與兑均爲水，兑爲瀦水，坎爲流水，水流則不盈，至平生焉。春夏汪洋，秋冬斂涸，至信出焉。剛中謂二五，世有險阻，人心亦有險阻。水以流爲尚，險以去爲通。人心以運用爲神，如是而行則有功。險固所以爲難，有時用之亦足以防難。上坎天險，崇巇不可升，无形之險也。下坎地險，修阻不可越，有形之險也。王公法天之險，嚴兵刑之威，使人不敢犯。法地之險，扼山河之要，使人不敢窺。險之時用不誠大矣哉！電雷爲天險，坎伏震爲電，互震爲雷，天險之象。山川丘陵爲地險，互艮之象。震動欲行，而艮止之，不可升之象。

《大象傳》：水洊至，習坎。君子以常德行，習教事。洊，再也。水再至則滔滔不竭，故成習坎。君子法之，以常德行，習教事。常德行，所以處險，習教事，所以出險。德而曰行，見治己者不以德爲行，則非德也。教而曰事，見治人者不以教爲事，則非教也。曰常曰習，皆不舍之義。坎剛中有德行象，坎益物，有教事象。

初六，習坎，入於坎窞，凶。窞者，坎中小坎，旁入者也。水性趨下，初復居卦之最下，是入於坎中之坎矣。在人則如陷溺之深，不能自拔，故凶。

《象傳》："習坎入坎"，失道凶也。一陽象水，二陰象地，水由地中行，水之道也。失道入於坎窞，則无出險之日，所以見凶。陷溺者之不可與言道，其凶亦猶是也。

九二，坎有險，求小得。有險尚可望其出，非如初三入坎窞之深也。二剛中，外雖有險，而心常亨，求其小不求其大，原不在大也。涓涓不絶，流爲江河，學問事業固莫不由積小以成大。小得何傷？特患人之不求耳。

《象傳》："求小得"，未出中也。水由地中，未出中則未失道。

六三，來之坎坎，險且枕，入于坎窞，勿用。坎爲勞卦，坎坎爲勞而又勞，猶乾乾爲健而又健，謙謙爲謙而又謙，蹇蹇爲蹇而又蹇也。之訓往。三志剛而不安於險，奔走疲勞而求出險，无如欲進而上，則險不可升。欲居其位，則枕而不能安，欲退而下，則入於坎窞。无其才，无其位，无其時，志不得伸，故戒以勿用。互震好動，來之坎坎象。重險在前，艮止之，勿用之象。

《象傳》："來之坎坎"，終无功也。用力雖勞，終於无功。言出險之不易也。

六四，樽酒，簋貳，用缶，納約自牖，終无咎。貳，副也。樽酒簋貳，謂樽酒而副以簋也。缶，瓦器，牖，室中受明之處，非正道。樽簋貳用缶，謂以一樽之酒，二簋之食。器用瓦缶，可謂約矣。而自牖納之，非正道矣。然事處萬難，委曲求全，如散宜生因文王之厄而賂紂，寗俞因衞侯之囚而貸醫，其迹可議，其心終可原，故无咎。本卦六爻皆无應與[6]，只四與五陰陽相比，四以柔得正，五以剛居中。雖非正應，五以誠信相與，四以潔清自效，而險无不濟矣。震主祭器，有樽簋象。坎爲缶，缶象。互艮爲牖，二至五中虚，亦牖象。

《象傳》："樽酒，簋貳"，剛柔際也。五剛四柔，剛柔相濟，際之謂也。

九五，坎不盈，祇既平，无咎。盈，滿也。天下之險，皆起於盈，不盈而祇既平，則有安瀾之慶，无泛濫之虞，故无咎。上善若水，水之性惟趨於平，聖人治天下，亦法乎水而已矣。故《大學》不曰"治天下"曰"平天下"，蓋不平則不治也。驕泰則盈，絜矩則平矣。坎至五而往有功，故有此象。

《象傳》："坎不盈"，中未大也。水大則盈，中則未大，祇既平耳。

上六，係用徽纆，寘于叢棘，三歲不得，凶。徽纆，繩也。繩三股爲徽，兩股爲纆。上居險極，才柔不足以濟，故有係用徽纆寘於叢棘之象。《周禮》："司圜收教罷民，下罪一歲而舍，中罪二歲，上罪三歲。三歲不得，罪幾不可逭矣。"凶之至也。坎爲法律，故以刑罰言之。叢棘即坎窞也。心不亨，則身不能安，天下之大，舉足皆成荆棘，豈僅江湖之險哉？變巽爲繩，徽纆之象。坎木堅多心，重坎叢棘之象。歷三爻復歸於坎，三歲不得之象。

《象傳》：上六失道，凶三歲也。水由地中行，水之道也。重坎之時，下則横流，上則滔天，故皆云失道。以人事言，心不在道，則一日不能安，况三歲乎？初上之凶，皆云失道。欲反其道，在自治其心耳。

䷝ 離下離上

《序卦傳》：陷必有所麗，故受之以離。離者，麗也。物極則反，陷於下者，必有麗於上，故受之以離也。

離：利貞，亨。畜牝牛吉。離，麗也，明也。火麗於物，日麗於天，離之象也。一陰麗於上下之陽，離之義也。麗於邪則昏而塞，麗於正則明而通，故必貞乃亨。畜牝牛，取其順也。坎性下流，流不已則入於坎窞。離性炎，炎之盛，則突如焚如。坎陷，欲之類也，窒欲者求其通，故以心亨爲尚；離炎，忿之類也，懲忿者欲其順，故以畜牝牛爲吉也。先儒以坎離爲聖人之心學，良不誣也。

《彖傳》：離，麗也。日月麗乎天，百穀草木麗乎土。重明以麗乎正，乃化成天下。柔麗乎中正，故亨，是以"畜牝牛吉"也。離以一陰麗於二陽之中，故曰"離，麗也"。上離天位，麗乎天者以氣，日月是也。下離地位，離於地者以形，百穀草木是也。重明以二卦言，二五麗於兩陽之間，而皆得正。吾之氣順，則天地之氣亦順。日月光於天，百穀草木蕃於地，上下效順，此文明之化所由成也。柔麗乎中正，專指二言，柔順則非外炫之明，中正則非私智之明，所以得亨，而"畜牝牛吉"也。二至五象坎，爲月。互巽爲百穀草木。

《大象傳》：明兩作，離。大人以繼明照于四方。離爲日，不曰日而曰明者，天无二日也。重離故曰"兩作"。大人有緝熙之學，與日月合其明，曰"繼明"，見无時不明也。曰“照於四方”，見无處不照也。惟其无時不明，所以无處不照。《大學》所謂“明明德於天下者”此也。

初九，履錯然，敬之，无咎。位居最下，當日之初出。日出而作，萬物交錯於前，故曰“履錯然”。然物有萬而心則一，敬則心常惺惺，如朝氣之清明，物不得而淆之，故无咎。初爲卦足，有履象。

《象傳》："履錯之敬"，以辟咎也。敬則物亂而心不亂，所以避咎。

六二，黄離，元吉。黄，坤色，二自坤來，故以黄離言之。二言黄，五不言黄者，二中而且正也。元吉，即美之至也。以人事言，二以柔順之德，體中正之道，燥性全无，周公公孫碩膚以之。

《象傳》："黄離元吉"，得中道也。黄中色，得中則該乎正矣。

九三，日昃之離，不鼓缶而歌，則大耋之嗟，凶。三在卦上，日昃之離也。以喻垂暮之年，鼓缶則務爲達生，如王逸少所謂“年在桑榆，賴絲竹陶寫”是也。嗟老則終日憂生，如趙孟所謂“焉能恤遠，朝不謀夕”是也。憂樂无常，不如彼則如此，其人之生氣盡矣。故衛武耄年好學，孔子不知老之將至，不待歌以自遣，又何至嗟以自傷？甚矣人之不可不聞道也。缶離中虚象，歌嗟上下，偶爻開口象。

《象傳》："日昃之離"，何可久也！日過中則昃，昃則爲時不久矣。

九四，突如其來如，焚如，死如，棄如。竈之出火者謂之突。九四之火，非自外來也。由内而來，積之所致也。積之愈久，則發之愈暴。莽操之禍，其來皆非一日，一發遂不可撲滅。“來如，焚如，死如，棄如”，極言禍患之烈，不言凶而凶可知矣。巽爲風，風動火烈，故有此象。

《象傳》："突如其來如"，无所容也。火不戢則自焚。元凶劭臨死，自謂覆載所不容，惡人未嘗不自知也。

六五，出涕沱若，戚嗟若，吉。六五爲重離之主，繼明而嗣位者也。父死之謂何，何敢因以爲利？出涕沱若戚嗟若，其情蓋有出於不得已者，哀之至者仁之盡，能以仁孝治天下，故吉。高宗諒陰，三年不言。滕文即位，顔色之戚，哭泣之哀，弔者大悦，二人皆爲哲后明君。漢昌邑王值發喪而不哭，終遭廢棄。盡情不盡情，其影響如是。涕自目出，離爲目，出涕象。二至五象坎，沱若象。戚，坎加憂象。嗟若，兑口開象。

《象傳》：六五之吉，離王公也。離王公，明麗王公之位，使人知爲繼明之主也。

上九，王用出征，有嘉折首，獲匪其醜，无咎。王謂五，用，用上九也。

坎内明而外暗，至上則暗之極，故至於受刑。離内暗而外明，至上則明之極，故可以用兵。征，正也，己正乃可正人也。折首者，殲厥渠魁也。獲匪其醜者，脅從罔治也。有嘉者，嘉其辨之明，非奬其功之大也。用此道以行師，故无咎。離爲戈兵，征伐之象。兑爲毁折，折首之象。

《象傳》："王用出征"，以正邦也。繼體之君，人多有不服者，必如舜之征有苗，啓之伐有扈，成王之伐淮夷，不得已而用之，以正邦而已，非利己也。

【校記】

〔1〕"恒"，當爲"珩"。

〔2〕闕字當爲"而"。

〔3〕湖北省圖書館藏徐恕（字行可）捐贈《周易集註》校批本（以下簡稱"徐氏校批"）中，"轍"作"輒"。

〔4〕"徐氏校批"中，"卦"作"方"。

〔5〕"徐氏校批"中，"惕"作"愓"。

〔6〕"與"，疑爲衍字。

周易集註卷之二

下　　經

䷞艮下兑上

《序卦傳》：有天地，然後有萬物；有萬物，然後有男女；有男女，然後有夫婦；有夫婦，然後有父子；有父子，然後有君臣；有君臣，然後有上下；有上下，然後禮義有所錯。韓康伯曰："言咸卦之義也。咸柔上而剛下，感應以相與。夫婦之象，莫美乎斯，人倫之道，莫大於夫婦。故夫子殷懃深述其義，以崇人倫之始，而不係之離也。先儒以乾至離爲上經，天道也。咸至未濟爲下經，人事也。夫《易》六畫成卦，三材必備，錯綜天人，以效變化，豈有天道人事偏於上下哉？斯蓋守文而不求義，失之遠矣。"

咸：亨，利貞。取女吉。咸者，感也。不曰"感"而曰"咸"者，咸有皆義。男女皆相感也。艮山兑澤，山澤通氣，上下相感，咸之象也。艮少男，兑少女，男女相感之深，莫如少者。艮止則感之專，兑説則應之速，咸之義也。感而遂通故亨。三爲艮主，上爲兑主，三上皆得其正，故利貞。以全卦而言，男下於女，親迎象也。以二五言，男上女下，又婚姻象也，故取女吉。

《彖傳》：咸，感也。柔上而剛下，二氣感應以相與。止而説，男下女，是以"亨利貞，取女吉"也。天地感而萬物化生，聖人感人心而天下和平。觀其所感，而天地萬物之情可見矣。卦以咸名，彖以感釋，明感物之无心也。兑上得坤之柔而成女，艮三得乾之剛而成男。乾坤二氣，交以相與，此所以亨也。人情説則易入於邪，男止女説，則所説者在其性情之正，此所以利貞也。女在外未歸，男先下之，得婚姻之正，此所以取女吉也。天地以氣咸者也，萬物説言乎兑，而始終萬物者莫盛乎艮，是天地感萬物，原出於無心也。聖人之於人，以心感者也。所過者化，所存者神，而人心説應，天下和平，不期然而然，聖人亦无容心於其間也。寂然不動者性，感而遂通者情。聖人之情，即天地之情，萬民之情，即萬物之情。觀其所感，天地與聖人豈有二致哉？

《大象傳》：山上有澤，咸。君子以虚受人。山氣内虚，澤氣上達，山澤通氣，交相感應，故爲咸。虚者未有私以實之也。山以虚則能受澤，心以虚則能受善。卦體以坤包乾，亦虚受之象。

初六，咸其拇。咸以人身取象。拇，足大指，初在下拇之象。止體而有動象，以與説體爲應也。身未動而拇先伸，此動之微，而幾之先見者也。人不知而已獨知，謹之則吉，不謹則凶，故不言吉凶，艮爲指，拇象。

《象傳》："咸其拇"，志在外也。與四相感，所感雖淺，心則已外馳矣。

六二，咸其腓，凶。居吉。居中得正，應五亦中而且正，宜无不善也。以咸有動象，此爻動則爲大過，不動則仍爲咸，故動凶而居吉。互巽爲股，二居巽下，腓之象。巽究爲躁卦，躁動故凶。

《象傳》：雖凶居吉，順不害也。二有中正柔順之德，本不爲害，且咸二即艮二，咸其腓則凶，艮其腓則吉。參觀之，知動則凶，静則仍吉也。

九三，咸其股，執其隨，往吝。股隨上體而動，上性説，三性執。上以言説人，三執而隨之。進退隨人，不能自主，用斯而往，宜其吝也。艮爲手，執之象。

《象傳》："咸其股"，亦不處也。"志在隨人"，所執下也。艮止，故言居言處。居艮之極，亦不能處。俯仰隨人，所執愈下，可鄙孰甚。

九四，貞吉，悔亡。憧憧往來，朋從爾思。四爲心位，不言心者，相感貴於无心也。心貞一則廓然而大公，物來而順應，吉莫大焉，何有於悔？憧憧，心不定貌。憧憧不定，既往之彼，復來之此，則心思之妄，如朋類之紛至沓來，失自主之道矣。兑爲朋，朋象。

《象傳》："貞吉悔亡"，未感害也。"憧憧往來"，未光大也。未感之初，毫無私累，故无害。感於私則狹小，故未光大。

九五，咸其脢，无悔。脢，背肉，在心上而相背，无思无爲之象，與朋從爾思相反。心有思則有得失，故必貞而後悔亡。脢无所思，故无悔。悔亡，有悔而亡之也。无悔，无有悔也。

《象傳》："咸其脢"，志末也。志出於心，咸其脢則感以无心。志末者，謂彼有志於感者，抑末耳。

上六，咸其輔頰舌。上當兑口，輔在口旁。頰在輔下，舌在口中，皆語言之具。以心感人，尚恐有悔，以言感人，則所感尤淺矣。謹之猶可，不謹必凶，不言吉凶者，欲占者自審也。輔頰舌，兑象。

《象傳》："咸其輔頰舌"，滕口説也。滕有傳播之義。信口傳播，无復心實。《易》稱近取諸身，惟咸、艮二卦，但咸感艮止，感者動而止者靜，故咸不如艮。

䷟ 巽下震上

《序卦傳》曰：夫婦之道不可以不久也，故受之以恒。恒者，久也。咸二少相交，夫婦之始；恒二長相承，夫婦之終。夫婦之道，不可有始而無終也，故受之以恒。

恒：亨，无咎，利貞，利有攸往。恒，常久也。雷風相須，萬物常資以養，恒之象也。長男居外，長女居内，得居室之常道，恒之義也。道能持久，故亨而无咎。利貞者，不易之恒；利有攸往者，不已之恒。蓋道貴貞夫一，而又非一成而不變也。不變則不能通，不通則不能久矣。

《彖傳》：恒，久也。剛上而柔下，雷風相與，巽而動，剛柔皆應，恒。"恒：亨，无咎，利貞"，久於其道也。天地之道恒久而不已也。"利有攸往"，終則有始也。日月得天而能久照，四時變化而能久成。聖人久於其道而天下化成：觀其所恒，而天地萬物之情可見矣。恒爲可久之道。以卦體言，震剛在上，巽柔在下，以分正而可久。以卦象言，雷資風而益遠，風假雷而增威，以氣合而可久。以卦德言，巽順而動，以德有常而可久。以卦畫言，剛柔皆應，以交不疑而可久，故爲恒。大凡通天下萬世常行之而无弊者，必正理也。一時所尚，一人所行，必不能久，故恒所以得亨而无咎者，道在利貞，不貞則不能久也。但貞非執一之謂，執一不變，則不能恒矣。恒之所以爲道者二，即不易不已是也。久於其道，即不易之恒也；終則有始，即不已之恒也。久於其道，雖天下如之；終則有始，雖日月四時亦如之。觀其所恒，天地萬物之情可見，豈僅聖人然哉？震巽陰陽之始，兑艮陰陽之終，咸恒相反，終始之象。

《大象傳》：雷風，恒。君子以立不易方。雷風，至變者也。然收發有定時，寒燠有定候，則至變乃本至常，故爲恒，君子以之立不易方。不易方者，非膠於一定也。如《大學》爲君爲臣爲父爲子，各有所止是也。震巽皆爲木，立象。巽性入，入而在内。震性動，動而在外，不易方象。

初六，浚恒，貞凶，无攸利。浚與濬通，深也。循序漸進，處事之常。初居最下，以體巽性躁，不漸進而遽求深入。譬之闕黨童子不求益而望速成，洛陽少年甫入朝而即痛哭，雖貞亦凶，復何所利？初至五象坎，初居坎下，浚象。

《象傳》："浚恒"之"凶"，始求深也。卦初故言始，深求者多於其始。閲世久則知人情世變矣。

九二，悔亡。以九居二，剛而不正，故有悔。居中所應復中，故悔亡。

《象傳》：九二"悔亡"，能久中也。天下可久之道，惟中而已矣。

九三，不恒其德，或承之羞。貞吝。過剛不中。互兑爲説，見紛華而悦，如《氓》詩所云"二三其德"，羞辱之至。有不知所自來者，揚雄書莽大夫，華歆與管幼安分坐，至後世猶有餘辱。正而不恒，實以致羞。

《象傳》："不恒其德"，无所容也。仰愧俯怍，爲人所棄，己亦無地自容。巽變爲坎，下入於坎，上迫於震，无所容象。

九四，田无禽。不中不正，動而不已，如田於无禽之地，雖久而无所獲。以學術言，則索隱好怪而不衷諸聖。以治術言，則挾智任術而不準於王，此有恒无德之弊也。震爲車爲馬，田象。下巽爲雞，應爻虚而深入，无禽象。

《象傳》：久非其位，安得禽也？久非其位，雖久何益？必无所得也。

六五，恒其德，貞。婦人吉，夫子凶。德以中爲常。五居中，四二亦中，恒其德者也。以柔應剛，德之正者也。然體柔而説，以此爲恒，於婦人則爲吉，於夫子則爲凶。爻兼兑女震男，故一吉一凶，兩致其辭。

《象傳》：婦人貞吉，從一而終也。夫子制義，從婦凶也。一者陽也，從一而終，乃婦人之貞。夫子以制義爲事者，而反從婦，宜其凶也。所謂一定則不能恒也。

上六，振恒，凶。變動曰振。上居震極，如風雷之發，震動而不能自已，以此爲恒，則動而不可復静。革命而不求其當，變法而不審乎時，后羿、商鞅，徒爲萬世之罪人耳，其凶害可勝言哉？

《象傳》：振恒在上，大无功也。振恒之志，在夸大而喜功，折之曰"大无功"，欲喜事者知自反也。

䷠ 艮下乾上

《序卦傳》：物不可以久居其所，故受之以遯。遯者，退也。韓康伯曰："夫婦之道，以恒爲貴，而物之所居，不可以恒，宜與世升降，有時而遯者也。"

遯：亨，小利貞。遯，退避也。不曰退而曰遯者，以遯有遠禍之意，不僅恬退鳴高也。爲卦天下有山，天氣上升，遯之象也。二陰浸長，四陽退避，遯之義也。陰長陽消，君子退避以伸其道，道不屈則爲亨。小利貞，言不可大事也。

《彖傳》："遯，亨"，遯而亨也。剛當位而應，與時行也。"小利貞"，浸而長也。遯之時義大矣哉！遯亨謂身遯而道亨也。五剛當位，與二相應，君子尚有可爲之勢，小人未露排擠之形。但陰已漸長，君子燭於幾先，相時而動。遯而泯乎遯之迹，此遯之妙用也。必迫於小人之逐，而後行，則悔之晚矣。自一陰而至二陰，如水之浸淫，必至稽天。當此時也，不獨大位不可居，即大名亦不可享，僅利於小貞焉。東漢諸君，昧於此義，人之云亡，邦國亦因以殄瘁。不知者以遯爲安於小，豈知時義固甚大哉！

《大象傳》：天下有山，遯。君子以遠小人，不惡而嚴。天運於上，山止於下。登山望天，天愈高愈遠，故天下有山爲遯之象。君子觀象以遠小人，不惡而嚴，既不激其怒，亦不召其侮。孔子於陽貨，孟子於王驩，蓋深得此意。天廣大无所不容，不惡之象。山高峻莫之能越，嚴象。

初六，遯尾。厲，勿用有攸往。爻，有横象竪象。以人言則爲竪象，首在上而足在下。以物言則爲横向，首在前而尾在後。初居最後，尾象。當在前而在後，故厲。然位居卑下，易於韜晦。當危行言遜，勿用，更有攸往。艮爲黔喙之屬，多長尾，故曰尾。艮止互巽爲進退爲不果，故不宜有所往。

《象傳》："遯尾"之"厲"，不往，何災也？不往即遯，何災之有？

六二，執之用黄牛之革，莫之勝説。此爻即《彖傳》所謂"剛當位而應"者也。之字指五，二與五均居中得正，兩志契合，固結而不可解。五之得從容而遯者，二之力也。衛《北風》之詩曰"惠而好我，携手同行"，六二有焉。艮爲手，執象。六二離爻，離爲黄牛，黄牛之象。互巽爲繩，莫之勝説象。

《象傳》："執用黄牛"，固志也。五曰正志，六曰固志。五之志，二實成之也。

九三，係遯，有疾厲。畜臣妾，吉。三爲二陰所係。凡陽爲陰所累者曰“疾”。爻變即成否，故不僅有疾，而且危厲。若用艮止之力，畜下二陰，如臣妾然，則變凶而爲吉。蓋三爲艮之主爻，互巽爲進退，一進一退，殊關輕重也。艮止畜象，二陰，臣妾象。

《象傳》：係遯之厲，有疾憊也。“畜臣妾吉”，不可大事也。爲陰所係而不能去，如有疾弗去，而至於憊也。不可大事，言治小不可圖大，即彖所謂小利貞也。

九四，好遯，君子吉，小人否。好者惡之反，有應於陰。不惡而嚴，既無忿戾之行，亦無私係之累，惟君子能之，小人則否。漢郭欽、蔣詡，見王莽居攝，皆托病去官，隱居不出。班固贊曰：“郭欽、蔣詡，好遯不污，絶紀、唐矣。”蓋郭欽二人，見幾而作，紀逡唐林，貪禄位而不去，斯爲小人矣。四剛柔參半，故兼言君子小人。

《象傳》：“君子好遯”，小人否也。君子之遯，從容不迫，若小人則怒悻悻然見於其面，有如孟子所云者矣。

九五，嘉遯，貞吉。嘉，美也。非正應而相昵曰係，以中正而相應曰嘉。當位而應，動必以正，貞吉。伊尹復政告歸，功成身退，此遯之最嘉美者。下此則如鴟夷之遯，遯於入吳霸越之時，赤松之游，游於萬户封侯之日。亦庶幾近之。乾爲嘉嘉象。

《象傳》：“嘉遯貞吉”，以正志也。所志者正，故不牽於私。

上九，肥遯，无不利。肥遯，《後漢書》張衡《思玄賦》云：“欲飛遯以保名”，注引《易》：“上九，飛遯无不利”，《文選》注作巷。巷與蜚相似，蜚即今飛字。曹子建《七啓》：“飛遯離俗”，是古《易》皆作飛遯。飛遯則超然遠舉，有海闊從魚躍，天高任鳥飛之意，故无不利。上變則體小過，有飛鳥之象。

《象傳》：“肥遯无不利”，无所疑也。飛者无所拘也，无所拘則无所疑。遯本陰長陽消之時，然合觀諸爻，君子多吉，小人則否。蓋全身全節，則消亦爲吉。競權競利，則長亦爲凶。世之醉心權利，不知自反者，獨何心哉？

䷡ 乾下震上

《序卦傳》：物不可以終遯，故受之以大壯。退有進之義，遯主乎退以艮止也。而遯實全體象艮。大壯主乎進，以震動也。而大壯實全體震，艮終東北，即震出東方。大壯次遯，即艮次震之義也。

大壯：利貞。大者，陽也。壯者，盛也。下四陽，上二陰，陰消陽長，大壯之義。雷震天上，聲勢壯大，大壯之象。大壯之道，利在所守者正，如曾子之自反而縮，孟子之養氣集義，恃理非恃氣也。

《彖傳》：大壯，大者壯也。剛以動，故壯。“大壯，利貞”，大者正也。正大而天地之情可見矣。大者壯也。言陽長陰消，其勢壯也。剛合天德，動合天行，其理壯也，故名大壯。大壯利貞，則可以配道義而塞天地。大者之壯，即大者之正也。天地之情，正大而已矣。復雷在地中，天地之氣未洩，故聖人有以見其心。大壯雷在地上，天地之氣已通，故聖人有以見其情。

《大象傳》：雷在天上，大壯。君子以非禮弗履。雷在天上，陽氣甚盛，故名大壯。君子法天而動，惟天秩天叙之是循，故非禮勿履。蓋履非禮則仰愧於天，俯怍於人，安得壯？顔子請斯語，蓋深得此義。禮取乾天之象，履取震兑之象。

初九，壯於趾，征凶。有孚。上震爲足，初居下，趾象。人之處事，貴於慎始，始事而用壯，焉往不凶？初以陽應陽，故言有孚。他卦有孚吉，此獨凶者，戒過剛也。漢宋以來，大學生亦天地之正氣，卒以致凶，其趾壯，其心无他也。范文正見石徂徠作《慶歷聖德頌》曰：“此鬼怪輩壞事。”此亦以孚而致凶者，其誠可鑑，其躁亦當戒也。

《象傳》：“壯于趾”，其孚窮也。四爲互乾之終。初應乾終，窮之災也，故凶。

九二，貞吉。大壯忌剛。二以陽居陰，而得中位，又應六五之柔中，中則无不正矣。得正故吉。

《象傳》：九二“貞吉”，以中也。以者用也，謂以九居二，不用其剛，而用其中也。

九三，小人用壯，君子用罔。貞厲，羝羊觸藩，羸其角。位當乾體之極，以陽居陽，大壯之過甚者，小人用之，暴戾恣睢，而過於壯。君子用之，則蔑視世事，蔑視世人，而遇於勇也。罔猶蔑也，貞固守此，必甚危厲，如羝羊之觴[1]藩，必至羸其角也。爻兼乾兑，故言小人君子。卦全體象兑，故言羝羊。四震爲藩，藩之象。爻居乾上，角之象。兑爲毁折，羸角之象。

《象傳》：“小人用壯”，君子罔也。壯則任力，罔則任性，所謂臧穀亡羊，其失均也。

九四，貞吉，悔亡。藩决不羸，壯於大輿之輹。以剛居柔，不用其壯，故貞吉而悔亡。大壯懼其過，壯，非忌其上進也。三以四爲藩，四以上无陽爻，故藩决。

前无窒礙，故无羸困之患。大輿之輹，其壯可知，宜其縱横直達，而无不通也。此爻全主震初而言。兑爲附決，決之象。坤爲輿，震木在輿下，輹之象。

《象傳》："藩決不羸"，尚往也。前无阻礙，可一進而上也。大壯至四猶曰尚往。夬至五猶利有攸往。陽則望其長，陰則望其消，此除惡務盡之意。

六五，喪羊於易，无悔。易，釋文引陸績説讀作埸。《漢書·食貨志》：疆埸作疆易，謂道旁也。喪羊於易，失剛也。旅上九喪牛於易，牛性順。上九以剛居極，失其順也。此曰"喪羊於易"，羊性剛，六五以柔居中，失其剛也。五居尊位失其剛，則不能弘濟，但无悔而已。震爲大塗，易之義。

《象傳》："喪羊于易"，位不當也。位不當者，明无悔在中不在位也。

上六，羝羊觸藩，不能退，不能遂，无攸利。艱則吉。處壯之極，居震之極，質柔才弱，勇於前往，故亦有羝羊觸藩之勢。欲後則震體上進，而不能退，欲前則卦體窮極，而不能遂。所謂進退兩難者也。夫何所利？然能知其難而出以審慎，見可而進，知難而退，則亦可以獲吉矣。震爲萑葦，爲竹木。上猶震體，故亦稱藩。適當角位，故亦言觸。

《象傳》："不能退，不能遂"，不詳也。"艱則吉"，咎不長也。不詳審故進退失據。知其艱而改圖，則雖有殃咎，不至於長。即《雜卦》所謂"大壯則止"也。

䷢ 坤下離上

《序卦傳》：物不可以終壯，故受之以晋。晋者，進也。物壯盛則必進，然壯於進，亦非所宜。過剛者必濟以柔，晋則柔進而上行，此所以繼大壯也。

晋：康侯用錫馬蕃庶，晝日三接。晋者，進也。不言進而言晋者，進只有前進之義，晋則有進而光明之義也。日出地上，進而光明，晋之象也。坤順離明，進行无阻，晋之義也。康，安也，如《祭統》康周公之康，三接猶《左傳》言"晋侯受策以出，出入三覲"是也。言用盛禮以安諸侯，錫予蕃多，接見親密也。坤坎皆馬，錫馬蕃庶，庶[2]象。日出地上而下臨坤，三爻，晝日三接之象。

《彖傳》：晋，進也，明出地上。順而麗乎大明，柔進而上行，是以"康侯用錫馬蕃庶，晝日三接"也。晋於文爲晉，日兩至也。自北至以至南至，進而盛也。以卦象言，日出地上，愈進而愈明。以卦德言，順而麗乎大明，合萬國之順，麗於一人之明，明以進而益見其大。以卦體言，五以柔中進而上行，上明而下順侯爲人民之主。康侯即所以安民，是以賞賜不厭其多，接見不嫌其煩也。

《大象傳》：明出地上，晋。君子以自昭明德。日爲地掩則失其明，出於地則漸上而漸明，故爲晋。星與月皆借日以爲明，惟日則自明。君子觀象，掃翳去蔽，昭明德於己。乾曰自强，晋曰自昭，見德立於己，决非假於人。明德象日，自昭象日出地。

初六，晋如摧如，貞吉。罔孚，裕无咎。五爲晋主，初與四應，欲順進於五而爲四所阻，故曰晋如摧如。然摧如在彼，而吾不可不正，罔孚在人，而吾不可不裕，如此則吉且无咎。四爲艮主，艮止，摧如之象。體坤，寬裕，裕之象。

《象傳》："晋如摧如"，獨行正也。"裕无咎"，未受命也。持正獨行，不繫乎私，所以見摧。未受朝命，既无官守，亦无言責，進退自如，綽有餘裕。

六二，晋如愁如，貞吉。受茲介福，於其王母。王母指五，二以中正之，德，與五同氣而升，此進行之最順利者也。然順利之極，即憂患之所從起。能靖共爾位，職思其憂，則所處者正而獲吉矣。受茲介福，即《彖傳》所謂"錫馬蕃庶，晝日三接"也。互坎爲加憂，愁如之象。

《象傳》："受茲介福"，以中正也。受福由於積德，中正以德言，非以位也。

六三，衆允，悔亡。陰不中正，宜有悔。以居順之極，故初罔孚而三見信。允，信也。信於下斯獲於上，而悔可亡。坤爲衆，互坎爲信，允象。

《象傳》："衆允"之志，上行也。上行，謂上麗於大明也。

九四，晋如鼫鼠，貞厲。鼫鼠，《本草經》作螻蛄，俗呼土狗。蔡邕《勸學篇》云："鼫鼠五能不能成一技。"則鼫鼠非鼠，於爻象未合，當從《子夏傳》作碩鼠。《詩序》所謂貪而畏人者，四以陽居陰，外剛内柔，色厲内荏，首鼠兩端，如貪而畏人之鼠。貞固主之，縱不至凶，亦屬危厲。艮，鼠象。坎爲穴，亦鼠象。

《象傳》："鼫鼠貞厲"，位不當也。不中不正，以竊高位，故曰不當。

六五，悔亡，失得勿恤。往吉，无不利。以陰居陽，故有悔，得中故悔亡。五進而上行，三陰皆欲附之，爲四所間，故有失。終與己合，故有得。患得患失，志在進取者之恒情，惟勿恤則正誼而不謀利，明道而不計功，自往吉而无不利。離火起滅无常，得失之象。坎憂艮止，勿恤之象。

《象傳》："失得勿恤"，往有慶也。委任得人，非惟自得无憂，人亦因之有慶。

上九，晋其角，維用伐邑，厲吉，无咎。貞吝。角者剛而居上之物，上以剛明之體，而居晋極。晋至於角，晋之窮也。窮於上者必反於下，維用伐邑，是自治其下，如居家則戒子弟、戢童僕，居官則杜交私、嚴假託，皆伐邑之類也。自治嚴則雖厲而吉且无咎，否則剛而至於猛，明而至於察。貞固主之，匪惟人不堪，己亦因以取吝矣。離爲牛，以剛居上，角之象。離爲戈兵，伐象。下坤爲邑，邑象。坎爲心，危象。

《象傳》："維用伐邑"，道未光也。未光，釋貞吝。離本光明，互坎掩明，未光之象。動入冥豫，亦未光之象。

䷣ 離下坤上

《序卦傳》：進必有所傷，故受之以明夷。夷者，傷也。日出地上則明盛，日在地下則明傷。言進極當降，日中則昃，故復入於地而曰明夷也。

明夷：利艱貞。夷，傷也。明入地中，故傷也。日入地下，其明受傷，明夷之象也。主闇於上，臣明於下，不敢自顯其明，明夷之義也。君子處此，不貞則隨俗波靡，以全身而害道。貞則與時牴牾，以守道而危身。是當内有貞之心，外泯貞之迹。艱難其行，其貞乃利。夫艱非利也，而以爲利者，艱在一身，而道可以濟天下後世，此君子之所利也。互坎爲險艱之象。

《彖傳》：明入地中，"明夷"。内文明而外柔順，以蒙大難，文王以之。"利艱貞"，晦其明也。内難而能正其志，箕子以之。明夷，晋之反。離爲文明，坤爲柔順。文王之德，緝熙光明，内文明也。三分天下有其二，以服事殷，外柔順也。利艱貞，有其明而晦之也。獨以利艱貞歸箕子者，箕子之艱，更甚於文王。文王處疏遠之地，尚可行其德；箕子處親近之地，僅能正其志。大難以天下言，内難以一家言，文王蒙大難而演《易》，箕子嬰内難而陳疇，此天下萬世之利也。蓋明雖可傷，而明終不可滅。君子處明夷之時，所以利艱貞也。坎爲險難，互坎在外，故曰"蒙"。坎爲志，故曰"正志"。

《大象傳》：明入地中，"明夷"。君子以莅衆，用晦而明。明入地中，以明入地爲象，故不曰夷明而曰明夷。地上之明，其明之所燭者遠，地中之明，其明之所徹者微，故一用以自昭，一用以莅衆。蓋苛察足以生人之疑，沉幾乃可以觀事之變。用晦而明，則明藏於内而不顯於外，人不能測，亦不敢欺，此不獨處患難然也。凡臨民之君子，皆當以之。坤爲衆，故言莅衆。

初九，明夷于飛，垂其翼。君子于行，三日不食。有攸往，主人有言。飛者以下爲順，垂其翼，飛而下也。志急於行，故不遑食。傷未顯而先去，則人孰不致疑，故主人有言。主人，指上六，上爲明夷之主。王秋山曰："其伯夷大公之事乎?"離爲飛鳥，飛之象。居卦之初，垂翼之象。互震爲行，歷離三爻爲三日。離中虚，爲大腹，不食之象。

《象傳》："君子于行"，義不食也。亟於逃難，故義不求食。

六二，明夷。夷於左股，用拯馬壯，吉。初爲足，二在足上，股也。左弱而右强，右陽而左陰，二居陰位，故爲左股。豐右肱折以示无用，此左股傷則猶可爲。用拯者，上欲拯君，下欲拯民，不因受傷而怠其力，故曰"馬壯吉"。王童溪曰："六二文明之主，又柔順之至，非文王其誰當之?"震坎皆爲馬，震馬作足，坎馬美脊，故言壯。

《象傳》：六二之吉，順以則也。柔故能順，内文明故不失則。順不失則，故以正而獲吉。

九三，明夷于南狩，得其大首。不可疾，貞。三居離上，明極。上居坤上，闇極。以明克闇，勢所當然。大首，闇之魁首。上，六也，狩者除害之事。初无位，可去則去之，宜早。二在位，可救則救之，宜速。三以至明與至暗應，不可復救，當以除害爲志。然救難宜速，而除害宜慎，故以不可疾爲貞。吕東萊曰："武王五年觀政，然後有牧野之誓。"蓋示以不可疾也。坎爲仲冬，狩之時離南方，故曰"南狩"。震性疾，遇坎遂泥，不可疾象。

《象傳》："南狩"之志，乃大得也。得其元惡，故所得者大。

六四，入于左腹，獲明夷之心，于出門庭。上至不明，四與之同體，既深入其腹而窺見其底蘊，知其不可輔，故出門庭而避之。楊龜山曰："此微子之明夷也。"坎爲心，心絡於腹。左，自離經坎而入於坤，入左腹之象。艮爲門庭，倒艮，出門庭之象。

《象傳》："入于左腹"，獲心意也。心意藴於内，非肺腑之親，烏能得之?

六五，箕子之明夷，利貞。六五柔中，本明者也。以比至闇之君，既不能拯，亦不可出。身可辱而道不可污，此箕子之貞也。象言利艱貞，爻不言艱者，言箕子則艱可見也。《漢書·儒林傳》蜀人趙賓以箕子爲荄滋，謂坤終於亥，乾出於子，用晦而明，明不可息，故曰"箕子之明夷"。惠氏定宇復申其義，其説巧而實鑿，不可從。

《象傳》：箕子之貞，明不可息也。正道萬古不息者也。箕子守其貞，晦其明，而道得傳於天下後世，故曰"明不可息"。

上六，不明晦。初登於天，後入於地。上不曰明夷而曰不明晦，蓋上不明而晦，而五爻之明，遂皆上之夷也。楊誠齋曰："紂之嗣位，聞見甚敏，材力過人。其初登天之時乎？及其昏棄德而爲獨夫，其後入地之時乎？"晋與明夷，往復不已，出地入地之象。

《象傳》："初登於天"，照四國也。"後入於地"，失則也。此言天命之无常。《詩》曰："天之未喪師，克配上帝。"此照四國之義也。《書》曰："惟不敬厥德，乃早墜厥命。"此失則之義也。則者不可踰之理，失則爲紂，順則爲文王。

䷤ 離下巽上

《序卦傳》：傷於外者必反於家，故受之以家人。傷於外者必反修諸内，家人所以次明夷也。

家人：利女貞。家人者，一家之人也。巽風離火，文明起於内，則風化及於外，家人之象也。二陰爲女，五陽爲男，男女各正，家人之義也。正家本男子子之責，而風化必由乎女。女不貞而家未有能正者，女正而男可知矣。《周南》一十一篇，言女者十。《召南》一十四篇，言女者九，可見正家之道，必自内始。明乎内者家必齊，家者天下之本也。天下之定，繫於一家。一家之正，必自女始。本卦離巽皆女，長女中女各得其正，故曰"利女貞"。

《彖傳》：家人，女正位乎内，男正位乎外。男女正，天地之大義也。家人有嚴君焉，父母之謂也。父父，子子，兄兄，弟弟，夫夫，婦婦，而家道正。正家而天下定矣。《彖辭》以巽離二體言，故曰"女貞"。《彖傳》以二五兩爻言，故兼言男女。女正乎内，男正乎外，各安於位，如天之位乎上，地之位乎下。位雖有别，而義則交盡也。故君子之道，造端乎夫婦，及其至也，察乎天地，此所謂"男女正天地之大義也"。父義母慈，母與父同稱嚴君者，蓋家庭教育，端資賢母，母不嚴則庇子女之過，亂内外之防。父雖嚴有不能盡察者，故並稱嚴君。父母爲一家之主，能尊嚴以率下，則一家之爲父子兄弟夫婦之道定。天下之人，莫不有父子，莫不有兄弟，莫不有夫婦，遵斯道而行，則天下之爲父子兄弟夫婦者定。正家而天下定，豈虚語哉？朱子曰："上父初子，五三夫，四二婦，五兄三弟。"以卦畫推之，又有此象。

《大象傳》：風自火出，家人。君子以言有物而行有恒。五行之氣，熱極生風，風自火出，由内之外，家人之象。家之本在身，君子觀風火之象，知欲齊其家者，不可不先修其身。言行爲立身之大端，有物者，言之不虚也。如言孝則實能孝，言弟則實能弟是也。有恒者，行之不變也。如孝則終身孝，弟則終身弟是也。火麗於物，言有物象。坎常德行，行有恒象。

初九，閑有家，悔亡。離明陽剛，處有家之始。離明則見之早，陽剛則持之嚴。有悔者家之常，所見既明，所持復正，則家以有閑而悔亡。一奇下横，閑象。

《象傳》："閑有家"，志未變也。施教在初，立法在始，所以防其志變也。志變則防之不及矣。《顏氏家訓》言："教兒嬰孩，教婦初來。"蓋深得此意。

六二，无攸遂，在中饋，貞吉。居柔則不敢自專，得正則不欲自擅，故无所遂。婦職主中饋，蓋飲食爲一家生命所繫，至關重要。《詩》云："無非無儀，惟酒食是議。"孟母曰："婦人之職，精五飯，冪酒漿，養舅姑，縫衣裳而已。"皆此意。貞固主之，故吉。離明爲坎水所制，无攸遂象。離下坎上，饋食烹飪象。二在中，中饋象。

《象傳》：六二之吉，順以巽也。承三應五，皆有巽順之道。順即女之貞也。

九三，家人嗃嗃，悔厲，吉。婦子嘻嘻，終吝。重剛不中，純以嚴治。嗃嗃，嚴厲之聲，主治家者言。治家尚嚴，雖多悔而難安，然未失正道，故吉。倘遇嚴而至於賊恩，則婦子嘻嘻，終吝道也。噫嘻，悲嘆之聲。《詩》之"噫嘻"，《禮》之"嘻其甚矣"，皆作嘆聲，未有訓爲笑樂者。蓋治家固主剛嚴，亦尚雍穆。瀆亂固生大嫌，而乖離亦釀巨禍。聖人言道，不越乎中，過猶不及，未嘗言寧過不及。此爻重剛，聖人慮其過剛，故言其蔽。舊解多以嘻嘻作嗃嗃之反，玩本爻无此象，故兼采吕、項諸氏説。離火熱，嗃嗃嘻嘻，取火熱象。

《象傳》："家人嗃嗃"，未失也。"婦子嘻嘻"，失家節也。治家尚嚴，於道未失，過嚴則失節矣。節者，節其過而歸於中之謂。失節，謂失治家之中道也。

六四，富家，大吉。當位應剛，承乘皆剛，以一柔接衆剛，以一虚受衆實，如金玉滿前，而四以虚受之，故曰"富家"。體巽順而文明，巽順則處富不驕，文明則富而好禮，吉孰大焉？

《象傳》："富家大吉"，順在位也。二與四皆曰順，二之位卑，曰順以巽，妻道也。四之位高，曰順在位，母道也。家之興必賴有賢母，堯有慶都，文有大任，此其證也。

九五，王假有家，勿恤，吉。王謂五，假格同，謂感格也。閑有家，謂治以法也。假有家，謂感以情也。王假有家，即正家而天下定之意。中爻坎爲加憂，此爻出於坎外，故勿恤而吉。

《象傳》："王假有家"，交相愛也。體乾之剛，兼巽之入，義主乎嚴，情主乎愛，交相愛，由交盡其職，父子兄弟夫婦之間，固无不平之鳴也。

上九，有孚，威如，終吉。剛實故孚，剛爻巽體，无其威而如有威，蓋至誠所積，不怒而威，治家之極則也，故終吉。

《象傳》：威如之吉，反身之謂也。威如之吉，見正人在先正己。孔子懼人之施威於外也，故揭之曰"反身"，與《大象》意旨相同。家道之所以成始成終者，在修身而已。

䷥ 兑下離上

《序卦傳》：家道窮必乖，故受之以睽。睽者，乖也。周子曰："家人離必起於婦人，故睽次家人，以二女同居，其志不同行也。"

睽：小事吉。睽字從目。《説文》："目不相視也。"兑澤下潤，離火上炎，睽之象也。兑少女，離中女，同居而志不同，睽之義也。下説上明，五柔而應二剛，有吉象。然時既睽矣，可小事不可大事也。

《彖傳》：睽，火動而上，澤動而下。二女同居，其志不同行。説而麗乎明，柔進而上行，得中而應乎剛，是以小事吉。天地睽而其事同也，男女睽而其志通也，萬物睽而其事類也。睽之時用大矣哉！睽由同而異，火澤之睽由乎動，二女之睽由乎行，不動不行，未嘗睽也。聖人思有以合睽，化異而爲同，取兑之説，資離之明。用五之柔中，應二之剛中，説與明皆以柔爲主，故僅利於小事。然以時言之，固可小而不可大。以時之用言之，則又甚大，而非小。蓋天地不睽，則清濁何由而分？男女不睽，則内外何由而別？萬物不睽，則品類何由而昭？其事其志，又因睽而見合也。睽之時用，不誠大哉？

《大象傳》：上火下澤，睽。君子以同而異。火性炎上，澤性潤下，兩不相逮，睽之象。君子以同而異，蓋大同之中，有不同者焉。禹、稷、顔回同道，而出處異；微子、箕子、比干同仁，而去就生死異。同者義理，不同者事實也。離兑同出坤，而炎上流下異，此同而異之象。

初九，悔亡。喪馬，勿逐自復。見惡人，无咎。初四敵應，故有悔，得正故悔亡。喪馬，睽也。逐則不可合矣。惡人，不仁之人也。疾之則亂，見之何妨？周公不辨流言，勿逐自復也。孔子之於陽貨，惡人亦見也。修己而不責人，何咎之有？互坎在外，故言喪馬。坎性就下，故自復。坎爲盗，惡人之象。離爲目，見之象。

《象傳》："見惡人"，以辟咎也。以見爲辟，不以辟爲辟。汾陽之見盧杞，蓋深得此意，此合初九、九四之睽也。

九二，遇主于巷，无咎。

主謂五，巷宫中之徑路也。二與五本正應，爲四所阻，故睽，然勢睽而情合，二與五應而情合，時值紛亂而未定，道宜委曲以求全。陽喜上，陰喜下，故二者適相遇，不必拘堂陛之常分也。此達節之事，故无咎。互坎爲宫，二在坎外，故言巷。

《象傳》："遇主于巷"，未失道也。志在行道，如孟子與齊王言好色好貨好勇，而以大王、公劉、文、武對，言雖委曲，而於道未失也。此合九二、六五之睽也。

六三，見輿曳，其牛掣，其人天且劓。无初有終。以陰居陽，不中不正，而承乘應，又皆不正之陽。處睽之時，衆忌群疑，意見横生，故有輿曳、牛掣、其人天且劓之象。其人，謂四，惡人。天當作而，古文相似。髡首爲而，截鼻爲劓。首上向，鼻上通，四欲阻其上向，絶其上通，故无初。天且劓則阻去，而得與上合矣，故有終。坎爲輿，離爲牛，互坎在前，輿曳之象。互離在後，牛掣之象。坎爲刑律，天且劓之象。

《象傳》："見輿曳"，位不當也。"无初有終"，遇剛也。三位不當，故多妄見。終與上遇，故曰"遇剛"，此合六三、上九之睽也。

九四，睽孤。遇元夫，交孚，厲无咎。睽獨四與上稱孤。四以无應而孤，上以睽極而孤。初不稱孤者，初在下，居下無援，乃事之常。居上无助，則失所與，故特言孤。元夫謂初，四本惡人，因初見之，化其險惡，而通以誠款，則兩志交孚，雖危无咎矣。至誠相與，其感化之捷，有如此者。盗遇王彦方而卒爲善士，情形髣髴，似之。初居卦始，元夫之象。交孚，剛爻中實象。

《象傳》："交孚无咎"，志行也。德必有鄰，交孚則德不孤，合睽之志行矣。坎爲志，變震爲行，志行之象。

六五，悔亡，厥宗噬膚，往何咎？不中有悔，得正故悔亡。五以二爲宗，宗，親之也。同人於宗則吝。厥宗噬膚則无咎者，處同人之世則欲其公，處睽之世則欲其合也。噬膚言合之易，正應易合，固已。又自二至四互離爲説而明。二體互離，與五同位，化水澤之相熄，爲重離之繼照。中含互坎，爲日月之合璧，此間之所以去，而睽之所以合也。五位尊而應二，以上下下，得舍己從人之道，故諸爻言睽，二五獨不言睽而言合。自外之内亦言往者，例與屯六四同。二變成噬嗑，坎爲豕。五居坎外，膚象。

《象傳》："厥宗噬膚"，往有慶也。二與五應，陰陽相合，故有慶。

上九，睽孤，見豕負塗，載鬼一車，先張之弧，後説之弧。匪寇，婚媾。往遇雨則吉。疑則生睽，離明在上，群疑應解，故他卦離居上體多美辭。睽上獨異者，以離明居兑澤之上。中互坎，兑澤之氣，蒸爲坎雲，以蔽其明，於昧晦迷離之中，自形恢詭譎怪之象。爻變成震，雷聲一震，陰陽和暢，密雲化爲膏雨，百物以長，群邪自消，故吉。坎爲豕，豕象。在兑澤中，負塗象。坎爲輿，又爲隱伏，載鬼一車象。坎爲弓，兼兑毀折，先張後説象。坎爲盗，寇象。三與五正應婚媾象。陰陽和合雨象。

《象傳》："遇雨之吉"，群疑亡也。妄生於疑，變震則坎雲化爲雨，群疑亡矣。睽終必合，故上獨吉。

䷦艮下坎上

《序卦傳》：乖必有難，故受之以蹇。蹇者，難也。二女同居，志乖而難生，故曰"乖必有難"也。

蹇：利西南，不利東北。利見大人，貞吉。蹇，艱也，如跛者之艱於行也。水在山前，艱於上進，蹇之象也。有險在前，止而不進，蹇之義也。西南坤方易於行，故利。東北艮方艱於行，故不利。大人指九五，陽剛中正，見之則可以濟蹇。貞固主之，故吉。互離，故利見。

《彖傳》：蹇，難也，險在前也。見險而能止，知矣哉！蹇，"利西南"，往得中也。"不利東北"，其道窮也。"利見大人"，往有功也。當位"貞吉"，以正邦也。蹇之時用大矣哉！蹇有艱難之義，故曰難。屯困同爲難，而義各别。屯，當難之始，困則至於窮。蹇則險難在前，而不果進也。見險而止，相時而動，非知者其孰能之？中爻離明，明故能見，然見險雖以止爲知，而濟險則以往爲功。往而西南，乃得中道。止而東北，其道乃窮。大人者，濟蹇之人，中正者，濟蹇之道。自初爻以外，皆當位而得其正。初以陰居陽，而止於下位，雖不正而道亦正也。人人守其正，則蹇可濟而邦可正矣。蹇非利用，而有時用之，正邦則其用大矣。蓋處蹇貴相時，而濟蹇當用正也。

《大象傳》：山上有水，蹇。君子以反身修德。山上至險，加以水險，故爲蹇象。君子處蹇之時，凡行有不得者，皆反求諸己。上不怨天，下不尤人，惟以之反身修德。艮其背，反身之象。坎有容，修德之象。

初六，往蹇，來譽。外出爲往，内入爲來。蹇有足義，故以往來言。初外即坎，故往則蹇。不往而來，止於最下，非見幾之早者，不能有此令譽也，故曰“來譽”。二多譽，二畫偶開，來譽之象。

《象傳》：“往蹇來譽”，宜待也。待，居易以俟也。伊尹耕莘，大公釣渭，皆得待時之義也。

六二，王臣蹇蹇，匪躬之故。王謂五，臣謂二，五居坎中，二在互坎之下，蹇而又蹇，故曰“蹇蹇”。履中行義，不避艱險，爲國非爲身也。諸葛鞠躬盡瘁，至於成敗利鈍，則非所逆睹，蓋深得此爻之旨矣。諸爻皆不許其往，惟二五无不許其往之辭，以居其位不可辭其責也。艮爲躬，二五互坎中，匪躬之象。

《象傳》：“王臣蹇蹇”，終无尤也。國而忘身，夫復何尤？

九三，往蹇，來反。三才剛正可以濟蹇，但前爲坎險，往則陷於坎窞。有其才而无其時，不如反求諸身之爲得也。來反者，來而止於其所也。三爲艮主，所謂見險而止者，三足以當之矣。漢之竇融，五代之錢鏐，綏輯一方，以待承平，蓋深合此爻之義。反身爲背，艮象，故《大象》言反身，此曰“來反”。

《象傳》：“往蹇來反”，内喜之也。内指内卦，有濟蹇之志，三裕濟蹇之才，反比於二，剛柔相濟，兩相得，故喜。

六四，往蹇，來連。四已入坎，故曰“往蹇”。位居二陽之中，自知不能濟蹇，連三助五以求濟，其知有足稱者。夫連桓公、仲父之交者鮑叔也，連簡公、子産之交者子皮也，連亦濟蹇者所有事也。位居重坎，上下相連，連之象。

《象傳》：“往蹇來連”，當位實也。以陰居陰，故曰“當位”。所連皆陽，則虚者實矣。

九五，大蹇，朋來。陽稱大，五位尊，而時則蹇，故曰大蹇。投大遺難，非合群策群力不能有濟。朋謂三，三與五同德，三助五以濟蹇。二喜之，四連之，上應之。三來而上下之賢同來，故曰“朋來”。臣朝於君，雖上進亦曰來，彖所謂“利見大人”者也。

《象傳》：“大蹇朋來”，以中節也。合乎宜者之謂節，合乎中則合乎宜，故曰“以中節”。《彖傳》所謂“往得其中”者是也。

上六，往蹇，來碩。吉，利見大人。碩，大也。陽爲大，謂九三也。上六才柔，且居位極，往无所之，故曰“往蹇”。來就九三，三德碩大，故曰“來碩”。上居卦外，疑爲高世之士，置理亂於不聞者，而亦來就三以求濟。群賢畢至，大難自平，故六爻獨於上言吉，利見大人，見九五也。商山四皓，從留侯之招而見漢高，是其象矣。

《象》曰："往蹇來碩"，志在内也。"利見大人"，以從貴也。内，指九三；貴，指九五。志内所以尚賢，從貴所以嚴分。

䷧ 坎下震上

《序卦傳》：物不可以終難，故受之以解。解者，緩也。緩對急言，難則必急，難解則緩，故曰"解者，緩也"。

解：利西南。无所往，其來復吉。有攸往，夙吉。解，難之散也。動而出險，解之象也。雷雨交作，陰陽和暢，解之義也。西南坤方，解合震坎，東北之卦也。卦居東北而利西南者，以坤體廣大平易，萬物皆致養焉。又爲衆，民所聚也。大難初解，得衆爲先，制田教稼，政宜廣大平易也，宜无所往。如大病就痊，專事修養生息，則元氣來復，實爲吉象。設尚有當往之處，必夙乃吉，蓋煩苛固足爲當時之害，而因循亦足遺後世之憂。有往无往，須審慎周詳，斟酌盡善，則既不擾民，復不養患，而蹇難永解，所以吉也。震雷迅速，夙吉之象。

《彖傳》：解，險以動，動而免乎險，解。"解，利西南"，往得衆也。"其來復吉"，乃得中也。"有攸往，夙吉"，往有功也。天地解而雷雨作，雷雨作而百果草木皆甲坼。解之時大矣哉！解與蹇相反，止乎險中爲蹇，動乎險外爲解。往謂往外卦也，來謂來内卦也。坤爲衆，初之四成坤，故利西南，往得衆也。六五退而居二，故曰"其來復吉"，乃得中也。三不正，往而之上，則得其中，動而有獲，故曰"有攸往，夙吉"，往有功也。天地閉則成冬，天地解則成春。天地之氣，鬱結不散，倏然而解，則氣機流暢。雷雨交作，以動以潤，而百果草木皆甲坼。莅衆者解除大難，與天地合其德。斯百穀順成，而草木鳥獸咸若，解之時誠大矣哉！難已解故不言用，體無隱故不言義。坼，《説文》作㘨裂也。仲春之月，草木萌芽，故曰甲裂。震爲木爲蕃鮮，百果草木之象。

《大象傳》：雷雨作，解。君子以赦過宥罪。雲雷結則成屯，雷雨作則成解。雷者天之威，雨者天之澤，刑獄之有赦宥也。過輕罪重，輕者赦之，重者宥之，使有悔心而无倖心，此體天地之仁，而與民爲新之深意也。坎爲法律，震爲動出，赦宥之象。

初六，无咎。初居下體，其才復柔，疑於有咎，然與二同體，資以相濟，以成解難之功。如曹參代蕭何，守而勿失，百姓所以有清淨寧一之歌也。何咎之有？

《象傳》：剛柔之際，義无咎也。二爲解難之大臣，初與二剛柔相資，故其義无咎。凡云際者，皆上下相鄰之謂。《泰》九三曰"天地際"，《坎》六四曰"剛柔際"，正與此同。舊解以爲應四者非。

九二，田獲三狐，得黄矢。貞吉。狐，疑物。大難之起，常生於人情之疑惑，故欲平天下大難者，必先去群疑。黄取其中，矢取其直，小人狐媚之術，惟中直之道足以勝之。二中直而爲五所任，五所不能解者，二悉爲解之，斯狐獲而矢亦得矣。貞固主之故吉。互離爲網罟，故言田。坎爲狐，初三坎體，五亦互坎，三狐之象。離爲矢，又爲黄，黄矢之象。

《象傳》：九二貞吉，得中道也。去小人之道，柔則近於調停，剛則易於激變，故以得中道爲吉。

六三，負且乘，致寇至。貞吝。小人之情狀不一，狐言其蠱惑，如恭、顯是也。隼言其鷙害，如憲、冀是也。負且乘言其僭竊，如莽、卓是也。小人而乘君子之器，非僅冠履倒置，天下之戎，從兹而起矣。貞固主之，必致羞吝。以一陰居二陽間，有負乘象。坎盗逼於前後，有致寇象。

《象傳》："負且乘"，亦可醜也。自我致戎，又誰咎也？負且乘，小人自以爲榮，君子則以爲可醜。又誰咎，見咎由自致，於人何尤？

九四，解而拇，朋至斯孚。四居震足之下，故爲拇。而者，汝也。四與初應，初以陰居陽，四以陽居陰，皆失其正。四降而居初則拇解矣。初升而之四，則朋至矣。《象傳》所謂"往得衆"者以此。坤衆爲朋，朋象。體互，兩坎，斯孚之象。舊解謂拇爲初爲三朋爲二者，非是。

《象傳》："解而拇"，未當位也。初四易位則皆當矣。惟未當故須解。

六五，君子維有解，吉，有孚於小人。維，聯合之意。君子指二陽，小人指三陰。五與三陰本同類，以獨居尊位，應二而比四，得與君子聯合，推心置腹，而陰邪之黨，因以解散，故吉。小人見上下同德，國勢不可復摇，亦遂改心易慮，無復覬覦非分之思，而與君子相孚。坎中實，離中虚，有孚之象。

《象傳》：君子有解，小人退也。舉直錯枉，枉者自直。小人退，謂退思補過，且謀自新也。

上六，公用射隼于高墉之上，獲之，无不利。公謂上，隼謂三，三居上下卦之限，有墉象。隼爲陰鷙之鳥，居高墉之上，如城狐社鼠，得所憑依。射而獲之，則柔媚如狐者又不足言矣。本卦諸爻皆不正，惟上獨正，以正去不正，故无不利。震爲公侯，上卦震體，故稱公。坎弓離矢，故言射。釋鳥曰“鷹隼”，醜其飛也翬。離南朱雀，故爲隼。

《象傳》：“公用射隼”，以解悖也。天下之難，起於悖道。隼蓋小人中之鷙者，其悖逆尤甚。隼獲而悖解矣。

䷨ 兑下艮上

《序卦傳》：緩必有所失，故受之以損。《左傳》曰：“需，事之賊也”，故緩必有所失，而受之以損也。

損：有孚，元吉，无咎，可貞，利有攸往。曷之用？二簋可用享。損，減省也。艮山兑澤，山高於地，澤卑於地，澤自損以增山之高，損之象也。損下卦之剛，益上卦之柔，損之義也。中實爲孚之體，中虚爲孚之用。卦中虚而九二中實，孚之至也。剛柔皆應，亦有孚之義。損非人情之所順，必上下内外相感以誠，見所損抑者，本於義理之公，非出於好惡之私，乃獲元吉而无咎。居則可貞，往則有利也。曷，何也。二句設爲問答，謂損而有孚，何所用而不可哉！事之宜豐者莫如享。《明堂位》曰：“周之八簋。”《祭統》曰：“八簋之實。”今損而又損，僅用其二，享且用損，則自奉可知矣。艮爲宗廟，兑爲巫，故言享。互震仰盂，有簋象。又自初五爲兼震，有二簋之象。

上下經陰陽各三十卦，然後合爲泰、否、損、益，遥遥相對。蓋損所當損，益所當益，則世有泰而无否。卦變之説，固屬穿鑿傅會。損、益二卦，或以自乾、坤來，或以自否、泰來，讀者每多致疑。然六十四卦，不外陰陽往來。潛心觀玩，固自有觸類旁通之理。損、益取象，雖在山澤風雷，然離乾、坤而言損、益，則損、益之義无着；離否、泰而言損、益，則《彖傳》上下之義亦無着。善哉鄧汝極之言曰：“損、益、咸、恒之交，於上經視否、泰、乾、坤後更十卦而天地交，咸、恒後更十卦而損、益見，爲二經之樞。上下交而泰，不交而否，損上益下而益，損下益上而損。損本泰，以損下而益上，而否從胎焉。益本否，以損上益下，而泰其還乎？故損益者，乾、坤之往來，否泰之大始也。反之身咸言速，心之德通於虚。懲忿窒慾，損之又損，致虚以復其咸。恒言久，心之德凝于實。遷善改過，益之又益，充實以成其恒。”觀此則知泥言卦變者非，駁卦變者謂損、益二卦與乾、坤、否、泰不相牽合者亦非矣。

《彖傳》：損，損下益上，其道上行。損而有孚，元吉，无咎，可貞，利有攸往。曷之用？二簋可用享。二簋應有時，損剛益柔有時。損益盈虚，與時偕行。損以三上爲成卦之主。損下之剛，益上之柔，故曰“損下益上”。其道上行，象言“損有孚”，《孔傳》加一“而”字，見元吉，无咎，可貞，利有攸往，皆有孚基之也。享用二簋，損之至矣。然豈可以爲常哉？亦視乎時而已矣。萃之時大牲不爲奢，損之時二簋不爲儉。例如損剛益柔，亦非常道。然乾三爲剛之過，坤下[3]爲柔之過。損過剛以益過柔，亦有時利用之。蓋天下之理不外消息盈虚，消則虚，息則盈。虚者益之，盈者損之，時乃天道。聖人亦與時偕行而已，何容心之有？凡三言時字，明必有是時而後行是事，於此見損之有益。有時而用，陸宣公剥民奉君之言，乃斷章取義，不足以賅全旨矣。

《大象傳》：山下有澤，損。君子以懲忿窒欲。山下有澤，則山日以削，澤日以壅，有損之象。然澤氣下行，亦有流惡疏穢之用，故君子法之，以懲忿窒慾。懲忿用兑之説，窒欲用艮之止。

初九，已事遄往，无咎。酌損之。初爲民位，與四爲正應。損己之實，益四之虚，又爲説體，踴躍輸將，視國事若己事。惟恐居後，故遄往而无咎。然損下益上，忌失其節，蓋病國不可，病民尤不可也。道在酌之使不兩失而已。

《象傳》：“已事遄往”，尚合志也。尚上通，謂四四之志欲損其疾，而初遄往，其志與上合也。

九二，利貞，征凶。弗損益之。初過剛，四過柔，損太過而益不及，正也。二以剛居柔，五以柔居剛，无太過不及之病，故利守其貞，躁動妄進則凶矣。其弗損也，乃所以爲益也。互震爲行，征之象。

《象傳》：“九二利貞”，中以爲志也。剛柔貴適中，中以爲志，則不偏勝。

六三，三人行則損一人，一人行則得其友。卦下三爻本乾體，損乾之三，益坤之上，是三人損一之象。陽上陰下而成少男少女，適居應位，此所謂“得其友”也。震爲行，此往彼來，行之象。程子曰：“天下無不二者，一與二相對待，生生之本也。三則餘而當損矣，此損益之大義也。”

《象傳》：一人行，三則疑也。物无獨必有對，一陰一陽，兩相與也。兩相與則專，參以三則疑矣。

六四，損其疾，使遄有喜，无咎。剛柔偏勝，均所以致疾。偏於剛者忿之疾，偏於柔者欲之疾。四以陰處陰，乘承，皆陰，此偏於柔之疾也。幸與初應，初損其剛，而益四之柔，與上合志，而遄往。然遄往者初，而使之者四。四能舍己從人而損其疾，故有喜而無咎。四變互坎，坎心病耳痛，有疾象。兑爲説，有喜象。

《象傳》："損其疾"，亦可喜也。人情喜益而惡損，至損其疾，則亦可喜。

六五，或益之十朋之龜，弗克違，元吉。損三益上，此成卦之由，五非受益者也。不受益而益自至，故曰"或"。或者，不知其所由來之辭也。雙貝爲朋，十朋之龜，重寶也。五以柔德居尊位，虚而能受，厚而能載，天下之益皆歸焉。雖欲辭而不得，故爲元吉。二至上全體象離，龜之象。坤數十，兑爲朋，十朋之象。

《象傳》：六五元吉，自上祐也。自上祐，言自天而祐也。

上九，弗損益之。无咎，貞吉，利有攸往，得臣无家。上九坤體，得乾之施，變而爲陽。《彖傳》所謂"其道上行"者也。弗損益之，辭與二同而意異，二剛柔得吉。以弗損爲益，上受下之益，又當有以益下也。无咎貞吉，利有攸往，辭與彖同而意異。彖以損而得之，爻以益而得之也。三視上爲友，上視三爲臣。三自損而益上，如臣之國而忘家，公而忘私，故上亦必有以益之。彖所謂"有孚"者此也。爻變成坤，有國无家之象。

《象傳》："弗損益之"，大得志也。君子之志，在於益下，位人之上，不損下而益下，故大得志。

䷩震下巽上

《序卦傳》：損而不已必益，故受之以益。損益盛衰，循環之道，故繼損者必益也。

益：利有攸往。利涉大川。益，增益也。巽上震下，風雷二物，兩相助益，益之象也。損上卦之剛，益下卦之柔，益之義也。二五正相應，以中正之道益天下，則何利不可興？何難不可濟？利有攸往，興大利也。利涉大川，濟大難也。震爲大塗，利往之象。卦中虚象川，震木乘巽風而動，利涉之象。

《彖傳》："益"，損上益下，民説无疆。自上下下，其道大光。"利有攸往"，中正有慶。"利涉大川"，木道乃行。益動而巽，日進无疆。天施地生，其益无方。凡益之道，與時偕行。益以初四爲成卦之主，損上之剛，益下之柔，故曰"損上益下"。損萬乘之尊，以下天下之賢，益在下矣。而其道大光，則益又在上。上下俱享其利，故利有攸往。五以中正居尊，二以中正應之。一人有慶，兆民賴之，何險之不濟？故利涉大川，而木道以行，震巽俱東方之卦，盛德在木，木道行而萬物亨矣。吉凶悔吝生乎動，動而驕盈則有損，動而卑巽則受益，故曰"進无疆"。乾下而初，大施也。坤上而四，地生也。天地氣交，生生不已，故其益无方。損稱損益盈虚，益僅言益不言損者，蓋損乃不得已而行之，益則無時不可行也，故曰“與時偕行”。互坤爲民，无疆亦坤象，互艮有光明象。

《大象傳》：風雷，益。君子以見善則遷，有過則改。風烈則雷迅，雷激則風怒。交相助益，故其象爲益。君子法之，有善則遷，有過則改。遷善當如風之速，改過當如雷之勇。兩則字具有風雷精神，善惡萌於一念，在審乎初幾。初幾不審，欲圖晚蓋難矣。震巽爲一陽一陰之始，故益象取之。

初九，利用爲大作，元吉，无咎。大作謂農事。《國語》曰：“民之大事在農是也。”益以興利，耒耨之利，蓋取諸益。初爲得卦之主，受上之施，故上利用之以厚生。震動之初，坤衆翕然從之，吉孰大焉！夫何咎之有？震爲稼穡，又爲大作，大作之象。

《象傳》：“元吉无咎”，下不厚事也。厚事，即大作之謂。稼穡固屬民事，然勞農勸耕，實國家之要政。否則惰農自安，百姓不足，君孰與足？

六二，或益之十朋之龜，弗克違，永貞吉。王用享于帝，吉。損、益二卦反對。益二即損五，故辭略同。損主益上，故於五言之。益主益下，故於二言之，其旨皆以坤體虚中柔順能受，故天下之益歸之，不期然而然。損五元吉，益二永貞者，損五以柔居剛，益二爻位皆柔，必如坤之永貞，而後可獲吉也。王指九五，六二中正，五用此中正之臣，所謂使之治事而事治，使之主祭而百神享之者也。湯用伊尹而享天心，大戊用伊陟而格上帝，均此意。帝出乎震，故言帝。坤牛特牲，享帝之象。

《象傳》：“或益之”，自外來也。自外來，言莫知所自來也。

六三，益之用凶事，无咎。有孚中行，告公用圭。凶事謂饑饉兵旅之事。凶則有咎，有孚則能竭其誠，中行則不詭於正，用圭則能通其信。如汲黯發河内之倉，則无粟而有粟。包胥泣秦之血，則无兵而有兵。轉危爲安，何咎之有？○坤爲事，三多凶，故言凶事。公指初，爻偶開口故言告。震爲公侯，又爲王，告公用圭之象。《周禮·典瑞》：“珍圭以徵守，以恤凶荒。”即益凶事告公用圭之事也。

《象傳》：“益用凶事”，固有之也。固有對外來而言，言救災之道，爲分所固有也。

六四，中行告公從，利用爲依遷國。四與三同中而偕行，故皆曰“中行”。惟告公先後有異，三主救荒，以事不宜緩，故用而後告。四主遷國，事不可輕，故告而後用。坤爲國，初自四而下，四自初而上，是遷國也。初受益而得衆，故可用以爲依。國之事莫大於遷，苟得所依，周之東遷，晋鄭焉依是也。可以利民，則亦未嘗无益焉。

盤庚遷而商定，大王遷而周興，邢遷夷儀而再存，衛遷楚邱而復大，其明徵也。

《象傳》："告公從"，以益志也。四以益民爲志，故告公從。[4]

九五，有孚惠心，勿問元吉。有孚惠我德。二五交孚，感以真誠，不計及功利，慈祥惻怛之意。但存之於心，不宣之於口，問而爲惠，惠斯狹矣。故勿問，乃吉之大者。然我僅存此心，而民偏目爲德，如影響形聲，不爽毫髮。此爻與初二皆益之用吉事者，彖所謂"利有攸往"也。三四皆益之用凶事者，《彖》所謂利涉大川也。○上有孚中實象。下有孚，中虛象。上惠巽順象，下惠坤象。

《象傳》："有孚惠心"，勿問之矣。"惠我德"，大得志也。群黎百姓，偏爲爾德，故曰"大得志"。

上九，莫益之，或擊之。立心勿恒，凶。卦取損上益下，損陽有餘，益陰不足。上以剛處極，所乘亦陽，勢已亢矣，是以莫益之。亢則有悔，是以或擊之。五不言益而人反德之，上自求益而人反擊之，胡爲而來？五由中心之有孚，上由立心之勿恒。吉凶之道，未有不自心生者。震巽易位則爲恒，故與恒三爻辭略同。勿與无同，非禁止辭。巽爲進退爲不果，勿恒象。互艮爲手，或擊象。

《象傳》："莫益之"，偏辭也。"或擊之"，自外來也。偏辭，猶言辭之未全。蓋上肆無壓之求，非惟莫益，且求益於下，或益之自外來，或擊之亦自外來。禍福之來，惟人所召，吁可畏哉！

䷪ 乾下兑上

《序卦傳》：益而不已必決，故受之以夬。夬者，決也。益而不已，則所積盈滿，如水有隄防，盈極必決也。故受之以夬。

夬：揚於王庭，孚號有厲。告自邑，不利即戎。利有攸往。夬，決也。水在天上，勢必下注，夬之象也。五陽甚盛，決去一陰，夬之義也。揚於王庭，討罪必先正名也。孚號有厲，盡誠乃能合衆也。聖人於剥，憂一陽之易盡，於夬憂一陰之難圖，非故爲危辭以聳聽也。蓋君子難進而易退，小人易進而難退。當唐德宗之時，有陸贄、李泌，尚思盧杞。憲宗之朝有裴度諸賢，終任鎛、异。陰邪之惑人，往往如此。上以一陰乘五陽，柔媚偏能惑主，利口足以覆邦。五陽雖盛，過恃剛則恐激而生變。告自邑，亦與衆共棄之。意不即戎，則无投鼠忌器之嫌。似此則計出萬全，无所往而不利矣。○王指五，兑伏艮爲門庭，王庭之象。兑口爲號，乾伏坤爲邑。兑口在外，告自邑之象。

兑爲毁折，即戎之象。

《彖傳》："夬"，決也，剛決柔也。健而説，決而和。"揚於王庭"，柔乘五剛也。"孚號有厲"，其危乃光也。"告自邑，不利即戎"，所尚乃窮也。"利有攸往"，剛長乃終也。夬，決也。決之象從澤。剛之決柔，乃順而排之，非逆而制之也。内取乾之健，外取兑之説。斯決而和，不至傷於暴烈。一柔而居五剛之上，其勢尚能跳跟。揚於庭所以示至公，孚號於衆所以示无隱。一柔未去，終厲危道，但去之必須光明。如唐去李輔國，不能正其罪，則不光矣。告自邑不利即戎，以誠感智取，不以力勝。專尚勇武，勢必至於窮窘。蓋陽長陰消，自然之道。五陽健行，一陰終難存在。但須決而和，乃不至有潰決之憂耳。

《大象傳》：澤上於天，夬。君子以施禄及下，居德則忌。澤氣上天，決降成雨，故曰夬。夬爲夏正三月之卦，正天子布德行惠之時，君子體之。禄施及下，使萬民共被其恩，猶雨降自天，使萬物共沐其澤。居德則違反天象，故忌也。周有大賚，施禄也。紂有鹿臺之財，鉅橋之粟，而不知散，居德也。天施地生，體乾故言施。兑爲毁折，故言忌。

初九，壯於前趾，往不勝爲咎。卦與大壯只争一畫，故初爻辭略同。初居最下，而欲決最高之陰，又以陽居陽，發之過暴。如京房欲去恭、顯，劉蕡欲去宦官，非理不勝，勢不勝也。瞢然而往，取咎必矣。〇爻居初，趾象。遇兑毁折，往不勝之象。

《象傳》：不勝而往，咎也。咎其无遠慮也。

九二，惕號，莫夜有戎，勿恤。戎，謂上六。天下之戎，必起自小人。二居柔得中，内懷警惕，外嚴戒備，至於莫夜而无懈。敬慎如此，雖有戎而可勿憂矣。惕號，无事視若有事也。變離伏坎，坎爲加憂，惕之象。爲甲兵，有戎之象。

《象傳》："有戎勿恤"，得中道也。得中則自反而縮，雖千萬人往矣，故勿恤。

九三，壯於頄，有凶。君子夬夬獨行，遇雨若濡，有愠，无咎。頄，顴骨也。以剛居剛，惡惡大嚴，見於顔色，有壯於頄之象。事未發而機先露，取凶之道也。君子則不然，夬之又夬，斷於心而不見於面。獨應上六，疑其污也，故曰"若濡"。含垢忍尤，故曰"有愠"。温大真之於王敦，狄梁公之於武后，得是道矣。何咎之有？〇乾爲首，三居乾上，頄象兑爲澤，遇雨若濡之象。

《象傳》："君子夬夬"，終无咎也。始若可疑，終則无咎。

九四，臀无膚，其行次且。牽羊悔亡，聞言不信。以陽居陰，不中不正。三陽健進，四以與兑同體，而塞其路，欲居則迫於義而不安。如臀之无膚，欲行則牽於情而不果，足將進而次且。有告之者曰："是當如牽羊者然，勉强而行，其悔乃亡。其於聞言不信何?"唐五王不除武三思，正類是矣。○變坎爲臀，臀象。陰爲膚，承乘皆陽，无膚象。兑爲羊，伏艮爲手，牽羊之象。乾爲言，坎耳未見，聞言不信之象。

《象傳》："其行次且"，位不當也。"聞言不信"，聰不明也。以剛居柔，其位不當。聽思聰，聰不明，原不信之由。

九五，莧陸夬夬，中行无咎。莧陸，虞氏本作莞陸。注云："莧，説也。莧，即夫子莧而笑之莞。陸，和睦也。古《論語》莞作莧，陸古作睦。漢唐扶頌，内和陸兮，嚴舉碑，九族和陸。義皆作睦。"惠定宇曰："莧陸者，笑語見於面，與九三壯頄正相反，所謂決而和也。"按：以上諸説，甚有據。舊解或以莧陸爲二草，或以莧爲山羊，於象義均欠妥，不可從。夬忌過剛，中行則决而和，故无咎。爻變爲震，震笑言啞啞，莧陸之象。兑説體，亦有莧陸之象。

《象傳》："中行无咎"，中未光也。與上同體，中有牽係，故曰"未光"。必中行始得无咎。兑伏艮，未光之象。

上六，无號，終有凶。樹德莫如滋，去惡莫如盡。一陰未決，終爲君子之憂，向之孚號惕號，憂正在此。今乃無號，凶必至矣。本卦六爻，善者止於无咎，未有言吉亨者，至上六尤深警之。蓋物窮則變，寇窮則挺，一陰雖微，返即爲姤。得時得勢之君子，其注意於斯。

《象傳》："无號之凶"，終不可長也。一陰終不可長，但无號仍不免於凶耳。寸朽壞木，爝火燎原。一陰雖微，終恐致凶也。[5]

䷫ 巽下乾上

《序卦傳》：決必有所遇，故受之以姤。姤者，遇也。程子曰："决，判也。有判決則有遇合。不合則何所遇?"

姤：女壯，勿用取女。姤，古文作遘，遇也。風行天下，感觸萬物，若相遇然，姤之象也。陽剛方盛，忽來一陰，不相期而遇，姤之義也。陽至四而言壯，一陰甚微，而言女壯者，歷遯至坤，消盡五陽，皆是物也。履霜而堅冰至，勢有必然，故勿用取女。桀以妺喜亡，紂以妲姬亡，周幽以褒姒亡，女禍之烈，亦可畏矣。巽爲風，風在天下，无處不入，壯象。

《彖傳》：姤，遇也，柔遇剛也。勿用取女，不可與長也。天地相遇，品物咸章也。剛遇中正，天下大行也。姤之時義大矣哉！剛來謂之復，柔來謂之姤，復則如還故居，姤則事出意外。巽柔而入乾剛，出於不覺，故謂之姤。男女居室，人之大倫。初與四應，何以不可取，以遇非中正始相狎昵，終致仳離，决不可長也。蓋遇合原不可無，在正與不正之别耳。五中正，而二遇之，天下化行，猶天地相遇，品物咸章也。姤爲夏正五月之卦，卦適當離位，陽光照耀，而萬物阜。譬諸明良相遇，而庶事康，此其時矣。其義豈不大哉？孔子於彖辭外推論及此，見陰固能賊陽，亦足以輔陽，相遇以正則得耳。

《大象傳》：天下有風，姤。后以施命誥四方。風行天下，无物不遇，故謂之姤。天以風鼓動萬物，后以命鼓舞萬民，其道一也。〇乾爲施，巽爲命，誥四方，取風行天下之象。

初六，繫于金柅，貞吉。有攸往，見凶，羸豕孚蹢躅。金柅，木名，實如梨而黄，故名金柅。指二言，初應四，繫於二而不進，陰之貞，陽之吉也。往見凶，陰之往，陽之凶也。事未形而機已見，如方孚乳之豕。蹢躅不定，拘繫之乃无奔逸跳梁之患。羸與纍通，謂拘繫也。蓋一陰雖微，防之不可不慎也。〇巽爲繩，繫象。乾爲金，巽爲木，金柅象。巽爲股，爲進退，股而進退，蹢躅之象。本爻之豕，二四之魚，九五之瓜，皆陰物在下之象。柅，《子夏傳》作鑈，訓絡絲□。馬季長謂在車之下，所以止輪，説皆迂曲，兹從西河毛氏之説。

《象傳》："繫于金柅"，柔道牽也。陰道牽連而進，故繫之宜固。

九二，包有魚，无咎，不利賓。初陰在下，爲二所包，故曰"包魚"。剥之貫魚，陰從陽也。姤之包魚，陽制陰也。陰不賊陽，故无咎。賓指四，初與四合，則陰勢漸長，故不利。乾居尊位，故稱賓。

《象傳》："包有魚"，義不及賓也。五月包魚，豈宜及賓？揆之於義，殆不可也。

九三，臀无膚，其行次且。厲，无大咎。卦與夬對，姤三即夬四，故其辭略同。夬四志在决上，以牽於情而不果。姤三志在遇初，以阻於勢而未能，故居則不安，行則有礙。幸以剛居正，不入於邪，故離危而无大咎，善改過也。〇巽爲股，三在巽上，有臀象。爲進退，爲不果，行次且之象。

《象傳》："其行次且"，行未牽也。三爲二阻，情牽而行未牽，故無大咎。

九四，包无魚，起凶。四與初應，初爲二包，故无魚。四不中不正，失道寡助，天下叛之，凶自起矣。他卦取應，雖有間，終多獲吉。姤以遇爲吉，故取義别。

《象傳》："无魚之凶"，遠民也。彖言勿用取女，初以往見凶，則无魚宜爲四幸，而反起凶者何故？孔子釋之曰"遠民"。蓋初以一陰在下，自其潛伏言之，爲魚象。自其微賤言之，則爲民象。民爲邦本，可近不可下。四不中正，而民離，非民之遠上也，四自遠之也。《程傳》深得此爻之旨。

九五，以杞包瓜。含章，有隕自天。杞指二，瓜指初。杞質堅實，而瓜易蔓延，以九二之剛中，包初六之柔脆，使不至於滋蔓。而一柔在下，遂成天地品物之章。蓋有陽必有陰，此道之常。一剥即復，一夬即姤，姤之一陰，原自天而降。五以陽剛中正而居尊位，使君子得以盡其才，小人自不至爲禍，故成天下之大化者貴果决，尤貴包含。〇巽爲木，杞象。瓜盛五月爲陰物，故以取象。

《象傳》：九五含章，中正也。有隕自天，志不舍命也。五有中正之德，故有含章之美。含章者志，有隕者命，盡人事者可以回天命。九五中正，卒不因天命之適然而自舍其志也。

上九，姤其角。吝，无咎。陰陽相遇，但當以正，必謂陰之當絶者，此閉門踰垣之類也。上與初遠，性復剛極，姤其角之象也。无含弘之德，故吝。有狷介之操，故无咎。乾爲首居卦上，故言角。

《象傳》："姤其角"，上窮吝也。陽進至極，處於窮時，无所復遇，所以致吝。

䷬ 坤下兑上

《序卦傳》：物相遇而後聚，故受之以萃。萃者，聚也。姤當午位，午離也。萬物相見乎離，會聚而成萃，故受之以萃也。

萃：亨。王假有廟，利見大人，亨利貞。用大牲吉，利有攸往。兑上坤下爲萃，水豬爲澤，聚於地上，萃之象也。五陽得位，衆陰歸之，萃之義也。王與大人皆指五，假至也。謂王親至宗廟，乃祭祀之意，所謂以孝治天下也。王假有廟，神人之萃。利見大人，君臣之萃，故萃必亨。而又利貞者，蓋萃與比異，比惟九五一陽，爲群陰所比，无阿附之嫌。萃有四以間之，托足權門，則有枉己徇人之失。故利於貞，用大牲，猶云用大利禄。蘇氏以爲非正言者得之。

《彖傳》："萃"，聚也。順以説，剛中而應，故聚也。"王假有廟"，致孝享也。“利見大人亨”，聚以正也。“利貞，用大牲吉，利有攸往”，順天命也。觀其所聚，而天地萬物之情可見矣。萃之爲卦，以德言。坤順兑説，上以説道使民，而天下順之，此君民之萃也。以才言，九五剛中，二率群陰以應之，此上下之萃也。萃之所以爲聚者此也。致孝享則誠足以通冥漠，而有以合萬國之歡心。聚以正，則有主而不亂，所以致亨通者在此。蓋物聚則能備禮，故用大牲吉。人聚則能集事，故利有攸往。天道惡盈，散財以聚民，順天命也。天地以氣聚，萬物以形聚。天地萬物，形形色色，无非聚也。故觀其所聚，而天地萬物之情可見。見其情，順其命，而萃道得矣。

《大象傳》：澤上於地，萃。君子以除戎器，戒不虞。澤上有地則爲臨。臨者，澤聚地中也。澤上於地則爲萃。萃，澤聚地上也。澤聚不可无防，民聚不可无備。君子觀萃之象，以除戎器戒不虞，除猶修治也。《詩》曰：“修爾車馬，弓矢戎兵……用戒不虞。”修戎即除戎。周公克詰戎兵，召公張皇六師，即此意。

初六，有孚不終，乃亂乃萃。若號，一握爲笑。勿恤，往无咎。五聚以正，爲衆陰之所萃。初與四孚，萃於五，則不終於四，是乃自亂其萃也。然四五同德，初若號四而往萃於五，則一握手之間，轉號爲笑，无所用其憂矣，何咎之有？坤迷故亂，兑爲口，巽爲號，若號之象。艮爲手，握象。

《象傳》：“乃亂乃萃”，其志亂也。孚而不終，則志不專一，故曰“志亂”。

六二，引吉，无咎。孚乃利用禴。下三陰皆萃於五，然初與四應，三與四比，均不足以言孚。二五中正相應，引初三共萃於五，《彖傳》所謂“聚以正”者以此。禴，夏祭，以聲爲主，祭之薄也。彖用大牲，而二用禴者，上之接下，當厚其禄，下之報上，惟取其誠，義各有當也。巽爲繩故言引，由坤入兑，夏秋之交，故言禴。

《象傳》：“引吉无咎”，中未變也。初亂三嗟，以不中也。二中故引吉而且无咎。

六三，萃如嗟如，无攸利。往无咎，小吝。初三皆萃於五，三不中正且无應，故咨嗟太息而无所利。然與四比，因四萃五，可无咎，但小吝。

《象傳》：“往无咎”，上巽也。自三至五爲巽，三萃不以正，五巽而受之，故无咎。以上爲上六者誤。

九四，大吉，无咎。四與五當萃之任，四必大吉而始无咎者，无尊位而得衆心。雖无震主之嫌，恐負植黨之咎。伊周尚矣！霍子孟其不免乎！故戒之。

《象傳》：“大吉无咎”，位不當也。以陽居陰，故位不當。

九五，萃有位，无咎，匪孚。元永貞，悔亡。萃與比略同，比一陽而萃則有二，故以有位别之。中正而履尊位，宜爲衆所歸，故无咎。然初與四應，三與四比，不盡孚於五也。賴有元永貞之德，其悔乃亡。比元永貞言於象者，見五顯於上，无人與之争也。萃元永貞言於五者，見五聚以正，非四之所能托也。

《象傳》："萃有位"，志未光也。有四以爲之障，故未光。

上六，齎咨涕洟，无咎。齎，持也。咨，歎息也，人之泣也。液出於目曰涕，出於鼻曰洟。上獨居卦外，勢孤才弱。三不中不正，復不足爲援。惟相持涕涕，坐視時勢之失，然知亡則能知存，故亦无咎。比上六凶而本爻得无咎者，比上无求比之意，此有求萃之心也。其所以區别者，則一居陰極，一居説極也。咨涕洟，兑象。

《象傳》："齎咨涕洟"，未安上也。位居卦上，欲萃不能，故未安也。

䷭ 巽下坤上

《序卦傳》：聚而上者謂之升，故受之以升。聖人在位，則衆賢聚而上升，故受之以升也。

升：元亨，用見大人，勿恤，南征吉。升，進而上也。木生於地，長而益高，升之象也。萃卦三陰，升而在上，升之義也。升上則大通矣，故曰元亨。大人謂二，二有剛中之德，而五用見之，得人者昌，勿用其憂恤矣。不曰利見而曰用見者，君之於臣，欲用之則見之也。巽東南，坤西南，由巽之坤，必涉乎離。離，南方之卦也。萬物相見乎離，故南征吉。初至四肖坎，坎爲加憂。下互兑，兑説，勿恤之象。

《彖傳》：柔以時升，巽而順，剛中而應，是以大亨。"用見大人勿恤"，有慶也。"南征吉"，志行也。升與萃反。萃下之坤，升而在上，恰值春夏之時，巽木與之俱升，故曰"柔以時升"。以卦德言，下巽上順。以卦體言，言[6]剛中而上應五，蓋過柔則不能升，過剛則與物抗，必巽而順，剛中而應，是以大亨。亨[7]剛中而五用之，得剛柔相濟之理，有明良遇合之慶，故勿恤南征吉，而升之志得行矣。

《大象傳》：地中生木，升。君子以順德，積小以高大。地中生木，其象爲升，人不見升之之迹者，以順一氣之自然，由漸而積耳。郭橐駝之種樹，勿動勿慮，漸至碩大以蕃。孟子之養氣，勿忘勿助，漸致充塞。無害，其道一也。君子觀升之象，而得進德修業之道焉。順坤之德，高，巽之象。

初六，允升，大吉。初爲卦主，卑柔无應，豈能自升？以與二三同體，遜而下之，得以見信。故二三升，而初六與之俱升也。晋三衆允，以陰信陽也。升初允升，以陽信陰也。以陰信陰不過悔亡，以陽信陰，則陰得進身之路，陽亦有薦賢之功，故大吉。坤爲順，兑爲口，衆口順從，允之象。

《象傳》："允升大吉"，上合志也。上，謂上二陽。

九二，孚乃利用禴，无咎。二以剛中之德，應六五虚中之君，不尚文飾，惟積誠以孚之，如用禴然。升、萃、困、既濟皆稱禴享祀，蓋信以獲上，无異誠以感神，處困濟難，所可恃者此也，何咎之有？

《象傳》：九二之孚，有喜也。上下交孚故有喜，中爻兑説，喜之象。

九三，升虚邑。以剛居剛，當震之初，其體壯盛。上臨坤虚，如入无人之境。不言吉凶者，以禍福不可知也。蓋世事未可狃於常，而人情每多忽於易。道在慎之而已。何以慎之？入虚如有人可也。坤爲邑，陰爲虚，虚邑之象。

《象傳》："升虚邑"，无所疑也。了无阻礙，故往无所疑。

六四，王用亨於岐山，吉，无咎。王謂五，亨與享通，岐山周地。坤爲順德，四居坤下而得正，順之至也。上則順君，下則順民，如文王當殷之末世，三分天下有其二，以服事殷。至誠之道，足以格神人。以紂之虐，位爲西伯所謂"王用亨於西山"也，群衆翕服，故吉。恭順不僭，故无咎，非文王不足以當之。六爻惟巽二四不言升，以二應五，四比五，升則有逼上之嫌，故在二言孚，在四言順。巽爲高，兑居西，位西而高，岐山之象。

《象傳》："王用亨於岐山"，順事也。謂順事五。

六五，貞吉，升階。五以柔中，應二剛中，二升而三與之同升，如升階然。有憑而又有序，貞固主之，故吉。坤爲土左右三偶，有東西階象。

《象傳》："貞吉升階"，大得志也。即《象傳》所謂"有慶志行"也。

上六，冥升，利於不息之貞。升至上而極矣。升而不已，謂之冥升。不息之貞，天德也。人能移其貪得无已之心而進德，則无往而不利矣。豫、升上六皆陰有冥之象，豫動體，故勉以有渝。升静體，故戒以利貞。

《象傳》：冥升在上，消不富也。升極當降，長極當消，陰虚故曰"不富"。不富者，有若無，實若虚也。

䷮ 坎下兑上

《序卦傳》：升而不已必困，故受之以困。進而不已，必至於困，故繼升者必困也。

困：亨。貞，大人吉，无咎。有言不信。困，窮也。坎在兑下，澤水竭矣，困之象也。剛爲柔揜，如君子爲小人所蔽，困之義也。貧賤憂戚，玉汝於成，困有致亨之理。大人謂五，五居中而不失其正。德能處困，才能濟困，故吉，且无咎。困容易有言，无因之訴，不平之鳴，人誰信之？昌黎三上宰相書，東坡詩案，均爲君子所不取也。坎爲通，亨象。兑爲口，有言象。下无應，故不信。

《彖傳》：困，剛揜也。險以説，困而不失其所亨，其惟君子乎！"貞，大人吉"，以剛中也。"有言不信"，尚口乃窮也。困以剛爲柔所揜而得名。坎剛爲兑柔所揜，九二爲二陰所揜，四五爲上下六所揜，前後蔽塞，无由得通，所以爲困。險以説，謂處險亦有致説之道。所，指此心也，此道也。困而不失其所，謂不失此心，不失此道。如文王困於羑里，而演《周易》，孔子厄於陳、蔡，不輟弦歌，身難[8]困而道以亨。其惟君子乎！嘆美之辭。貞大人吉，吉者，以二五剛中，能處困又能出困也。出困在於修德，德藴於心。下坎爲心，上兑爲口。維心則亨，尚口乃窮也。

《大象傳》：澤无水，困。君子以致命遂志。澤所以瀦水，滙入於坎，則澤枯矣，所以爲困。君子處困之時，求其不困，則命可致而志不可奪。不以生死繫念，惟以道義自安，則无論何時何地，皆无困我之境也。致命，兑澤涸象。遂志，坎心亨象。

初六，臀困于株木，入于幽谷，三歲不覿。行則趾在下，居則臀在下，臀困猶言坐困也。株木謂二，初應四而二間之，不能遷喬，而入於幽。歷三歲之久，而不得覿，極言其不能自拔也。坎爲臀，臀象，離木科上槁，株木之象。幽谷，坎底象。自初至四，歷三爻，三歲之象。互離爲木，覿象。

《象傳》："入于幽谷"，幽不明也。居卦之下，才柔識闇，陷阱在前而莫避，不明可知。居互離外，幽不明象。

九二，困于酒食，朱紱方來，利用享祀。征凶，无咎。困於酒食，居易俟命之意。朱紱謂五，紱與芾通。天子之芾純朱。《詩》曰"朱芾斯皇，室家君王"是也。五見二爲初三所困，方欲來而拯之，二惟竭誠以應之可耳。故利用享祀，征凶反設之辭。二困而不失其所，於義固无咎也。坎酒兑口，飲食之象。離爲朱，在巽股下，朱紱之象。

《象傳》："困于酒食"，中有慶也。困居中故能有慶，不在境遇之亨，而在中心之自得也。

六三，困于石，據于蒺蔾。入于其宫，不見其妻，凶。石謂四，蒺蔾謂二。三不中正，才弱志剛，進則招殃，退亦失據。困於外者必反於家，而上无應，復不得見，内外交困，凶可知也。《左傳·襄廿五年》齊崔杼取棠公之妻，筮得此爻，史曰："吉。"陳文子曰："夫從風，風隕妻，不可妻也。"後果因以致禍。兑爲剛鹵，有石象。坎爲蒺藜，又爲宫，互巽爲入，入於其宫之象。坎爲夫，兑爲妻，王[9]居宫外，故不見。

《象傳》："據于蒺藜"，乘剛也。"入于其宫，不見其妻"，不祥也。以柔乘剛，必見傷，往而无應，故不祥。

九四，來徐徐，困于金車，吝，有終。自外而内曰來，四下應初，禮金輅以賜同姓。四近臣，故得乘金車，四與初應，以居陰而所行不果，故困於金車。救難不急，故致羞吝，然剛柔正應，終必有合也。坎爲輪，兑金飾之，金車之象。互巽爲不果，來徐徐之象。

《象傳》："來徐徐"，志在下也。雖不當位，有與也。志在下，謂應初六。爻惟四與初剛柔相應，故曰"有與"。

九五，劓刖，困于赤紱。乃徐有説，利用祭祀。劓刖，當從王肅本作臲卼，居高而不自安之象。赤紱，臣下之服，指二言。《詩》曰："赤芾在股"是也。五求助於二，而二陷於初三兩陰之間，不能遽往助五，故曰"困於赤紱"。卒以居中同德，相説以解，祭天祀地，惟人主得兼之。利用祭祀，即祗嚴天威，夙夜盡命之意。蓋明困於人，而幽可感於神也。離，南方赤色，又爲服飾，赤紱之象。巽徐兑説，乃徐有説之象。

《象傳》："劓刖"，志未得也。"乃徐有説"，以中直也。"利用祭祀"，受福也。志未得行故臲卼未安。二五相遇以中直，不獨人説之，而神亦享之，故受福也。爻變爲震，受福之象。

上六，困于葛藟，于臲卼。曰動悔有悔，征吉。葛藟謂三，三才弱志很，不能助上。上以陰柔而處困極，故臲卼而不自安。曰"動悔有悔征吉"，此兩示其途，使人自擇也。蓋盲動所以致悔，然能悔悟而從陽以征，則不惟无悔，且獲吉矣。困與不困，豈不存乎人哉？巽爲陰木，葛藟之象。又爲風，又居風木之上，有臲卼象，曰兑口象。

《象傳》："困于葛藟"，未當也。"動悔有悔"，吉行也。葛藟附物而生，不能自助，豈能助人？故曰"未當"。行則獲吉，爲坐困者勉也。

䷯ 巽下坎上

《序卦傳》：困乎上者必反下，故受之以井。困極於上，則臲卼不安。井居其所，安道也，故受之以井。

井：改邑不改井，无喪无得，往來井井。汔至亦未繘井，羸其瓶，凶。井，穴地出泉處也。坎水巽木，以木入水，汲之而上，井之象也。卦體初虚爲泉眼，二三實爲泉體，四虚爲中空處，五實已汲將出之泉，上虚爲井，亦有井象。改邑不改井，謂凡邑皆有井邑，改井不改，以喻一道同風之意。无喪无得，謂井无盈涸，以喻道之可久。往來井井，謂所利甚多，以喻道之可大。汔，幾也。繘，綆也。井以用爲功，汲引幾至，而羸其瓶，與未汲同故凶。井與困對，離爲市邑，困下互離，改而居上，改邑之象。二五剛中未改，不改井之象。三往四，四來三，往來井井之象。巽爲繩，繘象。離中虚，瓶象。兑爲毀折羸象。

《彖傳》：巽乎水而上水，井。井養而不窮也。"改邑不改井"，乃未以剛中也。"汔至，亦未繘井"，未有功也。"羸其瓶"，是以凶也。巽者入也。將入於下，引之而上，其象爲井，故曰井。人非水不生活，是養而不窮也。困變爲井，而二五剛不變，剛中者如人之有性，泉之有源，擴而充之，引而汲之，其用无窮也。汔至亦未繘井未及於用也。羸其瓶，甚言爲德不終，功虧一簣之可惜也。

《大象傳》：木上有水，井。君子以勞民勸相。水本在下，木汲而上行，其象爲井。君子觀井象，而制井田之法，使民服田力穡，勸[10]勞以奉養其上。又勸其相友相助相扶持，以收同力合作之益，此養民之要政也。坎爲勞卦，勞民之象。巽申命，兑爲言，勸相之象。

初六，井泥不食，舊井无禽。初爲井底，六陰濁而有泥象。井以上出爲食，下而污濁，則廢如舊井，不獨人不可食，即禽亦无從生矣。《國語》登用禽，韋昭以爲鼃黽之屬。二井谷射鮒，鮒，魚類，《子夏易傳》以爲蝦蟆，即所謂"用禽"也。蓋二猶有禽，初則並禽而无之矣。此如物欲昏其性，而不能明。舊染污其俗，而不能新。非惟人不與，且爲天所棄矣。巽、坎爲禽，禽象。初無應，不食，无禽之象。

《象傳》："井泥不食"，下也。"舊井无禽"，時舍也。陰濁在下，故不可食。時舍，猶云爲時所棄。

九二，井谷射鮒，甕敝漏。井谷，井旁之穴也。射，下注也。鮒解見前。甕，汲器。《莊子》漢陰丈人抱甕是也。二以剛中之才本可養人而濟世，而上無應援，故不足利大群而僅及於微物。如甕，既敝漏，不能汲之使上也。有賢如此，不能汲引，此在上者之恥，非二之恥也。巽爲魚，鮒象。離中虚，甕象。互兑毀折，敝漏之象。

《象傳》："井谷射鮒"，无與也。上无應與，故不足以致用。

九三，井渫不食，爲我心惻。可用汲，王明並受其福。渫，治去污穢之名。三以陽居陽，有清潔之德。當井之半，井以上汲爲用，滿井人所易知也。半井如潛德之人，非明王莫知也。我，行道人自謂也。三志在利物，不食，則不爲世用，故見者心惻。王指五，三本可汲，上以才柔質弱，不能援助，故轉求於五。如管仲舍子糾而事桓公，韓信含[11]項羽而事高祖，馬援舍隗囂而事光武。在下者得展其才，在上者亦得資其力，故曰“並受其福”。兑口在外，不食之象。坎爲加憂，心惻之象。互離故明。

《象傳》：“井渫不食”，行惻也。求“王明”，受福也。行惻，謂行道之人，有所不忍。求賢乃在上之常，此曰“求王明”。不曰“明王”，而曰“王明”者，蓋以明爲重，非以王爲貴。其求之當必有道，而大異乎人之求也。

六四，井甃，无咎。甃，修治也。四與初應，初舊井而四甃之，使新，此君子自新之義，故无咎。兩偶畫如甓分列，甃之象。

《象傳》：“井甃无咎”，修井也。井修則外防其污，内存其潔，可以食矣。

九五，井洌，寒泉食。洌，潔也。以陽居陽，清潔之至。洌言井之修潔，主人事言。寒言泉之本性，主天理言。或渫或甃，見内外之交養。曰洌曰寒，見天人之交盡。《象傳》所謂“井養不窮”者此也。井水冬温夏寒，三居甃下，未汲故不食。五居甃上，已汲，故食。

《象傳》：“寒泉之食”，中正也。居中得正，故所及者大。

上六，井收，勿幕。有孚，元吉。收謂成功也。初泥而三渫之，二谷而四甃之，至五則井功成矣。幕，覆也。井雖成猶須勿掩覆以待來者，如是則往來井井。大道爲公，取不禁而用不竭，彼此相孚，吉孰大焉。爻偶虚，勿幕之象。坎爲信，有孚之象。

《象傳》：“元吉”在上，大成也。功大成，故元吉。《象傳》於初上揭上下二字，見井之用在上不在下。

䷰ 離下兑上

《序卦傳》：井道不可不革，故受之以革。井舊則污濁，故以革新爲貴也。

革：己日乃孚，元亨，利貞，悔亡。革，改也。兑金離火，金爲火。鑠，革之象也。離中女，兑少女，志不相得，革之義也。己日當從朱漢上作戊己之己。十干以庚爲革，不曰庚而曰己者，自庚至己十日浹矣。十爲數之極，言待其極而後革，則无輕遽之失，而能孚於民。且革之爲卦，上兑下離，兑正秋屬金，離爲火，四時相代以生，惟夏秋則相代以革，故名爲革。聖人用土之信，以濟革。俾相反者得以相成，其中實有妙用。元亨利貞，乾德也。革多有悔，必四德皆具，其悔乃亡，甚矣革之不可輕易也。離納己，故言己日。離中虚，故言有孚。

《彖傳》：革，水火相息。二女同居，其志不相得曰革。“己日乃孚”，革而信之。文明以説，大亨以正。革而當，其悔乃亡。天地革而四時成。湯武革命，順乎天而應乎人。革之時大矣哉！水火既濟，在人則一男一女，有生息之道。革則澤火，僅二女同居而已。離上兑下爲睽，中女居上，少女居下，序不紊而志則相違，故名爲睽。革則兑上離下，中女思嫁，反居内，少女戀家，反居外，故其志不相得，而名爲革。兑金離火，以火鑠金，則僅有消滅之義，而无生成之功。文王於彖辭，用己日二字。周公於二爻中言之，以顯其旨。火以革之，而土以生之。以生道殺人，民始不怨而相孚，故曰“革而信之”。卦德内文明而外和説，文明則能燭事理，和説則不失人心，有大亨之理。而正固守之，斯革而當，其悔乃亡。乃者難辭，六十四卦彖辭，惟革有悔亡二字。《孔傳》釋以革而當，其悔乃亡。蓋不信不足言當，不當不可言革也。革之爲義，以天時言，則如四時之遞嬗。以人事言，則如湯武之革命。湯武革命順天應人，不先時亦不後時，革之時不誠大哉！

《大象傳》：澤中有火，革。君子以治歷明時。澤无水而有火，此變革之大者，故其象爲革。君子法之，以治歷明時。一歲之改必治歷，此革之小者。一代之改必治歷，此革之大者。治歷必明時，堯首欽歷象，敬授民時，即深得此意。兑爲巫史，治歷之象。離爲明，明時之象。

初九，鞏用黄牛之革。鞏，固也。革，鳥獸之皮也。鳥獸更四時，則皮毛改换。《堯典》希革毛毯之類是也，故借以取象。黄牛之革至堅，用以裹物，則牢固而不可移。九非可革之位，初非可革之時，又无正應，故不可以妄動。文王雖有聖德，而遵養時晦，是其義也。離爲牛，中爻本坤，黄牛之象。

《象傳》：“鞏用黄牛”，不可以有爲也。時宜静守，不可有爲。

六二，己日乃革之，征吉，无咎。二爲下卦之主，彖辭己日，即指六二。以中正之才，具文明之德，與九五陽剛之主，同德相濟，如伊尹太公，出而救民水火之中，有順應之吉，而无輕躁之咎矣。

《象傳》：“己日革之”，行有嘉也。二與五應，故行有嘉。

九三，征凶，貞厲。革言三就，有孚。革非常道，革而不已，則天下受其荼毒，故征凶。貞厲，初未可革，二則革之，三則有孚，故曰“革言三就”。三居離上，性燥妄進，故深戒之。兑爲口，言象。當爻之三，革言三就之象。

《象傳》："革言三就"，又何之矣！之，往也，即征義。兵凶戰危，既革言三就矣。猶復有所往，此何意哉？

九四，悔亡，有孚改命，吉。命即天命，改命即《詩》所謂"周雖舊邦，其命維新"者是也。四居離兑之交，夏令改爲秋令，止[12]當此時。酷暑之後，繼以涼飆，殘暴之後，繼以寬和，則衆志皆孚，所謂"革而當其悔乃亡"者也，故吉。互巽爲命，故言命。卦具巽、兑二體，故自三至五皆言有孚。

《象傳》："改命之吉"，信志也。信志，即《彖傳》所謂"革而信之"之信。信其有安天下之志，非利天下也。

九五，大人虎變，未占有孚。陽剛中正而居尊位，故曰大人。虎變，猶龍飛。龍飛言于乾，取其德也。虎變言於革，取其威也。改革之際，畏其力者未必服其心，故彖與二四皆以孚爲言。至五則未占有孚，此則不言而信。无爲而成，順天應人，此爲極則，非湯武其誰當之？兑西方爲虎，下離爲龜，上兑爲决，占卜之象。

《象傳》："大人虎變"，其文炳也。文炳文蔚，皆言文章之著，而義有大小之别，蓋蔚止於盛，炳則極其明也。五與二應，當離明之中，故言炳。

上六，君子豹變，小人革面。征凶，居貞吉。君子小人，皆从九五而變。君子與大人具體而微，故曰"豹變"。小人亦革面内響，順從其上，至是則革道以成。如猶黷武不已，以漢高祖之豁達，尚有白登之圍。以唐太宗之英明，尚有鴨緑之敗。故征行則凶，居貞則吉也。六二征吉，九三、上六皆征凶，蓋弊未去，患不能革，弊已去患不能守，觀於革而知經權之宜互用矣。虎豹同象，虎大豹小，故陽爻稱虎，陰爻稱豹。乾爲首，兑爲説，乾首而説見於外，革面之象。

《象傳》："君子豹變"，其文蔚也。"小人革面"，順以從君也。革面，非謂面從心違也。順以從君，亦由中心以達於面耳。君謂九五。

䷱巽下離上

《序卦傳》：革物者莫若鼎，故受之以鼎。革去故，鼎取新，故繼革者必鼎也。

鼎：元吉，亨。鼎，烹飪器也。以形言，則足腹耳弦，已具鼎之象也。以質言，巽木離火乾金兑澤，澤鍾於金，爨以木火，亦鼎之象也。《易》之諸卦，皆取象於物，而以物名卦者，井與鼎而已。井在邑里之間，義取養民。鼎列朝廟之上，義取養賢，賢養則民亦得其養，故直曰“元亨”。不贅他辭，與大有同。程子、朱子皆以吉字爲羨文，今從之。

《彖傳》：鼎，象也。以木巽火，亨飪也。聖人亨以享上帝，而大亨以養聖賢。巽而耳目聰明，柔進而上行，得中而應乎剛，是以元亨。鼎取自然之象，故曰“鼎，象也”。巽木入離火，乾伏坤爲牛，兑羊離雉巽鷄離鼈巽魚，无不備具，用以致亨飪，鼎之用也。烹飪之用，至大者莫過於享上帝，至重者莫過於養賢。享上帝則用犢，故僅言亨。享聖賢貴備物，故曰“大亨”。然物取乎豐，而志取乎下。聖人卑巽自下，兼天下之耳以爲耳，故其耳聰。兼天下之目以爲目，故其目明。柔進上行，指六五言。六五虛中在上，九二剛中，與之相應。一賢進而衆賢與之俱進，是以元亨。五中虛，聰明之象。柔進上行，如水氣之上蒸，得中應剛。如火氣内沸，皆就鼎取象。

《大象傳》：木上有火，鼎。君子以正位凝命。以木入火，而成亨飪之用，鼎之象也。大禹鑄鼎象物，成王定鼎於郟鄏。鼎誠天下之重器也。君子觀於鼎，取其端正之象。居高位而不傾欹，取其凝重之象。受天命益加敬謹，離爲聽政之位，正位之象。巽爲命，凝命之象。

初六，鼎顛趾，利出否。得妾以其子，无咎。初居最下，故稱鼎趾，上與四應。鼎顛本非吉象，以在初无實而有否垢之積，反利顛倒以出之。如妾本非貴，得子爲貴，故无咎。巽伏震爲足，初居下，有趾象。初陰濁有否象，兑爲妾，卦二陰。五尊而初賤，亦妾象。震爲長男，以其子之象。

《象傳》：“鼎顛趾”，未悖也。“利出否”，以從貴也。鼎顛似悖，以初无實而有積穢，利於傾瀉，故曰“未悖”。以陰從陽，故曰“從貴”。

九二，鼎有實。我仇有疾，不我能即，吉。陰虛陽實，居鼎之中，有實者也。怨偶曰仇，指初言。初積否惡於内，有疾者也。内取其新，外去其舊，初之疾[13]。即，就也。初本有疾，因傾去故不能就我。人能自新，其德不爲外物所染者，似之故吉。爻互艮止，不我能即之象。

《象傳》：“鼎有實”，慎所之也。“我仇有疾”，終无尤也。之，往也。往應六五，而不下暱於其初，則得其正。始慎者終必无尤也。

九三，鼎耳革，其行塞，雉膏不食。方雨虧悔，終吉。鼎耳謂五，凡物之行以足，獨鼎以耳。三居木之極，上應火之極，復有風以煽之。風助火烈，鼎中沸騰，耳亦熾熱，耳革則行亦爲滯塞矣。雉膏，味之美者，美味而不見食，猶美才而不見用。三以剛居剛，乘承皆陽，因激烈而自塞其行，故取以爲喻。柔與剛相濟，水與火相濟，過則有悔。耳革不食，得風雨爲之滅其熱，則不獨可虧損其悔，且終獲吉矣。兑口在上，不食之象。爻變成坎，方雨之象。兑爲毁折，虧悔之象。

《象傳》："鼎耳革"，失其義也。

九四，鼎折足，覆公餗，其形渥，凶。餗，八珍之食，美饌也。四與初應，初折故四顛。顛取舍舊而圖新，折則形毁而用廢，故初利而四凶。渥，沾濡也，狀覆餗之形。《周禮·秋官》：司烜氏邦若屋誅。鄭注屋讀如刑剭之剭，謂夷三族也。《新唐書·元載傳》引用，亦作"刑剭"，説本有據。但夷族之法，起自秦漢，三代以上无是也。以之釋經誤矣。四居公位，故言公。兑毁折象。兑[14]爲澤，渥象。兑口在上，故不使食。

《象傳》："覆公餗"，信如何也。不審智力，果致凶災，信如之何也。

六五，鼎黄耳金鉉，利貞。五爲耳位，金鉉剛直。鼎虚中能受剛直之鉉，猶人主虚中而納剛直之言也。民隱達於上，膏澤流於下。彖所謂"元亨"者此也，是宜貞固守之。坎爲耳，離爲黄，黄耳之象。乾爲金，金象。

《象傳》："鼎黄耳"，中以爲實也。陰虚陽實五得中承陽，故曰"中以爲實"。

上九，鼎玉鉉，大吉，无不利。在上鉉位，金鉉取其剛，玉鉉取其潤。五曰金而上曰玉者，蓋五爲君位，納言者不嫌乎剛直；上爲臣位，進言者當取乎温潤也。鼎與井皆養人之卦，其用在五，而其功皆在上，故大吉无不利。乾爲玉，玉象。

《象傳》：玉鉉在上，剛柔節也。以剛居柔，剛柔有節。烹飪之事，亦在水火之有節耳。

䷲ 震下震上

《序卦傳》：主器者莫若長子，故受之以震。震者，動也。鼎，宗廟之祭器。主此器者莫若冢適，冢適長子也，故繼鼎者必震也。

震：亨。震來虩虩，笑言啞啞。震驚百里，不喪匕鬯。陽氣奮發曰震。一陽奮動於二陰之下，其象爲雷，其屬爲長子。六畫卦因焉，震自有亨道。虩，蠅虎也，性善驚震。來虩虩，謂當震之來，心常恐懼也。啞啞，笑聲。笑言啞啞，謂先恐懼而後和樂也。匕者，撓鼎之器，以棘爲之，《詩》曰"有捄棘匕"是也。鬯，秬黍之酒，其氣調暢。人君於祭之禮，匕牲體薦而已，其餘不親也。震驚百里，不喪匕鬯者，謂平時常有敬畏，則臨事自免張皇也。虩，艮虎象。上畫偶開，載笑載言象。坎艮皆北方鬼神卦，故言匕鬯。

《彖傳》：震，亨。“震來虩虩”，恐致福也。“笑言啞啞”，後有則也。“震驚百里”，驚遠而懼邇也。出可以守宗廟社稷，以爲祭主也。雷動則物亨。人能戒懼，則亦致亨通，故曰“恐致福也”。恐懼所以收心，心收者神自定。樂然後笑，時然後言，不以恐懼而變，故曰“後有則也”。驚者卒然遇之[15]動乎外，懼者惕然畏之而變於中。卦内外皆震，故以邇遠言。遠近皆爲震動，而能不喪匕鬯，如舜之烈風雷雨弗迷，則中心有主，不爲外物所摇，出可以守廟社稷，而爲祭主矣。《程傳》謂“邇也”下脱“不喪匕鬯”句，今從之。帝出乎震，故言出。艮爲門闕，坎爲幽隱，宗廟之象。

《大象傳》：洊雷，震。君子以恐懼修省。洊與坎卦“水洊至”之洊同，上下皆震爲洊雷。君子法洊雷之象，既恐懼矣，又復修省。恐懼以作於心言，修省以見於事言。恐懼象震，修省象震而又震。

初九，震來虩虩，後笑言啞啞，吉。居下卦之下，爲震之主，故虩虩啞啞，與彖辭同。僅加一後字，而義尤顯。堯舜之巍蕩，自兢業來；文武之逸樂，自憂勤來。其知所先後者乎？

《象傳》：“震來虩虩”，恐致福也。“笑言啞啞”，後有則也。

六二，震來，厲。億喪貝，躋於九陵，勿逐，七日得。初陽方來，二柔近之，勢最危厲，故曰“來厲”。億，大也。十萬曰億，故億大多數。貝者，人之所寶。二以中正爲寶，陽剛浸長，必至失其實。躋於高陵，謂避居高遠之地，然雷霆无竟日之怒，故曰“勿逐七日得”。勿逐，如墮甑之弗顧。七日得，如去珠之復還。太王去狄之事，於爻義其有合乎？初至四象離，離爲蠃蚌貝象。兑爲毁折爲附决喪貝之象。艮爲山，九陵之象。震爲行，躋象。艮爲止，勿逐之象。爻以七位而復，七日得之象。

《象傳》：“震來厲”，乘剛也。初爲陽剛，故曰乘剛。

六三，震蘇蘇，震行无眚。蘇蘇，安緩之意。三遠初陽，不似二之迫近，故曰“震蘇蘇”。然天下不必皆危疑之境，君子宜常存敬畏之心。震行所以无眚也。三不中正，恐其苟安目前，以此進之，内震將終。又遇艮，止蘇蘇之象。坎爲眚，震動不陷，故无眚。

《象傳》：“震蘇蘇”，位不當也。以陰居陽，故曰“不當”。

九四，震遂泥。四雖重震，以陷於四陰之中，不能自振，故其象與初大異。人之牽於私溺於欲，雖有剛德，不能奮發者似之。坎有泥象，在互坎中，遂泥之象。

《象傳》：“震遂泥”，未光也。剛陽陷於重陰，故曰未光。

六五，震往來，厲。億无喪，有事。前震既往，後震復來，天有此象，人不可不存此心，故曰“震往來厲”。自來建大功立大業者，无不從臨深履薄中來，故曰“億无喪有事”。此至誠无息之學。《孟子》“必有事焉”一節，其本於此乎？震動故言有事。

《象傳》：“震往來厲”，危行也。其事在中，大无喪也。五雖有危行，以得中故大无喪。大字釋億字。

上六，震索索，視矍矍，征凶。震不於其躬，於其鄰，无咎。婚媾有言。震六爻初最先震，而上獨遠，索索矍矍，正虩虩啞啞之反。索索者震之懈，矍矍者動之肆。本此而動，則必致凶。鄰指六五，婚媾指六三。五怵於震之往來，三以震行，豈上獨可自肆哉？齊築薛而滕甚恐，晋伐虢而虞繼亡。蓋未然者宜防，已然者則不及矣。震不於其躬，於其鄰，正防患未然之意，故无咎。芻蕘之言，古聖尚采，何況婚媾？婚媾有言，不可漠視可知，欲其始終知懼也。視，離目象。躬，艮背象。有言，三偶畫開象。

《象傳》：“震索索”，中未得也。雖凶无咎，畏鄰戒也。五以中故无喪，上以不中故未得。畏鄰戒，勉其法五也。法五則雖凶无咎矣。

䷳艮下艮上

《序卦傳》：物不可以終動，止之，故受之以艮。艮者，止也。動極當止，故受之以艮。

艮：艮其背，不獲其身。行其庭，不見其人，无咎。震反爲艮。震外虚而實[16]，如人面立。艮外實内虚，如人背立，故曰“艮其背”。人之耳目口鼻皆有欲，惟背无欲，内不獲身，外不見人，即老子所謂“不見可欲，使心不亂”之説也。必不見而始不亂，則猶須强制之功，此學者之事也，故僅无咎。艮爲門闕，庭象。互震爲足，行其庭之象。互坎隱伏，不見其人之象。

《彖傳》：艮，止也。時止則止，時行則行，動静不失其時，其道光明。“艮其止”，止其所也。上下敵應，不相與也，是以“不獲其身，行其庭，不見其人，无咎”也。艮，止也，非止而不行之謂也。當止而止，當行而行，静動不失其時，其道光明，此明道所謂“動亦定静亦定”者也。廓然而大公，物來而順應，惟聖者能之，此三畫卦之義也。彖言艮其背，則爲六畫卦而發。背者止而不動。

以止爲止，則止有其所。未能大而化，上下六爻皆敵應。而不相與，則視身與背，若不相涉，視人與己，若不相涉，揆諸大同之義，亦似不合，故曰此學者之事也。學者未能无欲，先求絶欲。内不獲身，外不見人，則與物絶矣。魯男子所以爲善學柳下惠也，故无咎。

《大象傳》：兼山，艮。君子以思不出其位。天下無物不相往來，惟兩山并立，不相往來，此止之象。君子法艮之止，見人身有止所。而心无止所，思不出其位，則心亦得所止矣。此即素富貴行乎富貴，素貧賤行乎貧賤之意。互坎爲心思之象，互震爲出，艮止，不出之象。

初六，艮其趾，无咎，利永貞。咸、艮皆以人身取象。初在下故曰趾。趾者，人所以行。人之行事，貴於發足時謹之，初不正，宜有咎。艮其趾，止於初也。能止於初，則无咎矣。然質柔恐其不能持久也，故戒以利永貞。

《象傳》："艮其趾"，未失正也。初柔不正，能止則不失其正矣。

六二，艮其腓，不拯其隨，其心不快。二在趾上，故爲腓。腓之爲物，隨上體而動，不能自由。隨，指三，三有列夤薰心之憂。二居中得正，志欲拯之，以質柔力弱而不能，故其心不快。蓋正己而不能正人者也。艮爲手，拯象。坎爲心病，不快之象。

《象傳》："不拯其隨"，未退聽也。三不退聽，故二不得而拯之。

九三，艮其限，列其夤，厲，熏心。三居上下二體之間，如屋之有門，所以限内外。在人身則腰帶處即夤也。三雖艮體，而以剛居剛，介坎、震之間，欲止不可，欲動不能，故裂其夤。夤裂則憂危之厲，薰灼及心，蓋由身病以致心病也。艮爲門，限象。坎爲加憂，薰心象。

《象傳》："艮其限"，危薰心也。有限則上下不交，故危及薰心。

六四，艮其身，无咎。四當心位，不言心而言身。身者，心之區宇也。以陰居陰，亦不失其所，故合於彖辭之无咎。

《象傳》："艮其身"，止諸躬也。傴背爲躬。孔子恐人誤以身爲正面也，故以躬字釋之。

六五，艮其輔，言有序，悔亡。輔，人夾車也。在身之上，故爲五爻象。艮其輔，即《記》所謂"口容止"也。惟口興戎，故易有悔。有序則悔亡矣。初言艮趾，慎行也。五言艮輔，謹言也。謹言慎行，修身之大端也。震爲車，輔象。輔有兩，咸上艮五，皆陰偶，故以取象。

《象傳》："艮其輔"，以中正也。以中正，當作"以正中"，於韻爲協。

上九，敦艮，吉。敦艮與敦復、敦臨義同。震以下一陽爲主，故下獨吉。艮以上一陽爲主，故上獨吉。《象傳》所謂"時止則止時行則行"者，惟上足以當之。

《象傳》："敦艮之吉"，以厚終也。厚字釋敦字。艮者，物之終始，内艮所以成始，外艮所以成終。上居艮極，所以成始而成終也，故曰"以厚終"。

䷴ 艮下巽上

《序卦傳》：物不可以終止，故受之以漸。漸者，進也。天道循環，震繼以艮，動極必静也。艮繼以漸，止極必進也。

漸：女歸吉，利貞。漸者，不速之謂也。木生山上，其長以漸，漸之象也。艮止於下，巽入於上，有不遽進之義，故名爲漸。女適人爲歸，咸取女吉。取者之占也。漸女歸吉，嫁者之占也。臣之事主，如女之適人，皆以漸進爲貞，故曰"利貞"。

《彖傳》：漸之進也，女歸吉也。進得位，往有功也。進以正，可以正邦也。其位剛得中也。止而巽，動不窮也。漸與晋相似而不同。晋取乎進，漸之進也。如女歸乃吉，重在漸不重在進也。女歸須備六禮故進之。漸者莫女歸若，凡天下之進者能如女歸之漸，則无不正[17]吉也。進得位，進以正，皆指五言。五處互離中，其道光明，得位而正通。卦无不正，元首明而股肱良，故曰"有功"。正邦其位剛得中者，恐人疑他爻亦得位，故揭剛中二字以明之，見非九五莫當也。止而巽，與巽而止大别。巽而止，則終於止，其事敗壞矣，故卦名蠱。止而巽，則非終於止，時止則止，時行則行，其義爲漸，故曰"動不窮"。艮，止也。而曰動，以止爲動，即以退爲進之意，此中有无窮妙用，非深於道者，不足以知之。

《大象傳》：山上有木，漸。君子以居賢德善俗。木生於地，其長易見，故謂之升。木生於山，其長不覺，故謂之漸。居如居業之居，所居者德，則有日就月將之功。所善者俗，則收耳濡目染之效。蓋聖德王道，未有不以漸入者也。居德，艮止象。善俗，巽入象。

初六，鴻漸于干。小子厲，有言，无咎。鴻，水鳥，其飛有序，其來有時。八卦无鴻，而漸稱鴻，猶乾无龍而稱龍，坤非馬而曰馬。此皆以卦情取象者。干，水涯。初居下才弱，上无應援，如洛陽少年，上書有言，即遭絳灌之忌。能以躁進爲戒，而避弓繳之危，故亦无咎。爻居互坎，下有干象。艮爲少男，小子之象。鴻飛長在前，幼在後，幼失群則呼，小子厲有言之象。

《象傳》："小子之厲"，義无咎也。知危則不妄進，於義自无咎。

六二，鴻漸于磐，飲食衎衎，吉。磐，大石。漸於磐則由危而即安矣。衎衎，和樂意。《詩》所謂"嘉賓式燕以衎"是也。二五以中正相應，如君臣之相得。曹參日飲醇酒，不事更張，正如此象，吉孰大焉！艮爲石，磐象。中爻互坎，飲食之象。

《象傳》："飲食衎衎"，不素飽也。素飽即素餐之意，止得其所，乃不好事，非不事事也。

九三，鴻漸于陸，夫征不復，婦孕不育，凶。利禦寇。高平曰陸，鴻爲水鳥，漸於陸則失所安矣。夫謂三，婦謂四，艮性止，以當漸時而征。巽本順，以比少男而合。遇非以正，故不育。三過剛且无應，故有此象。設止而不征，三不陷於不正，四不陷於不義，如寇盜之來，而有以御之，則亦利。爻變純坤，夫征不復之象。離爲大腹，孕象。互坎血卦，胎漏，不育之象。坎爲盜，寇象。艮止，利禦寇之象。

《象傳》："夫征不復"，離群醜也。"婦孕不育"，失其道也。"利用禦寇"，順相保也。群醜謂儔類，三征入巽，是離其儔類，不復成艮矣。失道而交，所以不育也。止而不征，則以一陽而蔽下二陰，與之相保。同禦寇賊，此順道也。

六四，鴻漸于木，或得其桷，无咎。鴻乘風而飛漸高，有漸於木之象。鴻趾連不能握枝，漸木本非其所安，桷者橫中之木如椽桷者，得桷則可稍安矣。或者，偶然之辭，蓋木非鴻久棲之所，正如王仲宣之依劉表，管幼安之依公孫度，藉以免難而已。進不失正，故无咎。巽爲木，木象。爲不果，或得之象。

《象傳》："或得其桷"，順以巽也。能順而巽，則隨所棲可獲安矣。

九五，鴻漸于陵，婦三歲不孕。終莫之勝，吉。高阜曰陵。五位高，有漸於陵之象。婦謂二，二與五本正應，而臨於三四，不能與之驟合，故不孕。然邪不勝正，三四終不得而間之也，故吉。君臣遇合，有如夫婦，必相須之久，相信之深，此進之所以取於漸，漸之所以利於貞也。艮爲山，五變成艮，有陵象。離爲大腹，二居離外不孕之象。自二至五歷三位，三歲之象。

《象傳》："終莫之勝吉"，得所願也。五二正配，故得所願。

上九，鴻漸于陸，其羽可用爲儀，吉。陸當從范諤昌本作逵，謂雲路也。六爻以次遞升，漸以進非漸以退也。復於陸，則是漸而退矣，故不可從。鴻飛遇風，翮翮其羽，不急不迫，可爲儀表。正如高人逸士瀟然物外，雖不與正邦之功，然清風亮節，足使頑廉懦立，此以无用爲用者也，故吉。巽爲風，變坎爲雲，風雲之路，逵象。

《象傳》："其羽可用爲儀，吉"，不可亂也。鴻飛有序，風雖疾而羽不亂。君子處亂世，進退有則，亦如鴻游冥冥，足動人瞻仰也。

䷵ 兑下震上

《序卦傳》：進必有所歸，故受之以歸妹。漸有歸義，故次漸者爲歸妹也。

歸妹：征凶，无攸利。婦人謂嫁曰歸。兑爲少女，故曰妹。以少女從長男，男動女説，皆非以正，故爲歸妹。歸妹與漸相反。漸女歸之得其正者，歸妹女歸之失其正者。漸六爻皆當，歸妹六爻皆不當。初與上雖當陰陽之位，而陽在下陰在上，則仍不當矣。蓋歸妹有二失，一則失禮，以不待男求而歸也。一則失時，以少女所歸者爲長男也。失禮失時，故征凶而无攸利。

《彖傳》：歸妹，天地之大義也。天地不交，而萬物不興。歸妹，人之終始也。説以動，所歸妹也。"征凶"，位不當也。"无攸利"，柔乘剛也。有男女然後有夫婦，天地之大義也。有夫婦然後有父子，人之終始也。《易》以交爲義，不交則萬物不興。乾天坤地，三之四則天地交矣。震東兑西，離南坎北，惟此卦獨備，始終之義見矣。姤《彖傳》釋剛柔相遇，而推本於天地相遇，此未釋彖辭，而先言天地之大義。人之終始，見陰陽之遇原不可無，道在慎於始而防其敝耳。長男非少女所説，今説而動，所歸必妹也。位不當，則乖内外之防。柔乘剛，則失唱隨之理，此所以征凶无攸利也。

《大象傳》：澤上有雷，歸妹。君子以永終知敝。雷藏於澤，无聲之雷。澤上有雷，則雷聲之發動，由澤氣之上蒸，又值正秋，發非其時，如男女不正之合，故其象爲歸妹。君子觀合之不正，知作事必當謀始，始不慎則無以永終，此敝之所由來也。顧亭林曰："讀《新台》、《桑中》、《鶉奔》之詩，而知衛有狄滅之禍。讀《宛邱》、《東門》、《日出》之詩，而察陳有徵舒之亂。書齊侯[18]送姜氏於讙，而卜桓公之所以薨。書夫人姜氏入，書大夫宗婦覿用幣，而兆閔公子般之所以弑。婚姻之義，男女之節，君子可不慮其所終哉?"震爲反生，終之象。兑爲毁折，敝之象。互離明，知敝之象。

初九，歸妹以娣，跛能履，征吉。娣，媵也。居下而无正應，故稱娣。跛者足之偏。娣非正配而能盡其道以事君子，如是雖跛而能履，亦不害於行。女歸須備禮待時。歸妹以娣，則二者皆非所計也，故不復泥彖辭，變爲征吉。兑小女，妾娣象。爲毁折跛象。

《象傳》："歸妹以娣"，以恒也。"跛能履"，吉相承也。女自歸非常，以娣從嫡，乃其常也。相承，謂承正室以行也。

九二，眇能視，利幽人之貞。六爻惟二不言歸妹，以二五正應，有夫婦之義也。眇能視，謂不悦彼色也。利幽人之貞，謂不慕彼勢也。安靜守正，既六五嬪矣。離目故視。兑毁折之故眇。居澤中，故曰幽人。

《象傳》："利幽人之貞"，未變常也。女下男則變其常。二在内履中，以男下女，是未變常也。

六三，歸妹以須，反歸以娣。須，待年也。古者諸侯一娶九女，其娣姪則有待年於父母之國者。三爲兑主爻，年少無應，歸尚須時，故曰歸妹以須反歸，即待年於父母之國也。或以須爲女之賤者，不知娣在妾中爲最貴，因反歸而得爲娣，於理不合。且爻无凶咎之辭，不得以位不中，坐以失行之罪。初至五體需，須象。爻變爲乾，反歸之象。

《象傳》："歸妹以須"，未當也。未當其時，故宜有待。

九四，歸妹愆期，遲歸有時。居下卦上，又無應與，女之過期未嫁者也。以陽剛之質，處陰柔之位，雖失時而不失其節，不至終爲人棄，故曰"遲歸有時"。兑爲正秋，爻居兑上，愆期之象。震陷坎遂泥，亦愆期象。

《象傳》："愆期"之志，有待而行也。如待價而沽之意，見不躁進也。

六五，帝乙歸妹，其君之袂，不如其娣之袂良。月幾望，吉。帝乙歸妹，解見泰六五。君謂五，娣謂初。娣以盛飾而取悦。五居尊下應，尚德而不尚飾，故其袂反不如娣之袂良。月幾望在中孚、小畜。以位言，陰疑陽也，在歸妹。以德言，陰應陽也。婚姻之道，皆男下女，惟帝女下嫁以從男。是歸妹之義，在他人則爲越禮犯義，在天子則爲降尊屈貴矣，故反凶爲吉。坎在震東，離在兑西，月幾望之象。乾爲衣，袂象。初陽實，五陰虚，袂不如袂之象也。

《象傳》："帝乙歸妹，不如其娣之袂良"也，其位在中，以貴行也。五以德爲貴，故能以貴下賤，不以容飾爲事也。

上六，女承筐，无實，士刲羊，无血。无攸利。女者爻之陰，士者震之體。承筐无實，刲羊无血，極言无一而可也，故无所利。僖十五年晋獻公筮嫁伯姬於秦，遇歸妹之睽，史蘇占之曰："不吉。"後果兆秦晋之禍。震爲竹，虚筐之象。兑爲羊，坎爲血。坎在下，刲羊无血象。

《象傳》：上六无實，承虚筐也。柔无實德，故承虚筐。獨言女者，以卦爲歸妹也。

䷶離下震上

《序卦傳》：得其所歸者必大，故受之以豐。豐者，大也。與人同者物必歸焉，人歸己也。得其所歸者必大，己歸人也。二者皆足致盛大之業，故大有次同人，豐次歸妹也。

豐：亨，王假之。勿憂，宜日中。豐，盛大也。震雷離電，同時交作，豐之象也。明動相資，所以致豐，豐之義也。豐則必亨，惟王者能致之。盛大之業，人見爲可喜，不知其可憂。然徒憂之无益也。宜如日之方中，无太過亦无不及，則无偏照，致豐保豐之道皆在此。五柔震體，有憂驚之象。離當午位，日中象。

《彖傳》：豐，大也。明以動，故豐。"王假之"，尚大也。"勿憂，宜日中"，宜照天下也。日中則昃，月盈則食。天地盈虚，與時消息，而况於人乎？况於鬼神乎？豐者，大也。離明於下，震動於上，資明以動，所以致豐。王假之，尚大也者，謂王者盡此道以致豐，即用此道以保豐，故尚大也。勿憂宜日中者，謂盛極當衰，中有憂道，但徒憂无益，宜用中道以持滿。如日未中則所照不周，故勉之以宜日中。日中則昃以下，聖人因日中之言，以推演其義。見中者人之所宜勉，而昃者非人之所能爲，豈惟人哉？盈虚消息之理，天地尚不能逃，何况其他？極言保豐之不易，欲人知盈滿之戒也。

《大象傳》：雷電皆至，豐。君子以折獄致刑。雷電皆至，聲光俱大，故其象爲豐。君子法之，取電之明以折獄，取雷之威以致刑。明威並行，則獄不留而刑亦不濫矣。

初九，遇其配主，雖旬无咎，往有尚。初視四爲配，四視初爲夷。配者配合之意，夷者等夷之意。離視震猶夫，故曰"配主"。震視離猶弟妹，故曰"夷主"。初與四本敵應，他卦取剛柔相濟，豐則取明動相資，以初之明，資四之動。如丙魏之寛嚴相濟，房杜之謀斷相資，能互成其用也。十日爲旬，旬數之極，然尚未過也，故无咎。尚與上同，往有尚，即謂上與四配，此所以致豐也。離爲日，故言旬。火上炎，故曰往有尚。

《象傳》："雖旬无咎"，過旬灾也。雖旬无咎，即宜日中之義。過旬災也，即日中則昃之意。周公許之，孔子戒之，必兼二義始足。

六二，豐其蔀，日中見斗，往得疑疾。有孚發若，吉。日蔽雲中稱蔀。日中，猶言晝日。斗指五，當晝見斗，幽暗不明之象。二爲明主居中得正，五陰柔不正，又不相應，故往得疑疾。天下之理，明則无疑，闇則疑。五不能資明而動，故疑。若，指五，非語辭。二能積誠以感發之，則始有疑，終必相孚，故吉。蔀者小席，以草爲之。震巽爲草，蔀象。坎位北，中巽爲高，二居中，北斗之象。坎爲心病，離象。離中虛，孚[19]象。

《象傳》："有孚發若"，信以發志也。志者，二之心志也。五志不明，二積誠信以發之，如伊尹之於太甲，武侯之於後主，汾陽之於肅宗、代宗，胥用是道也。

九三，豐其沛，日中見沬。折其右肱，无咎。沛，即沛然下雨之沛。沬，雨濡沬也。豐沛見沬，極言其昏闇也。三與上應，三明極而上闇極。折其右肱，如微子之去，箕子爲之奴，非得已也。志雖不行，於義則无咎矣。沛或作旆，其説迂曲。沬或以爲斗杓後小星。考之歷代天文書，未見，今不取。本爻變爲互坎，大雨之象，故曰"豐其沛"。兑爲澤，沬象。爲毁折，爲右。伏艮爲肱，折其右肱之象。

《象傳》："豐其沛"，不可大事也。"折其右肱"，終不可用也。不明而晦，故不可大事。折肱所以自晦其明。時不可用，非才不可用。

九四，豐其蔀，日中見斗。遇其夷主，吉。二應五，四比五，故用[20]豐蔀見斗之象。幸與初遇，如人之一身，無足不行，無目不見。明動相須，莫適爲主，故吉。

《象傳》："豐其蔀"，位不當也。"日中見斗"，幽不明也。"遇其夷主"，吉行也。四與二爻辭同而意異。二以陰居陰，當位也。四以陽居陰，位不當也。二位離明之中，四則幽不明也。二不往，四當行，以不行則不能與初遇也。互兑爲澤，雷藏澤中，雷止則電息，幽不明之象。

六五，來章，有慶譽，吉。二四見斗，皆以六五爲暗君。至本爻忽變其辭者，蓋以下視上，有日中陰蔽之象；以上視下，有離明返照之象。二不往而五來，虛己下賢。以己之動，資離之明。雷電合而章，則非特一人之譽，實天下之慶，吉孰大焉。二往五來，往來交錯，成章之象。兑爲譽，有譽之象。

《象傳》：六五之吉，有慶也。譽僅一身，慶及天下，有慶則譽可知矣。

上六，豐其屋，蔀其家，窺其户，闃其无人，三歲不覿，凶。居豐之上，位震之終。滿假躁動，至是而極。豐其屋，見外觀之美也。蔀其家，見内政之亂也。窺其户，闃寂无人，見衆畔親離，鬼瞰其室也。三歲不覿，見遲之又久，終无以自見也。

世之小人，淫縱驕恣，懵於存亡進退之機，陷於剥廬濡首之禍。因處樂而致凶者，往往如此。中爻肖坎，爲宫屋之象。震巽爲草，周匝掩蔽，蔀其家之象。離日在震户外，窺之象。上盡偶，闃无人之象。自上至三歷三爻，三歲不覿象。

《象傳》："豐其屋"，天際翔也。"窺其户，闃其无人"，自藏也。地處高危，與下不交，故曰"天際翔"。自藏則非人之遠己，乃己之遠人也。上動成離，二爲飛鳥。上居卦外，天際翔之象。

䷷艮下離上

《序卦傳》：窮大者必失其居，故受之以旅。豐上至窺户无人，則失其居矣。不能安居於内，勢必旅居於外，故豐上反下，成旅。豐所以次旅也。

旅：小亨。旅貞吉。旅，羈旅也。火燎山上，不能久處，旅之象也。内山外火，止而不動，猶旅館也。火發而不留，猶旅客也，亦旅之象。君子得位，則亨在天下。失位則亨在一身，故曰"小亨"。旅貞吉者，旅非常居，若可苟者，然道无往而不在，亦自有正。能守正，則吉矣。

《彖傳》："旅，小亨"，柔得中乎外而順乎剛，止而麗乎明，是以"小亨旅貞吉"也。旅之時義大矣哉！旅之所爲小亨者，以旅貴柔不貴剛。五以柔中居外，而順乎上下之剛，是所托者皆正人，又止而麗。内止外明，則所行者皆正道。小亨在此，旅貞吉亦在此，蓋旅之時不易處，而處旅之義不可不知。其亨雖小，其義實大。天子蒙塵，諸侯寄寓，大夫去國，聖賢周流。或以旅興，或以旅廢，其關係固甚大也。

《大象傳》：山上有火，旅。君子以明慎用刑而不留獄。山上有火，勢不久留，故爲旅象。君子法之，明以察其罪之輕重，慎以别其罪之出入。明慎既盡，决斷隨之，不使獄有留滯，如旅人之不久居其所。離爲明，明之貌。艮爲止，慎之象。

初六，旅瑣瑣，斯其所取災。瑣瑣，猥細貌。當旅之時，瑣瑣猥細，必爲人所厭棄。斯，此也，言此乃取災之道，非自外來也。初處卑下，性復陰柔，故有此象。斯郭京本改作㒋，非是。艮爲小石，瑣瑣之象。離爲火，初應四，取災之象。

《象傳》："旅瑣瑣"，志窮災也。行之汚由志之窮，故周公賤其行，孔子鄙其志。

六二，旅即次，懷其資，得童僕，貞。即，就也。次，舍也。資，財也。

即次，則有其居。懷資，則有其用。得童僕，則有役使之人。三者備，而旅道備矣。其所以致此者，則由二之居中得正，合於彖辭之貞也。艮爲門庭，即次象。巽利市三倍，懷資象。艮爲少男，童僕之象。

《象傳》："得童僕貞"，終无尤也。旅道患不正，正則无尤於物，而物亦莫我尤。唐人句云："漸與骨肉遠，轉於童僕親。"蓋童僕關係旅人爲尤切，得童僕則次可即，資可懷，故處之貴以正也。

九三，旅焚其次，喪其童僕。貞厲。剛而不中，居艮之上。止而不動，无全身遠禍之智，故與二適得其反。焚者即之反，喪者得之反，以是爲貞，適以自危，亦異乎二之貞也。位近離，焚次之象。二以初爲童僕，三不乘初，喪其童僕之象。互兑毁折，則艮體損，亦喪童僕象。

《象傳》："旅焚其次"，亦可傷矣。以旅與下，其義喪也。焚次既可傷，而復刻薄寡恩，視童僕若旅人然，故下不爲之用，宜其喪也。

九四，旅於處，得其資斧，我心不快。旅非久居之所，四以剛居柔，猶爲巽體。欲行不果，故有旅於處之象。離上下皆有應與，得資足以自利，得斧足以自防，可減旅人之困難，而其心終不快。孟子曰："久於齊非我志也。"即此爻之意。離爲戈兵，斧象，爲蠃[21]貝資象。變坎爲加憂，不快象。

《象傳》："旅於處"，未得位也。"得其資斧"，心未快也。

六五，射雉，一矢亡。終以譽命。此爻言天子之旅。乾三陽爲矢，中爻變爲離，射雉而亡其一矢，猶天子出居外，不喪其文明之德，卒能致人譽，回天命。少康逃虞思之國，宣王匿召公之家，正合此爻。離爲雉，中爻肖坎，爲弓，射雉之象。兑口爲説，巽風爲命，終有譽命之象。

《象傳》："終以譽命"，上逮也。五居上位，譽命集於五之一身，故曰"上逮"。

上九，鳥焚其巢，旅人先笑，後號咷。喪牛于易，凶。棲高處亢，寄諸危地，如燕雀處堂，火發屋焚，而不知避。以旅人而居高位故笑，焚巢故號咷。牛有順德，旅道以柔順爲本，喪牛於易，謂喪失其順德也，故凶。先笑後號咷，説詳同人九五。喪牛於易，説詳大壯六五。離爲飛鳥，上爻爲鳥巢。巽風離火，風煽火烈，焚巢之象。離爲牝牛，爻變爲震，喪牛之象。上居窮處，疆場之象。

《象傳》：以旅在上，其義焚也。"喪牛于易"，終莫之聞也。旅人而猶恃勢，是自取禍，故曰"其義焚也"。不順而亢，旅道全失。訑訑拒人，人誰告之以善？

故曰“終莫之聞也”。

䷸ 巽下巽上

《序卦傳》：旅而无所容，故受之以巽。巽者，入也。不容於外者，必入於内，故繼旅者必巽也。

巽：小亨。利有攸往，利見大人。陰承陽爲巽。以三畫言，一陰欲上，二陽隔之，其象爲風之動撓。風性善入，巽之象也。以六畫卦言，二陰伏於四陽之下，陰能順陽，巽之義也。兑巽成卦，皆主乎柔。兑内剛外柔，其用柔也，故亨。巽内柔外剛，其體柔也，故小亨。巽則與物无忤，故利有攸往。大人謂二五，初四利見之，以柔資剛，故小者得以亨也。

《彖傳》：重巽以申命。剛巽乎中正而志行，柔皆順乎剛，是以小亨，利有攸往，利見大人。命令之及人，如風之動物。命令必待乎重申，與不動而敬，不言而信者異矣，此小亨之道也。剛巽乎中正，指九五，九五居巽中正之位，所命當理。中外大順，故其志則行，而利有攸往也。初四兩柔，皆順乎四剛，此如大人在上，爲人所利見也。“是以”二字，總結之辭。

《大象傳》：隨風，巽。君子以申命行事。天下有風，姤。后所以施命，若風相隨而至，則爲申命不一之象。《盤庚》、《洛誥》，丁寧反覆，不厭求詳，皆期事之必行也。申命，象風之相隨。行事，象風之有迹。

初六，進退，利武人之貞。令出惟行。初居卑，體柔不能自决，進則无應，退則不安，是未能奉命者也。夫有進无退，以服從爲主義者，武人之貞也。初惟不果，宜用武人剛斷以救濟之。巽爲進退，進退之象。兑金離火，武人之象。履六三同。

《象傳》：“進退”，志疑也。“利武人之貞”，志治也。進退失據故疑，果决有爲故治。志治則疑去矣。變乾應兑，乾健兑决，志治之象。

九二，巽在床下，用史巫紛若吉，无咎。下謂初六，初以陰居下，有民象。巽在床下，言二卑巽於在床下之初也。達人意者爲史，達神意者爲巫。紛若，衆多之貌。二承五之命以致之民，不厭紛繁，懃懃懇懇，所謂“使民如承大祭”者是也。民爲邦本，上能恤民，吉莫大焉。又何咎之有？巽與剥有自然床象，故皆言床。兑爲巫爲口舌，史巫之象。互兑，反體亦兑，紛若之象。

《象傳》：“紛若之吉”，得中也。得中承五，故有紛若之吉。

九三，頻巽，吝。巽即命，頻巽與重巽有别，重巽就一命而申之，頻巽即朝令夕改之意。號令不一，人誰適從？所以致吝。前巽已畢，後巽復來，故有頻巽之象。舊解泥於卑巽者非是。蓋卑巽自下，隨時隨地，皆可以行，固不厭於頻也。

《象傳》："頻巽之吝"，志窮也。號令頻數，冀行其志，人心解體，則志不行矣。志不行故其志窮。

六四，悔亡，田獲三品。四爲巽主，位得其正，有文明之德，而以巽順出之，故雖重陰而悔可亡。三品，謂下三爻。王制：天子諸侯歲三田，一乾豆，二賓客，三充君庖，所謂三品也。爲大臣者謙恭下士，網羅天下之人才，與田獲三品无以異。解言田獲三狐，去小人也。此言田獲三品，用君子也。離爲網罟，互離，有田象。

《象傳》："田獲三品"，有功也。四聯下三爻以順五，下之順，四之功也。

九五，貞吉，悔亡，无不利。无初有終。先庚三日，後庚三日，吉。五陽剛中正。爻之至善者，故貞吉悔亡，无不利。特巽之爲義，患其進退不果，優柔寡斷，五居尊位，尤貴能斷。先庚三日，後庚三日，義在取兑之金，克巽之木。天道流行，震始而艮終。先兑三位爲巽，不及震之始。後兑三位爲艮，適當艮之終。故曰"无初有終"。上言吉而下復言吉者，上以德言，下以效言也。舊解謂先三日爲丁，後三日爲癸。丁所以丁寧於其變之前，癸所以揆度於其變之後，其說亦通。互兑位正西，西方屬金，故取庚象。

《象傳》：九五之吉，位正中也。位居正中，能取兑以決疑，所以獲吉。

上九，巽在床下，喪其資斧，貞凶。下謂六四，巽在下，與初辭同而意異。以初爲民位，四爲大臣之位也。順乎民則可得其歡心，順於大臣，未免損其亮節。孔光見董賢而拜，正合爻義。資斧當從《漢書》作齊斧。齊斧猶言利斧，所恃以斷者也。上雖剛質，而居重巽之極，以柔濟柔，失其斷矣。貞固主之，必凶。巽木貫於兑金，斧象。兑爲毁折，喪其資斧之象。

《象傳》："巽在床下"，上窮也。"喪其資斧"，正乎凶也。窮，極也，謂勢處窮極也。正乎凶，言必至於凶也。

䷹ 兑下兑上

《序卦傳》：入而後説之，故受之以兑。兑者，説也。學問之道，由時習而後説，蓋入之深者説自見，兑所以次巽也。

兑：亨，利貞。兑象與咸同。咸取无心之感，兑取不言之説。以三畫卦言，上二畫似坎，而一陽窒於下，爲下流之水，故其象爲澤。以六畫卦言，陰皆附陽，陽皆下陰。有内外和説，彼此相説之意，此兑之義也。説則有亨道焉。利者説之情，貞者説之理，蓋人情惟説則易流，必合乎義理之公，性情之正，而後亨可大，説可久也。

《彖傳》：兑，説也。剛中而柔外，説以利貞，是以順乎天而應乎人。説以先民，民忘其勞。説以犯難，民忘其死。説之大，民勸矣哉！兑无言何以爲説？以説人之深者，不在語言口舌也。剛中謂二五，柔外謂三上。人有喜説，則發見於外。但和柔之色必根陽剛而出，乃得其正，否則陷於邪諂，悔吝將至，故利貞。上天位，順乎天也。三人位，應乎人也。天理人心，亦正而已矣。勞與死，人情所不説者也。然以佚道使民，則民忘其勞。以生道殺人，則民忘其死。蓋人所説者必正理，德澤入人之深，則勞與死皆其所願。文王經始勿亟，而庶民子來，是相勸以勞也。武王之伐紂也，自西自東，自南自北，無思不服。是相勸以死也。夫勸民與民自勸，相去遠矣。説之大至於民勸，此聖人所以深贊之也。

《大象傳》：麗澤，兑。君子以朋友講習。兑爲澤，上下皆兑。有兩澤相麗，交相滋益之象。君子法之，與同門之朋，同志之友，講其所知，習其所行。天下可説之事，未有逾於此者。講兑象。習，重兑象。

初九，和兑，吉。君子和而不同。初剛而得正，君子也。應四承二皆同德，有協和象，説之善也，故吉。和在説先，初象。

《象傳》："和兑之吉"，行未疑也。牽於陰則有疑，卦四陽，惟初未有陰象[22]。

九二，孚兑，吉，悔亡。二五剛中相孚，雖比於三陰，宜若有悔。然剛以自守則不徇人，中以自持，則不從欲。所謂説之不以道不説也，故吉而悔已。

《象傳》："孚兑之吉"，信志也。初去三遠，不獨志可信，行亦不涉於疑。二與三近，行即可疑，而志則可信也。

六三，來兑，凶。自上而下曰來。陽性喜上，陰性喜下，一陰而下就二陽，故曰"來兑"。又以陰居陽，不中不正。上承三陽，左右逢迎，專以容説爲事，如郭霸嘗元忠之糞，彭生濯李憲之足，丁謂拂寇準之須，徒取賤於人也。豈不凶乎？

《象傳》："來兑之凶"，位不當也。三位不當，説不以道，故凶。

九四，商兑未寧，介疾有喜。商，度也。四乘三而承五，五剛正而三柔邪。人情多惡剛而喜柔，三務以言説人，此五之疾也。四介乎三五之間，從三乎，則即於人欲之私。從五孚，則合乎大理之公。二者交戰於中，故商而未寧。然即此一商度間，由不安以求其安。五得四以爲介，五之疾瘳，而四之疾亦愈矣，故曰“介疾有喜”。巽爲進退，爲不果，未寧象。三至上互坎，爲心病，疾象。

《象傳》：“九四之喜”，有慶也。絶三説五，在四爲有喜，在五爲有慶。

九五，孚於剥，有厲。陰之説陽，志在剥陽。孚於剥，即解之所謂“有孚於小人”也。九五得尊位而處中正，誠信足以孚衆，而猶有厲者，蓋才多傷於恃，而危多出於所安。因其極盛而爲之戒也。唐明皇之於李林甫，宋高宗之於秦檜，非傷於所恃邪？剥九月卦，兑鴻正秋，剥之象。

《象傳》：“孚於剥”，位正當也。五位正當，雖欲剥我者，亦能化而孚之也。

上六，引兑。上爲重兑之主，兑爲澤，澤水與坎水異。坎水流而澤必待引，引之溝澮則溝澮，引之池沼則池沼。“引兑”二字，乃言全卦之性情。以人事言，則中如无所主，見道德而説，見紛華而説。孟子所謂物交物，制引之而已者是也，故不言吉凶悔吝，舊解或以其凶可知，或以其凶不足道，蓋泥於來兑之凶也。不知六三不中正，上雖以陰居陰，猶近於正，烏有反加於三之理。兹從沈敬亭説。巽爲繩，兑伏艮爲首，以手换繩，引象。

《象傳》：上六“引兑”，未光也。隨物而牽，不能艮止，故曰“未光”。

䷺ 坎下巽上

《序卦傳》：説而後散之，故受之以涣。涣者，離也。説存乎中必散見於外。《樂記》所謂“樂必發於聲音，形於動静”者是也。故兑必繼之以涣也。

涣：亨，王假有廟，利涉大川，利貞。涣，散也。風行水上，其文涣散，涣之象也。巽風解凍，涣然冰釋，亦涣之象。天下之理，有散必有合，散所當散，合所當合，乃亨之道。王謂五，王假有廟，則幽明不至相隔，所以合鬼神之散也。利涉大川，則秦越可以同舟，所以令人心之散也。收已散之人心，非霸功權謀所能集事，故利貞。萃、涣皆互艮爲門闕，有廟之象。巽木坎水，利涉之象。

《彖傳》：“涣，亨”，剛來而不窮，柔得位乎外而上同。“王假有廟”，王乃在中也。“利涉大川”，乘木有功也。涣之所以亨者，以剛來居二，在他時爲陷於陰，此則遇風而散，有震起而无坎險故來而不窮。四柔得位乎外，而上巽於五，是四與五均得其正矣，故曰“上同”。在中，謂在廟中，即宅中而治之意。王者托天地宗廟之靈，以收拾天下之人心，非合群策群力不足以有爲。二四往來，協力以助，王乃在中，見轉涣爲萃之不易。有功謂有濟涣之功。乘木有功謂用巽風，以散坎難也。

《大象傳》：風行水上，涣。先王以享於帝立廟。風來水上，有涣散之象。涣者必思有以聚之，先王法此，亨帝使民知有君，立廟使民知有親，尊君親上，而散者聚矣。互震故言亨帝，互艮故言立廟。

初六，用拯馬壯吉。初不言涣，時未涣也。馬謂二，初以陰柔居坎下，恐其自陷，故必用拯。得二之剛以濟之，則不至入於坎窞矣，故曰“馬壯吉”。坎爲美脊之馬。震於馬爲作足，馬壯象。

《象傳》：初六之吉，順也。无應於上，故順於下。

九二，涣奔其机，悔亡。机，尊者所憑，指五言，猶避天子而稱乘輿也。奔，疾趨也。二與五非正應，失位居險，不能无悔。幸與五同德，能拯天下之涣者，莫二與五若也。奔而赴之，則悔可亡矣。巽木坎揉，艮肱憑之，机象。坎爲亟心奔象。

《象傳》：“涣奔其机”，得願也。奔五則能出陰，故其願得。

六三，涣其躬，无悔。躬者，己所私有也。三不中不正，疑若自遂其私而有悔。以居坎上，適值震動，又諸爻惟三有應，動而出險，惟正是從，而忘其自有之私，此悔之所以亡也。自三至五成艮，躬之象。

《象傳》：“涣其躬”，志在外也。外，指上九。常人之情，知有己不知有人，知有内不知有外。三志在外，所以能涣其躬也。

六四，涣其群，元吉。涣有丘，匪夷所思。此爻即《彖傳》所謂“柔得位而上同”者也。群，同類，夷，等夷，均指初三。四惟與上同，欲成天下之公道不能不散一己之私群。此涣之至美者，故元吉。人見涣之爲涣，不知涣之爲聚。丘聚之高，涣有丘，謂水之涣，正如山之聚也。此理至微，豈常人思慮所能及？故曰“匪夷所思”。群陰惟四得正位，又无應與，涣群之象。艮爲山，丘象。巽爲入，思象。

《象傳》：“涣其群元吉”，光大也。不私其黨，道乃光大。艮爲光明，光大之象。

九五，涣汗其大號，涣王居，无咎。汗者膚腠之所出，出則宣滯愈疾。大號，謂命令。王者出令，若汗之出於身體，人心之堙滯鬱結，得以盡解。如興元詔下，聞者流涕，所謂涣汗其大號也。涣而再言之者，涣大號，取其散也。涣王居，取其合也。天下之所以既散而能合者，以五之宅中履正，廓然以王道自居，故无咎。汗坎象。大號，巽命象。

《象傳》："王居无咎"，正位也。王居即居正位，訓居爲居積者失傳意。

上九，涣其血去逖出，无咎。坎爲血卦，指三言。涣汗所以去其内滯，涣血所以治其外傷。去不復來，逖不復近，出不復入，極言坎險之宜涣也。三以應上无悔，上以遠三无咎者，三居險中宜出，上居險外不可再入也。去逖出均震足象。

《象傳》："涣其血"，遠害也。遠字釋逖字。上去險獨遠，故曰"遠害"。

䷻ 兑下坎上

《序卦傳》：物不可以終離，故受之以節。發散太過，則事无節，故受以節。

節：亨。苦節不可貞。節者，損其過而歸之於中也。内卦陽盛，陰爲之節。外卦陰盛，陽爲之節。節之義也。坎爲水居兑澤上，其容有限，節之象也。物无節其生不遂，事无節其用不通，節有必亨之理。貞者，恒久之謂也。苦節則過中，非持久之道。如申屠狄、屈原之投河，陳仲子之三日不食，雖屬奇行，要不可强人以必行也。坎險苦象。

《彖傳》："節，亨"。剛柔分而剛得中。"苦節不可貞"，其道窮也。説以行險，當位以節，中正以通。天地節而四時成。節以制度，不傷財，不害民。節所以亨者，以坎上兑下，剛柔均分。二五皆以剛得中，均分則各得其宜而有節，得中則不至於過盛而无節矣。苦節不可貞者，以苦節則逆性情之正，非人所能堪，其道將窮，故不可貞也。峻節人多視爲苦行，故曰"行險"。説以行之則不見苦而見爲甘。當位中正，指九五言，當位則率之以身，中正則揆之以道。身不能行者，不責人以必行。道不可守者，不責人以必守。所謂聖達節者是也。如是則有以通天下之志，合乎天地自然之節。天地有節，則分至啓閉，晦朔弦望。四時不差，而歲功成。節以制度，則量入爲出，財不傷於匱乏，民不害於誅求。此節之所以必亨，而道之所以不窮也。坎互震行險象。坎爲通，通象。坎源上嗇，不傷財象。兑澤下流，不害民象。

《大象傳》：澤上有水，節。君子以制數度，議德行。澤无水，水不足也，其象爲困。澤上有水，水有餘也。有餘則當節，故其象爲節。君子法之，制數度物各有節，下不僭而上不奢。議德行，使身皆有節，内无悔而外无尤。坎爲法律，制之象，兑爲口舌，議之象。

初九，不出户庭，无咎。初居最下，前有險阻，出非其時也。户所以節人之出入者，故初以不出而无咎。陽奇猶户，陰偶猶門，初出而二塞其前，不出之象。四爲坎窞，不可出之象。

《象傳》："不出户庭"，知通塞也。節兼通塞，猶艮兼言行止也。知塞而復知通，見非一於止者，諸葛處隆中，而天下大勢瞭然，合此正義。

九二，不出門庭，凶。有剛中之才，遇建中之主。此時之大有可爲者，而乃不出户庭，絶物自廢，凶孰大焉。初居兑底，不塞則不能止。坎，二居兑中已與坎滙，不通則不能利物，故有此義。坎險艮止，不出門庭之象。

《象傳》："不出門庭，凶"，失時極也。居禹、稷之位，守顔子之節，是爲失時。

六三，不節若，則嗟若，无咎。處兑之盈，當説之極，侈泰以自奉，失節道矣。臨三失臨之道，而既憂之。節三失節之道，而嗟若皆得无咎，易以補過爲善也。兑口嗟象。爻畫偶開，亦嗟象。

《象傳》："不節之嗟"，又誰咎也！嗟則知悔，悔則有節。夫誰咎之？輪台詔下，而天下悦，即此意也。

六四，安節。亨。九五當位以節，四亦當位而順受之，所謂"安而行之"者也。節而勉强，非可久之道。能安故亨。艮止，安象。

《象傳》："安節之亨"，承上道也。五爲節之主。上承五，故亨。

九五，甘節，吉，往有尚。此《彖傳》所謂"當位以節，中正以通"者也。當則天下共受其節，通則天下共覺其甘。此節之至善者，故吉。本此而往，功莫尚焉。

《象傳》："甘節之吉"，居位中也。居中有由中之義。五爲坎主，水之源也。在井取其洌，在節取其甘，皆取其由中而出，可以利人及物也，故吉。

上六，苦節，貞凶，悔亡。節極過中，以至於苦。苦者刻厲褊迫，絶无安恬之意。以節儉言，如葛屨履霜之流。以節介言，爲閉門踰垣之類。在己雖不失正，在人則不可行，故雖貞亦凶。然困窮之士，身苦而心不以爲苦，故悔亦亡。聖人於大過上六，既著一滅頂之凶，復曰"无咎"。於節上六，既著苦節之凶，復曰"悔亡"，舍禍福而論道義，其意深哉！

《象傳》："苦節貞凶"，其道窮也。一人可行，不能推行於天下。一時可行，不能推行於後世，故其道窮。

䷼兑下巽上

《序卦傳》：節而信之，故受之以中孚。立節制於此，上當信而守之，下當信而行之，故受之以中孚。

中孚：豚魚吉，利涉大川，利貞。孚，卵也，卵育而化也。在人則性由中而發於外，而人化之也，是爲中孚。巽風兑澤，澤爲止水，遇風則動，中孚之象也。在二體則中實，在全體則中虚。中虚孚之本，中實孚之質，中孚之義也。豚魚俗名江豚，生澤中而性好風。向東則東風，向西則西風，舟人以之候風焉。信如豚魚，則純任乎天，故吉。利涉大川，精誠所至，風波无不可涉。中孚與无妄相似，有正有不正。男女之相期，盗賊之死黨，不正之孚也，故又利貞。豚魚解從草廬吴氏，舊説作二物者非。兑爲澤，巽爲風爲魚。魚生澤中而知風，豚魚之象。巽爲木爲風，木得風而行於澤上，利涉之象。

《彖傳》："中孚"，柔在内而剛得中。説而巽，孚乃化邦也。"豚魚吉"，信及豚魚也。"利涉大川"，乘木舟虚也。中孚以利貞，乃應乎天也。柔在内謂三四，剛得中謂二五。二五中實，能孚於三四，而三能説、四能巽。以孚於二五，是二五孚則一國之人皆孚，故曰"孚乃化邦也"。信及豚魚，猶言信如豚魚也。人之孚信及乎豚魚，則孚道至矣。重載不如虚舟，仗至誠而濟大難，猶乘木而其中枵然，决无沉溺之患。利貞者天之性情，中孚者順乎天之自然，故曰"乃應乎天也"。中孚之道，粗之可以涉險，精之可以應天。孟子所謂至誠而不動者，未之有也。卦體外實中虚，虚舟象。

《大象傳》：澤上有風，中孚。君子以議獄緩死。風性善入，澤虚能受，故曰"澤上有風中孚"。君子以治獄聽訟，虚中爲先。繫獄者恐其有虚中之實，故議之，臨刑者恐其有實中之虚，故緩之。象言刑獄者五，噬嗑、賁、豐、旅、豐[23]、中孚也，皆取離象。中虚外窒，有似囚圄，又爲明。聽訟者非明不得其情也。本卦大體肖離，獄之大者，死罪之象。兑爲口，議象。巽爲不果，有緩象。

初九，虞吉，有他不燕。虞，澤虞，見《爾雅》。一名澤鳥，即鵜鶘。澤之外无他往，魚之外無他好。自守專一，初剛以之，虞吉猶言豚魚吉。燕去來有信，有他則憧憧往來，既非虞之專，又无燕之信，可以人而不如鳥乎？初陽始孚，以説應順，來去忘機。然震動在上，防有他變，故以有他不[24]戒。卦以孚名，取羽族孚子爲象。又卦似大離，離爲飛鳥，故曰鶴曰翰音。多言羽族，虞爲澤鳥，燕爲玄鳥，適从其類。舊解虞訓安訓專，或更爲虞度、爲虞防、爲驢虞、爲憂虞。説多支離。燕訓安亦泛，兹兼采錢啓新、孫夏峰、沈敬亭諸氏説。

《象傳》：初九“虞吉”，志未變也。初志未變如虞，不雜他好，故吉。

九二，鳴鶴在陰，其子和之。我有好爵，吾與爾靡之。鶴謂二，子謂三四，好爵猶孟子所謂天爵，指五。靡，《子夏傳》作縻。鶴鳴子和，天機之自動。好爵爾靡，天理之自孚。母子无間，爾我无分，此孚之至者。震爲鶴爲鳴，鶴鳴之象。二居陰位，在陰之象。三四二陰，爲鳥卵。二上孚之如抱卵，其子之象。九二陽剛中正而居尊位，好爵之象。巽爲繩，縻象。

《象傳》：“其子和之”，中心願也。以虚受實，以陰應陽，由中而發，非出勉强。

六三，得敵，或鼓或罷，或泣或歌。三爲兑之主爻，四爲巽之主爻。兩陰相遇，而其志相反，故曰敵。風澤相激，鼓罷泣歌，不能自持，曲肖少女之情態。中孚以中正相孚，三皆无之，故至於此。震動鼓象，艮止罷象。兑爲澤泣象，爻當兑口歌象。

《象傳》：“或鼓或罷”，位不當也。居位不當，故動静无常，无所適從也。

六四，月幾望，馬匹亡，无咎。四上承五，以陰資陽，如月之受日光，故曰“月幾望”。匹謂三，三四皆陰，故稱匹。亡三之匹，而惟五是從，則孚得其正矣，故无咎。大體肖離爲日，伏坎爲月，兑位西，互震位東。月東日西，幾望之象。震爲馬，馬象。

《象傳》：“馬匹亡”，絶類上也。謂絶其朋類，上承九五也。

九五，有孚攣如，无咎。爻至此始稱孚，明五爲中孚之主也。攣如，牽連不絶之謂。二曰縻，五曰攣，見二五相孚，固結而不可解。二五以中實相感，三四以中虚相應，則无一處之不孚，无一民之不孚矣。《彖傳》所謂“孚乃化邦”者此也，何咎之有？巽爲繩，艮爲手，拘攣之象。

《象傳》：“有孚攣如”，位正當也。其位正當，所以能盡中孚之道。

上九，翰音登于天，貞凶。雞曰翰音。雞知旦，物之有信者。翰音登於天，則聲聞過情，信所不當信矣。貞固守此故凶。翰音注疏只作鳥音亦通。顧亭林曰：“翰羽之音，雖登於天而非實際。其如莊周齊物之言，騶衍迂怪之辨。其高過於《大學》而无實際，以視車服侍於弟子，弦歌徧於國中，若鶴鳴而子和者，孰誕孰信？夫人而知之矣。永嘉之亡，太清之亂，豈非談空空覈玄玄者有以致之哉？翰音登於天，中孚之反也。”卦大象離爲飛鳥，翰音之象。上居卦極，登天之象。

《象傳》："翰音登于天"，何可長也！實德内喪，虚聲遠揚，夫何能長?

䷽ 艮下震上

《序卦傳》：有其信者必行之，故受之以小過。自恃其信，其行必果，此守小人硜硜之節，而不知大體，以信爲過者也。僅可小事，故受以小過。

小過：亨，利貞。可小事，不可大事。飛鳥遺之音，不宜上，宜下，大吉。小過，小者過也。雷鳴山上，聲過乎常，小過之象也。外四陰而中二陽，陰過乎陽，小過之義也。天下之理，過猶不及。小過所以得亨者，即君子常過於厚，矯枉者必過其直之類，但利於正耳。然僅可施之小事，大事則非所宜。卦乃中孚之反對。中孚象離，離爲飛鳥。本卦則象坎，見坎不見離，則離之飛鳥已過，但聞其遺音也。不宜上宜下，蓋鳥飛而上，則无所抵止。鳥飛而下，則有所棲宿。猶陰之爲物，不宜亢而宜順。寧爲艮之止，勿爲震之動，則所過者小而吉實大，此小過之貞，即其所以亨也。

《彖傳》：小過，小者過而亨也。過以利貞，與時行也。柔得中，是以小事吉也。剛失位而不中，是以不可大事也。有飛鳥之象焉："飛鳥遺之音，不宜上，宜下，大吉"，上逆而下順也。小過之亨，以小者之過，有時而得亨也。過本非正，而利貞者，以時當用過，雖過亦正。如國奢示之以儉，國儉示之以禮，隨時矯俗，惟其時耳，故曰"與時行也"。小事吉，指二五柔得中而言。不可大事，指三四剛失位不中而言。離爲飛鳥，本卦雖不肖離，然離二陽在内，有似鳥身。四陰在外，有似鳥翮，故亦有飛鳥之象焉。鳥飛决起，愈上則愈窮，聞其音不見其迹，下則得飲啄之安而大吉。以上則逆而下則順也。當小過之時，進則易以取禍，退則所以安身，其道亦猶是也。

《大象傳》：山上有雷，小過。君子以行過乎恭，喪過乎哀，用過乎儉。雷在山上，已出地而未升於天，其聲尚小，小過之象。天下之道，中而已矣。過乎中當不失乎正，如考父之過恭，高柴之過哀，平仲之過儉，雖非中道，要不失正，此過之小者也。行喪用皆見於動，震之象。恭哀儉皆有所止，艮之象。

初六，飛鳥以凶。初上動則成離，故皆言飛鳥。卦象飛鳥，初上皆當鳥翅之末。初居艮之下，宜止而不宜飛。因與四應，心爲所動，如小人恃有奥援，飛揚跋扈，出於不自覺，而因以招禍，是以之飛者即以之凶也。卦不宜上，初居下而求上不已，故有此象。初與上變皆成離，故言飛鳥。

《象傳》："飛鳥以凶"，不可如何也。小鳥高飛，力盡必墮，勢無可如何也。

六二，過其祖，遇其妣。不及其君，遇其臣，无咎。祖謂三四，妣謂五，臣謂三四，君謂五。蓋以陰陽言，六二婦也，六五妣也。以位言，六五君也，三四大臣也，六二小臣也。祖妣客象也，君臣正象也。觀《象傳》不釋祖妣可見。五居三四之上，二上應五，必越三四，始與五遇，是過祖遇妣之象也。但小過之時，不宜上宜下。二柔順中正，不敢躁進，以直接於君，僅藉大臣以達意，則在己既有循分盡職之樂，在人亦无争權妒寵之尤。何咎之有？

《象傳》："不及其君"，臣不可過也。不可過，非三四阻之，二自安分，而知其不可也。

九三，弗過防之，從或戕之，凶。小過爲陰過之時，三四皆陽，故曰弗過。三爲艮主，如隄防然。陰不得而上進者，賴三之力。若恃上爲正，應從而與之，則爲群陰所害，有如或戕之者矣，凶孰大焉？防，艮止之象。戕，兑毁折之象。

《象傳》："從或戕之"，凶如何也！凶如何，言凶之甚也。

九四，无咎，弗過遇之。往厲必戒，勿用，永貞。剛不當位，宜若有咎。應初承五，務下而不務上，合於小過。宜下之旨，故无咎。弗過即上不犯五，遇之即下應初六也。但四爲震主，或恃性妄動。往而不居，則毁折在前，勢必危厲，宜有戒心。勿用如乾初九勿用。永貞，謂永守此正理。蓋勿用者其暫，永貞者其常，人能守正，以待天時之復，則勿用之中有至用。小過之所以利貞者以此。

《象傳》："弗過遇之"，位不當也。"往厲必戒"，終不可長也。以陽居陰，故位不當。宜下與初遇也。終不可長，言能常存敬戒之心，以待天時之復。陰雖小過，終不至爲患[25]也。

六五，密雲不雨，自我西郊。公弋取彼在穴。密雲不雨，自我西郊。文王嘗著其象於小畜，周公復於小過六五言之。蓋小過之世，衆陰方盛，正小人道長之時也。公謂文王，文於此時，豈不欲沛膏澤於民，以紓續尾之厄？無如九四陽過亢，雲雖密而不能成雨。小過之時，可小事不可大事。文乃弋取巖穴之士以自助，若膠鬲舉於魚鹽，閎夭舉於兔罝是也。兑澤上升，巽風艮止，不雨之象。兑位西，西郊之象。肖坎爲弓，巽爲繩，巽繩加於坎弓，弋象。坎爲穴，三四厚坎，在穴之象。

《象傳》："密雲不雨"，已上也。陰陽和則成雨，已上則與陽不和，故不雨。

上六，弗遇，過之。飛鳥離之，凶，是謂災眚。二與四尚各有遇，上則居極遠颺，但有過之，則所遇者，如鳥飛无止，必離矰繳，凶孰甚焉！禍自外至曰災，過由己作曰眚。上之災則自作之眚也。小過之時，宜下不宜上，士夫生當末世，不自斂戢，而陷入網羅者，指不勝屈矣。宜夫子有“山梁雌雉”之嘆也。離爲網罟，離之之象。坎爲災眚，有災眚之象。

《象傳》：“弗遇，過之”，已亢也。宜下而亢，故凶。小過之時，不獨爵位不宜上，聲名亦不宜上。梁冀一門貴甚，卒致傾覆，无足論矣。東漢黨人，因昧於此義，陷入網羅，豈不悲哉？

䷾離下坎上

《序卦傳》：有過物者必濟，故受之以既濟。《論語》：“觀過知仁。”小過，如行過乎恭之類，志在矯世厲俗，有所濟也。蓋大過必至於陷，故受之以坎。小過或有可觀，故受之以既濟。

既濟：亨小，利貞。初吉終亂。濟者，渡水已竟之名。既濟言事之已成也。離火上炎，坎水下潤，水火交而功成，濟之象也。六十四卦，陰陽當位，而皆有應者，獨此一卦，亦既濟之象。萬事盡濟，亨之大者，莫過於是矣，而曰“亨小”者，蓋天下未定，當大有所爲。天下已定，則无取乎多事，惟靜而不擾者爲能守之，故利於貞。但天下之道，无平不陂，无往不復，一治一亂，由來久矣。蓋未濟之初，人心戒懼，此即治之所由基。當既濟之後，人心驕縱，此即亂之所由兆。雖曰天命，豈非人事哉？曰“初吉終亂”，欲既濟者瞻望，知所儆也。諸爻各當其位，利貞之象。下卦離明，初吉之象。上卦坎陷，終亂之象。

《彖傳》：“既濟，亨”，小者亨也。“利貞”，剛柔正而位當也。“初吉”，柔得中也。“終止則亂”，其道窮也。既濟則亨矣，而亨在於小者也。蓋方濟之時，如日之方中，極其赫奕。既濟之後，如日中則昃，不復如前之盛也。二處方濟之位，以柔小而得陽剛之虚，故曰“小者亨也”。六爻各當其位，事已濟矣。所謂利貞者此也。柔得中指二言，其道窮指上言。二處方濟之時，兢業意多故吉。狃於既濟，止而不爲，亂所由起。然則亂非自亂，由止則亂。窮非時窮，道窮乃窮。

《大象傳》：水在火上，既濟。君子以思患而豫防之。水火相交，各成其用，故曰既濟。君子觀既濟之象，得於相濟之時，即思其相射之患。既濟之患，在於无形，不思弗覺。既濟之防，貴於未然。不豫則廢，以爲无患，斯患至矣。以爲不待防，則防无及矣。邵子謂《易》貴未然之防，殆讀既濟《大象》，而深有得也。思患坎難象。豫防，離明象。

初九，曳其輪，濡其尾，无咎。當既濟之時，人共求進。初以陽剛之質，居離之初，明燭幾先。人所視爲坦途，彼視爲陷阱。曳輪則不欲前，濡尾則不能濟。思患深而防患豫，故无咎。坎爲輪，初在下，曳輪之象。坎爲狐，初爲尾，行水濡尾之象。

《象傳》："曳其輪"，義无咎也。初與四應，初不輕進，於義无咎。

六二，"婦喪其茀，勿逐，七日得。離爲中女，與五正應，五之婦也。茀所以蔽車，詩曰："翟茀以朝"是也。婦之喪其茀，則不可行。二以文明中正之德，應五陽剛中正之君，宜得行其志矣。以當既濟之後，主上即有憐才重道之意，而左右不无争寵妒能之行，誼、錯所以見擯於文、景二帝。喪特失其在外者，逐則並其在我者而亦失之。勿逐全其在我，七日得聽其在天。坎爲盜爲輿，喪其車茀象。爻歷七而復，七日得之象。

《象傳》："七日得"，以中道也。中道无終廢之理，故勿逐而自得。

九三，高宗伐鬼方，三年克之。小人勿用。高宗，殷王武丁。鬼方，國名。高宗賢主，以明伐闇，遲之三年然後克，見邊釁之不可輕開也。小人貪功逞欲，无事之時，輕内治而幸邊功，國家元氣之傷，多由於此，故戒以勿用。三當既濟之終，以剛居剛，欲兼内外之治，故有此象。位坎離之交，水火相射，克伐之象。坎當北方，鬼方之象。盡坎三爻而成既濟，三年克之之象。

《象傳》："三年克之"，憊也。久而後克故憊。坎爲勞卦，憊象。

六四，繻有衣袽，終日戒。《説文》：采色爲繻，考絮爲袽。絮、袽通用，俱引《易》爲證。舊解改繻爲濡，不可從。外繻而内袽，亂伏於治。既濟過中，必轉於未濟。四雖得位於外，而坎險已伏，故有此象。終日戒，即思患豫防之意。四變中爻爲乾，衣之象。成兑爲毀折，袽衣之象。離爲日，四在離外，終日之象。

《象傳》："終日戒"，有所疑也。安不忘危，故有所疑。坎爲疑[26]之象。

九五，東鄰殺牛，不如西鄰之禴祭，實受其福。東鄰謂二，指離言。西鄰謂五，指坎言。鬼神无常亨，亨於克誠。離外明而中虚，坎外暗而中實。夫祭，與其誠不足而禮有餘也，不若禮不足而誠有餘也，故曰"東鄰殺牛不如西鄰之禴祭"。五爲濟主，保濟之道，以實心行實政，故曰"實受其福"。九五陽剛中正，故有此象。離日坎月，日生於東，月生於西，東鄰西鄰之象。離畜牝牛，牛象。坎水可用，禴象。

《象傳》："東鄰殺牛"，不如西鄰之時也。"實受其福"，吉大來也。禴爲時祭，言既濟之後，止宜有守儉之功。五主儉也。陽爲大，故吉大來。大受既濟之福也。

上六，濡其首，厲。濡尾，猶思顧其後。濡首，則不防於前。既濟險在前，上狃於既濟，而不知有險也，終至陷没，危孰甚焉！

《象傳》："濡其首，厲"，何可久也！濡首則身在其中。盈滿之禍，終必殺身，夫豈能久？

䷿ 坎下離上

《序卦傳》：物不可窮也，故受之以未濟終焉。《易》之爲道，窮則變，變則通。既濟之後，受以未濟，見物不可終窮也。六十四卦以此終。聖人之意，深矣哉！

未濟：亨。小狐汔濟，濡其尾，无攸利。未濟，事之未成也。坎水下潤，離火上炎，二體不變，未濟之象。卦與既濟反對，六爻皆失其位，亦未濟之象。既濟曰亨，未濟亦曰亨者，既濟之亨，已然之亨；未濟之亨，將來之亨。小狐謂五，汔，幾也。狐尾大，濟水則揭其尾，濡尾則不能濟。卦自三至五互坎，五將出險，而上以一陽塞於前。汔濟而終未濟，何所利哉？所以然者，由五之陰柔力弱，故有事敗垂成之憾。能納剛以自助，則終得亨通也。五在互坎，故稱狐。陰爲小，小狐之象。或以指九二者，非，觀《象傳》自明。

《彖傳》："未濟，亨"，柔得中也。"小狐汔濟"，未出中也。"濡其尾，无攸利"，不續終也。雖不當位，剛柔應也。既濟、未濟皆以柔得中而亨，以敬慎勝也。既濟坎在上，而難在五，亨之者二。未濟坎在下，而難在二，亨之者五。未濟下卦坎，三至五復在坎，至於六五，幾於濟矣。而猶在坎中，未登上九水外之岸，故曰"未出中也"。汔濟而未濟，以五柔弱而不能用力，故曰"不續終也"。既曰"柔得中"，又曰"不續終"，見慎始者易，而克終者難也。既曰"不當位"，又曰"剛柔應"者，見得人者昌，未濟亦得而亨者賴此也。

《大象傳》：火在水上，未濟。君子以慎辨物居方。水火以交濟爲用。火在水上則不變而失其用，未濟之象。未濟而求其濟，必辨其孰爲君子，孰爲小人，如物之各以群分。必使君子在位，小人在野，爲方之各以類聚。倘辨之不精，居之不審，致方物混淆，如温公用蔡京以變新法，汝愚用侂[27]胄以定内禪。非我族類，始雖共濟，後患无窮，故君子慎之。辨離明象，居坎伏象。

初六，濡其尾，吝。初爻濡尾，與彖義異。彖之濡尾，難其不能續終。初之濡尾，戒其不能謹始，與既濟初爻濡尾亦異。既初濡尾，以能知幾，故不輕進。此爻濡尾，以不量力，敢於冒進，故既初无咎，此可羞吝。初以陰柔之才，處坎險之下，故其象如此。坎爲狐，本卦下體坎，上又互坎。合全體觀之，五爲小狐，三其尾也。自下體觀之，則初爲尾也。

《象傳》："濡其尾"，亦不知極也。極者終窮之謂。未濟伏於既濟，既濟之窮。至濡其首，初不知反，至於濡尾，故曰"亦不知極也"。

九二，曳其輪，貞吉。曳其輪與既濟初爻辭同而意異。既初坎在前，恐其入險；此正居坎中，志在出險也。坎輪離牛，既濟離在内，故欲曳之使止；未濟離在外，故欲曳之使出。二剛中而五柔中，能助五以出險者二，能援二以濟險者五也。位雖不正以得中剛，不失其正，故曰"貞吉"。

《象傳》：九二貞吉，中以行正也。中以行正，見利於行，非專重於守也。舊解主於不進，似不可從。

六三，未濟，征凶。利涉大川。濟主坎言，出坎則近於濟矣，故於三獨言未濟。三陰柔失位，才不足以濟，妄進不已，凶可知矣。"利涉大川"上，朱子疑脱一"不"字，義較直截。蓋陰柔不中正之才，决不能濟大難也。坎水在前，大川之象。

《象傳》："未濟征凶"，位不當也。以不當位，故征則凶。

九四，貞吉，悔亡。震用伐鬼方，三年，有賞于大國。濟難者必以正。四質剛而位不正，必貞以勝之，如是則吉而悔亡。鬼方謂初，伐之者四也。大國謂四，賞之者五也。既濟坎險在外，九三之伐，爲徼功於外，故爲戒。未濟坎險在内，九四之伐爲靖難於内，故有賞。爻變爲震，故曰"震用"。蓋未濟之時，宜動不宜静也。

《象傳》："貞吉悔亡"，志行也。正己而後正人，故其志得行，獲吉而悔亦亡。

六五，貞吉，无悔。君子之光，有孚吉。未濟陰陽失位，君用柔，臣用剛，故九二、九四、本爻皆曰"貞吉"。欲其復乎常，乃可濟乎難也。无悔則進於悔亡矣。德積於中，而光輝發於外，是謂君子之光。二五正應，二坎爲水，五離爲日，日之方中，與水光相盪射，暉映發越，情通而不可掩，即《咸有一德》之義。五以中虚而光視於下，二以中實而光映於上。上下相孚，故吉。上言貞吉，見先有以成己。下言有孚吉，見後有以及人。

《象傳》："君子之光"，其暉吉也。暉，日旁之光，迸出四射，无遠弗届，反未濟爲既濟。譬如雨後初晴，仰見日光，倍覺可喜，吉何如也。

上九，有孚于飲酒，无咎。濡其首，有孚失是。上與三應，三求助於上，變水爲酒，即化險爲夷之義。如此相孚，故无咎。濡首與既濟上六辭同而意異。既濟上六以濡首爲時事之窮，未濟上六以濡首爲人事之失。未濟至六五吉而又吉，已變未濟爲既濟矣。至上九則波濤盡息，爲誕登彼岸之時，甫脱危險，而耽宴樂。以此爲孚，失其是矣。天下將濟，豈可有失？故以濡首戒之。《易》之爲道，懼以終始，其要无咎。此之謂也。

《象傳》："飲酒濡首"，亦不知節也。義理有當然之節，既濟其進而亡險，是不知節。未濟上九樂而忘險，是亦不知節也。

項平甫曰："坎離者乾坤之用，故上經終於坎、離，下經終於既、未濟。頤、中孚肖離，大、小過肖坎，故上經以頤、大過附坎、離，下經以中孚、小過附既、未濟焉。"

李西漢曰："上篇首乾、坤，終坎、離，下篇首咸、恒，終既、未濟，亦坎、離也。上篇首天地陰陽之正也，故以水火之正終焉。下篇首夫婦陰陽之交也，故以水火之交終焉。"

英〔28〕敬齋曰："《易》之爲義不易也，交易也，變易也。乾坤之純，不易者也。既濟、未濟，交易、變易者也。以是始終，《易》之大義。"

【校記】

〔1〕"徐氏校批"中，"觴"作"觸"。

〔2〕"徐氏校批"中，"庶"作"衆"。

〔3〕"徐氏校批"中，"下"作"上"。

〔4〕北京師範大學圖書館藏原版《周易集註》於此處所在頁眉有墨筆作"廉恥國之脈也廉恥泯則國從之楚好賄郢城危晋盈求貨霸業衰秦賂譏收遷爲虜"；"徐氏校批"中該頁頁眉亦有此語，但少"收"字；均未注明插入何處。

〔5〕北京師範大學圖書館藏原版《周易集註》中，該頁頁眉墨筆作"象傳无號之兇終不可長也寸朽傷木爝火燎原小人不去終有兇也"；"徐氏校批"中該頁頁眉亦有此語，其中"傷"作"壞"。

〔6〕"徐氏校批"中，"言"作"二"。

〔7〕"徐氏校批"中，"亨"作"二"。

〔8〕"徐氏校批"中，"難"作"雖"。

〔9〕底本漫漶，"徐氏校批"中此字作"夫"。

〔10〕“徐氏校批”中，“勸”作“勤”。

〔11〕“徐氏校批”中，“含”作“舍”。

〔12〕“止”，疑爲“正”。

〔13〕“徐氏校批”中，“疾”作“疾瘳矣”。

〔14〕“徐氏校批”中，“兑”作“折兑”。

〔15〕“徐氏校批”中，“之”作“之而”。

〔16〕“徐氏校批”中，“實”作“内實”。

〔17〕“徐氏校批”中，“正”作衍字。

〔18〕“徐氏校批”中，“候”作“侯”。

〔19〕“徐氏校批”中，“孚”作“疑”。

〔20〕“徐氏校批”中，“用”作“有”。

〔21〕“徐氏校批”中，“羸”作“羸”。

〔22〕“徐氏校批”中，“象”作“系”。

〔23〕“豐”，疑爲衍字。

〔24〕“徐氏校批”中，“不”作“爲”。

〔25〕“徐氏校批”中，“患”作“害”。

〔26〕“徐氏校批”中，“疑”作“疑疑”。

〔27〕“徐氏校批”中，“低”作“侂”。

〔28〕“英”，疑爲“吴”。

周易集註卷之三

繫辭上卷

《繫辭》即上下篇經辭，本文周所繫，篇中所謂“繫辭焉以斷其吉凶”、“繫辭焉以盡其言”是也。此乃孔子所作，以伸《繫辭》之義者，故亦謂之繫辭。《史記》别爲《易大傳》，以簡編重大，分爲上下篇。或以上篇論《易》之大理，下篇論《易》之小理，其説拘滯而難通，不可從。先儒分章，極不一致，兹以太倉沈敬亭氏《周易孔義集説》本爲正。

天尊地卑，乾坤定矣。卑高以陳，貴賤位矣。動静有常，剛柔斷矣。方以類聚，物以群分，吉凶生矣。在天成象，在地成形，變化見矣。此明畫前之易，見易乃天地自然之見象，非聖人憑空杜撰。《易》首乾、坤，天尊地卑，此乾、坤之體也。仰觀俯察，不待奇偶之畫，而乾坤定矣。升高自卑，萬物陳列，莫非一理，不待六畫之次，而貴賤位矣。陽動陰静，各有其常，不待卦爻之分，而剛柔斷矣。方有類，物有群，有類則有同有異，有群則有聚有散，順之則吉，逆之則凶，不待得失之形，而吉凶生矣。陰陽一氣也。因所在而變化以生，成象成形，不待九六之占，而變化見矣。蔡虚齋謂此節是夫子從有《易》後而追論未有《易》之先，其説是也。

是故剛柔相摩，八卦相盪，鼓之以雷霆，潤之以風雨。日月運行，一寒一暑。乾道成男，坤道成女。乾知大始，坤作成物。《易》理散著於兩間，以二氣相交而言，則見剛柔之摩軋。以八物相交而言，則見運化之推盪。鼓以雷霆，而有氣者作；潤以風雨，而有形者生。日往月來，寒往暑來，而歲功以成。乾資乎陰以成男，坤資乎陽以成女，而人類以蕃。乾言知而坤言作者，乾資始尚未有迹，坤資生則已成形。無迹者不假營爲，有形者必待造作也。此節八卦，指八卦之象言，若貼畫卦則泥矣。

乾以易知，坤以簡能。上文極言天地之化，此則推言其所以成化者，天不言而物亨，安得不易？地無爲而化成，安得不簡？乾坤指天地，而《易》之乾坤象之也。

易則易知，簡則易從。易知則有親，易從則有功。有親則可久，有功則可大。可久則賢人之德，可大則賢人之業。易簡，而天下之理得矣。天下之理得，而成位乎其中矣。《易》之理恢之則盈乎天地，斂之則存乎身心。易知即所謂良知。易從即所謂良能。此理本吾心所固有，不待强索，豈不易知？此義本吾身所當爲，無勞襲取，豈不易從？惟其易知，无絲毫間隔，故有親。惟其易從，无些子繁難，故有功。有親則一人見其如此，人人見其如此，一息見其如此，萬古見其如此，故可久有功。則由己推之人，由近推之遠，故可大可久，則賢人之德立矣。可大則賢人之業著矣。不曰聖人而曰賢人者，聖則難攀，賢則易及也。是知天下之理不外易簡，致吾良知良能，則天下之理得，人也與天地參，而成位乎其中矣。陽明致良知之學，人知其出於《大學》、《孟子》，而不知其出於《易》，甚至妄肆詆娸[1]者，皆由讀此章未加玩索也。

右第一章。來矣鮮曰："此章首言對待之體，次言流行之用，至成位乎中，則天地之體用皆存乎其人矣。此《易》之所由作。"

聖人設卦觀象，繫辭焉而明吉凶，未有《易》之先，萬象昭垂，伏羲觀象，於是始作八卦。又重而爲六十四卦，是象在卦先，而設卦即可以觀象，原不必費辭，而吉凶自見。但常人智不足以知此，文王乃繫卦辭，周公乃繫爻辭，而明告以吉凶。剛柔相推而生變化。陸聚侯曰："此句指揲蓍求卦而言，剛爻化柔，柔爻變剛，有定法也。"沈敬亭曰："陸説爲諸儒所未發。蓋聖人既繫辭以明吉凶，又教人揲蓍求卦，而前民用之道乃盡，而後有觀變玩占之法。觀下文六爻之動，即九六之動爻，所謂變化也。末節動則觀其變，變即六爻之動，皆發明此句也。揲蓍之動爻，柔自剛來，剛自柔來。相推二字，形容極精。説者以六十四卦、三百八十四爻之變化當之，則是設卦以前事矣，在此未合。"

是故吉凶者，失得之象也。悔吝者，憂虞之象也。此就象之著於人事者言之，吉凶生於得失，悔吝起於憂虞。憂生於既事則悔，虞度於臨事則吝。悔雖失而終於得，吝雖得而終於失。是悔者吉之漸，吝者凶之徵也。上文所謂繫辭焉以明吉凶者此也。

變化者，進退之象也。剛柔者，晝夜之象也。六爻之動，三極之道也。陰進則陽退，陽進則陰退，是即變化之象。剛柔者，變化之顯著也。何謂剛柔？晝則日進於地上，是剛之象也；夜則日退入地中，是柔之象也。六爻一剛柔也，不極則不動。陽極于九，陰極于六，三三爲九，三二爲六，故曰三極之道。占法至六九而變，上文所謂"剛柔相推而生變化"者此也。釋三極從陸氏説。先儒謂三極爲三才，其説太泛。

是故君子所居而安者，《易》之序也。所樂而玩者，爻之辭也。是故君子居則觀其象而玩其辭，動則觀其變而玩其占，是以“自天祐之，吉无不利”。所居，謂以身驗之。《易》之序，謂六十四卦之序。安之如恒，則大行不加，窮居不損。所樂，謂以心體之。爻之辭，謂三百八十四爻之辭。玩之有得，則默而識之，不言而信。辭變象占，夫子所謂“《易》有聖人之道四焉”者也，學《易》用《易》之道皆備於斯。居則觀象玩辭，此學《易》之事也。動則觀變玩占，此用《易》之事也。人能從事於此，則有吉而无凶悔吝。

右第二章。朱子曰：“此章言聖人作《易》，君子學《易》之事。”

彖者，言乎象者也。爻者，言乎變者也。吉凶者，言乎其失得也。悔吝者，言乎其小疵也。无咎者，善補過也。象指全體而言，變指一節而言，得失指時有消息、位有當否而言。悔未純吉，吝未純凶，如物之有疵然。人不能無過，能補過則歸於無過也，故善之。

是故列貴賤者存乎位，齊小大者存乎卦，辨吉凶者存乎辭，憂悔吝者存乎介，震无咎者存乎悔。列，猶陳也。位即六爻之位。位有上下，此貴賤之所由分。齊猶正也，卦有陰陽，此大小之所由別。吉凶則事已成，玩其辭而可辨，悔吝其機甫兆，向於得而非吉，向於失而未凶，其介至爲微渺。故聖人憂之，而爲先事之防。震猶動也。補過根於悔過，故動而无咎者存乎悔。

是故卦有小大，辭有險易。辭也者，各指其所之。卦既有大小之别，辭復有險易之分，易者吉而險者凶，如行路然。各指其所之，使人知所趨避也。

右第三章。項平甫曰：“此章論《繫辭》也。自彖者言乎象，至无咎善補過，皆解《繫辭》之文。自列貴賤者存乎位，至各指其所之，皆讀《繫辭》之法也。”

《易》與天地準，故能彌綸天地之道。仰以觀於天文，俯以察於地理，是故知幽明之故。原始反終，故知死生之説。精氣爲物，游魂爲變，是故知鬼神之情狀。《易》道之大，與天地相符，彌則毫無罅隙，大者無不包，綸則具有條理，細者無不析，是《易》之所能與天地準也。此道推於天地則爲幽明，寓於終始則爲死生，見於物變則爲鬼神，是《易》之所知，與天地準也。蓋天地之道不外一陰一陽，幽明、死生、鬼神即一陰一陽之謂也。深於《易》者，自可恍然於其故矣。

與天地相似，故不違。知周乎萬物而道濟天下，故不過。旁行而不流，樂天知命，故不憂。安土敦乎仁，故能愛。《易》之道即天地之道，故先後天地而不違。知周萬物如天，道濟天下如地，旁行如天，不流如地。樂天安土，無適而非天地，此所謂與天地相似也。不言《易》者，蒙上文易字而言也。

範圍天地之化而不過，曲成萬物而不遺，通乎晝夜之道而知，故神无方而《易》无體。範圍天地，其大無外，所謂彌也。曲成萬物，其小無内，所謂綸也。晝夜之道，即一陰一陽之道，亦即幽明、死生、鬼神之説也。通知則有以洞見其本原，道不在天地而在我。神者《易》之主，《易》者神之用，神妙不測，變易无窮，故无方无體。

右第四章。此章贊《易》之妙，所謂窮理盡性以至於命也。自《易》與天地準，至是故知鬼神之情狀，言窮理之事。自與天地相似，至安土敦乎仁故能愛，言盡性之事。自範圍天地之化而不過，至神无方而《易》无體，則至命之事也。

一陰一陽之謂道。邵康節曰："道無聲無形，不可得而見，故假道路之道以爲名。人之行必由乎道，一陰一陽，天地之道也。物由是而生由是而成者也。"沈敬亭曰："孔子直指道體，唯此語直截渾淪，更無疏漏之處。《朱子語類》亦云：'道之全體，莫著於《易》。'自《本義》采伊川之説，以爲陰陽迭運者氣也，其理則所謂道，後儒宗之，遂使孔子之言，不足主張道學，而必俟曲爲補救矣。夫天地間萬事萬物不外陰陽，二者孤立非道也，偏勝非道也。在造化爲天地日月、水火晝夜、寒暑雨暘之屬，在人事爲男女夫婦、君臣父子、動静呼吸之屬，无非一陰陽也。二者對立而道之體立，迭運而道之用行。下章有曰'形而上者謂之道，形而下者謂之器'。朱子謂卦爻陰陽亦器也。夫卦爻奇偶，可謂之器，造化之陰陽，必不可謂器也。器者一成不變之謂，此各經器字定解。如天不可爲地，日不可爲月，斯謂器耳。陰陽則不見不聞，體物不遺，安得謂之器乎？入於有形象之中者，此陰陽也；運于无形象之際者，此陰陽也。且以器[2]言之，固爲陰陽，而高下尊卑大小非氣，亦陰陽也。仁義非氣，亦陰陽也。故此語爲指道之全體，無容補苴斡旋，曲爲之解也。横渠曰：'一陰一陽不可形器拘，故謂之道。乾坤成列而下，皆《易》之器。'數語真詮，更無遺議矣。且聖門論道无不切實，自晋人專宗老莊，而道始虚玄。韓康伯注此句云：'道者无之稱，陰爲无陰，陰以之生。陽爲无陽，陽以之成。'今程子云'所以有陰陽者道也'，得勿近是。且於經文之謂二字不順。"按：沈説發揮透切，足爲定詁。泥於舊説者，求深而反淺矣。

繼之者善也，成之者性也。元爲善之長。繼之者善，主天所賦人所受，中間過接處説。成之者性，主人心所禀受説。孟子性善之説本此。

仁者見之謂之仁，知者見之謂之知，百姓日用而不知，故君子之道鮮矣。此承上文性字而言，見發[3]見也。性藴於中不可見，發見於惻隱，斯謂之仁。發見於是非，斯謂之智。君子即仁者知者。百姓共有此性，但爲氣稟所拘，物欲所蔽，陷於不識不知，即惻隱是非之心，有時發見，要亦鮮矣。

顯諸仁，藏諸用，鼓萬物而不與聖人同憂，盛德大業至矣哉！富有之謂大業，日新之謂盛德。仁知之道，非由聖人臆説，觀諸天地而可見矣。彼夫萬物生生不已者，非天地之顯諸仁乎？利萬物而不言所利者，非藏諸用乎？有用而藏其用，即知也。特聖人有心故有憂，天地鼓萬物出于无心，故无憂耳。德主生物言，業主成物言，德以顯仁而見其盛，業以藏用而見其大。至矣哉謂盛无復加，大而无外也。富有謂廣大悉備，日新謂變化無窮。

生生之謂易，成象之謂乾，效法之謂坤，極數知來之謂占，通變之謂事，陰陽不測之謂神。陰生陽，陽生陰，生生不已，是之謂易。乾本陽也，法未定而有象。坤本陰也，象已形而可法。六八爲陰，七九爲陽，極其數以知來。陽老變陰，陰老變陽，窮其變以應事，蓋天地之道不外一陰一陽。《易》之道即天地之道也。就其本體言之，則曰道，極其妙用言之則曰神。天地之神妙不可測，《易》之神妙亦不可測。究不外一陰一陽而已矣。

右第五章。此章承上章而言。上章言彌綸天地之道。天地之道，即一陰一陽之道也。道不可見，見於人則爲仁知，見於天地則爲德業。上言神无方而《易》无體，此言《易》而贊其神知。道大無極，究不外一陰一陽。此之謂不測，此之謂神。

夫《易》廣矣大矣！以言乎遠則不禦，以言乎邇則靜而正，以言乎天地之間則備矣。廣矣大矣句括盡全章。遠邇就四方言，天地之間就上下言。不禦即直與闢也，靜而正。即專與翕也。天地之間萬象昭垂，衆理昭著，惟《易》足以備之。

夫乾，其靜也專，其動也直，是以大生焉。夫坤，其靜也翕，其動也闢，是以廣生焉。翕訓合，而氣之專者藏乎此。闢訓開，而氣之直者出乎此。大生廣生，即釋上文備字之義。

廣大配天地，變通配四時，陰陽之義配日月，易簡之善配至德。天地至大，四時至變，日月至明，至德至善，惟《易》足以配之。故大道莫備於《易》。

右第六章。胡雲峰曰："首章論乾坤之尊卑，結之以易簡而理得。此章論乾坤之廣大，結之以易簡配至德。然則《易》不徒在乾坤，而亦[4]在於吾之心中矣。”

子曰：“《易》其至矣乎！夫《易》，聖人所以崇德而廣業也。知崇禮卑，崇效天，卑法地。天地設位，而《易》行乎其中矣。成性存存，道義之門。”“子曰”二字，朱子疑爲後人所加。德體於身，業見於事，知欲極其崇高，禮則自處卑下。崇效乎天，卑法乎地，然非强爲效法也。至崇者天，至卑者地。觀天地設位，而《易》理自行乎其中。性具萬善，故曰“成性”。成則見其不缺，存則見其不失。存而又存，則无往非道，无往非義，如出入者之必由是門也。

右第七章。沈敬亭曰：“此章言聖人體《易》於身，實體《易》於心也。德業即首章之德業，而知禮以存性乃首章可久可大之工夫也。道義之門，即首章所言‘天下之理得’也。”

聖人有以見天下之賾，而擬諸其形容，象其物宜，是故謂之象。賾，頤中深處，以喻深遠之理。人不易見也，惟聖人有以見之，畫爲兩儀，爲八卦，爲六十四卦。舉凡有形之物，无形之理，一一形容而出，使人得以共見。此之謂象。卦畫彖辭，統可以象包之。

聖人有以見天下之動，而觀其會通，以行其典禮，繫辭焉以斷其吉凶，是故謂之爻。天下之理无窮，不動則无由見，惟聖人研幾，故有以見天下之動。既觀其會，復觀其通，會而不通，必多濡滯而難行。通而不會，必因疏漏而多失。會通以達其變，行禮則仍守乎常，至變之中，固有不變者在。因其得失，繫辭焉以斷其吉凶。此之謂爻，爻即三百八十四爻。

言天下之至賾而不可惡也。言天下之至動而不可亂也。至賾者每鄰於幽，聖人有以顯之，故不見可惡。至動者每傷乎雜，聖人有以一之，故不見可亂。

擬之而後言，議之而後動，擬議以成其變化。擬而後言，則言皆有物。議而後動，則動惟厥時。前言變化，《易》之變化也。此言成其變化，學《易》者之變化也。

右第八章。此章言聖人作《易》，君子學《易》之事。

“鳴鶴在陰，其子和之。我有好爵，吾與爾靡之。”子曰：“君子居其室，出其言善，則千里之外應之，况其邇者乎？居其室，出其言不善，則千里之外違之，况其邇者乎？言出乎身，加乎民；行發乎邇，見乎遠。

言行，君子之樞機。樞機之發，榮辱之主也。言行，君子之所以動天地也，可不慎乎？”此釋中孚九二爻義，居室即在陰之義。發言即鳴之義。千里之外應之，即和之之義。樞謂户樞，機謂弩牙。樞動則户開，機動則弩發。此感應之至捷者。君子之一言一行，小則關榮辱，大則動天地，其感應之速，亦如是也。

《同人》：“先號咷而後笑。”子曰：“君子之道，或出或處，或默或語。二人同心，其利斷金。同心之言，其臭如蘭。”此釋同人九五爻義，以明君子之交，道同心同，不必其迹之同也。其利斷金，言物莫能間。其臭如蘭，言氣莫能雜。

“初六，藉用白茅，无咎。”子曰：“苟錯諸地而可矣，藉之用茅，何咎之有？慎之至也。夫茅之爲物薄，而用可重也。慎斯術也以往，其无所失矣。”此釋大過初六爻辭，言圖艱鉅者之不可忽細微也。

“勞謙，君子有終，吉。”子曰：“勞而不伐，有功而不德，厚之至也。語以其功下人者也。德言盛，禮言恭。謙也者，致恭以存其位者也。”此釋謙九三爻義。有功且下人，无功可知。德藴於内，禮施於外，德盛者禮自恭。君子致恭，本其常行，非爲保全禄位計。然所以存其位者，不外此道也。

“亢龍有悔。”子曰：“貴而无位，高而无民，賢人在下位而无輔，是以動而有悔也。”此釋乾上九爻義，見《乾·文言》。

“不出户庭，无咎。”子曰：“亂之所生也，則言語以爲階。君不密則失臣，臣不密則失身，幾事不密則害成。是以君子慎密而不出也。”此釋節初九爻義。見語言不謹，小之則危及身命，大之則禍及國家。韓非子謂事以密成，語以泄敗，亦即此意。

子曰：“作《易》者，其知盗乎？《易》曰‘負且乘，致寇至。’負也者，小人之事也。乘也者，君子之器也。小人而乘君子之器，盗思奪之矣。上慢下暴，盗思伐之矣。慢藏誨盗，冶容誨淫。《易》曰：‘負且乘，致寇至。’盗之招也。”此釋解六三爻義，以明小人居高位之禍。禍不起於小人也，由用小人招之也。

右七節。沈敬亭曰：“按：右七節，及《繫辭下傳》十一節，文體原與乾、坤二卦《文言》一例。元儒熊與可云：‘自乾、坤二卦各附《文言》，而諸卦《文言》散逸，今見於《大傳》，僅[5]存者庶幾。而乾上九之《文言》亦在其中，可見

《大傳》中釋爻辭者即諸卦之《文言》。'吴草廬云:'夫子既釋乾、坤二卦,其餘六十二卦,三百七十爻之辭,不能遍釋。故上經僅釋九爻,下經釋九爻,以發其例。而他爻可以類推,是爲《文言傳》。後人以所釋乾坤二卦之辭附入本卦,於是所釋上下經十八節,不能成篇,悉散入《繫辭傳》。今悉更正。'胡雲峰亦云:'此皆《彖傳》之《文言》也,學《易》者可觸類而通其餘。愚玩向來各節,錯入《繫辭傳》中,文體不類,義亦無所聯屬。說者於上繫七爻以爲聖人之擬議,於下繫十一爻,更無綱領。乃或以釋咸九四爻一節爲主,以下諸節爲利用安身之證。支離牽合,使人讀之耿耿不釋。'如熊氏、吴氏所更定[6],誠爲快然。想夫子玩辭之法,引伸觸類之妙,足以開發後學。但古《周易》分列'十翼',原本既不可見,而《文言傳》流傳至今,號爲古本者止乾、坤二卦。熊氏、吴氏說雖不易,恐乖古人史闕文之意,未敢竟從二公所定。故仍附《繫辭》、《辭傳》中,而於繫傳前後文義,則不復牽合云。"按沈說極通,今從之。

天一,地二,天三,地四,天五,地六,天七,地八,天九,地十。此二十字舊本在"夫《易》何爲者也"之上。朱子從《漢書·律歷志》移在此。

孔仲達曰:"此言天地陰陽自然奇偶之數也。"俞石澗曰:"陽數奇,故以一、三、五、七、九爲天。陰數偶,故以二、四、六、八、十爲地。"舊說以此爲《河圖》,或以爲《洛書》,皆無所據。胡東樵曰:"《漢書·五行志》以天一至天五爲五行生數,地六至地十爲五行成數。說本劉歆。歆說《洪範》之后復有二語曰:"《河圖》、《洛書》相爲經緯,八卦九章相爲表裏。"此末世紛紛附會所自來也。范諤昌傳爲《龍圖》,以五合爲羲皇重定地上生成之位,劉牧宗之,著《易數鈎隱圖》,以五生數列上位,五成數列下位,合爲一圖,名之曰《洛書》。孔子曰:'在天成象,在地成形。'又曰:'乾知大始,坤作成物。'五行之氣行乎天,材質成乎地。陽倡而不和,陰和而不倡,无地生天成之理也。東晋初安國傳疏云:龜文有數至於九,《書》之爲數,造端於此。北周盧辯注《大戴禮》,於《明堂》'九室'下云:'法龜文也。'實本《孔傳》。然隋人說經不從。逮宋之中葉,有僞龍圖者出焉,托名陳希夷,始爲奇白偶黑之點,乙[7]以墨絲聯絡於其間,纍纍然如貫珠。劉牧效之,著《易鈎隱圖》,亦作此狀,而以太乙九宫爲河圖,五行生成爲洛書。時又有關子明《易傳》,言龜背之文九前一後,三左七右,四前左,二前右,八後左,六後右。朱子信之,以劉牧爲非,命蔡季通草《易學啓蒙》,遂兩易其名,而以五合爲河圖,九宫爲洛書。又用劉歆經緯表裏之説,謂《易》可通於《範》,《範》可適於《易》。《範》之綱數四十有五,合乎洛書,其子目五十有五,合乎河圖。爲説彌巧,去經彌遠。"

按五行生成之説，自科學發明以後，其説多不可通，即證諸乾坤生六子之義，亦大相剌謬。孔氏、俞氏之説，至爲了當。東樵胡氏窮厥源委，尤足以抒衆惑。今從之。

天數五，地數五，五位相得而各有合：天數二十有五，地數三十。凡天地之數，五十有五，此所以成變化而行鬼神也。天數五，五，奇也，謂一、三、五、七、九。地數五，五，偶也，謂二、四、六、八、十。五位相得，謂一與二，三與四，五與六，七與八，九與十皆兩相得也。各有合以對相合也，如一與六，二與七，三與八，四與九，五與十合。天之數二十有五，此五其五也。合地之數三十，此六其五也。合天地之數，五十有五，成變化而行鬼神，言卜筮可知人吉凶也。

大衍之數五十，其用四十有九。分而爲二以象兩，掛一以象三，揲之以四以象四時，歸奇於扐以象閏。五歲再閏，故再扐而後掛。衍，合也。大衍之數合天地之數而言，其數本五十有五。僅言五十者，以五在五十之中，虚其中而不用也。其用四十有九者，虚其始而不用也。王輔嗣謂不用而用以之通，非數而數以之成，斯《易》之大極。其言是也。案此言揲蓍之法，虚其一是象大極。分而爲二，兩手各執，左象天右象地，是象兩儀。就兩儀之中，掛其一於小指間，是象三才。揲蓍以四爲數，是象四時。奇謂所掛一策，扐謂所揲之餘。兩手之數各以四數，歸掛一於所餘之數，所以象閏。五歲再閏者，一變之中，具有五節，象兩象三象四象閏，再閏是也。一節象一歲，左右再扐象再閏，再扐而後掛。掛，《説文》引作卦。京氏謂再扐而後布卦，是掛乃卦字之誤。初揲兩手所係之數，非四即八，合所掛一策四爲五，八爲九。《易》以四爲單位，除其一仍爲四爲八，四屬奇，八屬偶，是爲一變。僅一變而謂之卦者，謂卦以是開其端也。初揲既畢，除扐數及掛一之數，而再揲之，仍爲[8]初揲之法。餘數非三即七，合掛一之數。三加一爲四，七加一爲八，三揲悉如再揲之法。三揲既畢，乃成一爻。十有八變而成卦，故曰卦以是開其端也。三揲奇是爲老陽，其數九。三揲偶是爲老陰，其數六。一奇二偶是爲少陽，其數七。一偶二奇是爲少陰，其數八。老陽之畫爲口，筮家謂之重。老陰之數[9]畫爲×，筮家謂之交。少陽之畫爲一，筮家謂之單。少陰之畫爲--，筮家謂之折。初揲既畢，以下，非釋傳義，因此節言揲蓍之法，故類及之。

乾之策二百一十有六，坤之策百四十有四，凡三百有六十，當期之日。二篇之策，萬有一千五百二十，當萬物之數也。策謂揲蓍之數。乾九坤六，以四營之。乾則四九三十六，坤則四六二十四。乾一爻三十六策，六爻則二百一十有六矣。坤一爻二十四策，六爻則百四十有四矣。合乾坤兩策三百有六十，當期之數，謂適當一歲之數，舉大略也。二篇謂上下經也。六十四卦，三百八十四爻，陰陽各半，陽爻百九十有二，每爻三十六策，共六千九百一十二策。陰爻亦一百九十二，每爻二十四策，共四千六百八策。合二篇之策，萬有一千五百二十，當萬物之數也。

是故四營而成《易》，十有八變而成卦，八卦而小成。引而伸之，觸類而長之，天下之能事畢矣。營，求也。四營者，謂以四而求之也。如老陽數九，以四求之，其策三十有六。少陽數七[10]，以四求之，其策二十有八。少陰數八，以四求之，其策三十有二。老陰數六，以四求之，其策二十有四。陰陽老少六爻之本，故四營而成《易》，三變成一爻。六爻，則十有八變。乾爲天，坤爲地，震爲雷，巽爲風，坎爲水，離爲火，艮爲山，兑爲澤，八卦大象，略盡於此。是《易》道之小成，不足以盡天下之能事。引而伸之，如八卦引爲六十四卦，觸類而長之，如乾爲天不僅象天，坤爲地不僅象地之類。天下之能事畢，即“言乎邇則不遺，言乎遠則不禦，言乎天地之間則備矣”是也。

顯道神德行，是故可與酬酢，可與祐神矣。此言蓍龜之德。告人吉凶，其道顯矣。知來藏往，其德行神矣。禮飲酒主人酌賓，爲獻賓酌主人爲酢。主人飲之，又酌賓爲酬也。可與酬酢，謂幽明之相應。如賓主之酬酢，見天人之相合。神不能言，蓍龜能助之言，見人神之可通。

子曰：“知變化之道者，其知神之所爲乎。”神之所爲不可知，以其變化莫測也。能知變化之道，即可知神之所爲矣。

右第九章。《本義》：“此章言天地大衍之數、揲蓍、求卦之法。”

《易》有聖人之道四焉：以言者尚其辭，以動者尚其變，以制器者尚其象，以卜筮者尚其占。張南軒曰：“《易》者无形之聖人，而聖人有形之《易》。故《易》乃聖人之道，而聖人乃盡《易》之道者也。故指《易》以爲聖人可，指聖人以論《易》亦可。故曰：‘《易》有聖人之道四焉。’指其所之《易》之辭，以言者尚之，則言无不當矣。化而裁之者《易》之變，以動者尚之，則動无不時矣。象其物宜者《易》之象，制器者尚之，則可以盡創物之知。極數知來者謂之占，卜筮者尚之，則可以窮先知之神。”

是以君子將有爲也，將有行也，問焉而以言，其受命也如響，无有遠近幽深，遂知來物。非天下之至精，其孰能與於此？此以蓍言之，爲，爲於身；行，行於世；問，問其吉凶。將占而以言命蓍，蓍受人命報以吉凶。如嚮斯應，无有遠近幽深，皆可前知，故曰“至精”。

參伍以變，錯綜其數。通其變，遂成天地之文。極其數，遂定天下之象。非天下之至變，其孰能與於此？此以卦爻言之。參，三也。每揲有象兩、象三、象四、象閏、象再閏五節，三其五以成一爻，故曰“參伍以變”。謂參伍爲三才五行者非。錯謂交錯，綜謂總聚。錯綜其數，謂交錯總聚其陰陽之數而成一卦。陰陽不能獨立，乾陽變而成震、坎、艮，坤陰變而成巽、離、兑。物相雜，故曰文，極其數謂六畫之數。卦雖六畫，而三百八十四爻，皆在其中。天下萬象，亦無不在其中。用周於无窮，故曰“至變”。

《易》无思也，无爲也，寂然不動，感而遂通天下之故。非天下之至神，其孰能與於此？此又總蓍卦爻而言其體用之妙也。无思无爲，謂其純乎天也。寂然者感之體，感通者寂之用，機妙於不測，故曰“至神”。

夫《易》，聖人之所以極深而研幾也。唯深也，故能通天下之志。唯幾也，故能成天下之務。唯神也，故不疾而速，不行而至。子曰“《易》有聖人之道四焉”者，此之謂也。極深者，究極其精深也。研幾者，研究其幾微也。惟深故能通天下之志，即上文“問焉而以言，其受命如響”是也。惟幾故能成天下之務，即上文“通其變遂成天地之文，極其數遂定天下之象”是也。惟神故不疾而速，不行而至，即上文“寂然不動，感而遂通天下之故”是也。以上四德，皆聖人所具《易》四者悉與之合，故曰“《易》有聖人之道四也”。

右第十章。此章論《易》有聖人之道四。

子曰：“夫《易》何爲者也？夫《易》開物成務，冒天下之道，如斯而已者也。”是故聖人以通天下之志，以定天下之業，以斷天下之疑。開物謂開通萬物，成務謂成就庶務。冒，覆也，冒天下之道，謂天下之道，悉覆於卦爻之中也。開物故能通天下之志，成務故能定天下之業。志既通，業既定，天下無可疑之事矣。首設爲問答，是故以下伸言之。

是故蓍之德圓而神，卦之德方以知，六爻之義[11]易以貢。聖人以此洗心，退藏於密，吉凶與民同患。神以知來，知以藏往，其孰能與於此哉？古之聰明睿知，神武而不殺者夫。圓者運而不窮，方者止而有分。陰陽不測故爲神，吉凶有定故爲知。《易》謂變化，貢謂顯出於外。聖人備三者之德，以洗濯其心。心累既去，則靈明藏於内，所謂寂然不動也。憂患與民同，所謂感而遂通也。凶爲民所患，吉則何患？蓋既得其吉，復患其失，即老子寵辱若驚之意。來謂未至之幾，往謂現成之理，明燭於先故能知來，理藴於内故可藏往，其孰能與於此哉？古之聖人，神知在心而不假乎物，譬如有武不用其武，而天下自服，其神有如此者。

是以明於天之道，而察於民之故，是興神物以前民用。聖人以此齋戒，以神明其德夫。天之道，謂天理之自然。民之故，謂人事之當然。惟聖人能明之察之。神物謂蓍，天生是物，惟聖人能興之。民知有吉凶，而不知所趨避。蓍告於前而民用在後，故曰“以前民用”。齋戒所以致敬，其德謂蓍之德，人能致敬自有神明不測之好。上節言《易》具於聖人之心，不必假乎物，此言凡民必假乎物，要當以聖心爲心也。

是故闔户謂之坤，闢户謂之乾，一闔一闢謂之變，往來不窮謂之通。見乃謂之象，形乃謂之器，制而用之謂之法，利用出入，民咸用之謂之神。變通爲《易》之奥義。深言之固神妙莫測，淺言之即一户而其義見矣。闔户主静，是即謂之坤。闢户主動，是即謂之乾。既闔復闢，所謂變也。暮闔朝闢，往來不窮，所謂通也。得見此户，則涉於有迹，乃謂之象。既名爲户，則非同無形，乃謂之器。制此户而用之是謂之法，利此户之用，或出或入，而民咸用之，乃見其神。彼苦《易》理難知者，豈知一寓目而可見哉？

是故易有太極，是生兩儀。兩儀生四象。四象生八卦。八卦定吉凶，吉凶生大業。馬季長曰：“易有太極，謂北辰，居位不動，其餘四十九轉運而用也。”崔氏憬曰：“大衍五十。有一不用，太極也，不變者也。”李克恭曰：“易，變也。然必有不變者，而變者以生。《説文》：‘極，中也。’屋極謂之中，梁上脊欂，有太極之一，乃生兩儀。儀，匹也。一陰一陽相匹也。天地兩儀也，故分而爲二以象兩。无太極則五十策，兩分之，或皆奇，或皆偶，奇偶兩儀也。兩儀生乃可掛一而四揲之，以得七、八、九、六之四象，是兩儀生四象也。四象生則九變而成内卦，十有八變而成外卦，是四象生八卦也。八卦成則六十四卦具矣。有八卦而吉凶可定，趨吉避凶，而大業生矣。”按：上文言蓍卦之德，故此言揲蓍成卦之義，總束上文。太極二字馬氏、崔氏注最爲定詁。李氏闡發生字，尤爲精透。自先儒解《易》，有太極，與周子所言太極混而爲一，其説遂涉於玄渺。不知此明曰“易有”，則是主易而言，非謂天地萬物之先，有此太極也。周子《太極圖説》，黄晦木、朱竹垞考證，至爲精詳，無論後儒采取其説與否，要與易言太極有别。數年前，德博士衛禮賢來鄂，其人研究易理有年，深嘆易義之廣大精深，非泰西哲學家所能窺其涯涘，已從事譯述。俾西方人氏，得知東方文化，甫相見，即以易太極與周子太極有无歧異爲詢。當舉黄、朱二氏之説以對，博士大爲驚訝，謂印度當中國唐代時已有此圖。周子宋人，何以適相符合？因言此圖實出於何[12]上公，尚在唐前。其時印度早與中國通，流傳至其地，固無足異。觀博士所言，圖非出於周子，其言乃益信。

是故法象莫大乎天地，變通莫大乎四時，縣象著明莫大乎日月，崇高莫大乎富貴。備物致用，立成器以爲天下利，莫大乎聖人。探賾索隱，鉤深致遠，以定天下之吉凶，成天下之亹亹者，莫大乎蓍龜。此節是贊蓍龜之大，先從造化人事説入，猶《詩》之比體也。亹亹猶勉勉，人情疑則怠，决故勉。

是故天生神物，聖人則之。天地變化，聖人效之。天垂象，見吉凶，聖人象之。河出圖，洛出書，聖人則之。神物解見前。則之，謂則之以爲卜筮也。天剛地柔，剛柔變化。效之，謂三百八十四爻，亦剛柔之變化也。天垂象，謂日月五星，日月薄蝕，五星亂行，是有吉而亦有凶。象之，謂六爻亦因陰陽之得失而判吉凶也。河圖、洛書，説見前。則之，謂則其時以行事。如孔子見麟而作《春秋》。事異而意同，如謂卦從河洛出，則下《繫》有云："古者庖犧氏之王天下也，仰則觀象於天，俯則觀法於地。觀鳥獸之文與地之宜，近取諸身，遠取諸物，於是始作八卦。"是八卦无所不包，若圖書則僅獸之文耳。豈足以該衆象哉？張南軒謂"言《河圖》、《洛書》者皆蕪穢聖經"，實爲有見。

《易》有四象，所以示也。繫辭焉，所以告也。定之以吉凶，所以斷也。卦立則使人有所見，所以示也。辭修則使人有所知，所以告也。定之以吉凶，則使人无所疑，所以斷也。

右第十一章。此章專言卜筮。

《易》曰："自天祐之，吉无不利。"子曰："祐者，助也。天之所助者，順也。人之所助者，信也。履信思乎順，又以尚賢也，是以'自天祐之，吉无不利'也。"俞石澗曰："此大有上九爻辭。孔子發明言外之意也。爻但言天，此兼言人，蓋天人一理也。"此節吴氏、熊氏以爲《文言》錯簡，與釋咸、困諸節同例，不必拘牽前後文義，强爲之説。

子曰："書不盡言，言不盡意。"然則聖人之意，其不可見乎？子曰："聖人立象以盡意，設卦以盡情僞，繫辭焉以盡其言。變而通之以盡利，鼓之舞之以盡神。"言无盡而文字有盡，故曰"書不盡言"。言至顯而意志至深，故曰"言不盡意"。兩言"子曰"，設爲問答也。立象謂立八卦之象，如《説卦》所陳是也。設卦謂因而重之爲六十四卦，情僞盡在其中。伏羲既立象設卦，以盡其意。文王周公復繫辭以盡其言，聖人之意無難見矣。變通以事言，通乎變，則知所趨避，而无不利。鼓舞以心言，心知其意，竭力以赴之，故足以盡神。立象、設卦、繫辭，言作《易》之事。變通、鼓舞，言用《易》之事。

乾坤，其《易》之緼邪？乾坤成列，而《易》立乎其中矣。乾坤毁，則无以見《易》。《易》不可見，則乾坤或幾乎息矣。緼，藏也。凡陽皆乾，凡陰皆坤。《易》之妙盡藏於此，猶衣之緼也。乾坤成列，謂成三陽三陰之卦。《易》立乎中，謂六子因之而生，若僅一陰一陽，則乾坤毁。六子无從而生，是《易》不可見矣。《易》不可見，何有乾坤？此是言揲蓍求卦。

是故形而上者謂之道，形而下者謂之器，化而裁之謂之變，推而行之謂之通，舉而措之天下之民謂之事業。道器不相離，故皆謂之形，特以上下分之。一陰一陽謂之道，此形而上者。立象設卦，則成爲器矣，此形而下者。化而裁之，如剛化柔柔化剛，裁成之以救其窮，是謂之變。推而行之，如乾卦象龍，當潛而潛，當飛而飛，率〔13〕是而行，是謂之通。聖人作《易》，原欲見諸實事，不僅托諸空言，舉此理而措之天下之民，是謂之事業。

是故夫象，聖人有以見天下之賾，而擬諸其形容，象其物宜，是故謂之象。聖人有以見天下之動，而觀其會通，以行其典禮，繫辭焉以斷其吉凶，是故謂之爻。孔仲達曰："下文極天下之賾者存乎卦，鼓天下之動者存乎辭，爲此故更引其文也。"

極天下之賾者存乎卦，鼓天下之動者存乎辭，化而裁之存乎變，推而行之存乎通，神而明之存乎其人，默而成之，不言而信，存乎德行。《上繫》首章從天尊地卑説起，是《易》道在天地也。末章説到存乎其人，是《易》不在天地而在人也。本章自"立象盡意"至"鼓天下之動者存乎辭"，書言可謂盡矣。末乃曰"不言而信存乎德行"，得諸心爲德，履於身爲行，是《易》不在書言而在身心也。人能神而明之，則《易》道无往而不在，又豈假夫蓍龜哉？

右第十二章。此章言聖人作《易》之意，及用《易》之道，散之天下則爲事業，聚之一身則爲德行也。

【校記】

〔1〕"徐氏校批"中，"娸"作"諆"。

〔2〕"器"，疑爲"氣"。

〔3〕"徐氏校批"中，"見發"作"發者"。

〔4〕“徐氏校批”中，“亦”作“日”。

〔5〕“徐氏校批”中，“僅”作衍字。

〔6〕“定”，疑爲“正”。

〔7〕“乙”，疑爲“而”。

〔8〕“徐氏校批”中，“爲”作“如”。

〔9〕“徐氏校批”中，“數”作衍字。

〔10〕“徐氏校批”中，“七”作“二”。

〔11〕“徐氏校批”中，“義”作“動”。

〔12〕“徐氏校批”中，“何”作“河”。

〔13〕“徐氏校批”中，“率”作“準”。

周易集註卷之四

繫辭下卷

八卦成列，象在其中矣。因而重之，爻在其中矣。象在其中，如《説卦》所列皆是，不僅八物也。先儒論重卦者六家，王弼、虞翻曰伏羲，鄭康成曰神農，孫盛曰夏禹，司馬遷、揚雄曰文王。玩一“因”字，則重卦出於伏羲無疑。蓋伏羲既畫八卦，不俟安排，但於每卦再加八卦，故謂之因。爻在其中，謂既重而後卦有六爻也。

剛柔相推，變在其中矣。繫辭焉而命之，動在其中矣。吉凶悔吝者，生乎動者也。剛柔即陰陽也。剛柔相推而生變化，故言變在其中。繫辭謂九六之辭，故動在其中，所謂“鼓天下之動存乎辭”者也。寂然不動，何有於吉凶？更无所謂悔吝。動則吉凶悔吝見矣。吉一而凶悔吝三，人可妄動而不知謹乎？

剛柔者，立本者也。變通者，趣時者也。剛柔者陰陽之質，故曰“立本”。剛變柔、柔變剛以合乎時宜，故曰“趣時”。

吉凶者，貞勝者也。天地之道，貞觀者也。日月之道，貞明者也。天下之動，貞夫一者也。貞，正也，常也。吉凶无常，而要以守乎正準乎常者勝。天地之道亦正而已矣，故常示；日月之道，亦正而已矣，故常明。天下之動至不一，然惠廸吉，從逆凶，其理固未嘗不一也。世固有爲善未必獲吉，爲惡未必獲凶者，不過如天道之有差忒，日月之有虧昃。語其變而已，豈語夫常哉？

夫乾，確然示人易矣。夫坤，隤然示人簡矣。爻也者，效此者也。象也者，像此者也。確剛貌，隤柔貌。乾至易，坤至簡，所以示人者亙古不易，此指易簡。效此像此，謂爻象者皆不外乎剛柔，不外乎易簡也。

爻象動乎内，吉凶見乎外。功業見乎變，聖人之情見乎辭。動乎内謂動乎卦中，見乎外謂見于人事。先言吉凶，後言事業者，所謂吉凶生大業也。人欲作事，必謀諸卜筮。陰陽動乎内，吉凶見於外，趨吉避凶，而事業以成，故曰“功業見乎變”

也。聖人以教人爲心，不觀爻象之辭，無以見聖人之情。聖人之道四，而獨歸重於辭者，以此爲釋《繫辭》而作也。

右第一章。此章論《易》而歸之于貞一。

天地之大德曰生，聖人之大寶曰位。何以守位？曰仁。何以聚人？曰財。理財正辭、禁民爲非曰義。此節舊以屬上章。王龍溪、吴草廬、王秋山皆以爲下章之首。生生之謂易，天地之大德，亦生而已矣，故《易》與天地準。大寶曰位，即崇高莫大於富貴。下舉包犧、神農、黄帝以實之，皆聖人之富貴者也。仁《釋文》作人，守位曰人，即非衆罔與守邦之意。理財如作網罟耒耜致民交易之類，是即聖人所以生之也。正辭如辨名實，使民知義，禁民爲非，如定法律致刑罰，防民陷於不義是也。

古者包犧氏之王天下也，仰則觀象於天，俯則觀法於地，觀鳥獸之文與地之宜，近取諸身，遠取諸物，于是始作八卦，以通神明之德，以類萬物之情。此節明伏羲畫卦之由。謂八卦自河出[1]者，觀此不攻自破。神明之德不可見，故曰“通萬物之情”，此可見者，故曰類。

作結繩而爲網罟，以佃以漁，蓋取諸離。取獸曰佃，取漁曰漁。上古茹毛飲血，包氏始教以佃漁，魚獸罹于網罟。離爲目網罟之象。蓋者疑辭，制網罟者未必定取諸離。聖人以其象有合也，故曰蓋取。

包犧氏没，神農氏作，斲木爲耜，揉木爲耒，耒耨之利，以教天下，蓋取諸益。教民粒食，自神農始。耜耒首，斷木之鋭而爲之。耒耜柄，揉木使曲而爲耔器也。耨，舊本作耜。益民者莫過於農事，故曰“蓋取諸益”。益震巽皆木，上入下動，耒耜之象。

日中爲市，致天下之民，聚天下之貨，交易而退，各得其所，蓋取諸噬嗑。火雷噬嗑，上明而下動，日中爲市之象。下互艮，上互坎，坎水艮山，群珍所出，聚天下貨之象也。震升坎降，交易而退，各得其所之象也。噬嗑合也，合異方之人而同居一肆，是亦噬嗑之義。

神農氏没，黄帝、堯、舜氏作，通其變，使民不倦，神而化之，使民宜之。《易》窮則變，變則通，通則久。是以自天祐之，吉无不利。黄帝、堯、舜垂衣裳而天下治，蓋取諸乾、坤。陸聚緱曰：“通其變至吉无不利一段，蓋言揲蓍求卦，始於黄帝，以之教民，乃開物成務之大者也。所謂取諸乾、坤者，揲蓍之法，不離奇偶，故孔子斷爲取諸乾、坤。又按：伏羲節先言畫卦，後及制器而言網罟。黄帝、堯、舜節，先言揲蓍，後及制器而言垂衣裳，上衣下裳，亦乾、坤之象，當如首節分二段。”按陸説雖創論，實確論也。《史記》云黄帝迎日推策，順天地之紀，幽明之占，存亡之難，旁羅日月星辰、水波土石金玉，是揲蓍始於黄帝，史有明徵。若以窮變通久爲泛論世事，則何爲冠以易字？必主《易》之揲蓍而言，其言乃確切不泛。

刳木爲舟，剡木爲楫，舟楫之利以濟不通，致遠以利天下，蓋取諸涣。刳木者虚其中也，剡木者薄其端也。巽爲木爲風，坎爲水。木在水上，流行若風，舟楫之象。

服牛乘馬，引重致遠，以利天下，蓋取諸隨。大車服牛以引重，小車乘馬以致遠。牛馬動而人悦，隨之義也。

重門擊柝，以待暴客，蓋取諸豫。水陸既通，暴客易以往來，必有以豫防之。坤爲闔户，互艮爲闕，重門之象。震動有木之聲，互艮爲手，擊柝象。

斷木爲杵，掘地爲臼。臼杵之利，萬民以濟，蓋取諸小過。《世本》曰：“雍父作杵臼。”宋衷曰：“黄帝臣震木上動，艮石下止，杵臼之象。”

弦木爲弧，剡木爲矢。弧矢之利，以威天下，蓋取諸睽。睽謂乖離，弧矢所以服乖離之人，故曰“取諸睽”。坎爲弓矢，離爲戈兵，又水火相息，皆乖離之象。

上古穴居而野處，後世聖人易之以宫室，上棟下宇，以待風雨，蓋取大壯。沈敬亭曰：“乾爲天，天垂覆上下，四方四宇，有宫室象。雷動則風雨將至。宫室成於下，風雨動於上，故曰‘以待風雨’。”

古之葬者，厚衣之以薪，葬之中野，不封不樹，喪期无數。後世聖人易之以棺槨，蓋取諸大過。不封，不積土以爲墳也。不樹，不種樹以標其處也。喪期无數，謂喪致其哀，无年月限數也。棺槨木皆四片。大過中四陽象坎，坎穴亦埋葬之象。卦與頤反，生頤爲養，大過爲送死。

上古結繩而治，後世聖人易之以書契，百官以治，萬民以察，蓋取諸夬。夬，决也。造立書契，所以决斷萬事，故曰“蓋取諸夬”。吴草廬曰：“十三卦之制作，以畫卦始，以書契終，蓋萬世文字之祖也。”

是故《易》者，象也。象也者，像也。彖者，材也。爻也者，效天下之動者也。是故吉凶生而悔吝著也。項平甫曰：“象即爻也。卦著全卦之象，彖言上下兩卦之材，爻頁六爻之動。三者具而吉凶悔吝明矣。此章首言包羲觀物制《易》，中言數聖人觀《易》制物，皆尚象之事。此乃言尚辭尚變尚占之事，而《易》之四道備矣。”

右第二章。此章句從項氏、吴氏。

陽卦多陰，陰卦多陽，其故何也？陽卦奇，陰卦偶。陽卦多陰，謂震、坎，艮一陽而二陰。陰卦多陽，謂巽、離，兑一陰而二陽。陽卦以奇爲主，陰卦以耦爲主。

其德行何也？陽一君而二民，君子之道也。陰二君而一民，小人之道也。郭白雲曰：“陰陽二卦，皆以陽爲君。一君而二民，其道順，故爲君子。二君而一民，其道逆，故爲小人。”

右第三章。此章言玩《易》之法。

《易》曰：“憧憧往來，朋從爾思。”子曰：“天下何思何慮？天下同歸而殊途，一致而百慮。天下何思何慮？日往則月來，月往則日來，日月相推而明生焉。寒往則暑來，暑往則寒來，寒暑相推而歲成焉。往者屈也，來者信也，屈信相感而利生焉。尺蠖之屈，以求伸也。龍蛇之蟄，以存身也。精義入神，以致用也。利用安身，以崇德也。過此以往，未之或知也。窮神知化，德之盛也。”此釋咸九四爻義，以明塗雖殊而理則一貫，得其理則觸處洞然，無假思慮爲也。日往月來，月往日來，寒往暑來，暑往寒來，承上文憧憧往來而言，見往來亦不能无，但須歸於一致，憧憧則不可耳。尺蠖之蟲，屈以求伸。龍蛇之蟄，静以待動。物猶如此，人能精義入神用力於内，乃所以致用，是能屈而亦能伸也。利用安身，求利於外，乃所以崇德，是可静而亦可動也。二者德義雖有可稱，尚須假乎思慮。過此以往，則臻於微妙，故曰“未之或知”。窮神知化，此无聲无臭之境，復何思何慮也。

《易》曰：“困於石，據於蒺藜，入於其宫，不見其妻，凶。”子曰：“非所困而困焉，名必辱。非所據而據焉，身必危。既辱且危，死期將至，妻其可得見耶？”此釋困六三爻辭。欲進不能，欲退不得，以故身敗名裂，而不能保全其妻子。

《易》曰：“公用射隼于高墉之上，獲之，无不利。”子曰：“隼者，禽也。弓矢者，器也。射之者，人也。君子藏器於身，待時而動，何不利之有？動而不括，是以出而有獲，語成器而動者也。”此釋解上六爻義。括，結也。待時而動，則不滯礙而結閡。語成器而動，謂无其器无其時，不可妄動也。

子曰：“小人不恥不仁，不畏不義，不見利不勸，不威不懲。小懲而大誡，此小人之福也。《易》曰：‘屨校滅趾，无咎’，此之謂也。”此釋噬嗑初九爻義，言小過之當改。

“善不積不足以成名，惡不積不足以滅身。小人以小善爲无益而弗爲也，以小惡爲无傷而弗去也，故惡積而不可掩，罪大而不可解。《易》曰：‘何校滅耳，凶。’”此釋噬嗑上九爻義，言積惡之難逭。

子曰：“危者，安其位者也。亡者，保其存者也。亂者，有其治者也。是故君子安而不忘危，存而不忘亡，治而不忘亂。是以身安而國家可保也。《易》曰：‘其亡其亡，繫于苞桑。’”此釋否九五爻義，以明安身保國之道。

子曰：“德薄而位尊，知小而謀大，力小而任重，鮮不及矣！《易》曰：‘鼎折足，覆公餗，其形渥，凶。’言不勝其任也。”此釋鼎九四爻義，極言禍身禍國之由，欲小人之自反也。

子曰：“知幾其神乎？君子上交不諂，下交不瀆，其知幾乎！幾者，動之微，吉之先見者也。君子見幾而作，不俟終日。《易》曰：‘介於石，不終日，貞吉。’介如石焉，寧用終日？斷可識矣！君子知微知彰，知柔知剛，萬夫之望。”此釋豫六二爻義。孔仲達曰：“動謂心動事動，初動之時，其理未著。已著之後，則心事顯露。若未動之先，又寂然頓無，幾是離無入有。在有無之際，故云動之微。直云吉不云凶者，凡豫前知幾，皆向吉而背凶，違凶而就吉，無復有凶，故特云吉。諸本或有凶字者，其定本則無。不俟終日，言赴幾之速也。豫之六二既耿介如石不動，纔見幾微，即知禍福，何用終竟其日？當時則斷可識矣。凡物之體從柔以至剛，凡事之理從微以至彰。知幾之人既知其始，又知其末是合於神道，故爲萬夫所瞻望也。”

子曰：“顔氏之子，其殆庶幾乎？有不善未嘗不知，知之未嘗復行也。《易》曰：‘不遠復，无祇悔，元吉。’”此釋復初九爻義。庶幾，近道也，言未能知幾其神，亦庶幾近乎道也。有不善未嘗不知，見知之明。知未嘗復行，見行之決。陽明知行合一之學，蓋近乎此。

“天地絪緼，萬物化醇。男女構精，萬物化生。《易》曰：‘三人行則損一人，一人行則得其友。’言致一也。”此釋損六三爻義。絪緼，氣之交也。天地之交，合萬物而同生，故曰“化醇”。萬物之交，各以其類，故曰“化生”。致一，專一也。以一合一，則其情專。以一合二，則其情分矣。

子曰：“君子安其身而後動，易其心而後語，定其交而後求：君子修此三者，故全也。危以動，則民不與也。懼以語，則民不應也。无交而求，則民不與也。莫之與，則傷之者至矣。《易》曰：‘莫益之，或擊之，立心勿恒，凶。’”此釋益上九爻義。安謂安康，循理則身安康。動謂變動，其民和謂和易，平志則心和易。語謂告語其民，交謂下交，求猶責也。定其交而後求，言先定其交而後可責其愛戴，歸嚮也全謂人己兩益。凡求諸民者必先本[2]諸己。不求諸己，但求諸民，則傷隨之而至。天下固未有自失其心而能得人心者也。

右十一節。沈敬亭曰：“此皆爻象、《文言》錯簡。”

子曰：“乾坤，其《易》之門耶?”乾，陽物也。坤，陰物也。陰陽合德而剛柔有體，以體天地之撰，以通神明之德。其稱名也，雜而不越。於稽其類，其衰世之意耶?”《易》道不外陰陽。乾爲陽，坤爲陰，故曰“《易》之門”。有形可指，故曰“體”。有理可推，故曰“通”。撰，數也。乾數九，坤數六，體天地之撰，以卦體言。通神明之德，以卦德言。名謂六十四卦之名，其名雖雜，不越乎陰陽。伏羲始畫八卦，因而重之爲六十四卦，而其名則至文王而始具。蓋世變風移，情僞日滋，非是不足以窮其變也，故考其類而知其爲衰世之意。

“夫《易》，彰往而察來，而微顯闡幽。開而當名辨物，正言斷辭則備矣。”彰往謂稽其所以然。察來謂逆其所未然。而微顯本義，作微顯，而顯者微之，謂究其原。幽者闡之，謂徵諸用。名謂卦，物謂象，自乾坤之門一開，立卦必當乎名，取象必辨乎物。正言斷辭，則所謂彖也。正言其義，而斷其吉凶，《易》道於是大備。

“其稱名也小，其取類也大，其旨遠，其辭文，其言曲而中，其事肆而隱。因貳以濟民行，以明失得之報。”稱名小，取類大，以卦名言，如鼎、井雖微物，而養賢養民之道寓焉。旨遠辭文，以彖辭言，謂推索而無盡義，假托而不質言也。言曲而中，即申旨遠辭文之意。旨遠則深入，隱微故曲也。辭文則具有條理，故中也。事肆而隱，又申言名小類大之意。名小則所稱者雜，故肆也。類大則所包者廣，故隱也。貳，疑也，理貞夫一而已。貳則有得，不能無失。使知美惡之報，如影隨形，則天下曉然於理之一，而民行濟矣。濟者，即出險阻而措之安全之意。

右第三章。附入前三章後，此四節諸儒疑多闕文。吴草廬將“小人之道也”以下釋咸、困十一節，定爲《文言》錯簡。而以“陽卦多陰”二節與此合爲一章，遂覺通章貫穿。沈氏敬亭極然其説，今從之。

《易》之興也，其於中古乎？作《易》者，其有憂患乎？中古謂文王囚於羑里，因一身之憂患，而憂及天下後世，於是始作彖辭。卦畫於伏羲，而辭繫於文王，故不云述而云作。

是故履，德之基也。謙，德之柄也。復，德之本也。恒，德之固也。損，德之修也。益，德之裕也。困，德之辨也。井，德之地也。巽，德之制也。六十四卦中，特列此九卦者，以明文王處憂患之道。履德之基，謂舉步宜踏實地。柄所以持物，謙所以持身。復反乎本初，故爲德之本。恒無間終始，故云德之固。損者減損於己，於是則德日修。益者利益於物，於是則德日裕。困則險阻備嘗，情僞盡知，故能辨。井處不移而養不窮，故云德之地。巽柔順而能深入，故云德之制。此節以九卦之德言。

履，和而至。謙，尊而光。復，小而辨於物。恒，雜而不厭。損，先難而後易。益，長裕而不設。困，窮而通。井，居其所而遷。巽，稱而隱。和者兑之説，至者乾之健，和而不健者不能至。地本平也，尊之使居艮上，身愈卑而道乃愈光。陽始見故小，復一陽而入乎群陰，是能辨乎善惡，遠乎昏迷也。恒非執一而廢百也。雜而不厭，是以能恒。先自減損，是先難也，後乃無患，是後易也。設謂虚設，如揠苗助長，非長裕乃虚設也。困身窮而道亨，井不動而澤遷于物。巽爲權，故能稱，其性入故能隱。此節以九卦之體言。

履以和行，謙以制禮，復以自知，恒以一德，損以遠害，益以興利，困以寡怨，井以辨義，巽以行權。禮之用，和爲貴，故曰“以和行”。謙以制禮，即所謂退讓以明禮也。有不善未嘗不知，故曰“自知”。一德，謂始終如一。害莫大於嗜慾，損慾則害遠矣。利莫大於耒耨，益農則利興矣。困守而不移其節，不怨天，不尤人，故寡怨。井不改其方，故能辨義。巽无微而不入，故能行權。此節以九卦之用言。陸聚緱曰：“九卦以履爲首，巽爲終者，蓋文王遭讒而甘受羑里之囚，正有見於上天下澤爲君臣之大分也。其後閎夭之徒，求美女奇物善馬以獻紂，乃得救，遂獻洛西之地，請除炮烙之刑，豈非巽以行權之妙用乎？”

右第四章。葉敬之曰："此章三陳九卦，專言卦也。《易》道'屢遷'一章，專言爻也。"

《易》之爲書也不可遠。爲道也屢遷，變動不居，周流六虚，上下无常，剛柔相易，不可爲典要，唯變所適。《易》之爲書，有體有用。以言乎體，不可遠而求之；以言乎用，不可泥而求之。自變動不居至唯變所適，此言乎用也。六虚即六位，位本无體，因爻始見，故稱六虚。九六之變，或自上而降，或自下而升，是謂上下无常。剛往而柔來，柔往而剛來，是謂剛柔相易，不可爲典要，謂吉凶无定準，唯以變適乎時者爲宜。

其出入以度，外内使知懼。又明於憂患與故，无有師保，如臨父母。初率其辭而揆其方，既有典常。苟非其人，道不虚行。自出入以度至道不虚行，此言乎體也。學《易》者能明乎體，而用可得矣。出入以一卦内外言之，出爲外卦，入爲内卦。度，法度也。出入内外均有法度可循，又明於憂患與所以致憂患之故，即无師保處於前，恍如父母臨於上。戒慎恐懼，无時或閒。其初也率循乎《易》之辭，而揆度乎道之方，是不可爲典要者，亦既有典常矣。既有典常，常也。不可爲典要，變也。苟非其人，道不虚行，言《易》道不遠，在人神而明之也。

右第五章。此章言《易》之爲書，體用皆備。

《易》之爲書也，原始要終以爲質也。六爻相雜，唯其時物也。《易》之爲書，先觀一卦全體，卦有始終，故曰"原始要終以爲質"。質即體也，此指文王彖辭而言。雜謂陰陽交錯。六爻之中或爲陽物，或爲陰物，必準乎時而繫之義。此指周公爻辭而言。

其初難知，其上易知：本末也，初辭擬之，卒成之終。初謂初爻，初啓其端，事未顯著，故難知。上謂上爻，卦至上爻成敗已見，故易知。初與上猶本與末，得其本則末自舉，故初爻之辭，必須擬議。至於上爻，不過成初之終而已。

若夫雜物撰德，辨是與非，則非其中爻不備。噫！亦要存亡吉凶，則居可知矣。知者觀其彖辭，則思過半矣。上言本末，只論初上二爻，此復明中四爻以備六爻之義。六爻本自相雜，中四爻於六爻中，又雜物撰德。例如屯震下坎上，震於物爲雷，於德爲動，坎於物爲水，於德爲險。下互坤則雜物爲地，撰德爲順矣。上互艮則雜物爲山，撰德爲止矣。故欲辨是與非，非參觀中四爻不備。要者，總其理而會於心也。君子居則觀其象而玩其辭，果於中四爻象辭。觀玩有得，則天道存亡，人事吉凶，無難知矣。彖辭亦有以互爻立義者，如屯下互坤，坤爲衆，爲土，故“利建侯”。上互艮，艮爲止，故“勿用有攸往”。他卦以互爻立義甚多，故知者但觀彖辭，而思過半矣。

二與四同功而異位，其善不同：二多譽，四多懼，近也。柔之爲道，不利遠者。其要无咎，其用柔中也。三與五同功而異位，三多凶，五多功，貴賤之等也。其柔危，其剛勝邪？此重釋中四爻。二與四皆陰，其功同而位有内外之異，其善亦不同。二與五遠而恒相應，故多譽。四與五近而恒相逼，故多懼。四雖多懼而柔亦无咎，以不利遠，則利近，故以六四承九五則多吉。柔不能自立，二遠於五宜有不利，而其歸得以无咎者，以其用柔而居下卦之中也。三與五皆陽，其功同而位有貴賤之異。三以賤而多凶，五以貴而多功。三既多凶，不復言其善之不同，以无善足録也。蓋以柔處之，則危而不安。以剛處之，則剛過而勝，幾无一而可。然此亦從其多者言之，要不可泥。

右第六章。吴草廬曰：“此章言六爻，而六爻統於彖，故先言彖，乃説六爻也。”

《易》之爲書也，廣大悉備：有天道焉，有人道焉，有地道焉。兼三才而兩之，故六。六者，非他也，三才之道也。三畫已具三才，但一而不兩，則獨而無對，故必兼而兩之以爲六畫。

道有變動，故曰爻。爻有等，故曰物。物相雜，故曰文。文不當，故吉凶生焉。道即三才之道。道有變動，以爻而見。爻以類分，凡乾之類爲陽物，坤之類爲陰物，故曰“物”。陰陽相雜，故曰“文”。文不當，謂以陽居陰，以陰居陽，位即當矣。而或乖於時，則仍爲不當。文之不當，應爲凶，而并言吉者，蓋不當而凶，則當而吉可知也。

右第七章。

《易》之興也，其當殷之末世，周之盛德邪？當文王與紂之事耶？是故其辭危。危者使平，易者使傾。其道甚大，百物不廢。懼以終始，其要无咎，此之謂《易》之道也。文王有盛德，而處殷之末世，爲紂所囚，操心危而慮患深，故其辭危。危懼則無不平，慢易則無不傾。勢所必至，理有固然。若或使之者，此《易》之道也。百物猶云百事，近而一身，遠而天下國家，窮通得喪，莫不由此而判。此《易》道之大，所以萬古不廢也。坤初履霜，懼其始也。泰上“城復於隍”，懼其終也。其要无咎者，能知懼則能補過，此咎之所以无也。

夫乾，天下之至健也，德行恒易以知險。夫坤，天下之至順也，德行恒簡以知阻。能説諸心，能研諸侯之慮，定天下之吉凶，成天下之亹亹者。侯之衍文。至健至順，乾坤之性也。恒易恒簡，乾坤之德行也。惟恒易故知險，惟恒簡故知阻。聖人效法乾坤，易直在心，能勿説乎？險阻在前，能勿研乎？亹亹，進而不息之貌。定天下之吉凶，則无不判之理；成天下之亹亹，則无不成之事。

是故變化云爲，吉事有祥。象事知器，占事知來。天地設位，聖人成能。人謀鬼謀，百姓與能。變化云爲，謂人之言動。本於《易》之變化，則事皆吉而有祥。象事知器，謂精於觀象，則知制器之事。占事知來，謂精於占卜，則知方來之事。天地設位，天能天而不能地，地能地而不能天，惟聖人有以成。其能人謀，謂謀及士庶。鬼謀謂謀及卜筮。是聖人所能者，百姓亦得與能焉。

八卦以象告，爻彖以情言。剛柔雜居，而吉凶可見矣。變動以利言，吉凶以情遷。是故愛惡相攻而吉凶生，遠近相取而悔吝生，情僞相感而利害生。凡《易》之情，近而不相得則凶，或害之，悔且吝。八卦成列，象在其中矣，故曰“以象告”。爻謂爻下辭，彖謂卦下辭。辭有險易，各得其情，故曰“以情言”。剛柔雜居，則有得有失，而吉凶可見。《易》窮則變，變則通，故曰“變通以利言”。同一履也，在彖則不咥人，在爻則咥人。同一震也，在《彖》則震驚百里，在爻則震遂泥。故曰“吉凶以情遷”。愛惡因時而生，遠近因位而别，情僞由德而發，相攻相取相感由比應而出，故下獨舉近而不相得以見例。近而相得其吉可知，若不相得而遠，則不至於凶不利，亦不至有害。相得而遠者，亦知之。悔吝害之小者，若近而相得者，則皆无之。學《易》者當於時位德加之意，而比應尤不可忽視也。

將叛者其辭慚，中心疑者其辭枝，吉人之辭寡，躁人之辭多，誣善之人其辭游，失其守者其辭屈。馮行可曰：“六辭與《易》絶不相關，恐斷簡錯見於此。”王介甫曰：“《易》之辭必不慙枝游屈也。”郭子和亦嘗疑之，不敢强通。易山齋曰：“六辭若無與乎《易》也。而夫子詳言於《大傳》之終者，《易》不外乎人之心而已。吾心不正，六辭莫辨，何足以玩《易》？孟子以知言爲養氣之要，乃大《易》性命之理，所以不言《易》而深於《易》也。”

説卦傳

昔者聖人之作《易》也，幽贊於神明而生蓍，參天兩地而倚數。幽贊猶言默相生，蓍謂創立用蓍之法。倚，立也。參，三也。奇數起於一，偶數起於二。此言天數起於三者，以三含兩，有以一包兩之義。且一數不便乘除，故言天數必起於三也。參而兩之，以爲數所倚，三三則九，二三則六，一三、兩二則爲七，一二、兩三則爲八。

觀變於陰陽而立卦，發揮於剛柔而生爻，和順於道德而理於義，窮理盡性以至於命。立卦與畫卦有別。畫卦在生蓍前，立卦在生蓍後。卦别陰陽，爻分剛柔，皆造化之之易也。在天曰性，在人曰命，本乎天理之自然，而區以别之曰理。循乎人事之當然，而順以處之曰義。理精義熟，行無不通曰道。是道充足乎己曰德，性命義理道德一而已矣。能窮蓍數卦爻之用，而反求諸己，則造化之易，即吾心之易矣。

右第一章。

昔者聖人之作《易》也，將以順性命之理。是以立天之道曰陰與陽，立地之道曰柔與剛，立人之道曰仁與義。兼三才而兩之，故《易》六畫而成卦。分陰分陽，迭用柔剛，故《易》六位而成章。此申言前章性命之理。陰陽以氣言，剛柔以質言，仁義以德言。三畫卦本備三才，兩之爲六畫仍兼三才之道。六位即六畫，陰陽剛柔相錯成文，故曰"六位而成章"。蓋《易》之爲道，極天地人之妙用，要不外順性命之理而已。

右第二章。

天地定位，山澤通氣，雷風相薄，水火不相射，八卦相錯。數往者順，知來者逆，是故《易》逆數也。八卦相錯，指重卦而言。數往者順，知來者逆，是泛説。是故《易》逆數也。纔説到《易》，六爻自下數起，是逆數也。知來者逆，如見乾初龍之潛，而逆知其必至於亢。見坤初陰之凝，而逆知其必至於戰。入理精微，自可前知，不專恃乎數也。按：此節先儒多指爲先天卦位。《黄氏日鈔》駁之，最爲明快。其言曰："聖人此章釋八卦之義，歷漢唐以至本朝伊、洛諸儒，未有他説。惟邵康節得希夷數學，創爲先天之圖，然離南坎北，經有明文。天地定位，經未嘗明言其爲南北也。何以知其爲先天之卦位？即以事理之實考之：南方屬夏而熱，北方屬冬而寒，離南坎北，信如經言矣。移之以位乾坤，將何所據耶？艮居東北，兑居正西，震居東方，巽居東南，離南方坎北方，經有明文。若山澤通氣，特言其通氣而已。雷風相薄，特言其相薄而已。水火不相射，特言其性相反，而用則相資耳。經未嘗明言艮爲西北，兑爲東南，震爲東北，巽爲西南，離爲東方，坎爲西方也。康節何所據而指爲先天之卦位？

《易》畫於伏羲，演於文王，繫於周公、孔子，未聞有先天後天之分也。晦庵始兼康節之説，據門人所録《語類》，乃因康節之先天而反有疑於周公、孔子之《易》，及伊川之《易》，且有疑於《易經》次章八卦之位。然按晦庵《答王子合書》，明言康節言伏羲卦位，近於穿鑿附會，且當闕之。"觀此，學者當以晦庵此書爲正。

右第三章。

雷以動之，風以散之，雨以潤之，日以晅[3]之，艮以止之，兑以説之，乾以君之，坤以藏之。上章言八卦之對待，故首之以乾坤。此章言八卦生物之功，必有主之藏之者，故終之以乾坤。

右第四章。

帝出乎震，齊乎巽，相見乎離，致役乎坤，説言乎兑，戰乎乾，勞乎坎，成言乎艮。此言八卦方位，順乎天行之自然也。以形象言曰天，以主宰言曰帝。八者皆帝之所爲，故以帝冠之。

萬物出乎震，震東方也。齊乎巽，巽東南也；齊也者，言萬物之絜齊也。離也者，明也，萬物皆相見，南方之卦也；聖人南面而聽天下，嚮明而治，蓋取諸此也。坤也者，地也，萬物皆致養焉，故曰："致役乎坤。"兑，正秋也，萬物之所説也，故曰："説言乎兑。"戰乎乾。乾西北之卦也，言陰陽相薄也。坎者，水也，正北方之卦也，勞卦也，萬物之所歸也，故曰："勞乎坎。"艮，東北之卦也。萬物之所成終而所成始也，故曰："成言乎艮。"李克恭曰："兩漢時皆以此節所言時位，爲羲畫原義。至文王《繫辭》坤、蹇言西南、東北，而孔子詳説如此。是自古聖人相傳八卦方位時氣皆屬一致。"

右第五章。

神也者，妙萬物而爲言者也。動萬物者莫疾乎雷，撓萬物者莫疾乎風，燥萬物者莫熯乎火，説萬物者莫説乎澤，潤萬物者莫潤乎水，終萬物始萬物者莫盛乎艮。故水火相逮，雷風不相悖，山澤通氣，然後能變化，既成萬物也。此章言六子生物之功，在交相爲用。"動萬物"數語，不過覆述

“雷以動之”數語，爲“水火相逮”四語發端。言六子不言乾坤者，以六子生物之神，皆乾坤之能孕育而出也。

右第六章。

乾，健也。坤，順也。震，動也。巽，入也。坎，陷也。離，麗也。艮，止也。兑，説也。此言八卦之性情。

右第七章。

乾爲馬，坤爲牛，震爲龍，巽爲雞，坎爲豕，離爲雉，艮爲狗，兑爲羊。此八卦之象，遠取諸物者。乾健行故爲馬。坤任重故爲牛。巽主號而知時故爲雞，坎主溝瀆而污濕故爲豕。離爲文明之象，故爲雉。艮有禁止之義，故爲狗。兑有説隨之義，故爲羊。

右第八章。

乾爲首，坤爲腹，震爲足，巽爲股，坎爲耳，離爲目，艮爲手，兑爲口。此言八卦之象，近取諸身者，乾尊故爲首，坤藏故爲腹，震陽動於下故爲足，巽陰分於下故爲股。坎陽在内，象耳之聰；離陽在外，象目之明。手能握固，象艮之止；口能言笑，象兑之説。

右第九章。

乾，天也，故稱乎父。坤，地也，故稱乎母。震一索而得男，故謂之長男。巽一索而得女，故謂之長女。坎再索而得男，故謂之中男。離再索而得女，故謂之中女。艮三索而得男，故謂之少男。兑三索而得女，故謂之少女。索，交互之義。以索之先後，爲男女之次序，蓋伏羲畫卦，先乾坤而後六子也。

右第十章。

乾爲天，爲圜，爲君，爲父，爲玉，爲金，爲寒，爲冰，爲大赤，爲良馬，爲老馬，爲瘠馬，爲駁馬，爲木果。此説重卦别象也。六爻變化，象豈能盡此？特發其凡耳。健行必息，天也。運而无極，圜也。首出庶物，君也。萬物資始，父也。其粹如玉，其剛如金，位居西北，寒也。氣屬嚴凝，冰也。大赤，老陽之色也。健行象馬，良馬則健之善者，老馬則健之久者，瘠馬則健之甚者。駁食虎豹，又其至健者。果實皆圜，故爲木果。

坤爲地，爲母，爲布，爲釜，爲吝嗇，爲均，爲子母牛，爲大輿，爲文，爲衆，爲柄，其於地也爲黑。德厚載物，地也。萬物資生，母也。遍布萬物，不止一方，故爲布。化生成熟，故爲釜。静翕不施，吝嗇也。生不擇物，均也。性順而生物，生生相繼故爲子母牛。任載行地故爲大輿。萬物相雜故爲文。偶晝成群故爲衆。萬物依之爲本，故爲柄。十月極陰，其於色爲黑。

震爲雷，爲龍，爲玄黄，爲旉，爲大塗，爲長子，爲决躁，爲蒼筤竹，爲萑葦。其於馬也，爲善鳴，爲馵足，爲作足，爲的顙。其於稼也，爲反生，其究爲健，爲蕃鮮。震，動也。氣之動於下者爲雷，物之動於淵者爲龍。乾坤始交而成震。天玄地黄，故爲玄黄。陽氣始施，萬物向榮，故爲旉。陽闢乎陰，二偶開通，前無阻塞，故爲大塗。一索得男，故爲長子，爲决躁取其剛動也。爲蒼筤竹，玄黄雜而成蒼竹，始生之色也。萑葦亦竹之類也。震乾類，故爲馬。雷聲遠聞，故善鳴。左足白曰馵。震居左，又爲足也。作足雙足並舉，取其動而行健也。的顙即《詩》所謂“白顛”，初陽白，故爲的顙。剛反在下，故爲反生。陽長而不已，故其究爲乾之健。春分震旺，草木蕃育而鮮明，故爲蕃鮮。

巽爲木，爲風，爲長女，爲繩直，爲工，爲白，爲長，爲高，爲進退，爲不果，爲臭。其於人也，爲寡髪，爲廣顙，爲多白眼，爲近利市三倍，其究爲躁卦。巽，入也。物之善入者莫如木。氣之善入者莫如風。一索而得女，故爲長女。上二陽共正一陰，使不得邪僻，如繩之直，故爲繩直。規矩準繩，所以齊物。齊萬物者莫如巽，故爲工。風去塵垢故爲白。風行至遠，故爲長。木生而上故爲高。風行无常故爲進退。風行或東或西，故爲不果。風至則知氣，故爲臭。剛上故寡髪重剛故廣顙。白爲陽，黑爲陰，巽一陰二陽，白多於黑也。一陰而侵二陽，位居東南，近離日中之市，爲利市三倍。震爲决躁，巽反即震，故其究爲躁卦。

坎爲水，爲溝瀆，爲隱伏，爲矯揉，爲弓輪。其於人也，爲加憂，爲心病，爲耳痛，爲血卦，爲赤。其於馬也，爲美脊，爲亟心，爲下首，爲薄蹄，爲曳。其於輿也，爲多眚，爲通，爲月，爲盜。其於木也，爲堅多心。水内明，坎陽在内爲水。水性流通，故爲溝瀆。陽藏坤中，故爲隱伏。水流有曲直，故爲矯揉。弓輪皆矯揉所成，故爲弓輪。心耳皆以虚爲體，中實則爲病爲痛。人之有血，猶地之有水。乾爲大赤。坎中畫乾，故爲赤。坎至行，故爲馬。陽在中央故爲美脊。剛中而躁，故爲亟心。水就下則流卑，故爲下首。水趨下則流散，故爲薄蹄。乾爲首，陷於陰下。震爲蹄，震象半見，亦下首薄蹄之象。水摩地而行故曳。坤爲大輿，坎折坤體，故爲輿多眚。水流而不滯，故通。月者，水之精，水潛行故爲盜。陽剛在中，故堅多心。

離爲火，爲日，爲電，爲中女，爲甲胄，爲戈兵。其於人也，爲大腹。爲乾卦，爲鼈，爲蟹，爲蠃，爲蚌，爲龜。其於木也，爲科上槁。陽爻在外，象火之照。日，火之精。電，火之光。再索而得女，中女也。内虚而外實，故爲甲胄。内柔而外剛，故爲戈兵。中虚，故爲大腹。日烜火熯，故爲乾卦。鼈蟹蠃蚌龜，皆取剛在外，利空也。木既空中，上必枯槁。

艮爲山，爲徑路，爲小石，爲門闕，爲果蓏，爲閽寺，爲指，爲狗，爲鼠，爲黔喙之屬。其於木也，爲堅多節。一陽隆起，故爲山。震爲大塗，艮反震，在山谷之間，故爲徑路。剛在上爲石，二柔在下，小石也。上畫連，下畫變峙，門闕之象。木實曰果，草實曰蓏。震爲蕃，草木之始。艮爲果蓏，草木之終。閽止人之入，寺止人之出，艮止故爲閽寺。艮手多節，故爲指。狗止而夜守，鼠止而晝伏。黔喙，謂豺狼之屬。豺狼止於山，剛在上故言喙。木老則多節。艮終物，故言堅多節。

兑爲澤，爲少女，爲巫，爲口舌，爲毁折，爲附決。其於地也，爲剛鹵。爲妾，爲羊。川壅成澤，坎水上注而下不流故爲澤。三索而得女，故爲少女。以言説神爲巫，以言説人爲口舌。兑位西，西屬金尅木，故毁折。柔附於剛，剛必決柔，故爲附決。二陽在下故剛，澤水潤，故鹹。少女位賤故爲妾。内狠外説故爲羊。

右第十一章。

序卦傳

從李鼎祚《周易集解》本，移列諸卦之首，以便觀玩。

雜卦傳

《序卦》本文王所定。孔子慮學者執而不化也，雜糅衆卦，顛倒前後，以説明之，以見《易》道之變化，故曰《雜卦》。

乾剛坤柔。乾、坤爲《易》之門。凡言剛者皆乾，言柔者皆坤，故獨以剛柔爲乾、坤。

比樂師憂。比得位而衆比之，故樂。師犯難而衆從之，故憂。

臨、觀之義，或與或求。彼此相臨，彼此相觀。二卦皆爲與求之義。有求無與，有與無求，皆非臨、觀之義。

屯見而不失其居，蒙雜而著。屯初震動，故見。以陽居陽，故不失其居。蒙二陽陷陰中故雜，不爲所蒙故著。

震，起也。艮，止也。震一陽起於下，故曰起。艮一陽止於上，故曰止。

損、益，盛衰之始也。損以九三爲上，由泰而損，衰之始也。益以九四益初，由否而益，盛之始也。

大畜，時也。无妄，災也。大畜至上九而亨，時也。不畜而亨，不得謂之時。孽由自作者，非災也。无妄，乃謂之災耳。

萃聚而升不來也。澤瀦故曰聚。升往故不來。錢竹汀曰："《説文》不，鳥飛上翔不下來也。"从一猶天也，故不來爲上升之象。

謙輕而豫怠也。謙以三之勞謙而下於人，輕也。豫以四之由豫而耽於樂，怠也。

噬嗑，食也。賁，无色也。頤中有物故食，白賁故无色。

兑見而巽伏也。兑二陽得中故見。巽一陰居下故伏。

隨无故也。蠱則飭也。隨時則不繫於故。蠱壞則須飭。

剥，爛也。復，反也。剥五陰潰於内故爛。復一陽生於下故反。

晋，晝也。明夷，誅也。孫氏奕曰："反對之義。明出地上爲晝，明入地中爲昧。當作'明夷，昧也'。"

井通而困相遇也。往來井井故通。困欲行而遇，剛揜則抵，塞而不通。

咸，速也。恒，久也。咸，感也，此感彼應故速。有恒故久。

涣，離也。節，止也。風散水故離，澤瀦水故止。

解，緩也。蹇，難也。解則勢已寬緩。蹇則正當急難。

睽，外也。家人，内也。二卦以離爲内外。睽，離在上，外也。家人，離在下，内也。

否、泰反其類也。泰小往大來，否大往小來，是反其類也。

大壯則止，遯則退也。壯不可用故止，陰長有害故退。

大有，衆也。同人，親也。五陽並應故衆，二人同心故親。

革，去故也。鼎，取新也。革以火鑠金，去故也。鼎以木鑽火，取新也。

小過，過也。中孚，信也。小過四陰在外而過其常，過也。中孚二陰在內而守其常，信也。

豐，多故也。親寡，旅也。豐大故多故，親寡故寄旅。

離上而坎下也。火炎上，上也。水潤下，下也。

小畜，寡也。履，不處也。小畜以一陰畜衆陽，故曰寡。履以一陰履衆陽，不遑安處，故曰不處。

需，不進也。訟，不親也。需以安分待時，故不進。訟者越理求勝，故不親。

大過，顛也。頂滅澤中故顛。

姤，遇也，柔遇剛也。一陰自坤來，與乾相遇，故曰柔遇剛。

漸，女歸待男行也。言其不躁。

頤，養正也。勿以小體害大體。

既濟，定也。六爻得位，故定。

歸妹，女之終也。女子從一而終，故曰女之終。

未濟，男之窮也。三陽皆失位，故曰男之窮。

夬，決也，剛決柔也。君子道長，小人道憂也。夬以五陽決一陰。一陰消則爲純乾，舉世皆君子矣。《序卦》終於未濟者，純任天行，所謂天定勝人也。《雜卦》終於夬，此純屬人事，所謂人定勝天也。聖人欲以人力回天，故特著其義於此。

鄭康成曰："自大過以下，卦旨不協，以錯簡失正，弗敢改耳"。蔡節齋曰："按《雜卦》例，皆反對，協韻爲序。今以其例改正。大過顛也，頤養正也。既濟定也，未濟男之窮也。歸妹女之終也，漸女歸待男行也。姤遇也，柔遇剛也。《夬》決也，剛決柔也。君子道長，小人道憂也。"○張南軒曰："八卦乃以其類生，惟乾、坤、坎、離、小過、大過、中孚、頤八卦無反對。此聖人之深意，惟穆伯長老蘇明之，諸家并不達此。"○馬通伯曰："《雜卦》前破《序卦》之例，從比對取義，後八卦，復破反對之例，而仍以義相次，所謂雜也。大過陽殞於陰，至姤則陰陽相遇，此明告古今人物死生遞嬗之無窮也。漸女歸，頤養正，而後既濟定，生育教義之事備矣。歸妹女窮，未濟男窮，陰陽愆違，皆由人事之失；於是終之以剛决柔之夬。夬有書契之象。《易》書作，而後君子道長，小人道憂，是聖人經世之微權也。此蓋篇終總攝指要，謂即夫子贊《易》之後序可也。”

【校記】

〔1〕“徐氏校批”中，“出”作“洛”。

〔2〕“本”，疑爲“求”。

〔3〕“徐氏校批”中，“晅”作“暄”。

倫理學

目　　録

第一章　總論

第一節　釋倫理之義

倫，《説文》云："輩也，猶類也，从人，侖聲。蓋人與人相接而倫理始生。"鄭康成謂相人耦爲仁，章實齋謂道起於三人居室，皆即此義。

理，《説文》云："治玉也，从玉，里聲。"金壇段氏申其義曰："《戰國策》言鄭人謂玉之未理者爲璞，是理爲剖析也。玉雖至堅，而治之得其鰓理，以成器不難，謂之理。"按段氏之説，出於休寧戴氏。戴氏《孟子字義疏證》曰："理者，察之而幾微，必區以别之名也，是故謂之分理。在物之質曰肌理、曰腠里、曰文理。得其分則有條而不紊，謂之條理。孟子稱孔子之謂集大成，曰：'始條理者，智之事也，終條理者，聖之事也。'聖智至孔子而極，其盛不過舉條理以言之而已矣。"戴段二氏之説，實漢儒相傳之故訓。賈子《新書·道德説》云："理，離。"伏鄭君《樂記篇法》云："理，分也。"《白虎通》云："理，義者有分理。"《説文》自序曰："知分理之可以相别異也。"訓理爲分、爲别，其説蓋相傳久矣。至倫理二字，互見則始於《樂記》。《樂記》樂者，通倫者也。大要倫之義取於比。《儀禮·士相見》云："禮，别有倫也。"注云："倫，比也。"《既夕記》云："倫如朝服。"注云："倫，比也。"又《禮記·曲禮》云："儗人必於其倫。"注云："倫，類也。"類義與比同。西儒穆勒《名學》"兩物相比，而倫生焉。"亦同此義。理之義取於分，倫理者，必比較分析而後見，僅一人不可謂倫，僅一人之意見不可言理。

中國言倫者，動曰天倫；言理者，動曰天理。《莊子》庖丁爲惠文君解牛，自言依乎天理。批大郤，導大窾，因其固然，技經肯綮之未嘗，而况大軱乎。天理即其所謂彼節者有間，而刀刃者無厚，以無厚入有間，適如其天然之分理也。所謂天倫者，本天道自然之秩序，毫無紊亂之謂也。所謂天理者，即人心同然之公理，毫無偏倚之謂也。在西人言之，則爲天則，爲公例。不容一毫私意混雜於其間。《詩》"天生烝民，有物有則。"張楊園曰："事事物物各有當然之天則，己所以應之能各得其則，方爲無私心而合天道。"均即此義。自此義不明，於是言倫者不辨別差等，言理者不察及精微。盲人瞎馬，一任冥行。生民受禍，乃不知所終極。故欲明倫理之學者，必自解釋倫理之義始。近儒謂宋儒釋理字，多主渾全，謬誤滋甚。其實宋儒言理，亦多可采。《朱子答何叔京書》言理字之義，當於渾然中仍具秩然之理。秩然者，即條理也。條理者，即秩然有序之義也。又程朱言，事事物物，皆有理可格，則理非渾全之物，宋儒固有知之者。戴東原釋理字，最爲精確，多發前儒所未發，惟於宋儒解理之得者，屏而弗録，則未免失於一偏矣。[1]

第二節　倫理之範圍

倫理之範圍，有謂極狹者。例如各種科學，非鈎深致遠，窮賾索隱，不足言致用。若倫理學，則一言可以終身，此範圍之所以狹也。然各科學雖互有關繫，實各有界綫。若倫理學，則自一人以及萬衆。自往古以及來今，無事不賅，無理不備，此範圍之所以大也。是故各科學皆重實驗，人若僅明科學，而於倫理諸多乖迕，則似學而非學者，必至似人而非人。然則倫理一科，即謂爲各科學之實地試驗場也，亦無不可。

西人之治倫理學者，析爲五種。一曰對於己身之倫理，二曰對於家族之倫理，三曰對於社會之倫理，四曰對於國家之倫理，五曰對於萬有之倫理。較中國舊言五倫，範圍實更遼闊。但倫理者，起於人與人相接之際者也，僅一人不可以言倫。如曰對己，則是有二我，與佛氏所謂觀心無異。至人之於物，有應付無報施，是對萬有亦不可言倫者[2]，從人起義，非從物起義也。

舜明於人倫，是謂倫理；察乎庶物，是謂物理。《中庸》言盡人之性，是謂倫理；言盡物之性，是謂物理。界説原自分明，然則言倫理範圍，當以何者爲依據？曰：《大學》一書，即中國完全倫理學教科書也。

倫理以修身爲本，其所謂格致誠正者，則以修身括之，其所謂齊治均平者，則自修身推之。西人所謂對己之倫理者，即寓於格致誠正之中，所謂萬有之倫理者，即包於齊治均平之内，不必强相牽附，亦無庸互相謷訾，擷其菁英，糾其紕繆，斯爲善治倫理學者。

第三節　中西倫理學之派别

泰西近世以來，倫理學術日益發達。日本井上圓了析爲二十餘派。其最著者，一曰直覺派，求端於良知良能，而要歸於正誼明道，故守躬嚴肅，而嚴肅派屬之。二曰自利派，以爲人生各善行，皆起於自利，而主樂、樂天、多苦三派屬之。三曰利他派，以利益他人爲宗旨，故謀社會之幸福，功利、社會、共産三派屬之。四曰感覺派，此派以行爲之善惡悉由肉體感覺而分，因考究善惡所從生，以定行爲之標準，經驗、實驗、獨斷、合理、批判、萬有、必至七派屬之。五曰懷疑派，以爲真理不可知，善惡標準亦難斷定，虚無、人類、超理、神秘四派屬之。

中國陸王之學，與直覺派相近。楊朱之學，與自利派相近。墨翟之學，與利他派相近。程朱之學，與感覺派相近。莊列之學，與懷疑派相近。諸子之學，各有所得。其長固可相師，其短亦無容諱。自荀卿私淑孔子，而首非十二子。子思、孟子同爲孔門之的派，而荀子則曰："亂天下者，子思、孟軻也。"放言高論，途[3]叢後世門户水火之禍。論者謂競争益烈，斯真理愈出，其説似不爲無見。不知理以争而愈明，氣以争而愈憒。若不任理而任氣，則競争之美名，實足釀紛争之慘禍。漢唐宋明均以黨禍而致亡，非前車之鑑乎？大哉孔子，聚三千於一門，合九流爲一派。李元度《論語説》言之綦詳，茲不具載。老子知禮，不恥相師；原壤雖狂，不失爲故；未聞如後世講學以謾罵爲能者。近世學説龐雜極矣。而倫理一科，則中西學説尤多牴牾。願學者審所依歸，但求有益於身心，勿徒競辯於口舌則得矣。

第四節　治倫理學者貴有宗主上

修身倫理一科，泰西各學校多代以宗教。宗教二字自英文釐里近譯出，其意義另説明之。中國儒教，向以孔子爲大宗。自新學日昌，尊孔子者遂謂宗教主神道，孔教專重人事，以孔子爲宗教，實誣孔子。不知國必有教，教必有宗。謂中國爲無教之國斯已耳。如以爲有教，舍孔子其誰宗乎？嘗考泰西大政治家、大軍人、大冒險家，大都出於宗教。誠以有宗教，斯有信仰，有信仰，斯有能力，有能力，斯能犧牲其身。中國人民號稱四萬萬，若心無宗主，一人一義，十人十義，則四萬萬其人即四萬萬其國，日言合群，實日見解體，即空言愛國。試問：中國自開闢以來，可愛者何人？當愛者何事？皮之不存，每〔4〕將安附？

抑孔子者，又謂中國之衰自漢武罷黜百家，專尊孔氏始。日本遠藤隆吉《支那哲學學史》首倡此説，中國新學家多附會之。不知孔子之教，本乎大宗〔5〕，順乎時宜，應世則無適無莫，處事則毋固毋我，道而兼藝，文而且武，四裔之學亦采，百家之長必録，徵諸西人進化之學，實無窒礙。如謂人心不可束縛，宜任自由。然世有信教之自由，無毁教之自由。蓋人心雖不可束縛〔6〕，人心斷不能無範圍。試俯察乎地，自由於水者莫如輪舟，然不遵航路則漂流何極；自由於陸者莫如瀛車，然不循軌道則傾覆堪虞。仰觀於天，如行星繞日，可謂極自由之能事矣，然向空旋轉，各循躔次，億萬年永無差忒；使稍有凌亂，則古之所謂四極廢、九州裂者，不免實有其事矣。是知有奇絶之思想者，仍貴有不易之準則。泰西科學日益昌明，猶以宗教範圍人心者，職是之故。

考全球所謂宗教家，專指帶迷〔7〕性質者而言。但〔8〕依中國訓詁解釋之，實無此義。蓋所謂宗教者，即教之宗主也。教以孔子爲宗，則有智信無迷信，實爲環球無上之宗教。《中庸》一書，闡明教旨，至爲深邃，而論其終極，則舉至誠以配天，殆明明示孔子爲萬世之教宗乎！

第五節　治倫理學者貴有宗主下

中國至今日不振甚矣！世儒求其故不得，多遷怒孔子，甚以秦政愚黔首之策，歸獄孔子，而引《論語》“民可使由，不可使知”爲證。不知所謂“可、不可”者，乃“能、不能”之謂，非命令禁止之辭。孔子蓋傷國民知識卑下，於國家立法之意不能見及精微，故不勝代爲慨歎。日本明治法學，曾著論以闡明其義。儒者不查，妄事詆諆，或巧爲傅會[9]，均失之遠矣。

陸子曰：“東海有聖人出焉，此心同，此理同；西海有聖人出焉，此心同，此理同。推諸南海、北海有聖人出，蓋莫不同。”嘗徵諸日人中江藤樹、德人花之安、法人沙理曼等所云，藤樹始就學，讀《大學》：“自天子至於庶人，壹是皆以修身爲本”，作而歎曰：“幸哉！此書之存，聖人豈不可學而至乎?”因淚下沾襟。花之安謂：“五百年後，孔教將徧行全球，而天主、天方終將歇絶衰微而不能自振也。”沙里曼云：“幼時聞所謂耶穌者係屬好人，理當奉敬而已。及長，而讀其教旨之書，兼引孔孟之書，始知孔孟所言綱常大義，其理平而且正，乃歷之萬古不能磨滅者。”日本研經會亦言：“道德莫尚於孔子，大定之日當風靡全球。”高橋博士言：“日本皇統，一系萬葉，德澤浸入民心，故學生修德之基，一憑《勅語》爲依歸。中國有孔子教，至明至大，不落空遠，不陷奇怪，而旨深理邃，誠人生良訓也。孔子生於中國，爾來數千年，教旨漸入人心，爲世界無二之道，猶西人信西教，實足爲修德之基。”若此之類，不可枚舉。其言益信而有徵矣。是中國當宗孔子，在外人已有定論。乃醉心歐化者流奴隸於外人而自誣其先祖，不惜舉中國數千年國粹，一舉而廓清之。嗟乎！滅人國者，必滅其宗教，滅其歷史，滅其語言、文字、風俗。今人未我滅而先自摧殘，吾爲此懼，故不憚長言之也。

第六節　倫理學乃實踐科學，非論理學[10]

學問之道，莫患强不知以爲知。無真知而自詡力行，是冥行也。朱、陸講學微有異同，而痛詆冥行之害則一。朱子之言曰：“宰予以短喪爲安，是以不可爲可也。子路以正名爲迂，是以可爲不可也。彼親見聖人，日聞善誘，猶有是失，况於餘人。”又曰：“理之所在，即是中庸。惟窮之不深，則無所準則，而有過不及之患。未有窮理既深而反有此患也。《易》曰：‘精義入神，以致用也。’蓋惟如此，然後可以應務。未至如此，則凡作爲皆出於私意穿鑿冥行而已。”陸子之言曰：“爲學有講明，有踐履。《大學》致知格物，《中庸》博學審問、慎思明辨，《孟子》始條理者，智之事，此講明也。《大學》修身正心，《中庸》篤行之，《孟子》終條理者，聖之事，此踐履也。物有本末，事有終始。知所先後，則近道矣。欲修其身者，先正其心。欲正其心者，先誠其意。欲誠其意者，先致其知。致知在格物，自《大學》言之，固先乎講明矣。自《中庸》言之，學之弗能，問之弗知，思之弗得，辨之弗明，則亦何所行哉？未嘗學問思辨，而曰吾惟篤行之而已，是冥行者也。”夫朱子之學，以窮理致知爲始基，其注重講明，自無待論。若陸子，則病讀書之支離，而專以踐履爲事者，乃亦不廢講明如此。然則拘儒瞽生，豈可以硜硜之必爲而傲博通之士哉？但古人所謂講明者，實爲踐履起見，乃身心之學，非口耳之學。如以口耳之學爲講明，則得纖曲而忘大義，迷影迹而失微言。無論博文，實以濟奸，讀史足以喪志，即聖經賢傳，亦足以錮志氣於尋行數墨之中。近日物理學科分論理與應用兩種，至倫理學之可分論理、應用兩種與否？異論紛如，莫衷一是。日本元良勇次郎則謂：“倫理學之性質，實貴實踐。即論理時，間或鈎深索隱，然其目的，固非爲發明學理，在躬行實踐以助社會之發達。是論理爲實踐科學，非論學[11]也。”元良氏所言，證諸朱、陸二子，詞殊而意合。否則讀書萬卷，止以導迷。船山先生固已先我而言之矣。

第七節　倫理之學當隨時變易，以期與道合

徐孝節先生曰：“欲求聖人之道，必於其變。所謂變者何也？蓋盡中道者，聖人也；而中道不足以盡聖人，故必觀於其變。蓋變則縱横反覆，

不主故常而皆合道，非賢人之所能。故孔子曰‘未可與權’，孟子‘惡其執一’也。”

王嘉秀問於陽明曰：“孟子言‘執中無權猶執一’”。先生曰：“中只是天理，只是易。隨時變易，如何執得？須是因時制宜，難預先定一個規矩在。如後世儒者，要將道理一一説得無罅漏，立定個格式。此正是執一。”

綜觀徐、王二子之説，變通之利如此，執一之害如彼。知拘守故常不足以語夫[12]道矣。况社會日赴繁難，進步頗速，徒泥往昔之識見，其不適於今日之社會，淺識皆知。但天下事有可與民變革者，有不可得與民變革者，《戴記》所言固鑿鑿可據。可得變革者何？禮法是也。不可變革者何？道德是也。

自近世進化論發明，學者推而考諸各種學術，因謂即道德亦不能獨違此公例。日本加藤弘之有《道德法律進化之理》一書，即此種論據之崖略也。其實原書所言，乃倫理之範圍，非道德之範圍。藉曰道德，亦僅道德之條件，非道德之本原。若夫道德之本原，則無古、無今、無中、無外，莫不相同。蓋道德者，即吾良知之發見也。古今中外，人莫不具有良知，即莫不具有道德。善夫！王子之言曰：“良知之於節目事變，猶規矩尺度之於方圓長短也。節目事變之不可預定，猶方圓長短之不可勝窮也。故規矩誠立，則不可欺以方圓，而天下之方圓不可勝用矣。尺度誠陳，則不可欺以長短，而天下之長短不可勝用矣；良知誠致，則不可欺以節目事變，而天下之節目事變不可勝用矣。”

今世之所謂舊道德新道德云者，據其節目事變言之耳。至道德之本原，放諸四海而準，俟諸百世不惑。正孔子所謂“一以貫之”。明乎此，則變而不失其正，可言修身，可言處世矣。

第八節　倫理與人類之關係

人類起原之年代，世百其説。多者達於四十萬年以上，少亦越二萬年前。據哲學家言，世界萬事萬物之公理，自單簡至於複雜，自少數至於多數。地球之發展也，由浮萍而化成植物，由植物而化成動物。人在動物中最爲晚出，走不若獸，飛不如禽，游泳江湖不如魚鼈。然鳥獸魚鼈或爲人所驅逐，爲人所宰割，而人獨能繁衍於天地間者，果操何術哉？董子曰："人當知自貴於萬物。"蓋人貴於萬物，厥有二端：一曰能靈，一曰能群。人惟靈於萬物，故貴於萬物。齊鮑氏子曰："天地萬物，與我并生，類也。類無貴賤，徒以小大智力而相制，迭相食。"見《列子·説符篇》。夫以藐藐一身，而使天地位，萬物育，非天下之至靈，其孰能語於斯。故東漢劉陶曰："天地非人，無以爲靈。"否則冥頑不靈，與萬物共受其淘汰已耳。又荀子有云："人之所以貴於禽獸者，以其能群也。"班孟堅則謂："群生於愛。不能愛則不能群，不能群則不能勝物。"泰西群學之精理，二語幾該括無遺。夫人惟最靈，故知合群之益。惟能合群，故人與人相接而倫理以生。倫理學者即所以維繫人群，保存人類者也。無倫理則無秩序而大亂以生，勢不至弱肉强食、互相吞噬而不已。乃近世學者多蔑視倫理一科，至中國舊有倫理，則尤鄙夷而不屑道。是皆不知倫理與人類之關係也。

第九節　倫理學與各科學之關係

科學有二别：一主理論者，一主實踐者。前者謂之學，後者謂之術。倫理學者，位於諸術之上，直可以包含諸術者也。故欲研究倫理學而不先修他學科以爲準備，則必不能因研究倫理而大獲功效。中國倫理學發達最早，其微言大義載列經傳者，炳若日星，不能聽其銷滅固已。而泰西近日學術日新月異，精神文明實與物質文明而俱進，倫理亦其一端也。故欲研究中國倫理學者，不可不參觀泰西倫理學。欲參觀泰西倫理學者，又不可不旁及其他學科。今試即倫理學與各科學最有關係者，臚列如左：

倫理學與心理學　心理學乃測驗人心之作用，而研究其作用之方法、心意活動之法則，與夫心意發達之順序之一學科也。若精言之，則吾人之心意中例有知力、感情、意志三作用。此三作用之間，各有種種動力，如知力内既有知覺之動力[13]，感情、意志内動力亦復雜出。心理學者，研究心意一切之異動如何發生、如何發達、又如何活動者也。當研究倫理學之先，不可不措意於斯學。蓋倫理學之所研究者，在於道德。道德者，由吾人心意所發生之事也。若不略知發生道德之心意如何，與其如何作用，則必不能深究倫理。即閲近出之倫理學書，必不能了然於心，故必先研究心理學之大概，考察吾人心意之作用如何，而後始可讀倫理學書也。

倫理學與社會學　社會學爲新創之學問，不如倫理學、心理學發達之早，書籍亦不及諸學科之多。蓋今日所謂社會學者雖漸萌芽，而組織完全則尚待諸異日。特是人者，社會之動物也。吾輩集成此社會而生存。社會之外，實無一人居也。吾輩既生於斯長於斯死於斯，無一日能離社會。則欲研究倫理學時，自不可不先知社會學。吾人居此社會，此社會與吾輩個人究有如何之關係，吾輩在此社會，所應圖謀者何事，社會日日所傳於吾輩之影響何在。前此之社會果經幾許階級而始至今日？後此之社會應如何組織始底於完全？考是等問題之大概，實研究倫理學時必不可缺之務也。

倫理學與政治學　倫理學以人爲單位，政治學以國家爲單位。人無道德，善惡、邪正不分，不可以爲人。國家無政治，理亂、黜陟不明，不可以立國。由此觀之，人即倫理學，國家即政治學。然國無人不立，人無國不存，倫理學與政治學所有以關係也。普拉都謂："先有人而後有國。"愛里斯都德耳謂："先有國而後有人。"如普拉都所説，則倫理在先，政治學附屬於倫理。如愛里斯都德耳所説，則政治在先，倫理學附屬於政治。兩説各執其是，尚未能定其孰優。據《中庸》，知、仁、勇三者，則知所以修身，知所以修身則知所以治人，知所以治人則知所以治天下、國家，則倫理學當爲政治之本。

倫理學與哲學　無論何種科學分類，皆甚詳悉。然其間必有偏重之一門，而卒歸於哲學。哲學者，總全世界萬有之顯象而歸於一者也。以物理學中力學而言，考究力原必普通天下各種之物力。以生理學中進化而言，必考究動物、植物、礦物之關於飲食者，爲人身養衛之資。蓋各科學範圍甚狹，一門科學祇有一門之研究。哲學包含萬象，係研究各科學之結果。而推原其理由，亦猶倫理學之於人，凡日用起居動作，範圍而不過，曲成而不遺，故與哲學有關係焉。且其相關係處較他科爲深。例如《周易》陰陽、《洪範》五行，周茂叔《太極圖説》，聖經賢傳之與哲學有關係者不可枚舉，姑言此以概其餘。

以上各科，研究倫理時不可不知其大概。此外有裨於倫理學者，若論理、生理、生物、經濟諸學科，雖緊要不如以上各科，要亦有志於倫理者之所當務也。

【校記】

〔1〕湖北省公立法政專門學校刊印之《倫理學》（下稱“法政本”）中，“則未免失於一偏矣”作“未免有意吹求矣”。

〔2〕“法政本”中，“者”字前有“蓋倫”二字。

〔3〕“法政本”中，“途”作“遂”。

〔4〕“法政本”中，“每”作“毛”。

〔5〕“法政本”中，“宗”作“中”。

〔6〕“法政本”中，此段文字有脱漏。

〔7〕據劉鳳章《論倫理學當以孔教爲基礎》（北京大學圖書館藏武昌中華大學 1915 年 5 月 1 日出版《光華學報》第 1 年第 1 期《論叢》第 1～4 頁），“迷”後脱“信”字。

〔8〕“法政本”中，“但”作“他”。

〔9〕據劉鳳章《論倫理學當以孔教爲基礎》，“巧爲傅會”作“曲爲解釋”。

〔10〕“法政本”中，“論理學”作“論理科學”。

〔11〕“非論”後，疑脱“理”。“法政本”中，“非論學”後缺頁脱漏至第二章第三節。

〔12〕據劉鳳章《修身講義》，“夫”作“大”。

〔13〕“動力”後，書眉墨批有“又有記憶事物之動力既有思想之動力又有考察事物之動力”。

第二章　修己之道

第一節　論己身之重要

於萬物之中而有人，與衆人之中而有已，則己身者即社會之一分子也。中國“身”字，篆文象人身之形，略與夏字之形同。夏字從𠂆，象人頭頸之形；從目，象人身之形；從夂，象人足詰屈之形。夏訓中國之人。《説文》。則己身生於中國，又即中國人民中之一分子矣。中國自古以來對於己之思想各有不同。上古之人只知自衛，故我字從戈，躬字從弓。蓋處競争之世，兵器不可須臾離。然即造字之義觀之，則古人舍自衛之外，固無所謂義務也。周代以降，對於己身之思想亦各不同。道家貴養生，老子以精爲主，視身爲客體。楊朱則以我爲本。然儒家亦非不言養身，故荀子云：“禮者，養也。”董子曰：“循天之道，以養身體。”特非重養身一端，故後世神仙之説皆託名道家。儒家、墨家皆貴修身。修身者，所以欲人成爲完全無過之人也。然中國平昔之思想，以身爲家族之身。《禮記·哀公問》云：“身也者，親之枝也。”《祭義》云：“身者，父母之遺體也。”又《爾雅》亦訓身爲親。不以身爲社會之身。其所謂修身，蓋僅爲實踐家族倫理之基耳。故孟子以不失其身爲能事其親。惟孔子言殺身成仁，仁從二人，所謂犧牲一己之生命而爲社會圖公益耳。又《大學》言齊、治、平，必推本於修身。張横渠《西銘》曰：“乾吾父，坤吾母。予兹藐焉，乃混然中處。”吴康齋亦曰：“男兒須挺然世間，是己身爲世界之身，非家族所克私有之身也。”故羅念庵有言：“吾人當將此身放在天地間公共地步。”公共之地，即西人所謂社會、國家也。因此理不明，而後己身所對，僅以族家爲範圍，凡事於家族有利者則經營，惟恐其後。於家族有害者則退避，不敢復攖，而一群公益不暇兼營。此則講中國倫理學者之一大失也。

第二節　論德育智育體育爲修身三要素，不可缺一

《中庸》云："好學近乎知，力行近乎仁，知恥近乎勇。"三者即智育、德育、體育之謂也。知識不高，無以治身。德行不立，無以立身。體魄不强，無以衛生。故東西教育家咸注重此三者。其倫理一科則德育也，體操一科則體育也，心理、論理、歷史、地理、算學、理化、圖畫以及農工商業各專門則智育也。有完全之教育，斯有完全之人格。國民人格完全，小之足以强身，大之足以强國。英、法、德、美、日本之强，其以此乎！考中國古代教育，非不注重此三者。《周禮・地官・大司徒》："以卿[1]三物教萬民而賓興之。一曰六德，知仁聖義忠和；二曰六行，孝友睦婣任恤；三曰六藝，禮樂射御書數。"夫所謂六德六行者，非德育之事乎？然知聖則爲智育所從出矣。所謂六藝者，非智育之謂乎？然射御則體育所必需矣。《禮記・内則》："六年，教之數與方名。九年，教之數日。十年，學書記，朝夕習幼儀，請肄簡諒。十有三年，學樂，誦詩，舞勺，成童，舞象，學射御。三十，學禮，惇行孝弟。"夫數與方名，即算學與輿地學也；學書者，即國文也；學樂誦詩，即音樂學也。此皆屬於智育。學幼儀、舞勺、舞象，學射御，此皆屬於體育。學禮，惇行孝弟，則屬於德育。是三代上之教育，與近日教授學科無少差異。自秦代以愚民爲政策，而智育遂不講矣。漢代表章六經，於德育亦加提倡。而智育、體育則尚缺而不全。宋儒注重德育尤過漢儒，以格致爲進學之階，非不留心智育者。獨諱言勇德，以斷欲克私注之，而一時冬烘名士，幾奄奄無生人氣。陳同甫斥爲風痺不知痛癢之人。朱子雖不能任其咎，然中國風氣日趨柔懦，未始非教育不完不備有以致之也。獨明季顔習齋先生以復周禮三物教法爲宗旨，其所定學規，有理學齋課程，朱陸王之學，所以重德育也。有武備齋課，古兵法、戰法、射御各技藝，所以重體育也。復設文事齋課，禮、樂、書、數、經、史齋課，經史詩文，所以重

智育也。與近日學校教科，實相脗合。乃持歐化主義者多鄙棄國學，以爲不足深道。[2]不知[3]人必有魂乃望生存，國必有魄乃望存立。英以活潑進取爲國魂，美以蒙羅主義爲國魂，日本以武士道爲國魂，中國豈獨無國魂哉？蓋知、仁、勇三者即孔教之真髓，亦即中國之國魂也。國魂失而國可望久存乎？魂些歸來，竊欲效宋玉之招矣。

第三節　心之本體及作用

《説文》心字下云："人心，土臧也，在身之中，象形。"案《説文》以心爲臟腑之一，仍襲古代之陳言。今西人心理學以腦髓爲心之所在，西人生理學謂人之神經有二統系。一曰腦脊髓神經統系，一曰交感神經統系。腦神經由腦髓分出，普達百體五官。故五官百體一有感覺，則腦髓之運動神經感之而動，而知覺以生。故腦髓之大腦，即心所在之地也。而心理學亦用此説，實爲世界公認之學。一切思想咸由腦髓而生。其説雖與《説文》異，實爲精確之言。然中國古説亦非不知思想之出於腦。考《説文》思字從囟[4]，即象腦蓋之形。《説文》思字下，頭會腦蓋也，出古文囟字。蓋囟字古文作出，亦像思想出外之形。劉熙《釋名》云："心，纖也，言纖細則無物不貫。"蓋纖爲尖鋭之意，心訓爲纖，即象思想外出之形。《韻會》云："白囟自[5]心如絲，相貫而不絶。"與新説五官百體皆受命令於腦筋，其義實相符合。但物有動靜，心亦有動靜。《中庸》言"喜怒哀樂之未發"，此指心之本體言之也。又言"發而皆中節"，此指心之作用言之也。又《易》言"寂然不動"，此亦指心之本體言之。"感而遂通天下之故"，此亦就心之作用言之也。朱子之釋《大學》也，以心爲人之靈明，所以具衆理而應萬事。聚衆理之説，近於西人之儲能，所謂心之本體也；應萬事之説，近於西人之效實，所謂心之作用也。程子曰："心，一也。有指體而言者，有指用而言者。"其解釋最爲明晰。惟言本體，易遁於虛無，涉於惝怳，儒釋聚訟，由來舊矣。茲先就心之發動及作用考求其次第，使修身者有所持循焉。

一、知之作用　《樂記》曰："人生而靜，天之性也。感於物而後動，性之欲也，物至知知[6]。”《大學》言：“心不在焉，視而不見，聽而不聞，食而不知其味。”據《樂記》所言，身有所感則心有所觸。據《大學》言，則身有所感貴心有所思。蓋凡物之至，前不能無大小、高下、精粗、美惡之判。思也者，即所以比較其大小高下，分析其精粗美惡也。使萬物交感於前而淆然莫辨，則孟子所謂“無是非之心，非人也”，不辨是非者不得爲有知。故人之知覺靡常，貴憑思想而範之使正。明乎《大學》正心之旨，而知之作用得矣。

二、情之作用　古人之言情也，或言六情，或言七情。《左傳》昭公二十五年云：“民有好惡喜怒哀樂，生於六氣。”此就六情言也。《禮記・禮運篇》云：“何謂人情，喜怒哀懼愛惡欲七者，弗學而能。”此就七情言也。蓋人生之初，即具喜怒哀懼愛惡之情。案，欲生於情而欲實非情，何則？欲即由喜怒哀樂愛惡而生也。《禮》言七情，不若《左傳》言六情之確。惟用之不當，則易致偏僻。故班孟堅言節情，陶靖節言陶情。然未嘗以情爲惡也。自後儒以欲爲惡，欲緣情生[7]，遂并情而亦排斥之矣。不知人非木石，孰能無情。《孟子》言“乃若其情，則可以爲善”，《中庸》“喜怒哀樂之未發謂之中，發而皆中節謂之和。”喜怒哀樂即情也。明乎中節之言，情之作用得矣。

三、意之作用　朱子曰：“情是性之發，意是主張如此，如愛此物是情，所以去愛此物是意。”蓋情有所動，即意有所營。意也者，即人心所起之志念也。一念之惡，疾風暴雨。一念之善，景星慶雲。始萌於念慮之微，終見於事爲之大。明乎《大學》誠意之旨，意之作用得矣。

知、情、意三者悉緣心而起，然必有知而後有情，有情而後有意。智愚由是而分，善惡亦由是而判，故心理學家與倫理學家咸重視之。但心理學者就心之作用而求其原理者也，倫理學者論心之作用而使之納諸範圍者也。心之作用萬端，其綱要不外乎此。

第四節　説性

前儒之言性者，或言性善，《詩》言“民之秉彝，好是懿德”，爲性善説之始。

或言性惡。《荀子》言人性惡，其善者僞也。言性善由於人爲。或言性無善無不善。此告子之説，揚子善惡混之説本之。或言性可以爲善，可以爲不善。亦告子之説。或言有性善有性不善。此公都子所引之説，韓子性有三品之説本之。異論紛歧[8]，莫衷一是。而孟荀二説尤覺大相背馳。其實二子論性，皆以教育爲前提，而所持主義各别。孟子言性善，其功專在擴充，所謂積極主義也。荀子言性惡，其功專在矯正，所謂消極主義也。《商書》言“惟天降衷於下民，若有恒性”，此孟子之所本。“惟天生民有欲”，此荀子之所本。自近世社會道德日益墮落，人幾疑荀子之言信而有徵，而於孟子反多疑難。不知孟子所謂性善者，謂人性皆有善，《孟子》“人無有不善”，趙氏注云：“人皆有善性。”《孟子》“道性善”，注云：“人生皆有善性。”“親親，仁也，敬長，義也。”注云：“人，仁義之性，少而皆有之。”公都子章章指云：“天之生人，皆有性善。”趙邠卿善讀《孟子》，深明乎“皆有”之説也。“人之有是四端也，猶其有四體也。”僞孫疏云：“然則人人皆有善矣。”此語亦明白直截，不可以其僞而忽之也。非謂人之性皆純乎善也。宋儒讀《孟子》，於“皆有”二字，未能深加體察，轉疑孔子“性相近、習相遠”之言，非論性之本。程子：“性一也，何以言相近。此只是氣質之性，如俗言性急性緩之類。性安有緩急，此言性者，生之謂性也。”又云：“凡質性處，須看立意如何。且如人言性善，性之本也。生之謂性，論其所稟也。孔子言性相近，論若[9]其本。豈可言相近止論其所稟也。”朱子於《論語》引程子語，其言大略相同。而倡爲義理之性、性質之性二説。意在調停孔孟，而不覺其詞費耳。考古代性字與生字同。《論語·公冶長》“夫子之言性與天道”。皇《疏》云：“性，生也。《白虎通》云：性，生也。《春秋鈎命决》云：性，生於陽，以就理也。”韓昌黎《原性》云：“與生俱生也。”儀徵阮氏《性命古訓》曰：“性字，本從心從生。先有生字，殷周人造此字，以諧聲，聲即意也。”《樂記》云：“民有血氣心知之性。”性字從生，指血氣之性言也。性字從心，指心知之性言也。明乎性字古訓，不獨孔孟之説可通，即孟荀之辯亦可息。荀子知禮義爲聖人之教，而不知禮義亦出於性。知禮義爲明於其必然，而不知必然及[10]自然之極，則適以完其自然也。就孟子之書觀之，明理義之爲性，舉仁義禮智以言性者，以爲亦出於性之自然。人皆弗學而能，學以擴而充之耳。荀子之重學也，無於内而取於外。孟子之重學也，有於内而資於外。休寧戴氏之言，剖辨明晰，實足解紛。況荀子有言："涂之人可以爲禹。"與孟子"人皆可以爲堯舜"之語何殊？又千古質疑孟子者，莫若司馬温公。温公言桀紂亦知禹湯之爲聖也，盜跖亦知顔閔之爲賢也。人之情莫不好善而惡惡，慕是而羞非。又云盜跖、莊蹻諱聞其過，有羞惡也。是人性皆有善，蘭陵、涑水蓋均知之矣。

第五節　説命

經傳所言命字，有屬於義理者，有屬於氣數者。如《書·太甲》："顧諟天之明命。"《中庸》："天命之謂性。"此所謂義理之命也。《論語》云："道之將行也與，命也。道之將廢也與，命也。公伯寮其如命何!"子夏曰："死生有命，富貴在天。"孟子曰："孔子進以禮，退以義，得之不得曰有命。"此所謂氣數之命也。聖賢雖亦言氣數，要不過於無可如何之時，託辭以自解耳，非真謂天命難回，人事可廢也。乃自甘暴棄者流，見夫爲善未必獲福，爲惡未必得禍，求其故而不得，遂謂天命有在，不可以智力争。而言術數鬼神者，及得乘間而肆其簧鼓。信術數之學者，如揚子所説，以命爲天命，非人所能爲。漢宋大儒，尚不免爲此説所束縛，而陋儒無論矣。信鬼神之術者，如左氏所言："神福仁而禍淫。"宗教家用此術以約束人心，未始不足以濟法律之窮。然本此設教，易誘人於虚誕，流弊亦不可勝言。二説雖有不同，其以天道爲可憑則一也。不知命由己造，非定於天。《書·吕刑》言"自作元命"，作訓爲造，此即造命之説也。《詩》言"自求多福"，福由自求，足見非由天錫。又令[11]："自貽伊戚"，戚由自貽，足見非由天降。又《左傳》載閔馬父之言謂"禍福無門，惟人所召"，其説皆足與《吕刑》相發明。孟子言："知命者，不立乎巖牆之下。"又曰："桎梏死者，非正命也。"按孟子此言，見氣數之不足信。如謂命自天定，則是巖牆不必避，而桎梏不足憂矣。蓋天道靡常，而人事有據。天下無不可求之學，天下即無不可爲之事。就修學而論，百倍其功者，愚可轉明，柔可轉强。就治事而論，百折不回者，危可使安，亂可使治。爲聖賢，爲豪傑亦視其志氣如何，力行如何耳。夫豈術數之説所能限，鬼神之説所能惑哉？知此乃可言造命。

第六節　説德

《説文》“悳”字下云“外得於人，内得於己也。從直心。”悳即德字本文。《釋名》云：“德者，得也，得事宜也。”《詩》孔疏云：“德者，得也。自得於身，行之總名。”蓋德爲人己交利之稱。内得於己者謂之德，外得於人者亦謂之德。心存善念，此内得於己之説也。善德及人，此外得於人之説也。内得於己，即近人所謂私德；外得於人，即近人所謂公德。古人制字，德字從心，蓋以人心有判善惡之能，而身之所行悉本於中。心所欲出，有心存善念之因，即有善德及人之果，并非重内而輕外也。自韓昌黎言“足乎己，無待於外之謂德”，宋代諸儒復本此以立説，於是所謂德者，幾墮於空虛，而無所據。不知德之存於中心者謂之德，《論語》言“君子懷德”，“德之不修”，“據於德”，“道之以德”，皆指中心之德言。故皇《疏》引郭象説云：“德者，得其性也。”而德之見諸施行者，亦謂之德。《論語》言“何以報德”，此指惠澤而言，故王充《論衡》有言：“實行謂之德。”《周禮》師氏以三德教國子，一曰至德以爲本，此德之存於中心者也；二曰敏德以爲行，此德之見諸行事者也。賈逵《左氏解詁》以正德、利用、厚生爲天地人三德，所謂正德，即德之存於中心者也；所謂利用、厚生，即德之見於行事者也。《論語》列德行爲一科，蓋德必見諸實行乃爲實德。鄭康成《尚書注》有言：“人能明其德，所行使有常，則成善人。”《皋陶謨・正義》引。其訓最精。蓋德藴於心，必見諸施行，其德乃顯。凡仁恕忠信諸名，皆德中之一子目。德也者，一切善念之統名，亦即一切善行之統名。心兼體用言，德亦兼體用而言。使有體而無用，則《大學》所謂“明明德於天下”者，果何謂哉！

第七節　説才

《説文》云："才，草木之初也。從丨[12]上貫一，將生葉。一，地也。"段氏注云："一爲地，丨爲枝葉。莖出地而枝葉未見，故曰將生。"蓋草木之初生者，曰才。而人之才能亦見於初生之時。草本之初，枝葉未呈，然枝葉已萌。人生之初，材幹未呈，然材幹畢具，故才能之才即由草木初生之義引伸。蓋人性本體不可測度，其見於外者，一爲性中所發之情，一爲性中所呈之才。情也者，因感物而發者也，才也者，因作事而呈者也。人所具之才各殊，然衹可被以優劣之名，不得謂之善惡，何則？才本於性，而性之實體，即血氣心知是也。血氣心知具於生初，則才亦具於生初。故孟子以才爲天降，然降才所以各殊者，其故有二：一由血氣，以血氣運行之遲速判性情之剛柔；一由心知，以腦髓之大小完缺判人心之智愚。昔宋儒侈言氣質之性，不知氣質之性即性中所具之才。血氣有剛柔之殊，即宋儒所謂氣也。心知有智愚之殊，即宋儒所謂質也。故才必合氣質而後具，而人生所具之能，即爲氣質所拘，生種種之區别，所具之能不同，故人各有能有不能。才具於性，是爲儲能。以才見之施行，是爲效用。所儲之能若何，即所效之用若何。各如其量，不能稍踰。《詩》言"民之秉彝"，秉彝者，即才之謂也。朱子解秉彝爲情，非是。董子言："性有善質"，質也者，亦即才之謂也。孟子言"仁義禮智，我固有之"，倍蓰無算，由於不能盡其才，此言人人當擴充其才而用之也。又言"存乎人者，豈無仁義之心"，梏之反覆則近於禽獸。人以爲未嘗有才，此惜人之自棄其才也。古人之論才也，以爲才既不同，使人人各就其才之所近，以各盡其能，然後天下無棄才。然此仍主任天之説也。若《中庸》言："雖愚必明，雖柔必强。"愚明柔强，皆屬於才，此即變化氣質之説。以人定勝天，是爲人與天争，此又才質不足限人之説也。蓋天下無一無才之人，其所謂不才者，皆自棄其才，及才之限於一偏者也，可[13]不勉哉！

第八節　仁義禮智信

《白虎通》曰："五性者何謂？仁義禮智信是也。仁者不忍，施生愛人也。義者宜也，斷決得中也。禮者履也，履道成文也。智者知也，獨見前聞，不惑於事，見微知著也。信者誠也，專一不移也。故人生而應八卦之體，得五氣以爲常，仁義禮智信是也。"

朱子曰："性是實理，仁義禮智皆是。"又曰："仁義禮智，人性之綱。"

日本伊藤仁齋曰："仁義禮智四者皆道德之名，而非性之名。"又曰："自漢唐諸儒至於宋濂溪先生，皆以仁義禮智爲德，而未嘗有異議。至於伊川，始以仁義禮智爲性之名，而以性爲理。自此以後，學者皆以仁義禮智爲性，而徒理會其義，不復用力於仁義禮智之德。至於其功夫受用，則別立持敬、主靜、致良知等條目，而不復循孔子之法。此予之所以深辯痛論，繁辭累言，聊罄愚衷而不能自已者，實爲此也，非好辯也。"按仁義禮智信之目，早散見於《商書》[14]，見鄭曉古言。特未薈萃而爲五常之説耳。孔子遠承家學，發揮仁字，博大精深而諸德悉包孕其中，至曾子始發展爲仁義。詳見《孟子》及《大戴禮》諸書。宋儒言孔子開口言"仁"，孟子開口言"仁義"，殆未細考耳。孟子發展爲仁義禮智，董子發展爲仁義禮智信。蓋中國五常之説，經數千年組合而始成。名爲五常者，謂爲人之常道，不可須臾離者也。伊藤仁齋謂以仁義禮智爲性，昉於伊川。雖考据未免失實，然策勵學者重事功而戒空談，用心亦良苦矣。今試就五常之説分疏於下：

甲、仁字通釋　《説文》"仁"字下云："仁，親也，從人二。"鄭君《禮記》、《中庸》注云："人讀如相人耦之人。"謂以人道待人，能相耦也[15]。蓋人必合兩人而後見，人與人接，仁道乃生。鄭君注《周禮》"太宰以九兩繫邦國之民"云："兩，猶耦也，所以協耦萬民。"蓋以道施之一人者爲耦，以仁道推之萬民者亦爲耦，與人相耦即與人相親。許君訓親爲密至，蓋人與人相[16]親密，始可爲仁，故仁從人二，人二猶言二人也。許君以親訓仁，與鄭君相人耦之訓合。古代未造仁字，故“人”“仁”二字爲互訓之辭。《中庸》云：“仁者，人也。”《孟子》亦曰：“仁也者，人也。”訓仁爲人，足證仁道之大，必以施之人民者爲憑。儀徵阮氏作《論語論仁》、《孟子論仁論》，引《曾子》“人非人不濟”之言以證許、鄭二君之説，又引伸鄭君相人耦之義，謂人之相耦，必彼此兩人各盡其敬禮忠恕，又謂仁必驗之身行而始見，亦必有二人而仁始見。立説至精。案《左傳》襄七年，韓無忌曰：“參和爲仁。”參和者，即與人相耦之義，亦即與人相親之義也。是爲仁字最古之訓。而儒家言“仁”，亦主相親之義而言。有子以孝弟爲仁之本，《中庸》言仁以“親親爲大”。《孟子》言“未有仁而遺其親者”，又言“親親爲仁”，又言“人[17]之實事親是也”，此以仁道推之一族者也。孔子以欲立立人，欲達達人爲“仁”。《孟子》言“親親而仁民”，此以仁道推之一群者也。又孔子言“克己復禮爲仁”，克己猶言反躬，所以抑制己情而不復侵他人之權利也，故能與人相親。然與人相親須擇仁人爲己助，此亦與人相耦之義也，且與人相親，己以仁道推於人，人亦以仁道推於我，故孟子言“愛人者，人恒愛之”也。然人不我親，必我之親人者有未至，故孟子又言“愛人不親反其仁”也。是儒家言仁，皆含[18]相耦相親之義。不能相耦相親，則人各爲[19]心，動致乖戾，而大亂作矣。

乙、義字通釋　“義”古文作“誼”。《説文》“誼”字下云：“誼，宜也。”《中庸》復訓“義”爲“宜”，則“誼”“義”古通。蓋行爲之自由，固爲己身之權利，然自由不能無所限，故有益於人之謂仁，無損於人之謂義。義者，勿爲所不當爲也。勿爲人所不當爲，即能持人己之平，裁抑一己之自由，而不復損人益己，情得其平，與事得其宜之義同。《禮記·表記篇》有言：“義者，天下之制也。”制與限同，所謂無形之裁制也。《易》文[20]曰：“義以方外。”方外者，即砥礪廉隅之義，亦即《樂記》所謂“樂以正之[21]”也。天下爲[22]正直之人守躬嚴肅，以谿刻自處，以克己礪行爲歸，故能裁抑己身，使之不能自逞。善夫！董子之言曰："《春秋》之道，以義正我，故義之爲言我也。"義之法在正我，不在正人。我不自正，雖能正人[23]，弗予爲義。蓋義字正《論語》正身之義。自正其身，即能不納於邪，即能不加損害於他人。觀《論語》言君子"義以爲質"，質[24]與規律之義同，亦隱含裁制之意。心能裁制之謂義，而心能裁抑己身亦謂之義。故義[25]之爲德，所以限抑一己之自由，而使之不侵犯他人之自由也。古人義利并言，蓋無害於人之謂義，無害於人，則人已咸得其益，故利即由義而生。若《論語》言"君子喻義，小人喻利"，孟子言"何必曰利，亦有仁義"，董子亦曰"正其誼，不謀其利"，則以喻利謀利之人，不能裁制己身，因擴張一己之權利，致侵犯他人之自由，故義復與利相反。然衡以公例，則不加損害於人即爲由義。楊朱有言："力之所賤，侵物爲賤。"侵物者，即以權力加諸人之謂也，故爲不義。夫楊子以爲我爲主義者，不義之事尚且不爲，彼以社會國家爲主義而侵犯人之自由者，不又楊子之罪人歟！

丙、禮字通釋　禮訓爲履《説文》，又訓爲體《釋名》，是在躬行，非徒善爲禮儀。孔子曰："不學禮，無以立。"又曰："立於禮。"《曲禮》曰："禮者，不可不學也。"然則欲辨人之有學無學，當先觀人之知禮不知禮。自人情漸漓，徒以飾觀爲禮也。於是言禮者，幾爲天下所詬病，至老子則直欲廢去之，以還淳反樸，究之不能，必天下盡歸淳樸。其生而淳樸者，直情徑行，流於惡薄者，肆行無忌，是同人於禽獸，率天下而大亂也。荀子曰："禮起於何也？曰：人生而有欲，欲而不得，則不得不求。求而無度量分界，則不能不争。争則亂，亂則窮。先王惡其亂也，故禮以分之，以養人之欲，給人之求，使欲必不窮乎物，物必不屈於欲，兩者相持而長。是禮之所由起也。"蓋禮者，天地之條理也。戴氏《孟子義疏證》不僅治身之要，而亦强國之本，由其道則行，不由其道則廢。荀子之言固不誣矣。

丁、智字通釋　《釋名》云："智，知也，無所不知也。"《孟子》："是非之心，智之端也。"《荀子·正名篇》："知而有所合，謂之智。"董子曰："何謂之智？凡人欲舍[26]行爲，皆以其知先規而後爲之。其規是者，其所爲得其所事，當其名，遂其名，榮其身，故慮而無患。其規非者，其所爲不得其所事，不當其名，不遂其名，辱害及其身。故曰：莫急於智。”智有由天錫者，《書》言“惟天錫王勇智”是也；智有由學生者，孔[27]子言“好學近乎智”是也。蓋人之不能盡其才，患二，曰私，曰蔽。私也者，生於其心爲溺，發於政爲黨，成於行爲慝，見於事爲悖、爲欺，其究爲私己；蔽也者，其生於心爲惑，發於政爲偏，成於行爲謬，見於事爲鑿、爲愚，其究爲蔽己。鑿者，其失爲誣；愚者，其失爲固。誣而罔省，施之事亦爲固。私者之安若自然，爲自暴；蔽者之不求牖於明，爲自棄。自暴自棄，然後難與言善，此之謂之大愚。《漢書·古今人表》列愚人爲最下等，誠以智者萬善之所出[28]也，愚者萬惡之所從出也。西國舉行一大政，必先以此政之原理納入於國民之腦中，而後任所推行，無不如志。否則識不及遠見，有舉動輒相猜疑，聞有舉動，群的[29]詛誳，欲求成事，豈可得乎？故欲成真事業者，必自求真知識始。

戊、信字通釋　《説文》云：“信，誠也。”《釋名》訓信爲申，謂以言相申束，使不相違。宋儒訓信爲實，謂不信則事無實。仁義禮智而繼以信，即謂實有此仁，實有此義，實有此禮，實有此智也。據《中庸》言之，所實者，智仁勇也；實之者，仁也、義也、禮也。由血氣心知而語於智仁勇，非血氣心知之外别有智、有仁、有勇以予之也。就人倫日用而語於仁，語於禮義，舍人倫日用無所謂仁所謂義所謂禮也。血氣心知者，分於陰陽五行而成性者也，故曰“天命之謂性”。人倫日用皆血氣心知所有事，故曰“率性之謂道”。全乎智仁勇者，其於人倫日用行之，而天下覩其仁睹其禮義，善無以加焉，自誠[30]明者也。學以講明人倫日用務求盡夫仁，盡夫禮義，則其智仁勇所至將日增益，以至於聖人之德之盛，自誠明[31]者也。質言之，曰人倫日用，精言之，曰仁、曰義、曰禮。所謂“明善”，明此者也；所謂“誠身”，誠此者也。質言之，曰血氣心知，精言之，曰智、曰仁、曰勇。所謂“致曲”，致此者也；所謂“有誠”，有此者也。言乎其盡道莫大於仁，而兼及義，兼及禮；言乎其能盡道，莫大於智，而兼及仁，兼及勇。是故善之端不可勝數。舉仁義禮三者而善備矣。德性之美不可勝數，舉智仁勇三者而德備矣。曰善曰德，盡其實之謂誠，亦謂之信。不信則萬善皆虚，僅於言語見信則失之淺。若并言語而失其信，其將何以行之哉！

第九節　辨術

術者何？心術之謂也。錢啓新曰："聖門教人，無甚高遠。只是教人不壞心術。"王陽明曰："殺人須就咽喉上著刀，吾人爲學，當從心髓入微處用力。"是即辨術之謂也。莫知所辨，則如象山所謂田地不潔淨，亦讀書不得。若讀書，則是假寇兵資盗糧[32]。陸子曰："學者須是打疊田地潔淨，然後令他奮發植立。若田地不潔淨，則奮發植立不得。古人爲學，即'讀書然後爲學'可見。然田地不潔淨，亦讀書不得。若讀書，則是假寇兵，資盗糧。"陽明所謂投衣食於波濤，只重其溺。王陽明曰："學絶道喪，俗之陷溺，如人在大海波濤中，且須援之登岸，然後可授之衣而與之食。若以衣食投之波濤中，是適重其溺也。"學問本以益人，而擇術中[33]精則以禍世。可不懼哉！茲試即[34]學人所當辨者，分列於左。

甲、人己之辨　孔子曰："古之學者爲己，今之學者爲人。"又曰："君子求諸己，小人求諸人。"程明道曰："古之學者爲己，欲得之於己。今之學者爲人，願見知於人也。"程伊川曰："古之學者爲己，其終至於成物。今之學者爲人，其終至於喪己。"案孔子所言爲己爲人，求諸己求諸人二説，學者幾視爲老生常談，習焉不察久矣。實則人之爲學，不從此源頭勘破，其學終歸無用。二程解釋，最爲明碻。或疑爲己之學，在昔則爲獨善其身，在今則爲個人主義，恐於世無所裨益。不知孔子所謂爲己，與楊朱所謂爲我者全異。爲己者，欲度人而先自度也。苟無度人之心，則其所以自度者，正其私也。而先哲所謂一念之微處不可問也，蓋不能自度而言度人，正恐人之未度而己先陷溺。又復借度人之口頭禪，以自飾其污穢充塞之心地。陽明所謂誑己誑人，終其身而不悟者，舉國中多此等人，則國不國矣。此所當辨者一。

乙、誠僞之辨　劉蕺山曰："爲學莫先於辨誠僞。苟不於誠上立脚，千修萬修，只做得禽獸路上人。"又曰："天命流行，物與無妄。妄者，真之似也。古人惡似而非。似者，非之微者也。道心惟微，妄即依焉。依真而立，即託真而行。有妄心斯有妄形。因有妄解釋，妄明[35]理，妄言説，妄事功，以造成妄世界。妄者，亡也。故曰：'罔之生也，幸而免。'人心自妄根受病以來，自微而著，益增曳[36]漏，遂受之以欺。欺與慊對，言虧欠也。《大學》首言自欺，自欺猶言虧心。心體本是圓滿，忽有物以攖之，便覺有虧欠自欺之病。如寸隙當堤，江河可決。"又曰："自欺受病，已是出人入獸關頭，更不加慎獨之功，轉入人僞，自此即見君子，亦不復有厭然情狀。一味挾智任術，色取仁而行違，心體至此[37]百碎，進之則爲鄉愿，似忠信、似廉潔，欺天罔人，無所不至。猶宴然自以爲是，全不識人間有廉恥事，充其類，爲王莽之謙恭，馮道之廉謹，犯上作亂，皆由此出，故欺與僞雖相去不遠，而罪狀有淺深，不可一律論。近世士大夫受病，皆坐一僞字。求其止犯欺，已是好根器，不可多得。"案[38]誠者即真實无妄之謂。具此真實精神，目非是無見，耳非是無聞，心非是無慮。舉人世間最可歆羨之事，不足以易其志；舉人世間最困難之事，不足以奪其志。在西語則爲烟土披里純，所謂"誠能動物"也。不誠則僞，此間原無中立地。然蕺山獨嚴妄、欺、僞三者之辨，何哉？蓋以不誠則妄，妄[39]雖有虧欠處，尚出於無心，欺則心之矣。然欺焉者，猶有羞惡之心存，僞則安之矣。至於僞，則病入膏肓，無可救藥。今之爲學者，試[40]反躬自問，誠耶，妄耶，欺耶，僞耶？此所當辨者二。

丙、義利之辨　孔子曰："君子喻於義，小人喻於利。"陸子曰："凡欲爲學，當先識義利公利之辨。今所學果爲何事？人生天地間，爲人自當盡人道，學者所以爲學，學爲人而已，非有爲也。"方正學曰："入道之路，莫切於公私義利之辨，念慮之興，當靜以察之。舍此不治，是猶縱盜於家，其餘無可爲力矣。"按權利思想功利主義，在近日已成一絕美之名詞，一神聖之學派。際此而嚴義利之辨，强者必怒於詞，弱者必怒於色矣，不知所謂義者，即無所爲而爲之者也，所謂利者，即有所爲而爲之者也。昔象山講喻義喻利一章，拔去學者千百年沈痼，聞者多爲淚下，而其大旨，即謂無所爲而爲即是義，有所爲而爲即是利。今之最急者宜莫如愛國，試問今之自謂愛國者，果無所爲乎？抑有所爲乎？如愛國而有所爲，則多一愛國之人，即多一病國之人。此所當辨者三。

丁、邪正之辨　王陽明曰："今古學術之誠僞邪正，何啻碔砆美玉，有眩惑終身而不能辨者，正以此道之無二，而其變動不拘，充塞無間，縱横顛倒皆可推之而通。世之儒者，各就其一偏之見，而又飾之以比儗仿像之功，文之以章句假借之訓，其爲習熟既足以自信，而條目又足以自安，此其所以誑己誑人，終身没溺而不悟焉耳！"

李卓吾倡爲異説，破除名行，楚人從者甚衆，風習爲之一變。劉元卿問於鄒穎泉曰："何近日從卓吾者之多也？"曰："人心誰不欲爲聖賢，顧無奈聖賢礙手耳。今渠謂酒色財氣，一切不礙菩提路。有此便宜事，誰不從之？"案卓吾所倡異説，即邪説也。卓吾本服膺姚江者，辨之不真，即納於邪。今世自由平等之説，原自有真理。以中國舊學解釋之，則所謂自由者，即孟子所謂"富貴不能淫，貧賤不能移，威武不能屈"之義也。所謂平等者，即孔子"己所不欲，勿施於人"之義也。而自不求甚解者視之，則取其無礙手耳，言自由則無法律，言平等則無秩序。社會流毒，横决縱恣，種種罪惡，憑此發生，羅蘭夫人所言非過慮也。毫釐之差乃致千里之謬，此所當辨者四。

戊、名實之辨　徐日仁曰："學者大患，在於好名。今之稱好名者，類舉富貴誇耀以爲言，抑末矣。凡其意有爲而爲，雖其迹在孝弟忠信禮義，猶其好名也，猶其私也。古之學者，其立心之始，即務去此。"

有友問："三代下，惟恐不好名，名字恐未可抹壞。"王金如云："這是先儒有激之言，若論一名字，貽禍不是小。"友謂："如今日之會，來聽者亦爲有好名之心耳，即此一念，便亦足取。"先生曰："此語尤有病，這會若爲名而起，是率天下而爲亂賊，皆吾輩倡之也。諸君[41]裹足而不可入此門矣。"友又謂："大抵聖賢學問，從自己起見。豪傑建立事業，則從勳名起見。無民[42]心恐事業不成。”先生曰：“不要錯看了豪傑。古人一言一動，凡可信之當時、傳之後世者，莫不有一段真正精神在内。此一段精神，所謂誠也。惟誠故能建立，故足不朽。稍涉名世，便是虚假，便是不誠。不誠則無物，何從生出事業來?”劉蕺山[43]

案：名者，實之賓也，無其實而尸其名是謂不祥。名譽心，本導人奮發卓立之一法門。但所謂名譽心者，與好名自有大别。如戰國時之勇士，苟有損其勇名，則寧以身殉之。所謂寧犧牲生命，毋犧牲名譽，此即所謂名譽心也。若好名者則不然，被[44]其最終之目的，則在利益。名譽不過其間接之目的而已。利益所在，則名譽在所[45]不顧。今之自命爲志士者於彼乎？於此乎？清夜捫心，無難自覺。此所當辨者五。

第十節　辨志

《學記》曰：“凡學，官先事，士先志。”《孟子》王子塾問曰：“士何事?”曰：“尚志。”蓋人之爲學，或進或不進，或成或不成，皆視其志之帥者爲何如然，如何始解有志。陸子曰：“夫子曰‘吾十有五而志於學’，今千百年無一人有志，也是怪他不得。志個甚底，須是有知識，然後有志願。”又曰：“人要有大志。常人汩没於聲色富貴間，良心善性都蒙蔽了。今人如何始解有志，須先有智識始得。”按以上之説，知擴充智識，爲立志先路。然渾言立志，志道義乎？志貨利乎？志聖賢乎？志仕宦乎？是不可不辨。傅子淵曰：“陸先生教人辨志爲先，張嵩庵復申明其説。謂人之生也，未始有異也。而卒至於大異者，何也？則志實爲之。”蓋志立乎中，猶種之播於地。種粱菽則粱菽，種烏附則烏附。雨露之滋，壅培之力，各於其所種以成效。粱菽成則人賴其養，烏附成則人被其毒。此辨之所以不可不早也。所辨爲何？一曰正，二曰大，三曰真，四曰鋭，五曰堅。

子曰：“苟志於仁矣，無[46]惡也。”陸子曰：“要當軒昂奮發，莫恁地沈埋在卑陋凡下處。”劉静之曰：“後世以是爲非，指醉爲醒，倒置已極。君子欲矯其弊，不得不矯枉。”此立志貴[47]正之説也。

程子曰：“莫説道將第一等事議[48]與別人，却做第二等才[49]。如此説便是自棄，雖與不能‘居仁由義’者差等不同，其自小一也。言學便以道[50]爲志，言人便以聖爲志。”陸子曰：“大世界不享，欲要占個小蹊小徑子。大人不做，要爲小兒態，可惜!”李二曲曰：“立志，當仿[51]天地間第一等事！當做天地間第一等人！當爲前古後今擔當大道!”此立志貴大之説也。

王龍谿曰：“立志不真，故用力未免間斷，須從本原上徹底理會。種種嗜好，種種貪着，種種奇特技能，種種凡心習態，全體斬斷，令乾乾淨淨。此志既真，工夫方有商量處。”耿天臺曰：“此學須是自己發大願心，真真切切肯求，便日進而不自知矣。蓋只此肯求，便是道了。求得自己漸漸有些滋味，自家放歇不下，便是得了。”徐魯源曰：“立志既真，貴在發脚不差，終走罔路，徒自罷苦，終不能至。”問：“安得不差?”先生震聲曰：“切莫走閉眼路。”此立志貴真之説也。

程子曰：“陽氣所發，金石爲開，精神一到，何事不成。”張子曰：“吾學不振，非强有力者不能自奮[52]。”朱子曰：“真須抖擻精神，莫要昏鈍。如救火治病然，豈可悠悠歲月。”陸桴亭曰：“志是入道先鋒，先鋒勇，後軍方有進步，志氣鋭，學問方有成功。”此立志貴鋭之説也。

張子曰：“有志[53]於學者，不論氣質之美惡。只看志如何，匹夫不可奪志也，惟患學者不能堅忍。”朱子曰：“聖賢千言萬語，無非只説此事。須是策勵此心，猛勇奮發，拔出心肝與他去做。如兩邊擂起戰鼓，莫問前途如何，只認捲將去。如此，方做得工夫。若半上落下，半沈半浮，濟得甚事。”又曰：“且如項羽救趙，既渡河，沉船破釜，持三日糧，示士必死，無還心，故能破秦。若瞻前顧後，便做不成。”又曰：“如飢渴之於飲食。如居燒屋之下，如坐漏船之中。”陽明子曰：“如貓捕鼠，如雞覆卵，精神凝聚融結，而不復知其有他。”此立志貴堅之説也。能此五者，乃能自重，能自立，能轉移時勢，不爲時勢所轉移。語云者，駑駘[54]十駕，必有一至。况志之爲物，往而必達，圖而必成。世之自暴自棄者，爲氣所勝，習所奪，不知自責，乃以責世。不知世豈錮得人，人自無志耳。鄒南臯曰："吾輩無論出處，各各有事，肯沈埋仕途，便沈埋，不肯沈埋，即在十八重幽暗中，亦自驤首青霄。世豈錮得人？人自無志耳"。祝熙功曰："世之溺人久矣，吾之志所以渡吾[55]，不與風波滅没者也。操舟者，柁[56]不使去手，故士莫要於持志。"此皆不爲時勢所轉移之故。然則士人莫先於立志，而立志之先，尤貴有所辨。

第十一節　知行合一

《易》曰："知至至之，可與幾也。知終終之，可與存義也。"程子曰："須是識在行之先，譬如行路，須先光照。"又曰："人若知識明，則力量自進。"觀以上各説，其知之急於行。《書》曰："非知之艱，行之爲艱。"朱子曰："學之博，未若知之之要。知之之要，未若行之之實。"觀以上[57]各説，見行之重於知。朱子曰："知行常相須，如目無足不行，足無目不見。論先後，知爲先；論輕重，行爲重。"此見知行之不可偏廢。陽明王子曰："知者，行之始；行者，知之成。聖賢只是一個功夫，知行不可作兩事。"又曰："知之真切篤實處，即是行；行之明覺精察處，即是知。"此見知行之合一。按知行合一之説，倡自陽明，於古訓無徵。毛西河於陽明事功推崇盡致，而於知行合一之説亦多駁[58]義。不知知行有定義，乳臭童子均能辨之。陽明大儒，豈反不得其解？不明其救世苦心、立言宗旨，輕信與輕疑，兩無當也。立言宗旨，先生嘗自言之，試録於左：

問："知行合一"，曰："此須識我立言宗旨。今人學問，只因知行分作兩件，故有一念發動，雖是不善，然却未曾行，便不去禁止。我今説個知行合一，正要人曉得一念發動處，便是行了。發動處有不善，就善將這不[59]的念頭克到了。須要澈根澈底，不使那一念不善潛伏在胸中。此是我立言宗旨。"

黄梨洲曰："如此説知行合一，真是絲絲見血。先生之言真切乃爾，後人何曾會得。"按陽明先生所言，一切發動便是屬行，乃遏人欲於將萌，用意至爲真切。乃先生他日又言："凡知當仁者，皆可謂能致其仁之知，知當忠者，皆可謂能致其忠之知，則天下孰非知致者耶？"是始發諸念慮，不得指爲已行，與前言似相矛盾，不知立言宗旨正可從此推勘。蓋由前之説，謂惡之當去也；由後之説，謂善之當爲也。知善當爲而不爲，即是未知；知惡當去而不去，即是已行。其發人猛省，最爲深切。特學者狃於常解，不能鞭策入裏，故覺索解無從耳。此説在當時，門人即多致疑。先生逐一解釋，語至警闢，試摘録於左，以資考證。

門人問曰："於今儘有知得父當孝、兄當弟者，却不孝、不弟，便是知與行分明是兩件。"

先生曰："此已被私欲隔斷，不是行的本體了。未有知而不行。知而不行，只是未知。聖人教人知行，正是要復那本體，不是着你衹恁地便罷。故《大學》指個真知行與人看，説'如好好色，如惡惡臭'。見好色屬知，好好色屬行。只見那好色時，已自好了，不是見了後，又立個心去好。聞惡臭屬知，惡惡臭屬行，只聞那惡臭時，已自惡了，不是聞了後，别立個心去惡。如鼻塞，人雖見惡臭在前，鼻中不曾聞得，便亦不甚惡，亦只是不曾知臭。就只稱某人知孝、某人知弟，必是其人已孝弟，方稱他知孝弟。又如痛，必已自痛方知痛；知寒，必已自寒了；知饑，必已自饑了。知行如何分得開？此便是知行本體，不曾有私意隔斷的[60]。聖人教人，必要知[61]，方可謂之知。不然，只是不曾知。此却是何等切要工夫。"

門人問曰："古人説知行做兩個，亦是要人見做分曉。一方做知的工夫，一方做行的工夫，師[62]工夫始有下落。"

先生曰："始郤[63]失了古人宗旨。某嘗説知是行的主意，行是知的工夫，知是行之始，行是知之成。若會得時，只説一個知，已有行在；只説一個行，已有知在。古人所以既説一個知，又説一個行者，只爲世間有一種人，懵懵懂懂的恁意去做，全不解思維省察，也只是個冥行妄作，所以必説個知，方纔行得是。又有一種人，茫茫蕩蕩，懸空去思索，全不肯着實躬行，只是個揣摸影響，所以必説一個行，方纔知得真。此是古人不得已，補偏救弊的説話。若見得這個意思時，即一言而足。今人却將知行分作兩件去做，以爲必先知了，然後能行。我如今且去講習討論做知的工夫，待知得真了，方去做行的工夫，故道〔64〕終身不行，亦遂終身不知。此不是小病痛。”

門人問曰：“工夫次第不能無先後之差，如知食乃食，知飲乃飲，知衣乃服，知路乃行。未有不見是物，先有是事。”

先生曰：“夫人必有欲飲食之心，然後知食，欲食之心即是意，即是行之始矣。食味知美惡，必待入口而後知，豈有不待入口而已先知食味之美惡者耶？必有欲行之心，然後知路，欲行之心即是意，即是行之始矣。路歧之險夷，必待身親履歷而後知，豈有不待身親履歷而已先知路歧之險夷者耶？知湯乃飲，知衣得服，以此例推，皆無可疑。”

參觀以上各説，見先生大聲疾呼，無非因末流陷溺，欲人人俱求知，俱尚實行起見。初非好爲新奇可喜之論也。自世儒但求知於聞見，所言則是，所行則非，人譏其未能實行也，而不知其未能真知。劉蕺山先生曰：“學有嘗知，有真知。”例如孝、弟、忠、信、禮、義、廉、恥，初識字者皆知其點畫如此，而遂謂之知，皆劉子云所謂“嘗知”耳。不然，當八股取士之日，言學者孰不尊孔孟而詆老莊，言治者孰不慕伊周而羞管樂。是三年之中，應得數千孔孟、數千伊周也。而何以民德日薄，世運日衰，遷流至於今日，巨浸滔天，幾挽救無術哉？蓋知而不行，有如未知，讀書卷〔65〕與未識一字者等。陽明王子以“知行合一”四字喚醒後儒，是真能發聾聵而起膏肓，不獨救病一時，實且立功萬世。論者得以背古訓而少之，不知法聖人法其意而已。程朱雖未言知行合一，然程子有曰：“知不善之不可爲，而猶或爲之，不得爲真知。”朱子曰：“知愈真則行愈力，行愈力則知愈至。”是措辭雖殊，而用意實合。試縱觀東西，若梭格拉底、康德，西人之所稱爲聖人者也，若中江藤樹，東人之所謂聖人者也，皆以“知行合一”之訓啓發人心，與陽明桴鼓相應。即前此鞭撻西人，使西人不敢薄視東人者，如日本東鄉大將，其生平得力即在“知行合一”四字。觀其鐫草[66]有云：“一生低首拜陽明”，可以知其信仰之深矣。嗚呼，滔滔天下，孰抱真知？聚訟盈庭，其何日已？“舍却自家無盡藏，沿門擊钵效貧兒。”昧陽明之言，能勿痛乎？

第十二節　致良知

陽明王子曰：“良知之在人心，無間聖愚。天下古今之所同也。”又曰：“夫良知者，有所謂是非人之心，人皆有之，不待學而有，不待慮而得者也。人孰無是良知乎？獨有不能致之耳。自聖人以至於下愚，自一人之心以達於四海之遠，自千古以前以至於萬代之後，無有不同。良知，即所謂‘天下之大本’也。致此良知而行，即所謂‘天下之達道’也。天地以位，萬物以育，將富貴、貧賤、患難、夷狄，無所入而弗自得矣。”

按，陽明“知行合一”之説得於龍場之一悟，時年三十有八。發明“致良知”宗旨，則在五十歲。用功至十餘年而約以三字。大有以“知行合一”發端，以“致良知”結束之勢。但西哲言知，多主經驗，陽明言知，專主直覺，立说似不相容。其實西哲主張直覺論者正自不少，直覺論者之説，非必無真理確證。而經驗論者之説，未必悉可依據也。且人類不能離社會而獨立，經數千寒暑漸次發達，爲人之所認之公理，亦即爲良知。蓋個人之良知，即社會之良知，普遍萬古。社會無論何人，不能須臾而違此理。雖道德條件亦隨時爲變遷，然徵之古今論理書，亦自有一定不變之大道義存焉。日落百川，處處皆圓。陽明謂良知之在人心，萬古如一日者此也。今如以陽明之説爲非，請以與人類最近之猿證之。猿本無某根性，故無論如何教育，如何指導，終不能生良知。又就一身而觀，資於飲食，能爲身之營衛血氣者，所以資養之氣，與其身本受之氣，原於天地，非（有）二也。故所資雖在外能化爲血氣以益其内，未有内無本受之氣，與外相得而徒資焉者也。由是觀之，人無某根性，雖在經驗界，决不能生良知，昭昭明矣。但一恃乎先天而概屏乎聞見，致等於墮聰黜明之寂靜，則又非陽明立言宗旨矣。今試舉其説如左：

“良知不由見聞而有，而見聞莫非良知之用。故良知不滯於見聞，而亦不離乎見聞。”

按，陽明“良知”説雖由於體認，實亦未嘗廢經驗，其功用全在一“致”字。自後儒侈言良知，而不從“致”字用力，遂墮入禪寂一途。而心學乃爲世詬病矣。茲試更揭其區分聖愚之言如左：

“良知良能，愚夫愚婦與聖人同，惟聖人能致其良知，而愚夫愚婦不能致，此聖愚之所由分也。”

門人問：“聖人生〔67〕知安行是自然的，如何有甚功夫?”先生曰：“知行二字，即是功夫。但有深淺難易之殊耳。良知原精精明明的，如欲孝親，生知安行的，只是依此良心，落實盡孝而已；至於困知勉行者，蔽錮已深，雖要依此去孝，又爲私欲所阻，是以不能，必須加人一己百、人十己千之功，方能依此良知以盡其孝。聖人雖是生知安行，然其心不敢自是，肯做困知勉行的工夫，困知勉行的，却要思量做生知安行的事，怎生成得?”

按陽明“良知”之説，内則袪夫蔽錮，外不離乎見聞。證諸程朱之學，循序漸進者，既無相牴牾，即證之泰西經驗派所謂“即物窮理”者，亦不相剌謬，而陽明必獨標宗旨，破除陳説者，其意安在? 則一以可激發凡民之志氣也。中國人民每以聖爲天授，不可躋攀。自良知之説一倡，遂人人知堯舜可爲，禹皇可及。始而浙中，繼而江右，繼而南中、楚中，繼而閩粵，一時聞風興起者幾徧天下。若王心齋則鹽販也，朱光信則樵夫也，夏廷美則農夫也〔68〕，韓貞則陶工也，甚至聾啞之輩如楊茂者，亦造席而前。苟非自暴自棄，自別於人類者，孰不發揚蹈厲，聞風而興起〔69〕？觀日本神精〔70〕教育，力闡王學而民氣勃發如此，其收效有由來也。一可鼓吹學術之進化也。夫子既“焉不學”，濂溪無待而興，象山不聞所受。古昔聖賢未有不激厲奮興，而求所以自立者。無如中國士氣率多因循，遇有矯世屬〔71〕俗，獨創異論者，輒受攻擊。自良知之説一倡，士人乃知學貴心得，不爲章句所拘，不爲見聞所限，所謂一空依賴之性者此也。一可以[72]振作士民之氣節也。古人謂氣節之盛[73]爲道德之衰。然并氣節而無之，則世局何堪設想？自良知之説一倡，當時親受其感化者，類能忘禍福，出生死，如冀闇齋赴湯蹈火，舍命不渝，可見一斑矣。迄至明季，乘此派而起者，尤指不勝僂。朱舜水播其説於東瀛，於是陽明派之哲學風行全國。當明治維新之初，所謂慷慨志士，東奔西走，身觸刑戮，前仆後起。若林子平[74]、佐久間象山、横井小楠、西鄉隆盛、鍋島閒叟、梁川星巖、山田芳谷輩，孰非爲此風所鼓盪乎？此尤可以針起痿痺者也。以上三説，時賢多能言之。而吾述修己之要，而津津樂道乎此，用意尤别有在。考《大學》言誠身之學，必先於慎獨。陽明曰："慎獨即良致知[75]。"蓋所謂真知者，必己所獨知，而人所不知之地也。今之言自治，言合群，言愛國者所在皆是。試返諸幽獨，真乎？僞乎？其良知必有不可欺者。又世變日亟，事變愈緐[76]，而吾以一身應萬變，要不外乎知行。試問，所知果真切篤實否？所行果明覺精察否？返諸幽獨，亦必有不能自欺者。從此推究本原，則所知所行自不至失於浮泛，墮於昏迷。否則逐一講求，無論窮年兀兀，所得有限。即以奈端之博識，當其易簀時，自言生平所知，不過如海洋之一砂粒，又何足[77]多哉？

第十三節　存養

良知之教，簡易直捷，一提便醒，固學者不二法門然。但自恃良知而不加修證之功，正王子所謂自誑誑人者。流弊所及，譬彼舟流，實莫知其所届。修證之功，有采積極主義者，曰存養；有采消極主義者，曰省察，曰克治。三者未可偏廢，而存養爲之原。欲知存養，不可不明方法及功效。

（甲）存養之方法，一曰存心。孔子曰："操則存，舍則亡。"孟子曰："心之官則思，思則得之，不思則不得也。"又曰："君子深造之以道，欲其自得之也。"荀子曰："人心譬如槃水，正錯而勿動，則湛濁在下，而清明在上，則足以見鬚眉而察理矣。微風過之，湛濁動乎下，清明亂於上，則不可以得大形之正也。心亦如是矣。故導之以理，養之以清，物莫之傾，則足以定是非決嫌疑矣。小物引之，則其正外易，其心內傾，則不足決庶理矣。”二曰養氣，孟子曰：“我善養吾浩然之氣。敢問何謂浩然之氣？曰：難言也。其爲氣也，至大至剛，以直養而無害。則塞於天地之間。”又曰：“持其志無暴其氣者，何也？曰：志壹則動氣，氣壹則動志。今夫蹶者趨者，是氣也，而反動其心。”王船山曰：“謀國者固本自强，而外患自戢；治病者調養元氣，而客邪自散。若獨思禦患，則禦之之術即患所生，專攻客邪，則腑臟先傷，而邪傳不已。禮已復而己未盡克，其以省察克治自易。克己而不復禮，其害終身不瘳。”此養氣之法也。三曰居敬，孔子曰：“修己以敬。”程子曰：“敬勝百邪。”朱子曰：“敬字似甚字，卻甚似畏字。不是塊然兀坐，耳無聞，無見，全不省事之謂。只收斂身心，整齊純一，不恁地放縱，便是敬。”陸子曰：“小心翼翼，昭事上帝，上帝臨汝，無貳爾心，戰戰兢兢，哪有閑管時候。”吕新吾曰：“懶散二字，立身之賊也。千德萬業，日怠廢而無成；千罪萬惡，日横恣而無制，皆此二字爲之。”此居敬之説也。四曰主静。孔子繫《易》有曰：“无思也，无爲也，寂然不動，感而遂通天下之故，非天下之至神，其孰能與於此。”《大學》曰：“知止而後有定，定而後能静，静而後能安，安而後能慮，慮而後能得。”荀子曰：“心虚一而静。虚一而静，謂之大清明。”又曰：“不以夢劇亂知，謂之静。”周子曰：“主静立人極。”朱子曰：“或問‘延平先生静坐之説何如？’曰：‘這事難説。静坐便理會道理，自不妨。只是專要静坐，則不可。理會得道理明透，自然是静。今人都是討静坐以省事，則不可。蓋心下熱鬧，如何看得出道理，須是静方看得出。所謂静坐，只是打疊心下無事耳。”此主静之法也。五曰先立乎其大，孟子曰：“先立乎大者，則其小者不能奪也。”程子曰：“須是大其心使開闊，譬如爲九層之臺，須大做脚始得。”羅念庵曰：“千古病痛，在入處防閑，到既入後，濯洗[78]終非根論。周子無欲，程子定性，皆率指此。置身千仞，則坎蛙穴螻争競，豈特不足以當吾一視；著脚泥滓，得片瓦拳石，皆性命視之，此根論大抵象也。到此識見既别，却犯手入場，皆吾游刃。老叟與群兒調戲，終不成憂其攪溷吾心。但防閑入處，非有高睨宇宙，斬斷俗情，未可容易承當也。”此先立乎其大者之法也。方法不誤，功效乃有可言。

（乙）存養之功效。一、有存養之功，則常瑩澈。人心如明鏡，然時時勤拂拭，勿使惹塵埃，則念慮之發，事物之來，皆能灼然見其本相。夫人莫不良知，而收良知之用者，萬不能得一，此何故？則以本體不瑩，見幻以爲真，行非以爲是，而誤謬遂不可紀極，惟存養既深，此心遂常惺惺。社會之事物百出不窮，而吾心之應事物亦百變不窮，是存養者固德育之範圍，而亦智育所必當有事也。二、有存養之功，則常强[79]立。《記》曰：“君子莊敬日强，安肆[80]日偷。”其言精絶。蓋深明夫心理生理之關係。陸子曰：“精神不運則愚，血脈不運則病。”其言適與戴《記》相發明，人若飽食終日，無所用心，則不獨肌膚之會，筋骸之束無以自固，而且筋骨縱張，氣血萎弱，亦無以自立。欲免行尸走肉之誚不可得矣。是存養者因德育之範圍，而又體育之必當有事也。三、有存養之功，則常整暇。治者吉事也，亂者凶事也。治亂之象，非徒國家有之，身心亦然。是故治其國者必先治其家，欲治其家者必先治其身，欲治其身者必先治其心。亂其心而不知治，則如統百萬之衆而失其主帥，號令棼如，未有不潰者矣。四、有存養之功，則能虚受。心理如明鏡，惟無一象，故能受萬象。使心中先有一種之觀念占領，則他觀念無發生之機。故必先清淨其心，俾令空空洞洞，隨在皆呈鳶飛魚躍之機，荀子所謂“不以所已藏害所將受者”，此也。五、有存養之功，則常堅定。國之强者，外侮無從入。心之强者，外邪不能侵。程子言“中有主則實，實則外患不能入”，即此義也。夫治心之道，貴虚而能受，前既言之矣。然中心虚者，固能受善，而中心實者，亦可拒惡，兩者固交相用而互相成者也。否則中無所主，如破屋中禦寇，東面一人未逐，西一人復來，將有驅逐不暇者[81]矣。以上五義，略舉之而未盡，學者能從事於此，則所得已多。德康德謂吾人有二生命，屬於驅殼者曰下等生命，屬於精神者曰高等生命。軀殼生命，日必有以養之，一日不食則飢，三日不食則病，七日不食則死。若高等而不知所以養，是養其小體，失其大體矣。彼以存養之學爲迂闊者，曷昧乎子輿氏之言？

第十四節　省察

《書》曰："與人不求備，檢身若不及。"吴康齋曰："日夜痛自檢點且不暇，豈有工夫檢點他人？責人密，自治疏矣。"吾不解今之人何皆明於責人而昧於責己也。老子曰自知者明，僅知人而不知己，豈得謂之明？吾人顔面偶蒙污垢也，吾人不自知，然一對鏡而歷歷在目矣。吾人心有過失，不能自知，必待省察而後知是。省察者，即吾人自照其心之鏡也。

省察之法大别爲二種：一曰普通省察法，二曰特别省察法。普通省察法復分爲二種：一曰根本省察法，二曰枝葉省察法。傳曰："内省不疚，無惡於志。"朱子曰："大學問須是警省。今説求放心，吾輩卻要心主宰得定，方賴此做事業。"陽明王子曰："省察是有事時存養，存養是無事省察。"此根本省察法也。孟子曰："愛人不親，反其仁；治人不治，反其智；禮人不答，反其敬；行有不得者，皆反求諸己。"吕東萊曰："應物涉事，步步皆是體驗處。"吕新吾曰："喜來時一點檢，怒來時一點檢，怠惰時一點檢，放肆時一點檢。"此是省察大條，類此枝葉省察法也。枝葉省察法復分爲二種，一曰隨時省察法，二曰定期省察法。吕東萊曰："習俗中易得汩没，須常以法語格言，時時洗滌。"陳白沙曰："才覺退便是進，才覺病便是藥。"王塘南曰："吾輩無一刻無習氣，但以覺性爲主，時時照察之，則習氣之面目，亦無一刻不自見得。既能時時刻刻見得習氣，則必不爲習氣所奪。"此隨時省察法也。曾子曰："吾日三省吾身，爲人謀而不忠乎？與朋友交而不信乎？傳不習乎？"朱子曰："一日間試看此心，幾個時在内，幾個時在外。"此定期省察法也。何謂特别省察法？陽明王子曰："變化氣質，居常無所見，惟當利害、經變故、遭屈辱，平時憤怒者到此能不憤怒，憂惶失措者到此能不憂惶失措，始見得力處。”又曰：“毁譽榮辱之來，非惟不以動其心，且資之以爲切磋砥礪之地。”試即王子所言而夷考其行事，知多受一番挫折，即多增一番閱歷。學者能於此處勘破，斯可與立矣。

省察之法，不獨中國賢聖視爲治身要術，即徵諸歐美哲士偉人，蓋莫不從事於此。梭格拉底，希臘之哲學大家也，其生平講學以反省法爲學問之始。弗蘭克林，美國之崛起偉人也，嘗自定修德之目凡十三條，而省察居其一。景教教規，每臨睡先禱，祈禱時以一日言行告諸上帝，其警惕之心尤無時或懈。世之稍閱西籍，遂縱恣而不知自反者，盍即此而一思之乎！

第十五節　克治

陽明王子曰：“破山中賊易，破心中賊難。”吕新吾曰：“天下難降伏難管攝的，古今人都做得來，不爲難事。惟有降伏管攝自家難則甚矣。”學者之不可不從事於克治也。克治與省察相緣，非省察，無所施其克治，不克治，又何取乎省察？蓋省察之功，猶運於虚。而克治之功，乃徵諸實。赫胥黎《天演論》曰：“人治有功，在反天行。”又曰：“人力既施[82]之後。是天行者，時時在在，欲毁其成功，務使還其舊觀而後已。倘不能常目存之，則歷久之餘，其成績必歸烏有。”其言包孕宏深，本不囿於一隅。竊謂治心治身之道，亦不外是。先哲示[83]學者以用力，最重克己。己者，天行也。克之者，人治也。以社會論，苟任天行之肆虐，而不加以人治，則必反於野蠻。以人身論，苟任天行之横流，而不加以人治，則必近於禽獸。然人治者，又非一施而遂奏全勝也。彼天行者，有萬鈞之力，日夜壓進於吾旁，非刻刻如臨大敵，則不足以禦之。《左傳》言“如二君，故曰克”，克也者，甚難之辭也。用功之法，一曰知本。張横渠曰：“只爲病根不去，隨所居所接而長。人須一事事消了病則常勝，故須克己。”王龍谿曰：“忿不止於憤怒，凡嫉妒褊淺，不能容物，念中悻悻，一些子放不過，皆忿也。慾不止於淫邪，凡染溺蔽累，念中轉轉，貪戀不肯舍却，皆欲也。懲忿之功有難易，有在事上用功者，有在念上用功者，有在心上用功者。事上是遏於已然，念上是制於將然，心上是防於未然。懲心忿，窒心慾，方是本原易簡功夫，在意與事上遏制，雖極力掃除，終無清廓之期。”此知本之説也。二曰慎微。羅念庵曰：“處處從小利害克己，便是克己實事，便是處生死成敗之根。”劉蕺山曰：“吾輩偶呈一過，人以爲無傷。不知從此過而勘之，先尚有幾十層，縱此過而究之，後尚有幾十層。故過而不已，必惡。謂其出有源，其流無窮也。苟志於仁矣，無惡也。然後有改過工夫可言。”此慎微之説也。三曰明決。程子曰：“治怒爲難，治懼亦難。克己可以治怒，明理可以治懼。”錢緒山曰：“學者工夫，不得伶利直截，只爲一虞字作祟耳。良知是非從違，何嘗不明，但不能一時决斷。如自度曰：‘此或無害於理否？或可苟同於俗否？或可欺人於不知否？或可因循一時以圖遷改否？’只此一虞，便是致吝之端[84]。”此明决之所以可貴也。四曰猛勇。吴康齋曰：“人之病痛，不知則已，知而克治不勇，使其勢日甚，可乎哉？”志之不立，古人之所深戒也。陽明王子曰：“凡人言語正到快意時，便截然能忍默得；意氣正到發揚時，便翕然能收斂得；憤怒嗜慾正到騰沸時，便廓然能消化得。此非天下之大勇不能也。然見得良知親切時，其工夫又自不難。”此猛勇之所以可貴也。學者能於此四者用力，則學問之道自有緝熙於光明。特是克治者必先出以勉強，與今日自由學説似不相容，不知天下事未有不由勉強而進於自然者。昔魏安釐王問天下之高士於子順，子順以魯仲連對。王曰：“魯仲連，强作之者，非體自然也。”子順曰：“人皆作之，作之不止，乃成君子。作之不變，習與性成，則自然也。”《淮南子》曰：“功可强成，名可强立。”《中庸》曰：“或勉强而行之，及其成功一也。”蓋自古聖賢豪傑，無不由强作而臻絶詣，不能强作而純任自由，則絶自新之路而長偷惰之風，實爲學人之大病。勤於克治者斷不出此。

第十六節　膽力

膽力者，中西學説俱尊之。中國古聖以智、仁、勇爲三達德。希臘以智勇節義爲人類處世之要道，其重視勇氣而獎勵膽力一也。佛家亦以勇猛精進爲佛德之一。斯賓塞爾曰："鬭争時代，勇氣爲社會生成上所必不可無之性。"然則勇之義大矣哉！

今之世，即斯賓塞爾所謂産業時代也。昔時所需之勇力，其用較少，然并精神之勇氣而無之，則亦不能争生存於社會矣。蓋强固之意志，實百事存功之基礎。陽氣所發，金石爲鎖。精神一到，何事不成！此皆古人之格言，爲吾輩所拳拳服膺者。拿破侖有言曰："所謂不能者，惟見於愚者書中之文字而已。"其勇如此，用能握歐洲霸權者十有餘年。亞歷力山大常言："敢爲之人，無不能爲之事。"故能征服印度，所向無敵。是知料事在識力，而成事則在膽力。

膽力之仇讐，恐怖也。恐怖生於疑惑，人若懷疑甚深，則恐怖達於極點。躊躇逡巡，天地縱甚寬綽，一舉足而荆棘堪虞。天下惟悟道之人始無恐怖，無恐怖，斯有膽力矣。人若大智，即有膽力。人若無智，亦有膽力。人有大慾，即有膽力。人若無慾，亦有膽力。人有愛情，即有膽力。人無愛情，亦有膽力。其他如體力、財力，無不可由此類推。故大智無智，大慾無慾，多情無情，大有無有，大力無力，大能無能，皆得膽力之要件也。

膽力有二種：一、積極的膽力，一、消極的膽力。勇猛屬於積極的膽力一面，忍耐屬於消極的膽力一面。兩者各達其極，皆可以安心立命。向積極方面進行，即能成就所謂大我；向消極方面進行，即能成就所謂無我。總之，大我無我者，皆圓滿之膽力也，皆安心立命之地也。究如何而能達其目的歟？

欲得大我者，須養成勢力。欲達無我者，須滅其勢力。大我者，自尊之極也。無我者，自遜之極也。望大我者，活動彌盛，求無我者，謹慎彌至。勢力圓滿而活動極，活動極而大我成。勢力皆無而服從至，服從至而無我得。故養成智力，磨練體力，皆得大我之法也。養成主觀的一己之勢，則客觀的世界之勢力去。若夫無我，則不能以主觀的得之。蓋所生成者，指活動而言也。活動者，屬於勢力者也。無勢力則生命絶，故欲斯其生成，即須求其有勢力。求其有勢力，即難達於無我。然則得無我之唯一法門，祇在信仰客觀的勢力而已。故主觀的勢力之養成，與客觀的勢力之信仰，皆得膽力之方法也。

大我與無我，孰爲真膽力。此即科學與宗教，孰占最後勝利之問題是也。此問題一時難决。大我不可企，無我亦不能。所謂悟道者，果何在歟？曰：我之不能爲大我與無我者，因我之爲實我故耳。

何謂實我？蓋大我者，如數學中所謂無窮大。無我者，如數學中所謂零。實我者，如數學中有實數可得也。我既爲我，無論精力如何養成，智能終有時而盡；無論精力如何消滅，念慮終有時或生。太過、不及，宣聖不取。亞里大多得指德爲中庸之習慣，所見亦同。蓋處世之中，道非無我也，非大我也，乃實我也。不知爲不知，不能爲不能。我在智力之範圍内，我乃大智，踰此則爲無智。我在能力之範圍内，乃具大能，踰此則爲無能。格蘭斯頓曰："人於腦力或體力，不能無所限。賢者之勝於常人無他，乃於己所不能之事，不費分毫勢力，而專就一己之才識能力最能運用之職分，施全力以注之而已。"此言實處世悟道之秘訣也。蓋一己之才智能力最能運用之職分，即天職也。人若集勢力於其天職，則成功必大。總之，人於己力所及之範圍内，宜求其大我，所不及者，宜求其無我。若於不及之事不能無我，則失敗多而恐怖生。力所能及者不能大我，則成功尠而膽力減。所及者大我，所不及者無我，此即謂實我。苟得實我，即得處世悟道之秘訣矣。

第十七節 身體

己身爲國家社會之身，本不容以自私。蓋人未有能遺世而獨立者。

無父母則無我身，子女之天職與生俱來。其他兄弟夫婦朋友之間，亦各以其相對之地位，而各有應盡之本務。而吾身之健康與否，即關於本務之盡與否。故人之一身，對於家族，若社會，若國家皆有善自衛攝之責。使傲然曰："我之不健康我自受之，於人何與焉?"斯則不謬不然者矣。中國倫理對於身體之學説，分兩大派，一爲儒家，一爲道家。儒家之言曰："從其大體爲大人，從其小體爲小人。"此言養身爲盡人所能，而養心則爲君子所獨也。若道家者流，以本爲精，以物爲粗，視五官百體爲無物，如老子曰："五色令人目盲，五音令人耳聾，五味令人口爽。"莊子亦曰："目無所見，耳無所聞，心無所知，神將守形，形乃長生。"蓋以元神爲主也。其略於養身，殆與儒家無異。惟董子獨崇養氣。《繁露·崇天之道篇》曰："民皆知愛其衣食，而不愛其天氣。天氣之於人，重於衣食。衣食盡，尚猶有間，無氣而立終，故養生之大者，乃在養氣。"以養氣[85]爲天氣，則即西人所謂空氣之説矣，與《孟子》所言養氣不同。又因養氣之説，以推之養身，謂男女體其盛，此即言體慾當有限制也，蓋董子以養精爲養身之要，故其言曰："治身者以積精爲寶。"臭味取其勝，董子又言："飲食臭味，每至一時，皆有所勝"，此即《論語》"不時不食"之義也。《周禮·月令》言四季之中，各有所宜之食，誠以物不時皆足傷身而致疾也。居處就其和，董子又言："春襲葛，夏居密陰，秋避殺風，冬避寒風，就其和也。"《月令》言："居高明遠眺望。"《管子》言："下地易生溼疾。皆衛生之道。"勞佚居其中，董子又言"體欲常勞，無常佚"，此實衛生之精言。蓋勞則少疾。寒煖無失適，過寒則生風疾，過煖則生熱疾，故寒煖無失適，即能免疾。董子又言"衣常欲漂"，蓋衣服垢汗亦致疾之原因。饑飽無失平。董子又曰"食欲常饑"，又引公孫養氣之説曰："裏藏太實則氣不通，太空則氣不入。"亦精語。此皆養身之法也。身得其養，是爲外泰。又由養身之説推之於養心，謂欲惡度禮。欲惡不能度禮，則必窮口耳之欲，戕賊身體而不顧。故董子不言無欲，惟言所欲所惡，甚[86]用禮爲節也。動靜順性，動靜與勞佚相同，勞佚者，身體之動靜也，動靜者，中心之勞佚也，故董子又引公孫養氣説曰："太勞則氣不入，太佚則氣宛至。"喜怒止乎中，此言用情之偏，易於致疾也。鄭君《周禮注》曰："病由氣勝負而生，攻其贏，養其不足者"，蓋易怒之人由於氣勝。憂懼反之亡。亦戒用情之偏。此皆養心之法也。心得其養是爲内充。合董子之言觀之，與西人衛生學大約相符。自後儒不達此義，動以生老病死諉之於天，不知治身如治國然。弱可轉强，危可轉安。彼不能盡其天年者，固各有自取之道也。昔曹立之因讀書用心不過致疾，象山先生與之條蕩其胸襟，疾亦隨減。迨後反其所言，疾隨發，遂至於死。黄東發曰："曹立之若聽象山之説，命尚可活也。"象山先生自言："少時氣質素弱，年十四五，手足未嘗温煖，後以稍知所尚，體力亦隨壯。"即泰西哲家若康德，若斯賓塞爾，皆以身體脆弱，善自珍衛，卒登大耋。然則天下萬事，何者不操之自我。古今惟有學問者能忘生死，亦惟有學問者不輕生死。《禮記・儒行篇》曰："愛其死，以有待也；養其身，以有爲也。"蓋此身不没，則天下無不可窮之理，人世無不可圖之事，其對於國家、社會關係决非淺鮮。人奈何以至貴至重之身，而不知自貴自重哉？

第十八節　職業

魏賈思勰有言："自天子以下至於庶人，四肢不勤，思慮不用，而事治求贍者，未之聞也。"明邱濬曰："民生天地間，既有此身，則必有所職之事，然後可以具衣食之資，而相生相養以爲人也。一人有一人之職，一人失其職，則[87]一事缺其用。然非特其人無以爲生，而他人亦無以相資而爲生。"然則人之生於天地間也，各有職業，則積小己而群成，大群而治進矣。各放棄其職業，則積小己而成大群，而群治退矣。考《周禮・太宰》以九職任萬民，大司頒職事於邦國都鄙。《管子・輕重》諸篇皆汲汲於民事，此原經世之大法。然以之覘群治之進退，則人人一身之職而胥待於上以爲理。史專制政府得裁制民命，以奪天賦之人權，其害實自人人放棄其職業始。班書《食貨志》曰："聖王量能授事，四民陳力授職。"史官所美，謂之盛治。然對於自己之職業，乃出於授受之間，而仰給於官府，此在專制時代則侈爲美談，而在共和時代則未免自喪其天職矣。今欲大進群治，而求各各有以自立，則《周官》、《管子》、《漢志》

之所言猶未極則也。康衢之謡曰："日出而作，日入而息。鑿井而飲，耕田而食。帝力於我何有哉?"群治之進，斯爲盛矣。

中國今號共和矣。人民日事叫囂，幾欲合四萬萬同胞盡棄其職業。而所謂老師宿儒者，則甘心窮餓，雖不防害他人之職業，而亦自放棄其職業。不知衣、食、住三者，西人極視爲重要，所謂生活程度也。生活程度日求其高，程度高則爲享幸福，程度低則爲處不幸地位。而求幸福者，必愛惜其名譽，勉勵其學問，精習其技藝，以期人人可伸其材能，可充其欲望。一藝術之長可以逐年而進，即利用厚生之道可以累世而增，故或發明一新理，或製造一新器，或探索一新地，國家無不優獎之。無他，爲求生活程度之高而已，非求一二人生活程度之高，欲求舉國生活程度之高也。中國人向以保守爲習慣，不求進步，衣、食、住三者，極形願小而易，甚或一人營生，一家坐食，或一人而養數口，以致數十百口。其游手無業者，不農、不工、不商，其始或希冀爲士，及老大無成，直無所得食、無所得衣者，既比比皆是。其不肖者則爲丐、爲竊、爲鹽梟、爲會匪、爲海盜、爲馬賊、爲鬍匪。對於外人也，黑[88]者爲漢奸，愚者爲猪崽，其流竄於南洋群島，及爪哇或美洲者，外人不以優種相待，鞭笞之，驅逐之，水火之，其傷慘更不堪言狀，皆由無職業之故也。共和成立，宜如何喚醒國民傾心實業，俾人人得以自立，以鞏固國基。乃所謂野心家者，不獨自棄其職業，且欲舉天下之人共棄其職業，如此而求幸福，竪盡千古，横盡五洲，未之前聞。

日本尾崎行雄曰："生産之人民之員數及其能力勝於消費之人民，則國富。消費之人民之員數及其能力勝於生産之人民，則國貧。國家貧富之别，亦在生産者、消費者之權衡何如耳。"是則以職業而論，猶有生産、消費之别，况全無職業者哉?按此義顧亭林先生已早發明。亭林先生之言曰："士、農、工、商，謂之四民，其説始於《管子》。三代之時，民之秀者乃收之鄉序，升之司徒，而謂之士，固千百之中不得一焉。太宰以九職任萬民。五曰百工，飭化八材，討亦無多人爾。武王作《酒誥》之書：'妹土，嗣爾股肱，純其藝黍稷，奔走事厥考厥長。'此謂農也。'肇牽[89]車牛，遠服賈[90]，用孝養厥父母。'此謂商也。又曰：'庶士、有正越庶伯、君子，其爾典聽朕教。'則謂之士者。大抵皆有職之人矣。烏有所謂群萃而州處，四民各自爲鄉之法哉！春秋以[91]後，游士日多。《齊語》言爲游士八十人，奉以車馬衣裘，多其資幣，使周游四方，以號召天下之賢士。而戰國之君遂以士爲輕重，文者爲儒，武者爲俠。嗚乎[92]！游士興[93]而先王之法壞矣。彭更之言，王子墊之問，其猶近古之意歟?”

第十九節　容貌言語

容貌言語，根心而生者也。陸子曰：“有懶病也，是其道有以致之。我治其大而不治其小，一正而百正，恰如坐得不是，我不責他坐得不是，便是心不在道。若心在道時，顛沛必如是，造次必如是，豈解坐得不是，只在勤與惰，爲與不爲之間。”陽明王子曰：“言語無序，亦足以見心之不存。”蓋人之善惡，藏蘊於中，而容貌、言語二端，實足以爲其代表。《禮》言：“視上於帶則傲，下於帶則憂，傾則姦。”鄭君《深衣》注：“心平志安，行乃正。”此容貌可以觀人善惡也。《易》言：“將叛者其詞慚，中心疑者其辭枝，吉人之詞寡，燥人之詞多，誣善之人其辭游，失其守者其辭屈。”此言語可以觀人善惡也。是故古人制禮於容貌、言語二端，必循一定之規則，而不容自肆。如《禮記·曲禮》、《内則》、《少儀》所言，及朱子《小學》、《家禮》所言皆是。而自稍涉西籍者觀之，鮮不病其立説過拘，束縛身體之自由。日本福澤諭吉首倡此説，中國人多附和之。夫目[94]由爲人生天性，人人咸失自由，則人人無樂生之趣。使防維偶弛，必講蕩儉踰閑，以各遂其欲，此亦不可逃之公例。但西人所謂活潑者，原分二種，一在身體，一在意志，與放縱恣睢者全異。今試觀哲種人民，凡一言一動，莫不有一定規則，而不欲稍違。則容貌言語得其宜，乃己身應盡之義務。惟此事悉關平日之學養，非一旦可以襲取。朱子曰：“九容九思便是涵養。”劉蕺山曰：“九容便有九思。若只言九容，便是僞也。君子者乎？色莊者乎?”此亦足見形外者之本於誠中矣。且容貌言語，不僅足以徵涵養，且可以占禍福。《左傳》劉康公曰：“民受天地之中以生，所謂命也。是以有動作禮義威儀之則，以定命也。能者養以之福，俗本作養之以福，據《漢書・五行志》改正。不能者敗以取禍。”夫禍福爲善惡之結果，似與威儀無涉。不知善惡萬狀，擢髪難數，而其大原則分於心之存不存。心既不存，則肢體之序與禽獸同節，言語之暴與蠻夷不殊，致同韓子所譏。《韓詩外傳》曰：“今夫肢體之序，與禽獸同節；言語之暴，與蠻夷不殊；混然吾道，此明王聖主之所罪。”小之足以禍身，大之即以禍世。縱觀地球萬國，其人愈文者，其容貌言語必愈堪則傚。其人愈野蠻者，其容貌言語必愈多放肆。容貌言語根於一心，實影響於國家、社會，其關係爲至巨也，可不慎歟！

第二十節　保存國學

立乎地球而名一國，則必有其立國之精神焉，雖震撼攙雜而不可以滅之也。滅之則必滅其種族而後可，滅其種族則必滅其國學而後可。昔英之墟印度也，俄之裂波蘭也，皆先變亂其言語文學，而後其種族乃凌遲衰微焉。蓋學亡則國亡，國亡則種亡，國學之關於國家、種族也如是。中國近今人士多不悦學，至於國學，則有深厭惡，直欲與弁髦同棄。顧亭林先生有言：“有亡國，有亡天下。”夫等是亡矣，何以有國與之天下之分？蓋以易朔者一家之事，至於禮俗政教，澌滅俱盡，而天下亡矣。夫禮俗政教，固皆自學出者也，必學亡而後禮俗政教迺與俱亡。然則學固不重耶？吾中國二千餘年，聖哲之所貽授，諸儒之所傳述，固已炳若日星矣。雖其間迭更喪亂，或至熄滅。然而二三儒生抱持保守，卒使熄而復明，滅而更熾。故自三代以至今日，雖亡國以十數計，而天下固未嘗亡也，何也？以其學存也。而今則不然矣，舉世洶洶，風靡[95]於外域之所傳習，非第以持之有故，言之成理也，又見其所以施於用者，富强之效彰彰在人耳目。而内視吾國萎蘼頽朽，不復振起，遂自疑其無爲用，并禮俗政教一切屏棄之，以從他人。不知不自主其國，而奴隸求[96]人之國，謂之國奴；不自主其學，而奴隸於人之學，謂之學奴。吾國人欲自斬其奴性乎？則斷自保存國學始。

國學者，一國精神之所寄也。其爲學本之歷史，因乎政治，緩[97]乎人心之所同，而實爲立國之根本源泉也。是故國學存則其國存，國學亡則其國亡。此非一人之私言也。昔辛有披髮於伊川，而知其不百年爲戎；原伯魯之不悦學，而仲尼斷其亡國。顔之推謂："晋代兒郎，幼效胡語，學爲奴隸，而中原淪亡。"見《顔氏家訓》。此皆覘之前史而信者。試考之外史，意大利之建國也，古羅馬之莊嚴諱烈日印於國民心腦中，是以一舉而大業成。日本之初倡尊王攘[98]夷，取大和魂之武風，聚國人而申警之，而今日遂食其報，非尤彰明較著者哉！

或曰："今之所謂國學者，漢宋其一也。然漢有許、鄭而莫救黄巾之厄，宋有周、程、張、朱而莫紓南渡之禍。國學究何益於中國哉?"不知漢儒雖不能救黄巾之然厄[99]，其學彌漫宇内。至於五胡之亂，文獻淪亡，衣冠塗炭，而南北諸儒若徐遵明、崔靈恩輩猶守其學，而不爲羶風貉俗所易，則漢儒之澤遠也。宋儒雖不能救南渡之禍，然其學風靡一世，於夷夏之界辨之甚嚴。元人竊祚未久，旋即反正，而不至終淪左[100]衽，則宋儒之澤遠也。是故國有學，則雖亡而復興，國無學則一亡而永亡。何者? 蓋國有學則國亡而學不亡，學不亡則國猶可再造。國無學則國亡而學亡，學亡而國之亡遂終古矣。此吾國所以屢亡於外族而數次光復，印度亡於英，波蘭亡於俄，而永以不振者。一則僅亡其國，一則並[101]其學而亡之也。正學之儒以學救天下，名不在一時，功不在一世。且彼漢、宋儒於孔學，僅得一部分，而未得其全體，而其效已若是，若於孔學能闡其微而究其極，則全球實被其休。豈[102]僅保存中國已哉? 節録許君久《微語》。

【校記】

〔1〕"卿"，疑爲"鄉"。

〔2〕"法政本"中，"不足深道"作"不足道"。

〔3〕"法政本"中，"不知"後接"國學乃國魂也"。

〔4〕"匈"，當爲"囟"。下同。

〔5〕"法政本"中，"白"作"自"，"自"作"至"。

〔6〕“法政本”中，“知知”作“知之”。

〔7〕“法政本”中，“欲緣情生”作“情緣欲生”。

〔8〕“法政本”中，“歧”作“拏”。

〔9〕“法政本”中，“論若”作“若論”。

〔10〕“法政本”中，“及”作“乃”。

〔11〕“法政本”中，“令”作“云”。

〔12〕“法政本”中，“丨”作“一”。

〔13〕“法政本”中，“可”字脱漏。

〔14〕“法政本”中，“早散見於《商書》”作“商代時早已發明”。

〔15〕“法政本”中，“也”後有注文：“案儀禮大射儀揖以耦鄭注云言以者耦之事成於此意相人耦也聘禮每曲揖注云以人相人耦爲敬也阮氏曰人耦者猶言爾我親愛之詞也。”

〔16〕“法政本”中，“相”作“的”。

〔17〕“法政本”中，“人”作“仁”。

〔18〕“法政本”中，“皆含”作“者舍”。

〔19〕“法政本”中，“爲”作“有”。

〔20〕“法政本”中，“文”作“文言傳”。

〔21〕“樂以正之”，檢《樂記》作“義以正之”。

〔22〕“法政本”中，“爲”作“惟”。

〔23〕“法政本”中，“雖能正人”作“人雖能正”。

〔24〕“法政本”中，“質”作“質學”。

〔25〕“法政本”中，“義”作“意”。

〔26〕“法政本”中，“含”作“舍”。

〔27〕“法政本”中，“孔”作“孟”。

〔28〕“法政本”中，“出”作“從出”。

〔29〕“法政本”中，“的”作“相”。

〔30〕“法政本”中，“誠”作“誠”。

〔31〕“法政本”中，“誠明”作“明誠”。

〔32〕“法政本”中，“糧”作“精”。

〔33〕“法政本”中，“中”作“不”。

〔34〕“法政本”中，“試即”作“誠”。

〔35〕“法政本”中，“明”作“名”。

〔36〕“法政本”中，“曳”作“洩”。

〔37〕“法政本”中，“此”作“而”。

〔38〕“法政本”中，“案”作“接”。

〔39〕“法政本”中，“妄”作“七”。

〔40〕“法政本”中，“試”作“則”。

〔41〕“法政本”中，“君”作“友”。

〔42〕“法政本”中，“民”作“名”。

〔43〕“法政本”中，“山”作“山語”。

〔44〕“法政本”中，“被”作“彼”。

〔45〕“法政本”中，“在所”作“所在”。

〔46〕“法政本”中，“無”作“撫”。

〔47〕“法政本”中，“貴”作“實”。

〔48〕“法政本”中，“議”作“讓”。

〔49〕“法政本”中，“才”作“事”。

〔50〕“法政本”中，“道”作“道德”。

〔51〕“法政本”中，“仿”作“做”。

〔52〕“法政本”中，“奮”作“奪”。

〔53〕“法政本”中，“有志”作“入道有志”。

〔54〕“法政本”中，“駘”作“駱”。

〔55〕“法政本”中，“吾”作“吾之身”。

〔56〕“法政本”中，“柁”作“舵”。

〔57〕“法政本”中，“以上”之前至此段“譬如”後，均脱漏。

〔58〕“法政本”中，“駁”作“驌”。

〔59〕“法政本”中，“善將這不”作“將這不善”。

〔60〕“法政本”中，“的”作“而”。

〔61〕“法政本”中，“知”作“知此”。

〔62〕“法政本”中，“師”作“即”。

〔63〕“法政本”中，“郤”作“却”。

〔64〕“法政本”中，“道”作“遂”。
〔65〕“法政本”中，“卷”作“萬卷”。
〔66〕“法政本”中，“草”作“章”。
〔67〕“法政本”中，“生”作“用”。
〔68〕“法政本”中，“夏廷美則農夫也”被刪去。
〔69〕“法政本”中，“聞風而興起”作“而思有以自見”。
〔70〕“法政本”中，“神精”作“精神”。
〔71〕“法政本”中，“屬”作“厲”。
〔72〕“法政本”中，“可以”作“以可”。
〔73〕“法政本”中，“盛”作“成”。
〔74〕“法政本”中，“平”字後，印刻有誤。
〔75〕“法政本”中，“良致知”作“致良知”。
〔76〕“法政本”中，“繫”作“繁”。
〔77〕“法政本”中，“足”作“是”。
〔78〕“法政本”中，“濯洗”作“濯洗縱放”。
〔79〕“法政本”中，“强”作“德”。
〔80〕“法政本”中，“肄”作“肆”。
〔81〕“法政本”中，“不暇者”作“不暇驅者”。
〔82〕“法政本”中，“施”作“施人”。
〔83〕“法政本”中，“示”作“言”。
〔84〕“法政本”中，“端”作“竭”。
〔85〕“法政本”中，“養氣”作“氣”。
〔86〕“法政本”中，“甚”作“當”。
〔87〕“法政本”中，“則”作“人”。
〔88〕“法政本”中，“黑”作“黠”。
〔89〕“法政本”中，“率”作“牽”。
〔90〕“法政本”中，“賈”作“買”。
〔91〕“法政本”中，“以”作“之”。
〔92〕“法政本”中，“乎”作“呼”。
〔93〕“法政本”中，“興”作“與”。

〔94〕“法政本”中，“目”作“自”。

〔95〕“法政本”中，“風靡”作“靡”。

〔96〕“法政本”中，“求”作“於”。

〔97〕“法政本”中，“緩”作“齊”。

〔98〕“法政本”中，“攘”作“壤”。

〔99〕“法政本”中，“然厄”作“厄然”。

〔100〕“法政本”中，“左”作“在”。

〔101〕“法政本”中，“並”作“切”。

〔102〕“法政本”中，“豈”作“起”。

第三章　家族倫理

第一節　家族倫理之起源及利弊

國家之起源，起於家族。《大學》篇言："治國必先齊家。"《孟子》言："國之本在家。"而西人言社會者，亦以家族爲國家之起源。謂民族之起源，起於公同之特性。而公共之特性，起於血統之相同。則所謂民族者，乃合家族而成者也。同一民族即同一國家，此家族所以爲國家之起源也。今試即中國家族之起源考之，家族之起源起於宗法，宗法之起源起於祀先。英儒斯賓塞耳有言："各宗教起源咸起於祖先教。"觀中國"教"字，從孝得聲。《孝經》有言："孝者，教之所由生。"是則斯氏之説，徵之中國而益信。特中國所行家族倫理，其弊有二：一曰所行僅以家族爲範圍。大同之道，原不獨親其親，子其子。孟子之言仁義也，取於推所爲，故曰："老吾老，以及人之老，幼吾幼，以及人之幼。"安有厚於私而薄於公之理！自後儒狹小範圍，語及天下國家大事，幾退避而不敢前，直若對於家庭無愧，即於人格無損，而一群公益不暇[1]兼容，其弊一也。一曰家族制度多失均平。五倫本對待之名辭，非謂爲父、爲兄、爲夫者當立於絶對之地位也。自漢儒三綱見《白虎通》並馬融集解之説興，意在責備爲妻子者，使嚴守禮法而不得稍違。後儒原本此義，矯枉過直，立説遂不免偏頗，其弊二也。欲救二弊，則家族倫理當博參古義，而不得因仍習慣。《公羊傳》曰："不以[2]家事辭王事。"《詩》言："豈不懷歸？王事靡盬。"漢賈誼言："國而忘家，公而忘私。"王事者，即國家之事也。蓋以國家較家族，則家族爲輕，國家爲重。昔大禹過門不入，霍去病言"匈奴未滅，何以家爲"，如此則倫理不以家族爲限矣。《易》

曰："父父、子子、兄兄、弟弟、夫夫、婦婦，而家道正。"《書・康誥》曰："子弗祇服厥父事，大傷厥考心；于父不能字厥子，乃病[3]厥子。于弟不[4]念天顯，乃弗克恭厥兄；兄亦不念鞠子哀[5]，大不友于弟。"《左傳》曰："舜使八元布五教，父義、母慈、兄友、弟恭、子孝。"《晏子》曰："父慈子孝，兄愛弟敬，夫和妻柔。"《論語》曰："君君、臣臣、父父、子子。"蓋父子、兄弟、夫婦之間，均當互盡其倫理，家乃可得而齊，如此而家族倫理無不平之慮矣。若以家族倫理爲可廢，則倫理之道由近而及遠，由親而及疏，於一族不能和睦，又安望其能合群於親屬？不能施恩，又安望其能博愛？昔伯鯀圮族，帝堯測其無功；欒大心自賤，其宗叔孫知其必滅。父子誶誶，秦俗因以澆漓；婦姑勃[6]谿，莊子於焉興嘆。則家族倫理不可驟廢，明矣。觀墨子雖昌言"兼愛"，亦不過言視人之家若己之家耳，未嘗并家族而不愛也。今以家族倫理爲可廢，非欲自縱其身，絶家庭之禁束，即欲自惰其身，脱室家之重累耳，猶託先國後家之名，正陽明所謂自誑誑人者。美人杜威有曰："吾國之人知有國而不知有家。"信如《論語》所言，父不父，子不子，雖有粟，吾得而食諸?"夫美人厚於國家觀念，於家庭不無慚德，哲士猶或非之，如謬託愛國而先自棄其家，使杜威見之，不知若何評論矣[7]。

第二節　父母

對於父母而有孝。孝者，畜也，《孝經》説："孝，蓄也。"蓄，養也。好也，《釋名》："孝，好也，愛好父母如所悦好也。"愛利親也，賈誼書"子愛利親謂之孝"。善事父母也。繹孝之本義，厥有三端，若曾子之養，大舜之慕，《孝經》之所争子，《禮》之所謂諭父母於道也，斯其爲蓄，爲好，爲愛利者歟，此孝之演繹法也。《禮》曰："居處不莊，非孝也；事君不忠，非孝也；專制時代以君爲國之代表，古言忠國，即今言愛國之義。涖官不敬，非孝也；朋友不信，非孝也。戰陣無勇，非孝也。"又曰："斷一樹，殺一獸，不以其時，非孝也。"此孝之歸納也。雖然，原夫孝之本義，則如所訓

“畜、好、愛利”而已。然如所訓“畜、好、愛利”，則對於親而有所施，對於己而無所制。論者謂中國倫理之缺陷，其端在此。《白虎通》曰：“父者，矩也，以法法[8]度教子也；子者，孳也，孳孳無已也。”親有制，而對於親者無制。故曰：“父雖不父，而子不可以不子也。”《繁露》曰：“父不父，則子不子耳。”《春秋》“夫人孫於齊，不稱姜氏”，左氏曰：“絶不爲親，禮也。”然則對於親者，非無制矣。《宋史》韓琦嘗對英宗曰：“自古賢聖明王不爲少矣。獨稱舜爲大孝，豈其餘盡不孝哉？父母慈而子孝，此常事不足道。惟父母不慈，而子不失孝，乃爲可稱。”此孝字極圓滿之解釋。中國論[9]理對於父母有最優者三事。其一則以社會爲重，不私父母而得罪社會。《禮》曰：“與其得罪于州閭鄉黨，寧熟諫。”夏侯勝曰：“天地，萬物之父母也。吾父母，天地之子也，天下人物亦天地之子也。”是重父母者，固未嘗輕社會也。其一則以軍國爲重，不因父而遺棄軍國。《詩》曰：“翩翩者鵻[10]，載飛載下，集于苞栩。王事靡監[11]，不遑將父。翩翩者鵻，載飛載止，集于苞杞。王事靡盬，不遑將母。”輔廣曰：“其私恩雖不能不懷，歸而公義，則王事之不可不堅固。”是重父母者，固未嘗輕軍國也。其一則以人民爲重，不因父母而漠視人民。《書》曰：“王司敬民，罔非天胤；典祀無豐于昵。”此《高宗肜日》祖己勗以敬民，而無豐于父母之廟，是重父母者未嘗輕人民也。

孝爲政教之原。中國之所以别於夷狄，人類之所以異於禽獸，全視乎此。故教字從孝，自有生民以來，未有不以爲善者。春秋以降，諸子百家各出一説以蘄勝。如老子則小仁義，墨子則非禮樂。然於孝未其訾議者，至莊子始輕視之。《天運篇》“夫至仁尚矣，孝固不足以言之。”商鞅則以爲蝨[12]，以爲以孝治國必亡，必削。夫商鞅農戰主義，詢[13]足强國，其變法奏效，亦與迂儒學究有别，然卒蒙車裂之禍者，非由一念殘酷所致乎？今日醉心平等之説者，謂中國家庭亦尚專制，語及父子之倫，幾欲掩耳而走，不知靡醯十戒，孝居其先。東儒中江藤樹闡發孝字，洪博淵深，尤能得其精髓。藤樹曰：“孝是三才之至德要道，生天地，生人，生萬物，只是此孝，學者學此而已。孝於何在？在吾此身。離身無孝，離孝無身，立身行道，光於四海，通於神明。”又曰：“自己德行，乃父母遺體之天真也。是以養吾性所以養吾親也，尊吾性所以尊吾親也。”此則大孝之精髓，不論在下[14]與否。其他粹語尚多。凡有血氣，孰不敬其所尊，愛其所親生。非空桑而甘信無父之教，乃猶號于衆曰：吾愛吾國，吾愛同胞。嗟乎！草木無根，詎能久存？中江藤樹曰：“孝是人心，若滅此心，則其生如無根之草木，不[15]死者苟幸免而已。”清心[16]捫心，自居何類，吾不忍言其究也。茲試將東西孝子軼事摘録二則於左，以告世之爲人子者。

日本廣瀨中佐名武夫。於日俄之戰束裝首途，取其生平所私淑之木村長門寄其父手札而行。及抵旅順，發見俄國艦隊，復入室，取其父小影藏之懷中，曰：“吾之行爲，庶可見吾父於九泉之下矣。”雖造次顛沛之間，其孝心湧發猶如此。按廣瀨少時已迥異他兒，好列陣爲戲。母歿後，友愛弟妹之情尤爲懇摯。每他出，必與弟偕。其愛他人也，亦如愛其弟。旋[17]順之役以三度尋杉野兵曹長不遇，遂罹於難。事后日人欽其勇烈，鑄銅像以事之。

英人勾界爾家頗富，而以灌園自娱，得寶星十餘枚，皆獎其樹藝之術者也。事母至孝，母年八十有八，飲食稍不如量，則愁容可掬。俟母復膳，然後亦復初。不肯娶妻，謂娶妻則將怠於孝養，蓋畸人而有庸行之謹者。見曾惠敏《使西日記》，按勾界爾與廣瀨中佐均以不娶終，一則精心報國，一則純心事母。所志有廣狹之别，而天性純篤則一也。

陸桴亭[18]先生曰：“冬温夏凊，昏定晨省，是事父母小節。能讀書修身，學爲聖賢，使其親爲聖賢之親，方盡得孝之分量。舜稱大孝，亦只是德爲聖人一句。”知此乃可與言孝矣。

第三節　兄弟

唐甄曰：“人之大倫有五，今存其四焉。悌道之絶也，蓋已久於斯焉矣。”倫者，謂中國兄弟之倫，所以致悌道中絶者，原因有二：一由於女統之餘俗也。《春秋公羊傳》曰：“母弟稱弟，母兄稱兄。”何休以爲：“《春秋》變周之文，從殷之質。質家親親，明當親厚異於群公子也。”顧亭林曰："一父之子，而以同母不同母爲親疏，此時人至陋之見。春秋以下，骨肉衰薄，禍亂萌生，鮮不由此。詩人美鳲鳩均愛七子，豈有於父母則望之以均平，於兄弟則教之以疏外。以此爲質，則異母兄弟不得謂之爲兄弟乎?"然兄弟之親疏而决於同母不同母，此實倫紀[19]中不易破之界限。一由於同居之多怨也。《風俗通》曰："凡兄弟，同居，上也；通有無，次也；讓，其下耳。"是求之舊史，處兄弟者多以異居爲戒。劉宋孝建中周[20]殷啓曰："今士大夫父母在而兄弟異居，宜明其禁以易其風。"大中祥符二年，詔[21]誘人子弟析家産者，令在所[22]擒捕流配。蓋以爲不如是不足以厚風俗，以故累世同居，自古以爲美談。如楊椿、張公藝、江州陳氏、浦江鄭氏並見旌異。然楊椿家七郡守、三十二刺史，後河陰之變，盡爲爾朱氏所殺。惟餘楊愔相北齊，又爲常山王所害，楊氏遂幾絶。張公藝九世同居，唐高宗問之，書忍字百餘以進。顧亭林謂："居家御衆，當令紀綱法度截然有章，乃可行之永久，未可徒事隱忍。"江州陳氏百犬同牢，王船山猶斥其誣妄。至鄭氏不聽婦言，識者推爲至論。但夫婦和而後家道正，不能致刑于之化，而惟挾不肖之心以相待，揆諸夫婦相敬如賓之誼，得勿歉然。是兄弟同居其間，亦不無流弊。欲矯女統之餘俗，則自一夫一婦之制始。欲矯同居之流弊，在長幼各謀獨立始。今一夫一妻之制既未有法律之規定，則異母兄弟所在，多有兄弟分異。若如商鞅治秦，訂爲律令，則骨肉之間，習成刻薄，久之乃莫窮其禍之所至，然則如之何而可?陸桴亭曰："陸子靜兄弟學問相師，順而得其正者也。王覽兄弟患難相恤，變而得其正者也。處順能爲子壽、子靜，處變能爲王祥、王覽，吾無間然矣。"袁君載曰："兄弟同居，世之美事。其間有一人早亡，諸父與子姪其愛稍疏，其心未必均齊。長而欺瞞其幼者有之，爲幼而悖慢其長者有之，同居相争，其相疾甚於路人。前日美事，至甚不美，豈不可惜！故兄弟當分，宜早有所定。兄弟相愛，雖異居異財，亦不害爲孝義。一有交争，孝義何在?"人能服膺桴亭先生之言，桴亭又言："人家兄弟輯睦，多是長子賢，長子賢則從幼便能轉移化誨其弟，即弟終不可化誨，然其分居長，其處之亦自有斷[23]，不至[24]不决裂。"語[25]亦深中人情。

取法乎上，自不至流於澆薄。否則釁隙已萌，能如君載所言，早有所定，不至決裂，要亦無損孝義。按《儀禮・喪服篇》曰："異居而同財，有餘則歸中[26]之宗，不足則資之宗。"此説自較君載所言尤爲得[27]。然欲通行於世，自不可得，望士人有以提倡此風耳。不然斗米尺布，動不相容，分形連氣，闊如四海，遑問四海之内皆兄弟乎？按女兄弟爲姊妹。《爾雅》曰："男子謂女子先生爲姊，後生爲妹。"則男子對於姊姊而有倫理。《詩》曰："亦有兄弟，不可以聚[28]。"又曰："兄弟不知，咥其笑矣。"則女子對於兄弟而有倫理。《説苑》曰："姊，咨也，以先生言可咨問也。妹，女弟也，末也。"則女子對於姊妹而有倫理。《禮・檀弓》："子路有姊之喪，可以除，而弗除，孔子問之，則曰：'吾寡兄弟而弗忍。'"李勣爲唐功臣，其姊病，親爲煮粥，致火焚其鬚，是則姊妹之倫，亦言兄弟之倫，所當知矣。

第四節　夫婦

夫婦一倫，經傳所言，理至繁賾，據《禮記》所載，則夫婦主相親。昏禮共[29]牢而食，合巹而酳，所以合禮，同尊卑而親之也。據契所教，則夫婦主有别。《儀禮》曰："夫婦一禮也。"《説文》云："妻，婦，與夫齊者也。"《釋名》云："夫婦，匹敵之義也。"是夫婦爲平等。《白虎通》曰："婦者，服也。以禮屈服也。"《大戴禮》曰："婦人，伏於人者也。"是夫婦爲不平等。吕新吾先生謂："男女一倫，是聖人苦心處。"可謂深中其隱矣。今試就《詩》、《書》、《易象》觀之者，《詩》首《關雎》，《書》先"釐降"，《易》上經首乾坤，下經首咸恒，聖人於夫婦若何重視！自《式微》有詠，《列女傳・貞順篇》黎莊夫人既往而不同所欲，所務者異，未嘗得見，甚不得意。其傅母憫夫人賢，公反不納，憐其失意，又恐其已見道而不能以時去，謂夫人曰："夫婦之道，有義則合，無義則去。今不得意，胡不去乎？"乃作詩曰："式微式微，胡不歸？"夫人曰："夫婦之道，一而已矣。彼雖不吾以，何吾[30]忍離於婦道乎！"乃作詩曰："微君之故，胡爲乎中路？"終執貞一，不違婦道，以俟君命。君子故序之以編時[31]。《相鼠》有歌，《白虎通》："《詩》云：'相鼠有體，人而無體[32]，胡不遄死。'此妻諫夫之詩也。諫不從，不得去之者，本娶妻非爲諫正也。一與之齊，終身不改。此地無去天之義。"然後夫婦之道苦。秦漢以降，女學不修，治家者至視婦人爲蛇蝎。周子曰："家人離，必起於婦人。"鄭濂舉治家之道曰："不聽婦人言而已。"夫男以女爲室，女以男爲家，男女不和，家室何由而正？善夫唐甄有言曰："《詩》云：'高山仰止，景行行止。四牡騑騑，六轡如琴。'高山出雲，雨徧天下，天賴以成其施，是以仰止焉，言不可以不敬也。四牡既良，致遠不勞，如琴琴[33]之調焉，言不可不和也。敬且和，夫婦之道乃盡。"晋郤缺耕於野，其妻饁之，相敬如賓。后漢張湛居幽室，必自修整，遇妻子如嚴君。明胡居仁居家，事悉秉禮，非禮勿動，雖妻子無戲言。此夫婦[34]之以敬見稱者。漢鮑宣學於桓氏，師以少君妻之，悉歸侍御服飾，與宣共挽鹿車歸鄉里，拜姑禮畢，提甕出汲，修行婦道。梁鴻娶孟光爲妻，鴻爲人賃，婦爲具食，舉案齊眉，此夫婦以和見稱者。此可爲夫者教也。曹大家曰："夫婦之好，終身不離。房室周旋，遂生媟黷。媟黷既生，語言過矣。語言既過，縱恣必作。縱恣既作，則侮夫之心生矣。夫事有曲直，言有是非。直者不能不争，曲者不能不訟。訟争既施，則有忿怒之事矣。侮夫不節，遣呵從之。忿怒不止，楚撻從之。恩義既絶，夫婦離矣。"此可爲爲婦者教也。近日主持歐化主義者，動謂改革風俗必自家庭始，改革家庭必自夫婦始，改革夫婦必自平等始，夫婦平等必自自由結婚始。夫一夫一妻爲泰西善制，自應則效。至男女無别，實東西澆風。德儒佐氏曰："日本自古迄今，男女同俗，女子開窗粧飾，無所畏避，如此等類，不一而足。反之，中國人防内外之閑，别嫌明微，克端品行，奚啻天壤之别。又中國人娶妻産子，原爲媺續祖先禋祀起義，故其婚姻即爲齊家之基，而齊家即爲治國平天下之本。如此思想出於《大學》，故以[35]娶妻爲一大事。伐木以斧，娶妻以媒，鄭重嚴明，不違乎禮。歐人血族結婚，悖禮滅倫，近始爲人所厭，極欲改良而未能一朝除去。中國則夙[36]避此嫌，不娶同姓，久已垂爲典禮矣。"見日本森林太郎《黄禍論梗概》。是男女有别，爲中國美俗，在西人亦深敬慕。今講求新學者於泰西一夫一妻之制多置若罔聞，於東西澆風争先仿效。是何異金中葉以後鄙遼儉樸，襲宋繁縟之文，又懲[37]宋寬柔，用遼操切之政，棄二國之所長而專用其所短乎？詳見《金史·食貨志》我國變法棄短用長不僅此事，而此事特彰明較著者耳。按婦對於夫之父母曰舅姑。莊子曰：

“堂廡空虚，則婦姑勃豀。”賈誼曰：“秦人抱哺其子，與公併倨。則婦對舅姑易生窓慝。”《禮》“子放婦出，而不表禮焉。”是處之不善[38]，夫婦以乖。傳曰：“姑慈而從，婦聽而婉。”所謂從者，示姑不得專。所謂婉者，示婦不得亢。如此則姑婦之倫盡，而亦言夫婦之倫所當知者。

第五節　子女

六經教孝，對於父母之倫理靡不詳焉。若夫對於子女，則於子女之所以致其孝者，見之《詩》曰：“父兮生我，母兮鞠我，拊我蓄我，長我育我，顧我復我，出入腹我。”凡夫父母，對於子女之倫理，亦靡不詳。《説文》曰：“父，矩也。”“母，牧也。”謂教養之也。然則父主教，母主養，父母之施於其子女者，其分體若是乎？《説文》曰：“育，養子使作善也。”兼教養之義也。凡爲父母，對於子女，皆兼教養。鄭康成曰：“小未有所知，常示以正物，以正教之，毋誑欺。”《曲禮》注。《易・家人》曰：“利女貞。”《彙苑》曰：“女，如也。”從父之教，則對於子女，未有不用其教者，然中國倫理學説有以父不教子爲禮者。孟子曰：“古者易子而教之，父子之間不責善。責善則離，離則不祥莫大焉。”則主愛者慮其賊恩者也，不如勿教之。《白虎通》曰：“父所以不教子者何？爲渫瀆也。又授之道當極説陰陽夫婦變化之事，不可父子相教也。”則主教者慮其賊體也，不如勿教之，此不教之説也。《韓詩外傳》曰：“爲人父者，必懷慈仁之愛，以蓄養其子，撫循飲食，以全其身。及其有識也，必嚴居正言，以先導之。及其束髮也，授明師以成其技。”則非不教也，於其少而教之。《内則》曰：“女子十年不出，姆教。”《昏義》曰：“教以婦德、婦言、婦容、婦功。”則非不教也，於其未嫁教之，其斯謂之家庭教育歟？蓋子女待教於父母，就未成人時言之；不待教於其父母，就已成人時言之。教既如是，養亦宜然。子女終身倚賴於其父母，不獨父母不堪其累，即子女亦宜受其災。欲矯其弊者，遂謂中國父子之倫欲求改良，非析産異居不可。在昔商鞅治秦，令民有二男以上者不分異者，倍其賦。以故秦人家富子壯則出分，家貧子壯則出贅，秦用此卒致富强。近日泰西風俗與商鞅所定法令略似，其國學者尚論及此，每以爲深憂。夫陸賈之達觀，《史記》賈有五男，出所使越得橐中裝，賣千金，分其子，子二百金，令爲生產。陸生常安車駟馬，從歌舞皷琴瑟侍者十人，寶劍直百金，謂其子曰："與汝約：過汝，汝給我人馬酒食，極欲，十日而更。所死家，得寶劍、車馬、侍從者。"姚崇之深慮，《唐書》姚崇遺金[39]，以達觀後[40]子孫失蔭，至貧寒，斗身[41]之間，參商是競，欲仿陸生之尺[42]意，預爲分定，將以絶其後争。不囿於俗，當世以爲大奇。然此特慮後人因争產之故致傷恩愛，故預爲規定，并非若蔡京父子各立門户，視爲仇敵也。父子異財，自古未聞，故儒者以爲戒。劉安世劾章惇"父在，别籍異財，滅絶禮義"。朱子論折產事曰："凡父母[43]，父母在堂，子孫别籍異財者，并將關約呈首，掠毁不遵，依祖法斷罪[44]。"輿論亦從而非之。《抱朴子》漢桓帝时，時人爲之語曰："舉秀才，不知書，察孝廉，父别居。"然則當如何而後可？曰：是宜以疏廣、鄧禹爲法。疏廣之言曰："賢而多財，則損其志。愚而多財，則益其過。"故不願積財以貽害子孫。鄧禹則有子十三人，令各習一藝，而使能自立，此乃爲父母應盡之義務。此外，則父母對於子女有兩義焉。《春秋繁露》曰："多其愛而少嚴"，此言對於子女者之以恩也。《韓詩外傳》曰："冠子不詈，髮子不笞。"此言對於子女者之以禮也。語曰："父雖不父，子不可以不子。"又曰："父命子死，子不敢不死。"積此謬論，遂成薄俗，使晋獻、宋平殘賊骨肉，横行無忌，則恩禮之失也。《白虎通》曰："父殺其子，當誅何？以爲天地之性，人爲貴。人皆天所生也，託父母氣而生耳。父不得專也。"《春秋傳》曰：晋侯教[45]世子申生，"直稱君者，甚之也。"是父殺其子，原《春秋》所不許子女一也，古者謂其女亦曰子。待子當以恩禮，待女亦如此而已矣。

第六節　宗族

中國自古以來最重族制，雖沿宗法時代之遺風，然《周禮》言"宗以族得民"，則人民親睦之端實基於此。蓋族以身爲主，生我者，父母也，己所生者，子女也，同我生者，兄弟也，皆及身之至戚也。由父而上溯之，則父之考爲王父，王父之考爲曾祖王父，曾祖王父之考爲高祖王父。由父而旁推之，則父之晜弟爲世父叔父，爲從祖祖父，父之從弟[46]晜弟爲從父，從父晜弟爲族父，族父之子於己爲族晜弟，族晜弟之子於己爲親同姓。具見於《爾雅・釋親篇》，此中國族制之大略也。

中國自古迄今，大抵以族系之親疏定喪服之輕重，具見於凌氏《禮經釋例》，然愈親則喪服愈重，愈疏則喪服愈輕；服愈重則關係深，服愈輕則關係淺。此又中國宗法社會之大略也。

夫反本復始，爲人民固有之性。鄭君《禮記注》云："宗者，祖禰之正體。"古代各族均有世系，垂爲譜牒，使氏族不淆。今也同族之民既同奉一始祖，若考其譜牒以溯氏姓之起源，則宗族之思想由然而生，其利一也。處競爭之世，非合群無以自存，而同族之民互相團結，實爲合群之始基。《詩》言："宗子維城。"《傳》言"股肱，誰敢携貳"，皆其明徵，其利二也。然中國古代人民，其對於宗族之倫理約有二端：一曰通財，一曰合食。《白虎通》曰："古者所以必有宗者，所以長和睦也，通其有無，以能理族也。"又曰："族者，湊也，聚也。謂恩愛相流湊也，生相親愛，死相哀痛，有會聚之道。"是則古人之敦族制，無非欲人民之親族耳。然宗族之親睦者，莫若中國。而宗族之乖離者，亦莫如中國。試觀古代以還，同姓之國日尋征伐，至有互相併合者，貴族之臣肆行誅戮，至有互相殘賊者，而貴顯之官視宗族之貧賤者，有若奴僕；鄉里之民因同族而争産者，有若仇敵，則中國人民僅有睦族之虚名耳。其有假睦族之虚名，據歷史所稱述，不過言貴顯之時三族均沾其惠，夫族人不能自立而徒仰給於貴顯之人，是啓人民以依賴性也。今欲行對於宗族之倫理，則程子謂："宗族須自爲一會。"仿韋家宗會之法，使骨肉日親。又言："須明譜牒以收世族。"此皆言之可爲世法者。又中國各省之中，皆有望族，一鄉一邑，聚族而居，多者數萬户，少者千百户，若能合同族之力以互營公益，未始非中國之大利也。考中國實踐宗族倫理者，史策所載，頗不乏人。漢第五倫少有義行，王莽末盗起，宗族争赴之。倫依險以爲保。唐李申闔族爲賊兵所屠，申率鄉人復仇，殺賊數百人以雪義憤。又漢張禹推田宅於伯父，身自寄止於汲城。种嵩以父財三千萬賑恤宗族，郭丹推己田於兄子，荀淑産業每增輒以贍宗族。宋仲淹曰："吾吴中宗族甚衆，於吾固有親疏，然吾祖宗視之，則均是子孫。吾安得不恤其饑寒哉?"凡若此類者，皆對於宗族而能盡倫理者也。

第七節　戚黨

《周禮》大司徒之職，以六行賓興萬民，一曰婣。婣也者，即對於戚黨之倫理也。戚黨可分爲四類：一曰父黨，二曰母黨，三曰妻黨，四曰婚姻，皆與己異姓者也。大抵父所生之女與己爲女晜弟，女晜弟之子於己爲甥，父之女晜弟於己爲姑，祖之女晜弟於父爲姑，於己爲王姑，曾祖之女晜弟於父爲王姑，於己爲曾祖王姑，此皆父黨也。母之父母於己爲外王父、外王母，母之晜弟於己爲舅，母之女晜弟於己爲從母，推之舅之子、從母之子，皆與己爲戚屬，此皆母黨也。妻之父母於己爲外舅外姑，妻之姊妹於己爲姨，此皆妻黨也。若夫女子之夫爲婿，夫之父母，妻之父母，相謂爲婚姻，皆見於《爾雅·釋親篇》。又《書》言帝堯親九族，漢儒謂九族兼指戚黨言。則戚黨倫理，古人重之久矣。寇永修曰："古人睦族，非止同宗。以族服考之，父黨母黨妻黨皆是。"蓋中國積俗相沿，重男輕女，惟觀於戚黨之倫理，稍足矯重男輕女之風，何則?姑與世父、叔父皆王父所生。今也厚於世父、叔父而薄於其姑，可得謂之合理乎?生我者父母，今也厚於父黨而薄於母黨，可得謂之合理乎?婦與夫齊，今婦於舅姑則責其盡禮盡孝，而夫於外舅外姑則疏而不親，又可謂之合理乎?子女者，己所生也。今也因愛子之故至并及於子之妻，因愛女之故而不能愛及女之夫，亦不得謂之合理。今欲矯重男輕女之風，則對於戚黨之倫理，不得不急於講求。唐子《潛書》謂："父之父母，母之父母，一也。"母不異父，母所從出可知矣。此雖就母黨一端言之，然其義可類推矣。若對於戚黨之倫理，約有二端，一曰親睦，一曰扶持。親睦者，互相體結之謂也。扶持者，禍福與共之謂也。特中國人民對於戚黨之倫理各有所偏，或疏於父而暱於母，則所行倫理厚於母黨而薄於父黨；或孝因妻子而衰，則行倫理又厚於妻黨而薄於父黨、母黨。然《孝經》所言："不愛其親而愛他人者，謂之悖德；不敬其親而敬他人者，謂之悖理。"夫父黨、母黨既爲親所愛所敬之人，若不推愛親、敬親之心加之愛敬，亦於孝道有虧，此乃中國戚黨倫理之偏也。今欲實行戚黨倫理，則父黨、母黨、妻黨不容有歧視之心，此亦言平等者所當知也。按中國能實踐戚黨倫理者，亦不乏人。晏平仲曰："自臣之貴，父族無不乘車者，母族無不足於衣食者，妻族無凍餒者。"後漢吴漢出征，妻廣置田業。及漢還，妻分於外家。唐張延賞不事家産，其卒也，盡分田産於親戚、故人。宋韓琦身居相位，自奉如寒素，俸之所入，悉以贍親戚之貧者。凡此皆對於戚黨而克盡倫理者也。

第八節　奴僕

階級制度無代無之，如印度分民爲四等是也。中國古代亦區民爲十等，若奴僕之起原，其故有二，一爲刑法上之關係。虞夏之時，凡身嬰重罪者，大抵則行孥戮之典。降及周代，刑法稍寬，而身伏上刑者，悉籍家族爲奴。見《周禮》："男子入於罪隸，女子入於舂藁[47]。"犯輕刑者亦以爲奴而贖罪。俞正燮謂《左傳》"輿臣隸，隸臣僚，僚臣僕，僕臣臺"皆入罪。隸而任勞者，故互相役使。故僮僕、奴隸之名皆由罪人而立。《説文》"童，男有罪爲奴"，即僮字也。《左傳》曰："斐豹隸也，著於丹書。"鄭司農注《周禮》，亦曰："今之奴婢，即古之罪人也"。又漢代之奴必髡錐以自别，見汪容甫《釋童》。至東周之世，戰争頻興，鄰國之民，囚爲俘虜，如《孟子》言："齊人伐燕，係累其子弟。"此其確證。又季平子以費人爲囚俘，亦見《左傳》。蓋視敵人爲罪囚，故亦用爲奴[48]。而操賤役者乃愈衆矣。一爲財政上之關係。周代質人掌民人之質劑，此賣鬻奴婢之始。及戰國以後，生計愈艱，而民之以身償值者屢見於史册，觀匈奴名，奴婢爲貲。見《三國志》注引《魏略》，而《南齊書·河南傳》亦言虜名，奴隸爲貲。則野蠻各邦，財産、奴隸，語無區别，是猶歐洲上古視奴隸爲財産之一也。見那特硜《政治學》。

奴隸制度固非創自近代，然自異族入主中夏，而階級之分愈密。昔契丹、金、元屠毒中夏，諸將南征，多掠漢民爲私户。如遼天禄元年，以崇德宫户外[49]分賜翼戴功臣及南、北院大王。統和四年，山[50]伐宋，人口分賜皇族。元世祖十九年，撥信州臣民四百人户，隸諸王。二十年，賜駙馬阿禿江南民千户。蓋征討所得，即以賜臣下也。而逃民、降民無不據爲己有。自是以降，奴隸愈繁。然溯其起源，復有二端。一則異族宅夏，役視漢民，而漢民之殷實者，亦互相效尤，以行蓄奴之制。一則强佔民田，横徵暴斂，民窮財盡，非以身償值即無以保旦夕之生存。觀金太祖二年，禁民凌虐、典雇良人，及倍贖直者。大宗時詔權勢之家，毋置貧民爲奴。元中統二年，李德輝爲山西宣慰使，凡權勢之家，籍民爲奴者，咸按而免之。五十五年，詔官民無得折良爲奴。足證金、元之時，蓄奴之風甚熾。此蓄奴之制所由，視古代爲尤甚也。明代繼興，此制未革，奪人自由，使之服勤至死，非吾民之大厄哉！

西人之言社會學者謂等級制度之進化，大抵由家奴而田僕，由田僕而雇工。而中國之階級制度也，則又由雇工而田僕，由田僕而家奴，與社會進化之公例相背而馳。試就今日之社會觀之，凡執賤役者固多行雇工之制，但鬻身於人而終身如奴僕者亦自不少。大抵踵明元清之陋習也。今政體既改，建共和，要以衆生平等爲歸。泯主僕之稱，行雇工之制，以争存於社會之中，而不失自由。昔顧亭林論吴中蓄奴之弊也，謂有王者起，當悉免爲良，從以實邊。所用僕役，並出資雇募。邱家穗曰："天地之性，人爲貴，而人之生於間，雖有知[51]愚、强弱、尊卑、疏戚之殊，然與我同類，其有欲立、欲免之心則同，奚必智者、尊者、强者、戚者乃得爲人，而愚者、弱者、疏者、遠者不得爲人乎？"因作《恤臧獲論》。是奴隸制度，在有仁心者莫不欲即得剗除。中國之欲除階級制度者，獨盛稱林肯，此何説歟？按《瞬餘齋隨筆》載：林肯以放奴爲事，揚大名於宇宙。至今講人道者，莫不稱之。不知林肯生於十九世紀之中葉，其時天賦人權之旨夙已大昌，放奴之論，唱之者無慮千百人，林肯之主持此議，特順時代之潮流耳。此何足異者？若中國則二千年前已有大唱此議者，則師丹是也。西漢孝成帝元年，師丹上限田之議，并請限諸侯王奴婢二百人，列侯、公主百人，關内侯吏民三十人。期盡三年，犯者没入官。其請限田，與今世之社會主義殆相彷彿。然僅限制其土地所有權，而非全剥其土地所有權，視今世之共和[52]主義及土地國有論者，其説穩健而易行。若其限制奴婢之使用，期盡三年，則雖尚存奴婢之名，而奴婢之本質實已廢除矣。蓋説[53]用僕役[54]期有定，視今世泰西之傭人以服役者直無所異，去其終身主腦之關係，則奴隸之制度已從根本上劃除之，故語其實際，衹存傭雇之關係，而非有身分之關係也。師丹之建議如此，則放奴論之鼻祖，實在泰東，不在泰西矣。

第九節　正本制用

陸梭山先生《居家正本篇》云："古者民生八歲入小學，至十五歲，各因其材而歸之四民，秀異者入學，學而爲士，教之德行。愚謂人之愛子，但當教之以孝弟忠信，所讀須《六經》、《語》、《孟》，通曉大義，明父子、君臣、夫婦、昆弟、朋友之節，知正心、修身、齊家、治國、平天下之道，以事父母，以和兄弟，以睦族黨，以交朋友，以接鄉里，使不得罪於尊卑上下之際。次讀史，知歷代興[55]治平措置之方。"

其《居家制用篇》云：古之爲國者，冢宰制國用，必於歲之杪，五穀皆入，然後制國用。用地大小，視年之豐耗，三年耕，必有一年之食，九年耕，必有三年之食。以三十年之通制國用，雖有凶旱水溢，民無菜色。國既如是，家亦宜然。故凡家有田疇，足以贍給者，亦當量入以爲出。然後用度有準，豐儉得中，怨讟不生，子孫可守。今以田疇所收，除租税及種，蓋糞治之外，所有若干，以十分均之，留三分爲水旱不測之備，一分爲祭祀之資，六分分十二月之用。取一月合用之數，約爲三十分，日用其一，可餘而不可盡用。至七分爲得中，不及五分爲嗇。其所餘者，别置簿收管，以爲伏臘裘葛、修葺墻屋、醫藥、賓客、弔喪、問疾、時節饋送。又有餘，則以周給鄰族之貧弱者、賢士之困窮者、佃人之饑寒者、過往之無聊者，毋以妄施僧道。

其田疇不多，日用不能有餘，則一味節嗇，裘葛取諸蠶績，牆屋取諸蓄養，雜用蔬果，皆以助用，不可侵過次日之物。一日侵過，無時可補，則便有破家之漸，當謹戒之。

其田疇少而用度廣者，但當清心儉素，經營足食之路。於接待賓客、弔喪問疾、時節饋送、聚會飲食之事，一切不講。免至干求親舊，以滋過失，責望故素，以生怨尤，負諱通借，以招恥辱。

居家之病有七：曰笑[56]，曰飲食，曰土木，曰争訟，曰玩好，曰惰慢。有一如此，皆能破家。其次貧薄而務周旋，豐餘而尚鄙吝。事雖不同，其終之害或無以異，但在遲速間耳。下略。

按陸氏自梭山，厥考以上五世同居，自梭山以下又五世同居，至宋元改革，室家焚毁，然後蕩析。此五世中不獨科名爵位彪炳一時，而闡明正學者，亦代不乏人。前清巨室，首推桐城張氏。然考張氏英所著《聰訓齋語》，則梭山"居家正本"之意也，《恒產瑣言》，則梭山居家制用之意也。是張氏家法悉本陸氏而出，故繼繼繩繩，略與陸氏相埒焉。曾文正謂士大夫之志趣、學問果有以異於人者，則修之於身，式之於家，必有流風餘韻傳之子孫，化行鄉里，所謂君子之澤也。就其最善者，約有[57]。今盱衡中外，家也，國也，天下也，有操此道而不治，舍此道而不亂者乎？

第十節　總論齊家之道

《易·家人卦》曰："家人，利女貞。"《彖[58]》曰："家人，女正位乎内，男正位乎外，男女正，天地之大義也。家人有嚴君焉，父母之謂也。父父子子，兄兄弟弟，夫夫婦婦，而家道正，正家而天下定矣。"《象》曰："風自火出，家人，君子以言有物而行有恒。""初九，閑有家，悔亡。"《象》曰："閑有家，志未變也。""六二：无攸遂，在中饋，貞吉。"《象》曰："六二之吉，順以巽[59]也。""九三：家人嗃嗃，悔厲，吉。婦子嘻嘻，終吝。"《象》曰："家人嗃嗃，未失也，婦子嘻嘻，失家節也。""六四：當[60]家，大吉。"《象》曰："富家大吉，順在位也。""九五：王假有家，勿恤，吉。"《象》曰："王假有家，交相愛也。""上九，有孚威如，終吉。"《象》曰："威如之吉，反身之謂也。"

按齊家之道，見於經傳者至纖至悉，而《家人》一卦實賅括無遺。論者謂家族倫理，中西不同，其所以不同者，則由社會組織之殊。泰西以人爲本位，中國以家爲本位，故泰西以個人爲么匿，社會爲拓都。拓都、么匿之間別無階級，而中國則不然，個人、社會之間介以家族，故愛力所及，僅以家族爲範圍，不知天下之本在國，國之本在家。《易》言："正家而天下定。"蓋以家爲標準，非以家爲範圍。齊家之道，莫切於親親長長。人人親其親、長其長而天下平，此語爲中外古今所莫能外。蓋人人者，個人之所積也。天下國家者，又人人之所積也。不能齊其家，而曰吾惟奔走於國事，詎知天下、國家，本一家所積耶。《詩》曰："刑於寡妻，至於兄弟，以迓於家邦。"孔子曰："居家理，故治可移於官。"子木問范武子之德於趙孟，趙孟曰："夫子之家事治，言於晋國，無隱情，其祝史陳信於鬼神，無愧辭。"子木以語楚王，楚王謂其宜光輔五君，爲盟主。則一人家事之理，可以致一國之霸。士大夫之居家，豈細行乎？

齊家要道既如上文所言，今試分列要目如左：

一　興學校　義取普及，他族比鄰而居者亦準附學。

二　營實業　如蓄牧、森林、漁業，及各項工廠、公司之類。

三　修譜牒　以教親睦、聯疏遠爲宗旨。

四　訂族約　略仿宗法意義，而去其專制性質。

五　慎婚姻　矯正一切陋習，以年齡程度相當爲合格。

六　免奴婢　詳情見本章第八節。

【校記】

〔1〕"法政本"中，"暇"字删去。

〔2〕"法政本"中，"以"作"事"。

〔3〕"病"，《尚書》通行本作"疾"。

〔4〕"不"，《尚書》通行本作"弗"。

〔5〕"衰"，《尚書》通行本作"哀"。

〔6〕“法政本”中，“勃”作“勒”。
〔7〕“法政本”中，“矣”作“也”。
〔8〕“法政本”中，“法法”作“法”。
〔9〕“法政本”中，“論”作“倫”。
〔10〕“騅”，當作“雛”。
〔11〕“法政本”中，“監”作“鹽”。
〔12〕“法政本”中，“蟲”作“蛩”。
〔13〕“法政本”中，“詢”作“洵”。
〔14〕“法政本”中，“下”作“膝下”。
〔15〕“法政本”中，“不”作“倏不”。
〔16〕“法政本”中，“心”作“夜”。
〔17〕“法政本”中，“旋”作“旅”。
〔18〕“享”，當作“亭”。
〔19〕“法政本”中，“紀”作“起”。
〔20〕“法政本”中，“中周”作“周中”。
〔21〕“認”，當作“詔”。
〔22〕“在所”，當作“所在”。
〔23〕“法政本”中，“其處”作“處”；“斷”作“不斷”。
〔24〕“法政本”中，“不至”作“至”。
〔25〕“法政本”中，“語”作“其語”。
〔26〕“法政本”中，“歸中”作“歸”。
〔27〕“法政本”中，“得”作“得中”。
〔28〕“法政本”中，“聚”作“娶”。
〔29〕“法政本”中，“共”作“其”。
〔30〕“法政本”中，“何吾”作“吾何”。
〔31〕“法政本”中，“時”作“詩”。
〔32〕“體”，當作“禮”。
〔33〕“法政本”中，“琴”作“瑟”。
〔34〕“法政本”中，“夫婦”作“婦”。
〔35〕“法政本”中，“以”作“此”。

〔36〕“法政本”中，“夙”作“風”。

〔37〕“法政本”中，“懲”作“徵”。

〔38〕“法政本”中，“善”作“養”。

〔39〕“金”，當作“令”。

〔40〕“達觀後”，《日知録》作“達官身後”。

〔41〕“法政本”中，“身”作“尺”。

〔42〕“法政本”中，“尺”字疑衍。

〔43〕“法政本”中，“父母”作“祖父母”。

〔44〕“法政本”中，“依祖法斷罪”作“依法斷罪”。

〔45〕“教”，當作“殺”。

〔46〕據《爾雅·侍親》：“父之從弟”以下作“父之從父昇弟爲徙祖父，父之從祖昇弟爲族父”。

〔47〕“法政本”中，“舂藁”作“舂槖”。

〔48〕“法政本”中，“奴”作“奴隸”。

〔49〕“法政本”中，“户外”作“户”。

〔50〕“山”，疑爲衍字。

〔51〕“知”，疑爲“智”。

〔52〕“法政本”中，“和”作“産”。

〔53〕“法政本”中，“説”作“役”。

〔54〕“法政本”中，“役”作“從”。

〔55〕“興”下，當脱“衰”字。

〔56〕“法政本”中，“笑”下有“曰游”二字。

〔57〕“約有”下，疑脱“三端曰：詩書之澤、禮讓之澤、稼穡之澤”。

〔58〕“象”，當作“彖”。

〔59〕“法政本”中，“異”作“巽”。

〔60〕“法政本”中，“當”作“富”。

第四章　社會倫理

第一節　論社會倫理之起原及其範圍

自闢爲大宇而人類以生，其始也獸化人，其進也人勝獸，其進也人勝人，相維相繫，相感相應，相抵相拒，相競相擇，歷數十年、數百年、數千年、數萬年之遞相推嬗，遞相淘汰，莫不優者勝，劣者敗，又莫不多者勝，少者敗。夫少數不能敵多數，此天下萬世之通例，公而無可易者也。嘗竊觀於人類進化之所以然，爲推論其所以致此之由，未嘗不歎社會之爲力甚大也。何謂社會？凡人類聚而有所部勒，東語曰組織所嚮者皆得稱之曰社會。中國言五倫爲天下之達道，初無所謂社會，“社會”二字始見《宋史·道學傳》，然《大學》言文王之敬，止君臣、父子，而外獨及與國人交，此國人即今日所謂社會也。蓋社會人類，朋友不足以盡之。《禮記·檀弓》分朋友與所知爲二良，以同志爲友，不能謂所知者皆朋友也。孔子曰：“節用而愛人。”又曰：“與人。”又曰：“與人恭而有禮。”曾子亦分“爲人謀”、“與朋友交”爲二。子夏曰：“我之大賢與，於人何所不容？我之不賢與，人將拒我。”凡所謂愛人，所謂與人，所謂爲人，所謂於人，皆各種社會之人。孟子曰：“愛人者，人恒愛之。敬人者，人恒敬之。”又曰：“愛人不親，反其仁，治人不治，反其智，禮人不答，反其敬。”皆與社會相接之道，其他不勝枚舉。社會合衆人而後成，故個人即爲社會之分子。就個人而言之，謂之幺匿，或謂之小己。合一群而言之，爲之拓都，或謂之團體。社會之變象無窮，而一一基於小己之品質。雖有堯舜湯武之智，不能入裸壤而侈述文章；雖有秦皇成吉思汗之威，不能奪人心而俾之馴服。明乎此，知個人與社會之關係大矣。夫社會之成立，在國家成立之先。《吕氏春秋》曰：“利之出於群也，君道立也。”柳子厚曰：“近者，聚而爲群。”又曰：“群而後有兵有德。”《墨子·尚同篇》亦有此説。然社會之所[1]立，則在於保生，成幸福。試舉二例如左：

一曰人非社會不能自保。

二曰人非社會不能自奉。

由是觀之，人之生也，不能不在社會範圍之中。以一人與社會抗，其不反足而奔者幾希。故個人之苦樂悉援社會之苦樂而分，未有社會皆樂而個人獨苦者，亦未有社會皆苦而個人獨樂者，保全社會即所以保全一身。明乎社會之起源，而個人與社會之關係乃益明。

一曰宗教社會 如中國“社”字，從土從示，此即人民因祭神而團結之證也，是爲中國社會之始。

二曰軍人社會 如中國“師”字，或訓爲軍，又訓爲衆。是古代之時，軍人之名詞與社會之名詞無異。

三曰農業社會 如中國所行井田之制是也，其成立較軍人社會爲稍遲。工商社會發達尤遲。

既有社會，則個人與社會交涉必繁，斯有社會之規則。字書曰：“邑，人聚會之稱也。從口，有區域也，從卪，有法度也。”是知處社會者不可無規則，社會所定之規則，在於權利義務互相平均。既有社會之規則，即不得不行社會之倫理。顧中西巨儒，其言社會倫理者皆各有偏，試舉兩端如左：

一曰知有己不知有人 即中國楊學，亦即西人自利主義。

二曰知有人不知有己 即中國墨學，亦即西人利他主義。

以上二説皆不明個人與社會之關係。欲明個人與社會之關係，必自研究社會倫理始。

第二節　利己主義與利他主義

所謂利己者，行爲之動機係於己之利害者也。所謂利他者，行爲之動機係於他人之利害者也。論道德者多以此二種動機爲鑿枘不相容。利他主義之原理曰：行爲之有道德價值者，在其動機之純然利他者也。利己主義之原理曰：以一己之安寧，爲種種行爲之鵠的，不但不當禁止，而實爲道德界所認許者也。其立論根據若是。泰西倫理學家主張至高之利他主義者爲叔本華，其言曰：凡行爲必有動機，動機者非利即害，利害者非關於己即關於人。凡動機關於他人之利害者，其行爲始有道德之價值。故道德價值者，生於利人、悦人之行爲。否則其動機在一己之利害，則全爲利己之行爲，而無道德之價值。至於害人以利己者，則謂之惡而已矣。

主張至高之利己主義者爲霍布斯及斯賓那莎，其言曰：人各圖自存而已，是自然之秩序，而亦道德之秩序也。人各以正當之幸福爲鵠的，是即正當之行爲，而道德之要求亦盡於此矣。人各自得其幸福，即所以助他人之安寧，蓋人人正當之利害固彼此相和，而殊途同歸者也。

至高之利己主義與利他主義原不相矛盾，小而一人，大而社會，非兼此二者殆不足以遂其生活焉。粹然之利己主義與粹然利他之主義，按諸道德原理皆不無謬誤。彼各執一説，齗齗而不相下者，蓋未即其行爲之動機及效果而一察其實際也。

一就行爲之效果觀察之 人不能離社會而獨立，則一己之行爲與他人自不無影響。例如自衛其生，若粹然利己者，然稍加考察，則知一身之健康不徒一己之關係，其播影響於四方實大，凡因不慎而致疾者，始則累及一家，浸假廢棄職業，勢必人人悉受其累。斯賓那莎謂：自保其身即人生第一之基本義務，其言固信而有徵矣。又如勤勉職務，似亦利己，然直接雖在利己而間接亦可利人。否則放蕩無藝，奢侈無度，不特害於爾家，實且凶於爾國。其陋劣之習慣，孱弱之體質，數代遺傳不復可改，其貽害顧不大歟？由是觀之，對人之義務與對己之義務决非截然分立者。一身之安寧，家族、社會互相錯綜，能自盡其義務者，即以增社會之安寧，而爲社會盡義務者，亦即以增自己之安寧焉。

二就行爲之動機觀察之 今試有農夫於此，卒然問曰："汝之勤於田園也，爲己乎？爲人乎？"彼將以問者爲妄誕。其實田園荒蕪，有損於己，固未嘗無損於人也。又試見有爲國致身者，此其動機爲利己乎？爲利他乎？是亦無謂之問，不知凡致身者，亦所以自存也。彼之不惜以生命爲犧牲，乃欲存其大於生命，高於生命之己也。然則利己主義與利他主義，其動機蓋全無差別矣。夫損人以益己，屈己以利人，世亦未必全無其事。但利己、利他兩動機之矛盾，非正則而變則也。以正則言之，利己、利他固屬一致，生存之道原由競争，際此物競日烈，終無和平之一日，而能超脱物競之範圍，不待爲激烈之競争者，實不乏人。大率能享幸福者，多出於人己兩利之道，此固可得諸經驗矣。

以道德、法律判斷之，無論利己、利人、爲善、爲惡，皆非可以片言折。利己者，不必盡出於善固已，世[2]固有以利他爲職而其實乃貽害於人者。無識而好善，非善而實害，欲明社會倫理，其折衷利己利人之間乎？

第三節　樂天主義與厭世主義

中國社會倫理至今尚未發達者，論者以爲中國文人大别爲樂天、厭世二派，此二派者皆沿楊氏爲我之説，與公德之説相背馳。如青蓮、東坡之流，大抵以樂天爲主義者也。摩詰表聖之流，大抵以厭世爲主義者也。吾則謂樂天主義與厭世主義有别。

持樂天主義者，以樂利爲宗，但求利己而不復利物，固於社會之發達不無阻礙。然如西哲邊沁以一群之利樂爲利樂，此樂亦復何極？夫仰觀於天，日月星辰如此其炫爛。俯瞰於地，山川草木如此其繁賾。吾人生於其間，徒炫外觀，日研究天然之現象，遂忘自己之爲何物，其亦未免太苦矣。自人智漸開，覺精神之運用，種種不可思議，呈物質界所不能有之奇觀。於是恍然大悟，知吾人之精神實存於物質界之外，别開一靈界者也。然則吾人生長於斯世也，豈不可遺[3]歟？此樂天主義在倫理中亦正有價值也。泰西倫理學家若霍布斯、若斯賓那莎、若拉比尼都、若伏爾弗、若昔弗脱脱布里、若謙謨等，論道德及幸福均樂天主義。

宗教家區别靈魂與肉體謂：死，體雖死，靈魂仍保其生存。此其目的在與人以來世之希望，欲其安心而死也。教理之是否，現時知識之程度雖難證明，要之吾人爲現世之人，不必求之來世。内有以修身，外有以報國，即爲安心之道。且行爲之結果或善或惡，即爲果報，更不必求之靈界，待之將來也。

如前所説專以樂天爲事者。雖然，世上非無異議，其所説曰：人生非惟無秋毫之價值，且多憂患苦惱云云。此則與樂天主義相反，而爲厭世主義者。

厭世主義有二别，感覺界之厭世觀及道德界之厭世觀是也。前者謂吾人之生涯苦痛多於快樂，不若無生。後者又增以客觀道德界之考察，而見爲并無價值，因而謂人生之不幸，不惟其事如是，而亦理所當然也。二者以外，又有歷史哲學之厭世觀，則謂人類日益進化，而苦痛及罪惡之增加與之爲正比例者是也。以上各説亦持之有故，言之成理，而實不免於謬誤，洎爾生辨之詳矣。

持厭世主義者曰：吾非不欲反厭世主義而爲樂天主義，但既從樂天主義，則必行樂天之事業。欲行樂天之事業，個人之力仍覺薄弱，必與人互相聯合始得成大〔4〕，如政治之改良〔5〕，教育之發達，實業之進步，無一非共同事。悠悠斯世，誰與共謀？不知天下之治亂，原根於一二人之好尚。士君子果以道自任，以身爲教，因以養成一世之風尚，造出所謂時代的精神者，上稽古昔，下考當今，豈遂無其人哉？知此乃可言樂天主義。

第四節　公德

今不論爲學者、爲政治家、爲教育家、爲宗教家，莫不亟稱曰公德。夫公德果含何義？解釋明確者恐不能多得。公德意義既未能領解，焉能解修養之方法。不解修養之方法，則雖日日提倡公德，千言萬語不過等諸狂呼而已。故解釋公德之意義，乃實踐公德之第一步也。

人民對於國家有當守之德。此德也即曰公德，如納租之義務、征兵之義務是也。政治家爲國事奔走，亦有當守之義務。此義務即曰公德，如官吏之義務、政黨員之義務是也。新聞雜誌記者對於社會亦有當守之義務，此義務即曰公德，如不讒誣排擠他人，及捏造事實是也。以上所舉皆犖犖大者，至就小者而言，如不折公園花木，不亂寫墻壁，不污壞街道，亦統謂之公德。夫前所舉者如彼，後所舉者如此，自事態上言之，誠不免大小之差，然其稱爲公德則一也。蓋事態雖異，而性質則同。公德究含有如何性質，今請得而闡明之。

“道德”二字，誠有對一己一身而言之時，就人與人關係而言者，實佔多數。公德之性質，即指人與人有關係時之道德名之，今特就己所對者分爲兩大類。

第一類 就所對者爲公共團體或普通公衆之地而言。

第二類 就對者爲一個人之地而言。

第一類又可分爲二種。第一種就所對者有確然範圍之時，第二種就所對者無確然範圍之時。

第二類亦可分爲二種。第一種就所對者爲普通個人之時，第二種就所對者爲特定個人之時。

以上所述，其性質爲公德。今期其簡明易知，特列表如左：

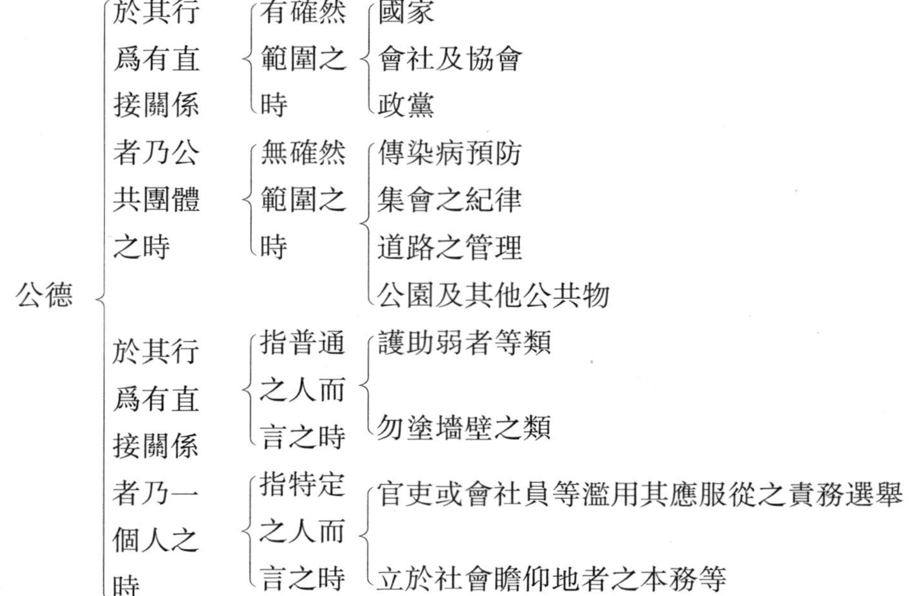

觀上所列公德之性質，當可知之矣。雖然，公德者對私德而言者也。人若不知私德之真義，則於公德之界限恐猶未能判定，試更就私德言之。

私德云者，乃吾與某特定之人所生之關係也。然人不能離社會而生活，就個人之一舉一動，窮其[6]因果，要無不與社會有關係。蓋私德與公德界限頗不易明，亦視其行爲結果直接於社會或間接於社會别之而已。

公德與私德既無甚差别，而公德較私德爲難盡者，厥故安在？一則視有密切之關係與否。一則視有嚴肅之制裁與否，公德較私德難盡，其原因在此。

然公德制裁亦有較私德爲尤嚴明者，即所謂政治的制裁、自然的制裁是也。總之，有制裁者易行，無制裁者難行，其理固甚顯也。

性質界限既明，修養之法乃有可言。修養之法約有二端，一在明示個人、社會之關係，一在養其博愛之情。前者知之事也，後者情之事也。知不明確，情何由生？情若淡漠，知於何有？二者實相需而不可缺者也。然欲培養此二者，非積以歲月烏乎可！

第五節　公義

爾我之義，私義也。公衆之義，乃爲公義。公義者，不加惡於人之謂。孔子所謂“己所不欲，勿施於人”，耶教所謂“己之施於人，當如己之所欲人之施於己”，均即此義。蓋吾人所以對他人有一定之本務者，不外擴張己身所應盡之本務及於他人耳。吾人與他人同爲社會之一員，固無毫末之差。自其位置言之，我本非人，人亦非我，我固不能强人之盡出於同。自其性質言之，何人何我，何我何人。人亦不能離我而自立於異，申言之，己身有當盡之本務，人與我異地皆然，應各有當盡之本務。吾人以他人侵害自己之權利視爲不正當之行爲，倘吾人同時有損害他人權利之事，即爲不義。各尊重他人權利而不互相侵越，是社會公義之由起也。

吾人之主要權有三：生命、財産及名譽是也。英雄不没其身，則天下無不可圖之事。我不願自戕生命，何敢殘命他人？殺人者人亦殺，去自殺僅一關。是故保護他人之生命即保護自身之權利所推也。欲達人生之目的，非赤手所能，必有需乎財産。若夫以正當職務所博取財産，是不外擴張自己之能力，爲人生必不可缺之要質。就自己所有之財産自由而處置者，亦吾人自然之權利也。名譽爲無形之財産，西哲謂毀人名譽與殺人同科，則名譽又與生命并重。以上三者皆吾人之最大權利。社會之安寧秩序全視三者安全與否爲判决，國家所以設法律而保護之，以補道德制裁所不及。然無道德以濟法律之窮，安寧幸福恐仍屬夢譽也。試即三者詳言之。

一、生命　《曲禮》曰："父母存，不許友以死。"然則父母不在，即可許友以死矣。自此説一倡，專諸、聶政、荆軻之徒接踵而起。聶政對嚴仲子之言曰："母在，政未敢以身許人。"與《曲禮》之言若合符節。秦漢之際，此風甚熾，太史公爲立《刺客》、《游俠》等傳。朱家、郭解之徒雖以氣節相尚，究非中行。東漢黨錮，其禍尤烈。準以中國古義，則身者，父母之遺體，全受全歸。朋友雖居五倫之内，不宜奪父母所遺之身以與朋友。日本俠氣甚盛，尊攘之際，蹈死不顧者踵相接，皆爲國家，非爲一人，公私之不同也。《禮記》多漢儒僞託，未足爲據。

二、財産　陸桴亭先生曰："天下利而已矣。善言利者使天下皆利其利，故己亦得其利。不善言利者欲一己獨利其利，故天下亦各利其利。"誠以財産者，人所賴以資生，徒思自遂其生，而不顧害及他人之生，則不惟損人，復不利己。西儒謂大利必在公益，其論與桴亭先生適合。

三、名譽　馬援戒兄子曰："吾欲汝曹聞人過失，如聞父母之名。耳可得聞，口不可得言也。"蓋名譽之於人關係特重，人生天地間，無百年不死，惟立名者能與天地同不死。夫以藐藐一身能與天地并立，應如何珍重。故理想高尚者愛惜名譽，較生命財産過之。而中情忮忌者妒人名譽，亦較生命財産過之。西儒遐甫别立之《論感情》也，謂人有三種情動，一曰自利之情，二曰他利之情，三曰非自利、他利之感情。自利之情即爲己之心，他利之情即惻隱之心，非自利、非他利之情即妒人、恨人之心。我妒人，人亦妒我，我恨人，人亦恨我，其終必至敗壞名譽、貽誤事機，兩造俱傷，而靡所底止。然則毀人名譽，乃不自愛之盛者矣。

第六節　公益

社會之成立，本於吾人之社交的感情。此感情何由而生？則因吾人精神上、體質上，其能力每多缺陷，斷難以單獨之力達於生活完全之域。自體質上觀之，吾人苟無社會之贊助，則洪水之洶湧，猛獸之博噬，何所防禦？今得以飽食煖衣安居者，殆無一非社會之賜也。自精神上觀之，人之憎惡、孤立之情，殆與疾惡死傷無以異。吾人具有種種感情，非與他人共之，則終不快。倘一切與他絶交而抑壓其情緒之發生，則鬱抑侘傺必至不可名狀矣。吾人之所需於社會於是其大，則起而爲社會謀公益，乃己身之本務也。

修學問、貯貨財而毫不務社會之公益，如是之人其生於世，與不生何别焉？人非貽其功績於己所生息之社會中，則人生之本務何在？其快樂何在？其價值又將何在？夫惟其生平事業足以裨益世道人心，則一朝身死而其精神與其勳業永不磨滅，百世之下尚有伸景慕之情者矣。

公益之事難更僕數[7]，孔子所謂“老者安之，朋友信之，少者懷之”三言盡之矣，“安”“信”“懷”三者不僅託諸空言，必求徵諸實際。古者養老有典，會友以文，設庠序以教少者，爲社會謀幸福即屬公益。試略舉其例於下：

一、學會　東西文明各國，凡各科學莫不有研究會。中國舊惟賽神有會，演劇有會，近雖各會林立，而因植黨營私起見者實占多數。《易》曰：“君子以朋友講習。”《論語》曰：“君子以文會友。”孔子弟子三千，孟子從者數百。後漢張興、蔡宗、鄭康成，弟子皆萬人，曹曾、樓望皆九千人，程子、陸子講學各五六千人。今欲轉移習俗而陶鑄一世之人，舍講學更無别法。顧亭林先生主著書，不主講學，乃就一身遭際而言，非定論也。

二、圖書館　圖書館之設爲普及專門知識之必要。讀薛叔耘《四國日記》，侈陳泰西圖書之盛，知近世學術精進有由來矣。日本步武泰西，廣儲西籍，進來搜羅中國藏書，尤不惜重價。百宋樓善本竟爲島田翰氏梱載而去，此亦中國之大恥也。

三、學校園　學校園創於德意志，歐美各國已通行之。有此園林不獨可資衛生，且足爲學生講求植物生育之狀態，與夫魚鳥及昆蟲之種類，而土地之耕鋤，種子之栽培，樹木之刈伐，以及種種實業上之練習，皆以是爲資藉，實研究自然學之淵藪也。無論鄉城各校，均宜創辦。

四、醫藥院　《周禮》醫官區三等，疾醫，今内科；瘍科，今外科；食醫，則調護於未疾之前，即今之衛生學也。泰西教堂無不附設醫院，誠以醫主活人，慈善事業莫先乎此，是及謀公益者所宜注意也。

此外，如港灣之築埠，荒地之開[8]墾，河身堤防之浚造，道路之修繕開鑿，皆有益於社會之事。一國文明之程度，實可以此種組織之多少而卜之也。

抑於兹有當注意者，勿藉公益之美名而興無用之事業是也。世有徒眩惑於名目，不深察其利害，倉卒着手，忽遭失敗者，是不啻損己害世，有時足以沮喪後人之企業心。故每起[9]一事，企一事，不可不豫覈其利害得失。

專爲衒己之名以從事於公益者，與專爲謀後世之福祉而欲播芳聲者，二者其跡相似。而就其意志之所本觀之，則不啻天淵之隔。釣名以爲己者，其意專在利己。苟名不可虛邀，則事業之成否亦必不問。以公共之福祉爲主者則不然，其志向[10]存於公益，非力圖達其目的不止，其名譽之洋溢與否，斷非所介意也。

吾人既獎勵公益之事業，又不可不尊重社會公共之事物。凡事物係共有者，以與個人之直接關係甚少，世人輒蔑視之，不以損毀爲介意，是由其人無公共心之所致也。既知個人財産之不可侵害，則由個人集合而成之社會之事物，其更宜貴重也審矣，明此乃可言公益。

第七節　敦尚和睦

天下萬事皆始於群，而其道必先於合。然欲合群，必自敦尚和睦始，和則能合千萬人之心爲一心；不和，則人各爲心，争殺之禍即由此出，欲求社會安寧，不可得矣。近日人民缺少和睦之風者，其原因有三：

一由血氣之偏　凡血氣偏於剛者，其負氣必强，其用情必暴，其宅心必隘，挾匹夫之勇，逞一朝之忿，實爲害群之尤，如形色之争，言詞之争，好勇鬭很之争是也。不知好榮惡辱，人之恒情，若血氣既偏，必以非禮之行加之於人，無論他人之不能忍也，即使能忍，其感情必傷，此即程子所謂“氣勝則招怫”，亦即古人所謂僨事之人也。

一由意見之偏　古人貴公，近人貴私。必以一人之私見，强天下人民以必從。不能舍己從人，必欲强人從己。所持之説，豈真如程子所謂“實見得是，實見得非”哉？其識既偏於拘墟，其性復偏於固執，黨同伐異，拒諫飾非，遂啓傾軋之風。然觀之中國歷史，其競争約有三端：一曰政論之争，如東漢之黨錮，北宋之洛蜀黨，明季之東林及復社是也；二曰思想言論之争，如周末九家互攻，及南宋朱陸子相争是也；三曰學術之争，如漢儒争今文、古文，南北朝争南學、北學，近儒争漢學、宋學是也。昔孟子有言：“生於其心，害於其政。”陸子有言：“與溺於意見之人言郤難。”歷考前人争競之由，豈預料其有害於政哉？不過所執者一家之言，争之不勝，則各樹黨援，兩黨互競，必因私而廢公，此歷代黨人之禍所由，與國運相終始也。

一由心術之偏　古人之競争也，或競以德，或競以力，或競以言。而今人之相競也，則競以心。古人之害群也，害於有形。今人之害群也，害於無形。其用心也既密，其計策也必深，因疑而猜，因忌而嫉[11]，其對於人也，不能推布至誠，惟以機心相競，或以言餂，或以不言餂，即一言一話之微，莫不伏以殺機，以陷害他人爲得計，以機變之巧爲權謀，《詩》所謂爲鬼、爲蜮者，此類是也。使世人而皆若是，則人心之險薄尚堪問耶？此實群體涣散之第一原因也。

然則欲全國人民敦尚和睦，去偏其最要矣！尚有宜注意者二端：

一曰去争　凡心平氣静者，可以辨理，可以論事，不必有人之見存，亦不可有己之見存。《論語》曰："君子矜而不争。"《曲禮》曰："在醜夷不争。"朱子曰："惟知禮義之無窮，不見物我之有間。"胡氏箴言曰："突有難堪之事，以定心静氣應之，儘排解得多少糾[12]轕。以怒色厲聲處之，便激發出多少糾紛。"蓋争出於怒，治怒者息争之始也。《韓詩外傳》謂："有諍氣者，勿與論。"《子夏易傳》曰："凶者凶於乖，争則争爲凶德。"去争所以克己，而非所以枉己也。若夫因財而争，因名而争，因小故而争，是曰鄙争。鄙争者，尤與和睦有傷者也。

二曰去忮　《秦誓》曰："人之有技，若己有之。"又以媢疾爲亡國之根。程明道曰："見善若出諸己。"張横渠曰："大其心則能體天下之物，視天下無物非我。"又曰："心小則百物皆病。"今之有忮心者，其始皆由於襟懷狹小，然其弊足以害人。忮心既去，庶可以不至傷物矣。

争心、忮心均能消去，再能行之以恕，推之以誠，乖戾之風，庶可少息。必如此，乃可爲社會謀幸福。

第八節　破除習染

凡人之生，其境遇雖千差萬殊，要無不各有其習染，凡不易習染[13]者皆優點，凡最易習染者皆劣點。不論聖賢豪傑，從無一人不落習染之中。不過聖賢豪傑能破除之，而不爲所囿，常人則永墜其中而不自知耳。是以不從破除習染下手，决不能爲聖賢豪傑。社會之習染有四：

一爲居處之習染　中國古代舟車之利甫興，而交通未廣，故人民輕去其鄉。榛榛狉狉，或老死不相往來。《禮記·王制篇》有云："廣谷大川，民生其間者異俗。"蓋五方地氣，有寒暑燥濕之不齊，故民群之習尚，悉隨其風土爲轉移。《漢書》謂齊民多夸詐，魯民多厚重，楚民多輕佻，晋之民多雕悍。今閱時幾二千載，而各省情形仿佛當時，則居處之習染難破也。

一爲學術之習染　三代之時，學術興於北方，而大江以南無學。魏晋以後，南方之地學術日昌，致北方學者反瞠乎其後，其故何哉？蓋并青雍豫，古稱中原，文物聲名，洋溢蠻貊，而江淮以南則爲苗蠻之窟宅。五胡搆亂，元魏憑陵，虜馬南來，胡氛暗天，河北關中，淪爲左衽。積時既久，民習於夷，而中原甲姓避亂南遷，冠帶之民萃居江表，流風所被，文化日滋，此學之因歷史而别者。中國國學向稱南北兩派，復以山國、澤國爲區分，山國阻於交通，民生其間者多崇尚實際，修身力行，有堅忍不拔之風。澤國便於交通，民生其間者多崇尚虚無，活潑進取，有遺世特立之風。此學術之因地理而别者，有此二區别，遂不免爲時間空間所束縛而膠滯難通，則學術之習染難[14]破也。

一爲職業之習染　農之子恒爲農，士之子恒爲士，此職業之關係於家世者。函人惟恐傷人，矢人惟恐不傷人，此職業之關係於心術者。商[15]人多詐，貴人多驕，此職業之有關於位置者。山居樵采，海畔逐臭，此職業之關於風土者。更就今日大勢觀之，東人職業多趨重消費，西人[16]職業多趨重生産一面。論者輒病其不能滙合，則職業之習染難除也。

一爲宗教之習染　宗教勢力左右社會人心至大。楊墨蔓延於周末，黄老盛行於漢初，佛説昌熾於隋唐之間，此其犖犖大者。至於天師，詭道也，晋代王氏世奉之；子平堪輿，小數也，而宋代大儒迷信之。更觀歐洲耶教與外教争，興十字軍者九次，新教與舊教争，死人民計數千萬，則宗教之習染難除也。

染不可不慎，墨子嘗言之矣。蓋不獨絲有染也，國亦有然；不獨國有染也，士亦有然。劉静之曰："與君子交者，君子也；與小人交者，小人也；君子可交，小人亦可交者，鄉人也。鄉人之好君子也不甚，其惡小人也亦不甚。其用情在好惡之間，故其立身也亦在君子小人之間。天下君子少，小人亦少，而鄉人最多。小人害在一身，鄉人害在風俗。"王船山問："人之所以異於禽獸者，君子存之，則小人去之矣"，不言小人而言庶民，“害不在小人而在庶民也”。又曰“庶民者，流俗也。流俗者，禽獸也”。劉静之之惡鄉人，王船山之惡庶民，非皆以其囿於習哉！人苟有志於聖賢豪傑，非舉社會各種習染剷除淨盡，而欲進於昭明高朗之域，不可得矣。

第九節　對於師友之倫理

古人最崇師友，《周易・序卦》乾坤以後，繼以屯蒙[17]。乾，父道也；坤，母道也；屯，君道也；蒙，師道也。蓋古人之尊師也，與君親同。《周禮》曰：“師以賢得民。”注云：“師，教人以道者之稱。”又曰：“師儒，鄉里教以道藝者。”《白虎通》曰：“雖有自然之性，必立師傅焉。”故古之學者必有師，從學於師必盡弟子之職。《管子》有《弟子職篇》。師歿之後必爲之制服。《白虎通》曰：“弟子爲師服者，弟子有君臣父子朋友之道也，故生則尊敬而視之，死則哀痛之，恩深義重，故爲之服。”《荀子・大略篇》曰：“言而不稱師謂之畔，教而不稱師謂之倍。倍畔之人，明君不內，朝士大夫遇諸途不與言。”是則古代無背師之人矣。東漢之士猶重師恩，王伯厚《困學紀聞》曰：“《曲禮》：‘少儀之教廢，幼不肯事長，不肖不肯事賢[18]。’東都之季，風化何其美也。魏昭請於郭泰，願在左右，供給灑掃。荀爽謁李膺，因以爲御。闕里氣象不過此也。”全祖望注云：“明末陳繼儒弟子有此氣象，見黄梨洲《思舊録》，不知繼儒竟何以得此也。”禮震從歐陽歙受《書》，及歙下獄，震年十七，自繫獄上書求代歙死；楊政從范升受《易》，及升繫獄，政肉袒伏路傍，候車駕上書，武騎射之，傷胸，政猶不退；推之桓榮赴朱普之葬，築土成墳；戴封送申君之喪，過門不宿。均《後漢書》。其敦崇師誼，雖孔門弟子不是過也。且漢人說經，俱尊師說，宋明之儒言學，均貴師承，咸能不忘其本。近人薄於師誼，輕者視師若路人，重者或出其術，以與師敵。則是人人皆逢[19]蒙，皆陳相也。此殆荀子所謂“衰國必賤師輕傅”者歟？若朋友列於五倫之一，《周禮》注謂：“同師曰朋，同志曰友。”古人之於朋友也，有責善之情。孟雲浦《善説》曰：“孟子言‘責善，朋友之道’，吾輩始未嘗不諄諄，乃比來非漫説即溢譽。夫士無教友則失聽。”又胡氏弟子箴言曰：“責善，朋友之道，有款[20]曲懇到之意，則其情自孚，有詳勉告戒之辭，則其言易入。”又曰：“忠告善道，如以爲可，則吾言不虚，如以爲不可，則吾心已盡。”有通財之誼，如子路言肥馬輕裘與朋友共，以及管鮑分金，是即古代朋友有通財之誼。有往來酬酢之禮，如孔子言：“吾於《木瓜》見苞苴之禮行。”《禮》言往而不來，來而不往均非禮是。然此猶末焉耳。古人遇友有難，挺身往救，死則哭之於寢。漢宋之人，間有能敦友誼者。漢范式與張邵爲友，及邵卒，式號哭赴其葬，留止冢次，爲修墳樹而後去。宋范堯夫運麥反里時，見石曼卿在丹陽欲葬親而乏財，堯夫盡以麥舟[21]付之。推之孔褒[22]甘爲張儉死，胡銓甘隨趙鼎貶，皆足以風厲末俗。至於對朋友之倫，《白虎通》載之較詳。《白虎通》曰：“朋友之交，近則謗其言，遠則不相訕。”一人有善，其心好之；一人有惡，其心痛之。貨財通而不計，共憂患而相救。生不屬，死不託，此皆古人待友之禮。惜後人不能遵行耳。近世以來爲友喪去官，及以死力捍友者已少概見，致交道鮮終始。歐陽子所謂“利盡交疏”者歟？鄭君《禮記注》曰：“小人徼利，其友無常。”程子曰：“不正而合，未有久而不離者。合以正道，自無終睽之理。”況尊者多忘貧賤之交，富者無復通財之舉。《谷風》作而友道衰，《伐木》廢而友道缺，不可謂非友情之薄也。夫古人之爲後進者，不敢稱先輩之字，見《困學紀聞》。何況於師？同歲上計，猶有哭臨之禮。見《御覽》引《孔叢子》。同僚相處，尚知舊誼之敦，《左傳》士文伯謂士會曰：“吾嘗同僚，敢不盡心。”張子《童蒙訓》曰：“同僚之契，交承之分有兄弟之契，至其子弟亦世世講之。”何況於友？此可以覘古代風俗之厚矣。

第十節　對於鄉黨之倫理

古代政治首貴合群，而合群之道必由近而及遠，則對於鄉黨之倫理不得不急於講求。案《周禮》有言：“合五家爲比，使之相保；五比爲閭，使之相受；四閭爲族，使之相葬；五族爲黨，使之相救；五黨爲州，使之相賙；五州爲鄉，使之相賓。”此《地官・族師》所載之制也。司徒教之以興民德，司馬用之使之維鄉閭，法良意美。又《孟子》“死徙無出鄉，鄉田同井。出入相友，守望相助，疾病相扶持，則百姓親睦。”此孟子所陳古井田之制也，均爲古代合民群之法。

程明道之論十事也，謂政教必始於鄉黨。夫古人之處鄉黨也，不外相親相濟，其法已見於《周禮》、《孟子》，相親所以息争，相濟所以厚俗。至居鄉之法，《論語·鄉黨》一篇亦多可法，惟古代之人多有委身於鄉黨之事者。兩漢之時，郡邑曹掾多以鄉人任其職，如雷義爲郡功曹，榷[23]舉善人，不伐其功，濟人死罪，不受其餽，而范滂諸人咸能爲一鄉圖公益。《詩》言：“維桑與梓，必恭敬止。”閻若璩曰：“國家之事，非吾責也。然地方之大利大害，亦吾輩之責。”蓋既爲此境之人，對於此境之職務即有密切之關係。故有功德於民者，古代祀之鄉社，此即對一鄉克盡其責之人也。若漠視鄉黨之事，則東漢之時，劉勝罷官居鄉，閉門掃軌無所干，及潁川太守稱其高，而郡人杜密謂勝知善不舉，聞惡不言，隱惜措己，自同寒蟬，目爲罪人。則視鄉黨之事非己事者，古人均斥其非。若[24]鄉黨之政，無措施之權，則化民成俗，亦當引爲己任。昔秦漢每鄉均有三老施教化，又如北齊李德林尚儉，崔諶還鄉，爲之減騎。漢陳實以德化潁川，其鄉人謂“寧爲[25]刑罰所加，無爲陳公所短”。王烈以彦行稱，鄉人有争訟輒質於烈。推之邵康節、陳白沙諸人，均能以德化施一鄉，則對於鄉里，應有施教之責矣。且維持清議亦爲居鄉者應盡之責，何則？古代選舉出於州里，故人才出於鄉黨。及此法不存，人民遂怠忽不修。然東漢許邵覈論鄉黨人物，每月輒更，有品題，所以示勸示懲也。若使人人畏鄉評，則民俗易善，此亦與施教之事相輔者也。至宋監田吕氏所定鄉約四條，一曰德業相勸，二曰過失相規，三曰禮俗相交，四曰患難相恤。以互相勸勉。明季太倉陸氏所定治鄉三約，一曰教約以訓鄉民，一曰恤約以惠鄉民，一曰保約以衛鄉民。與近日地方自治制度多相吻合，均可酌行。若對於鄉黨，不能盡相當之義務，是則孟子所謂鄉人也。前清末季，居鄉之士囿於風俗習慣，同流合污，僞託陳實之和，近更假托公益，歛財鄉里，致令柔懦者不能安居，或徙居城市，或托庇租界。昔孔子觀於鄉而歎王道之易行，今則觀於鄉而見荆棘之滿地矣。

【校記】

〔1〕“法政本”中，“所”作“成”。

〔2〕“法政本”中，“世”作“是”。

〔3〕“法政本”中，“遺”作“貴”。

〔4〕“法政本”中，“大”作“大業”。

〔5〕“法政本”中，“良”作“見”。

〔6〕“法政本”中，“其”作“一”。

〔7〕“法政本”中，“數”作“教”。

〔8〕“法政本”中，“開”作“機”。

〔9〕“法政本”中，“起”作“地”。

〔10〕“法政本”中，“向”作“尚”。

〔11〕“法政本”中，“嫡”作“嫉”。

〔12〕“法政本”中，“糾”作“轇”。

〔13〕“法政本”中，“染”作“挑”。

〔14〕“法政本”中，脱“難”字。

〔15〕“法政本”中，“商”作“尚”。

〔16〕“法政本”中，“西人”作“一面西人”。

〔17〕“法政本”中，“蒙”字印倒。

〔18〕“法政本”中，“賢”作“實”。

〔19〕“法政本”中，“逄”作“逢”。

〔20〕“法政本”中，“款”作“欵”。

〔21〕“法政本”中，“舟”作“丹”。

〔22〕“法政本”中，“褒”作“褒”。

〔23〕“法政本”中，“権”字印倒。

〔24〕“法政本”中，“若”作“能”。

〔25〕“法政本”中，“爲”字印倒。

第五章　國家倫理

第一節　國家之意義

人生斯世，不能以一人而生活，故必成其家族。不能以一家族而生活，故必成其社會。然社會而無所統率之制御之，人民幸福仍不可得而邀，於是而所謂國家者以起。無家族則無個人，無社會則無家族，無國家則無社會。

然則如何始謂之國家？據今日學者稱述，其要素有三：

第一，國家須有一定之土地。無土地則國家無所與立，此盡人所能知者。但有土地而不一定，猶不足稱爲國家。如彼游牧之族逐水草遷徙，是部落也，非國家也。國家須有一定之土地，謂之領土。

第二，國家須有人民。此亦理之至顯明者，但其人民不必有親族血統之關係，徒以同棲息於一地域，故利害相共而自然結合，謂之國民。

第三，國家須有權力。蓋以多數人民同處於一地域之内，其利害相同者固多，而相異者亦不少。使人人各利其利而莫能相下，此之所欲，彼或撓之，彼之所惡，此或迎[1]之，任情而行，無所統屬，則野蠻之群聚耳，豈復成國。國也者，必統一有秩序而始成立者也。如何而後能使之統一而有秩序，必也有命令焉者，有服從焉者。以我之命令，而强制人使不得不服從，謂之權力。國家具有此權力，謂之統治權，無統治權者則非國家，亦惟國家始能有統治權。國家之特質實在於是。

以上三端，孟子蓋嘗言之矣，曰：諸侯之寶三：土地、人民、政事。土地、人民，國家之質幹也；政事，國家之精神也，三者結合爲一字，曰國家。

第四，既知國家以三要素結合而成，則其形狀大略可識矣。然欲明其法律上之性質，則尤當知國家爲組織而成之一團體。“團體”二字本於《管子》，其含義精而且富，比者國人襲東語而濫用之，往往失當。蓋團體之義如其字，謂相團結而成爲一體也，苟不能成爲一體，則不得謂之團體。所謂一體者，如人體然，有意識，有行爲，對於内而能統一，對於外而能獨立者也。夫人也者，以三十餘種原質爲其有形要素，以靈魂爲其無形要素，諸要素合而爲一，不能分離，而心君宅中，官體從令，其與他人對待，則獨立而成一我。相凡團體，皆須具此性質，故此團體皆有人格。人格云者，謂法律上視之爲一個人也。而國家者，則最高最大之團體，而具有人格者也。

國家之定義既如上所述，自解釋多誤，或以指意象中之人民政府，而不論及個人之集合實成國家。或以指執行國法之權，如路易十四所云“朕即國家”，稍涉偏頗，流弊實多。西儒千萬言所不能盡者，中國古代聖人乃以一字括之。考“國”字，古文作“或”，許氏《説文》釋“或”字曰：“從口從戈，以守一。一，地也。”其用意之精，含義之富，真不可思議。從口所以表國民也，從一所以表領土也，從戈所以表統治權也。後聖恐其意義不明，更加□以環圍其外，示三者團結而成爲一體也。好學深思，心知其意，即吾道而已足，何必丐餘瀝於遠洋哉！

第二節　保國

孟子曰：“畏天者保其國。”夫保國視人事何如耳，於天胡與焉！然若觀近世物競天擇之説，知一切人物游於天演之中，苟無以爲適，即無以爲存，天行之威故如是，其可畏也。而孟子則曰：“天下有道，小德役大德，小賢役大賢；天下無道，小役大，弱役强。斯二者，天也。順天者存，逆天者亡。”此與今之天演家言又何異乎？夫大小强弱之相爲役，天行也。而天下之有道無道與德賢之或大或小，則人事也。黑格兒謂歷史之戰爭，非國與國相勝也，乃其主義與主義相勝。今之言時勢者，亦曰列國之競争，不惟以兵戰也，而工戰、商戰、學戰爲尤烈。嗚呼，此民族帝國主義之所由起也。宇宙國家勝敗之數，既不能外乎天演之公例，今者吾國與列强相見，其優劣亦既顯然，倘不知天威之可畏，種且恐其難保矣，國奚以存乎？吾國人民不可不急謀保國之方也。顧或者曰，吾國二千餘年，以專制爲政體，國民知有君而不知有國。儒家者流，學説汗牛充棟，大皆詳於忠君而略於保國。今國體雖已變更，而積習難除，國勢不振，職此之由。嗚呼，安得此亡國之言也。夫儒家大義，莫先於孝，然國事爲重，則不遑將父，不遑將母，至英賢豪傑，爲國宣勞，爲國捐軀者，史册所載，罄竹難書。今略摘經傳及先儒之言於左：

《詩》曰："盡瘁事國。"

《公羊傳》曰："不以家事辭王事。"按王氏[2]即國事也。

賈誼曰："國而忘私[3]，公而忘家[4]。"

程伊川曰："聖賢之於天下，雖知道之將廢，豈肯坐視其亂而不救，必區區致力於未極之間，强此之衰，難彼之進，圖其暫安，苟得爲之，孔孟之所屑爲也。"

王陽明先生曰："人者，天地之心。天地萬物，本吾一體者也。生民之荼毒困苦，孰非疾痛之切於吾身者乎？不知吾身之疾痛，無是非之心者也。是非之心，不慮而知，不學而能，所謂良知也。良知之在人心，無間於聖愚，天下古今之所同也。世之人惟務致其良知，則自能公是非，同好惡，視人猶已，視國猶家，而以天地萬物爲一體，求天下無治不可得矣。"

吕新吾先生曰："禹稷饑溺之心，伊尹溝中之納，都是肫肫其仁之念。平居滿腔，到手自流，不是臨時旋安排，强推布。窮居之求志，求此也。大行之達道，達此也。此個念頭，大家埋没已久，而今却要發掘出來，淘洗得淨。將這一點不忍人之心，栽培澆灌，觸處撞着，若决江河。有了天德，不怕没王道。有了美意，不怕没良法。故曰先王有不忍人之心，斯有不忍人之政矣。世不太平，只是吾輩喪失此不忍人之心。而今學問，正要擴一體之義，大無我之公。將天地民物，收之腹中，將耳目心思，措諸天下，消盡自私自利之心，持公己公人之念，這是真實有用之學。”

第三節　愛國

欲保國必先知愛國。夫愛有二義，有美術之愛，有人倫之愛。愛國，人倫之愛也。故英、美之民有言：“曲乎直乎是吾國。”已即此義爾。乃今世有豔歐美之文明，欲破壞吾國以爲快[5]者，其爲明之吳三桂乎，高麗之李完用乎？喪心病狂，莫此爲甚。若而人者，不爲國計，獨不爲身家計乎？前事不亡，後事之師，試舉古之可爲法戒者如左：

《左傳·定公四年》：初，伍員與申包胥友。其亡也，謂申包胥曰：“其[6]必復楚國。”申包胥曰：“子能復之，我必能興之。”及楚子在隨，申包胥如秦乞師，秦伯使辭焉，曰：“子姑就館，將圖而告”，對曰：“寡君越在草莽，下臣何敢即位。”立依於庭而哭，日夜不絶聲，勺飲不入口七日，秦伯爲之賦《無衣》，九頓首而坐，秦師始出。

《元史》卷一百四十六：太祖聞耶律楚材名，召之曰：“遼、金世讐，朕爲汝雪之。”對曰：“臣父祖嘗委贄事之，既爲之臣，敢讐君耶！”帝嘉其言，處之左右。以上可以爲法者。

《左傳·昭公二十五年[7]》：叔孫婼聘於宋相[8]門，右師見之。語卑宋大夫而賤司城氏。昭子告其人曰：“右師其亡乎，君子貴其身而後能及人，是以有禮。今夫子卑其大夫而賤其宗，是賤其身也，能有禮乎？無禮必亡。”定公九年《傳》，逐相[9]門右師。

《左傳·哀公八年》：吳爲邾故，將伐魯，問於叔孫輒。叔孫輒對曰：“魯有名而無情，伐之，必得志焉。”退而告公山不狃，公山不狃曰：“非禮也。君子違，不適讐國。未臣而有伐之，奔命焉，死之可也。所托也則隱。且夫人之行也，不以所惡廢鄉。今子以小惡而欲覆宗國，不亦難乎？”

《通鑑》卷六：秦王下吏治韓非，非自殺。臣光曰：“臣聞君子親其親以及人之親，愛其國以及人之國，是以功大名美而享有百福也。今非爲秦畫謀，而首欲覆其宗國，以售其言，罪固不容於死矣。烏足愍哉!”以上當以爲戒者。

夫國家者，人民幸福之保障也。一切天災人患，外侮内訌，非集群策群力以抵禦之，則不足以相勝。故欲保國者，必先合群。而一群之民，苟無公同之愛情以爲結合之力，則其爲合必不固，而國將無以爲存，此必然之勢也。論者謂吾國民久屈於專制之下，故國家觀念不免薄弱。説亦近是。顧何以自稱爲愛國、而反以促國家之亡者，比比皆是? 讀英儒斯賓塞爾之言，當爽然若失矣。

斯賓塞爾曰：必有尊上之情，而後民與民相安，而群可以不涣，亦必有愛國之意，而後群與群相忌而世汔以小康。使爲幺匿者一一無保國拓都之心，則其質點之愛力已亡，而訢[10]合之事無由見。且往世之民豈無愛力甚微而泛然相值，聚以爲國者乎? 經物競之烈，其不爲最宜之存久矣。蓋愛力既微而泛然相值，則舍己爲群之誼不行，所以禦天行者不深，而其群之合不固。

又曰：愛國之於一群，自爲之於一己，二者出於同源而皆有其可言之理。彼矜其所生之群者，矜其所以群之身之影響也。愛其國者，亦愛其所得，以爲己之分也。夫夸張其國之富强文强[11]者，以其身與而夸張之耳。其身與者，猶曰在己有此實也。以其種之貴而後能此也。忿怨其國之見侵者，亦以其身與而忿怨之耳。其身與者，猶曰在己有此損也，以其種之貴而不以忍此也。故曰愛國之與自爲，二者異用而同源。

第四節　國民之本務

有國，此有民。民也者，與一定之國土及主權俱爲國家組織之要素，不可缺一者也。欲保國必知民義，民義者，人民對於國家當盡之義務也。各國憲法所定，人民對於國家各有應享之權，亦各有應盡之義務，其詳不可勝舉。日本井上哲次郎謂其主要有五，試舉其條目如左：

一、服從法律　陸象山曰："典憲二字甚大，惟知道者能明之。後世乃指其所撰苛法，名之曰典憲，此正所謂無忌憚。"按象山此言實能揭憲法精理，蓋憲法者，政府所與國民公共也。一傾而天下用法皆爲輕重，民安所措其手足？立法貴平，可無論矣。然謙謨有言："建設新政府，無論如何措施，必不能滿人民之望。"蓋人民可與樂成，不可與圖始。無論古今中外，情形大抵如是。况中國此次改革未及三年，而天下號稱大定，不獨爲本國歷史所無，以方法美，猶遠過之。縱立法機關稍欠完備，要無難徐圖進步。夫政法之於國民，猶衣服之於人身，徒取衣服之寬闊，而不顧人身之幼穉，庸有當乎？善哉斯賓塞爾之言曰："惡政府誠不如善政府，然猶愈於無政府；惡法律誠不如善法律，然猶愈於無法律。"今國家公布憲法，既予人民以平等之權利，國民從此而各求自治，各享自由，則人人親其親，長其長，而天下平。人人樂其樂，利其利，而天下治。國家之幸福即人民之幸福。孟德斯鳩曰："使有民焉，得取法所禁者而爲之，將其群所享之自由立失。"何則？法律平等，一民之所爲，將盡民皆可爲之也。井上哲次郎曰："權利之享有，即服從之結果也。"是可知守法之爲重要矣。若國民不守國法，是謂無政府。一旦外患猝至，人民散而無紀，未有不致覆亡者也。

二、賦税　人民相聚而爲國。國體既立，於是有統治之人，有分治之人，有内治之事，有外交之事。凡一切行政，諸費需用甚鉅，然國中既無專産特備取用，勢必借國民財力爲其財力，况國本以民爲原質，國政皆民事也。凡諸政之修舉與否，固無不關係於民者。是故國家取賦税於民，以共國用。爲國民者，當樂於供給，自盡本分。誠以國民既享國家保護之權利，即不可不盡分任國用之義務也。倘於應納之賦税，以逋負隱漏爲得計，勿論其損人利己大背公道也。賦税之逋漏者多，則國用不給；國用不給，則政事不舉；政事不舉，則國將生亂。至亂之既生，即己得不受其病乎？但損上益下，勢固不能損下益上，情尤不可。昔楊時召爲秘書郎時，言今大難，蓄而將發，正君臣交警之時，請作《宣和會計録》，周知天下財賦出入之數。此其義本於《周官》。泰西各國能取信用於民，亦正由此，是又管理財政者所宜知也。

三、兵役　吾國古者兵農合一，頗與今日外洋各國兵制相似。至後世兵與民分，而人之知兵者少。又軍營積弊，爲兵者多不知自愛，爲世詬病。聞有以營伍起家者，人猶不甚貴重。於是中人之家，不肯令子弟充兵，而重文輕武之習成矣。夫國家將靖内亂以保人民之身家，禦外侮以全獨立之主權，固倚兵爲干城者也。處列强侵逼之秋，武備之所關尤急。使以保衛同胞、維持國家之重，倚之失教無賴、不知忠愛爲何事之人，危孰甚乎？故爲國民者，苟欲得治安，則必破除重文輕武之習見，而振起義勇奉公之精神，勿謂兵爲凶器，戰爲危事也。衛國即所以自衛，致死乃可以免死，此固盡人所可喻，况左氏以殺敵爲果毅，曾子以戰陣無勇爲非孝，尚武之風本我國固有之道德乎！馬貴與曰："古之人，方其爲士，則道問學；方其爲民，則力稼穡；及其爲兵，則善戰陣。"投之所向，無不如志。是以千里之邦，萬家之聚，皆足以世守其國，而捍城其民，是人人有當兵之義務，我國固行之久矣。

四、選舉職員　選舉代議之制，吾國古所未有。民國開幕，釀成笑柄。今選舉法既經改良，在浮幕歐美者，當不無觖望。然斯賓塞爾有言："今之代議士，不得爲代議士。蓋愚蒙之選舉人，選舉愚蒙人之代表而已。"是代議之制不必盡善，在西人已有同慨。蓋議員者，有參與立法審查財政之權，非品端學邃並富有經驗者，决不足以勝任而愉快。張文襄云："聚膠膠擾擾之人於一室，明者一，闇者百，游談囈語將焉用之?"此言蓋中議員之弊矣。王陽明與方叔賢書曰："昨見邸報，知西樵、兀厓皆有薦賢之疏，此誠士君子立朝之盛節，若干年無此事矣，深用歎服！但與名其間，却有一二未曉者，此恐鄙人淺陋，未能知人之故。然此乃天下治亂盛衰所繫，君子小人進退存亡之機，不可以不慎也。此事譬之養蠶，但雜一爛蠶於其中，則一筐好蠶盡爲所壞矣。凡薦賢於朝，與自己用人又自不同，自己用人，權度在我，故雖小人而有才者，亦可以器使。若以賢才薦之於朝，則評品一定，便如[12]黑白其間，舍短録長之意，若非明言，誰復知之？小人之才，豈無可用？如砒硫芒硝皆有攻毒破壅之功，但混於參苓蓍术之間而進之，養生之人萬一用之不精，鮮有不誤者矣。"陽明之言係爲薦賢不慎者發，然選舉不當，流弊正復相同。自茲以後，願吾國民共明大義，一雪前恥也。

五、教育子女　人之爲人，自父母視之則爲子女，自國家視之則爲國民。是女子[13]者，固非僅爲父母之所有也，而群學之義，拓都之品性，又恒視幺匿之品性以爲程。故爲父母者，其責任不獨對於子女而見也，又有生於對國家者焉。彌勒約翰曰："今日之兒童，固後日之國民。爲父母者，於兒女既致其生矣，既使之爲人矣，則後此奉生之能事，所以爲人，所以接物，皆必及早爲之施教，此爲人親者責無旁貸，而最爲神聖之天職也。"又曰："已有所生，而不爲教養使之長，無以謀其衣食，而身才心德不經陶冶，無以自存於物競最劇之狀，此其罪惡，不僅負所生也，實於所居之群有其大負。"由是觀之，遺誤子女即種害國家，則教育子女非即對國家之責任哉！

第六節　國教與國家之關係[14]

環地球而居者，國以數十計，莫不有國教，即莫不保存其國教。蓋國之有教，猶人之有心也。今有羸病之人，氣息奄奄，輾轉牀蓐，親戚侍側而隱憂，巫醫相對而束手，然使其心未受邪，誠得善醫者施之針灸，以通其腠理，投之蔘朮，以培其本根，則其疾猶可爲也。惟夫躁妄者流，謂靈素爲無功，却藥餌而弗御，而復飲食無節，起居不時，暴戾恣睢，矜奇眩異，一舉一動莫不力反平日之所爲，則雖佯爲弗疾也，而其疾必無幸矣。中國稍稱明達者，恫時局之阽危，痛[15]强鄰之壓迫，莫不曰國亡。國亡而於國教則不知保護，甚且從而摧殘之，不知善滅國者，必先滅其歷史，滅其文字，滅其國教。蓋教亡則國從之。夫耶路撒冷雖亡，而猶太人流離異國，猶保其國教，至今二千載，教存而人種得以特存。印度雖亡而婆羅門能堅守其教，以待後興焉。若墨西哥之亡也，教化、文字並滅，今人種雖存，而所誦皆班文，所行皆班化，所慕皆班之人傑，則墨人種面目雖有存乎，然心魂已非，實則全滅也。今中國人所自以爲中國，豈徒謂禹域之山川，羲軒之遺胄，豈非以中國有數千年之文明教化，有無數之聖哲賢英融之化之，孕之育之，可歌可泣，可樂可觀，此乃中國人之魂，即今人纏綿愛慕於中國者哉！有此纏綿愛慕之心，而後與中國結不解之緣，而後與中國死生存亡焉。夫中國聖哲賢英足以動吾人愛慕者，固指不勝僂，然配天地，冠古今，立萬世之人極者，孰有過於孔子哉！然孔教之存亡，在今日幾成一問題。舊學家言爲人所厭聽也久矣，試節録泰西哲學家言於左，以資商榷焉。

蓋沙令俄伯爵。者[16]有《中國之新命必繫於孔教》及《孔教乃中國之基礎》二篇，其中有云："孔教者，中國獨一無二之根本也。國家新命之所託，舍孔教奚屬哉！彼其孕育中國之人種者二千餘年，而民之從之者，不獨具其形式，而具其精神。苟無精神，則無論何種形式，必不能久存者也。今之最險者，則當此狂妄以學西法之時，孔教或被廢棄而並無合於奪人性質者以代之也。"又云："孔教之精義，將必永爲中國之中心，其長久也，殆與國運相終始。今之中國，其欲求根本之改革者大不乏人，甚且欲推倒中國文化而以西方文化代之。吾當正告之曰：從吾最精確之見觀，若中國而果如是也，則中國將永無進步之日，且永失其文化而不可復得也。斯見也，非吾一人之私也。吾敢信凡西方最深沉之思想家，皆與吾同一見地也。夫人苟非自有生[17]命，則必不能活。凡吾西方一切之成就，皆久遠歷史之所結果。其所[18]含之意義，遠多其於外面之所表見。苟他國欲稗販西方文化而生吞之，則其所得非有生氣之物，不過一死體而已。若欲其有絲毫之價值，必須附於自己之本根。"是故中國一切改良，一切進化，皆須從中國自有之文明之精神而出，不能徒襲西方形式也。

麥禪英國著名發明家。著有《中國當以孔教爲國教》，其中有云："中國人當有中國本來之宗教，使外來者不得入，此必然之理也。夫黄金法律所謂'己之施於人，當如己之所欲人之施於己'其首先發明斯義者，實由於此行星上得未曾有之最大人物，則孔夫子是矣！孔子教其後學，凡人之假託於怪異者，切勿理會之，孝於而父，敬於而兄，盡完全職分於而之國民，於而之國家，於而之鄉，於而之家，於而之身。若空想，夫不可知者，則何用矣。凡物之在世界，其來也，皆由一定而不可易之天則，所主動而又具極有秩序之態度者也。中國以此立教斯可矣，慎勿妄有所參入也。”

裴斯脱英人。著有《對於孔子之論調》。其中有云：“晚近有一最有價值之問題，而得以世界的眼光、數百年後之目力而深加研究者，孔教是也。孔子之爲東方惟一教主，無待吾人贅言也。乃頃有一甚奇不可思議之事宜發生，則黄人尚有不承認孔子爲教主；其更奇於此，而令人百思不能解者，則又有一部分人物欲位孔子於教主之上，而嗤以孔子爲教主者爲自小，此實亞東建設民國以來，社會上絶大之波瀾，三部人士齟齬而不相融會者也。揆其原因，厥有數端：一則不知宗教爲何物也；二則眩於歐洲之新文明，於是亦學吾歐之學，教吾歐之教，而忘其己之固有教也；三則不知世界新潮流者，與夫别有宗派者，兩相融洽，其人士則又純舊派與僞舊之組合體也。”其結論有云：“各教者之各自美其美，吾未敢信也。吾所敢信者，必使吾人置身各教之外，平心以求各教之真，而比較之。必其適吾人最近精神上之新生活，與文明演進并行不悖者。然則吾見比較的眼光中，孔教誠有特占優美之點矣。”又曰：“黄人稗販吾歐政教分離之名辭，謂孔子經訓多言治道，遂目爲政治家，而否認其爲宗教家，是亦未知政教哲學之一元者也。夫政治曷爲而起，即宗教曷爲而起耶。政以理公同之事實，教以挈公同之德化，其爲人類圖幸福者，幾相狼狽。孔子有云：‘道之以政，齊之以刑，民免而無恥。道之以德，齊之以禮，有恥且格。’又曰：‘爲政以德，譬如北辰居其所而衆星拱之’，是蓋政教一元之大綱耶！化行俗，美行見，不設刑罰而民寅畏，不訂條約而國際敬信。雖機關林立，無待乎奔走服務而國治矣。是蓋有以操風化之大原以爲政，推演最高尚政治之原理以爲教。故達於理而易行，不悖乎世而無弊也。教而無類則不争，本乎真理則不欺，即教即政，一以貫之，是以綱維宙合，百世勿能易也。此意余於所著《政教一元論》

詳言之矣，若各教者之是否如此其完全良好，世界人士心理上固有定評，吾未暇及也。”

衛西琴德人。著有《中國教育議》，其中有云：“西人言道不明晰舊矣，而常爲先覺之所深痛。此不僅瓦雷史已也，於俄則托爾斯佗，於英則魯拉斯金，於美則艾墨孫，於德則聶士熙，皆往復而致歎。獨不意孔子於二千數百載之前爲之一言，而已昭然若揭如此。蓋惟其極深研幾之道之本，故有以推知萬物之情狀，而高之與耶教之述信，下之與泰西今世公利之談，皆大異也。且《中庸》真無盡藏，其第四章不云乎：‘道之不行，我知之矣，知者過之，愚者不及也。道之不明也，我知之矣，賢者過之，不肖者不及也。’此其於西學兩極，可謂無餘藴矣。”又曰：“由孔子之道以爲教育，其全果乃結於自成。而所謂自成者，必合成己之仁，成物之智而爲之，而後爲圓滿耳。前此至今，中國教育之所缺乏，而未嘗惺然其[19]統系以圖之者，即此成物之事，此中國物質富强之所待命也。吾輩所請願之教育，野人之芹，曝背之暄，正在此耳。孰有敢謂孔子之道爲後於時，而無以應新世之求者乎?”以上諸家所言甚長，今揭其短者[20]於上。

第七節　通變

《易》之爲書，聖人明陰陽之變化，以示人變通之道也。《繫辭》曰：“天地變化，聖人效之。”兑卦曰：“觀變於陰陽而立卦”，此言聖人作《易》之旨也。《繫辭》又曰：“化而裁之謂之變，推而行之謂之通，舉而措之天下之民謂之事業。”又曰：“通變謂之事”，此言聖人用《易》之道也。又曰：“神農氏設[21]，黄帝、堯、舜氏作，通其變，使民不倦，神而化之，使民宜之。易窮則變，變則通，通則久。”蓋窮變通久者，《易》之道，通其變，神而化者，聖人得《易》之道也。日月不變，無以成晝夜；寒暑不變，無以成四時；法制不變，無以治天下。是故五帝殊時，不相沿樂，三王異世，不相襲禮。夏忠殷質周文，三王之道若循環。周末文勝，春秋變之以殷質。故曰：變通者，趣時者也。孟子曰："由今之道，無變今之俗，雖與之天下，不能一朝居。"董子曰："琴瑟不調，甚者必解而更張之，乃可鼓；爲政不行，甚者必變而更化之，乃可理。"二子之言，其知《易》之道乎。孔冲遠曰："易者，變化之總名，改换之殊稱。"章實齋曰："由其説而進推之，《易》爲聖人改制之鉅典。"案公羊家以《春秋》爲改革之書，而章氏又以《易》爲改制之典，可謂特别之識矣。然《易緯乾鑿度》稱孔子曰："易者，易也，變易也，不易也。"易者其德，變易者其氣，不易者其位。鄭康成本此義作《易贊》及《易論》，言《易》一名而含三義，易簡一也，變易二也，不易三也。竊謂《易》以變易爲主義，故《繫辭》特詳言之，然必有簡易之法，則變不至於擾；必有不易之理，則變不至於偏，故必兼此三者而義始全。

何謂易簡？《繫辭》曰："乾以易知，坤以簡能。易則易知，簡則易從。易知則有親，易從則有功。"《樂記》曰："大樂必易，大禮必簡。"孔子之告仲弓，亦謂"居敬而行簡"，故《毛詩·雨無正》序云："雨自上下者也，衆多如雨，非所爲政也。"《匪風傳》云："烹魚煩則碎，治民煩則散"，此言不易簡之病。大抵上世之法簡，後世之法繁。上世之法在興利，後世之法在防弊。法簡則民易從，法繁則民思遁。故上世之法雖疏，而實無不行。後世之法雖密，而實無一行者。而且堂廉遠隔，禮文繁縟，下情不達，真意無存，故宜盡芟束縛之具，繁重之儀，順乎人情，切乎時勢，化裁變通，别爲條格，使民公認。庶乎易知、易簡，而法無不行矣。

何謂不易？《繫辭》曰："天尊地卑，乾坤定矣。卑高以陳，貴賤位矣。"《大傳》曰："立權度，考文章，改正朔，易服色，殊徽號，異器械，此其得與民變革者也。親親也，尊尊也，長長也，男女有别，此其不可得與民變革者也。"蓋古今無不變之法，而有不變之道。董子所謂："王者有改制之名，無變道之實也。"

變革之道，聖人於革卦盡之。革之爲卦，内離外兑，離爲文明，兑爲和悦，故必其人具有文明才德，出以和平手段而始可言改革。經曰：

“巳日乃孚，元亨，利貞，悔亡。”彖曰：“巳日乃革[22]，革而信之。文明以説，革而當，悔乃亡。天地革而四時成，湯武革命，順乎天而應乎人，革之時義大矣哉！”蓋改革爲非常之事，不可輕遽。未當其事，則民必疑。巳日者，巳可革之日也。釋巳日從李簡説。又必文明以説，文明，則事理無不察；説，則人心無不應。以此而行，則所革皆應天順人，應其悔乃亡也。聖人歸其事於二五兩爻，而初與三皆未之許。蓋改制變法必有其才，有其位，有其時。初九剛而不中，無正應，衹宜固守不[23]變革。故曰：“鞏用黄牛，不可以有爲也。”九三道[24]剛不中，輕舉躁動，故曰“征凶貞厲”。惟六二和平中正，上應九五，陽剛之君，志意相孚，所革必成，故曰“征吉无咎”。九五陽剛中正，身居尊位，爲革之主，足以損益。百王創制之法，焕然一新。故曰：“士[25]人虎變，其文炳也。”統觀一卦，則聖人之變革，用和平主義，不用衝突主義明矣。

第八節　自强

《仲虺之誥》曰：“兼弱攻昧，取亂侮亡，推亡固存[26]。”《中庸》曰：“天之生物，必因其材而篤焉。故栽者培之，傾者覆之。”竊謂仲虺之所言，物競之義也，《中庸》之所言，天擇之義也。物競者，物争自存也。天擇者，天擇其宜存者也。蓋民物並生於世，相接相構。民民物物，争思自存，其始也種與種争，其繼也群與群争，卒之弱者、愚者敗，而强者、智者勝，其尤强尤智者尤勝，故其能自存而遺種者，必其强而智，有特别之點，合於天然之界。非是者必不足以自存，不數傳而其種漸歸消滅，若天之有所擇於其間，故謂之物競天擇。由動植物之蕃耗，推之於種族之盛衰，治化之進退，莫不皆然。此其義明於十八世紀英儒達爾文之物種探原，而吾中國數千年之聖賢已明其理。弱者必爲强者所兼，昧者必爲智者所攻，亂者必爲治者所取，亡者必爲存者所侮，此即生存競争，優勝劣敗，天演之公例也。栽者，其宜存者也，故培之。傾者，其不宜存者，故覆之。謂天因材而篤，即所謂天擇也。

中國諸侯自黄帝至禹時，皆號萬國。故《五帝本紀》稱皇帝置大監，監於萬國。《堯典》曰："協和萬邦。"左氏哀[27]公七年《傳》曰："禹會諸侯於塗山，執玉帛者萬國。"然至殷則僅存三千，見《逸周書》。至周則僅存千八百國，見鄭注《王制》引《孝經説》至春秋則僅存百二十四，至戰國則僅存二十餘國，而其大者不過七國而已。蓋古之萬國，不過酋長之制，族區部别，分土自治，故爲數至多。其後强兼弱削，不能自存，漸次減少，亦生存競争。優勝劣敗，天演之公例然也。故處物競之界，非自强斷不足以圖存。

所謂自强者，强以力，强以智，强以德也。大抵據亂世競力，昇平世競智，大平世競德。孟子所謂"天下有道，小德役大德，小賢役大賢"，所謂"以德服人"者，指太平世言也。其所謂"天下無道，小役大，弱役强"，所謂"以力服人"者，指據亂世言也。孟子用太平世之義，故教時君行王政，尚仁義，重德不重智、力，然兵争之力，機巧之智，太平世不尚，若體育以强其種，智育以致其知，則太平世未嘗不與德育並重。蓋智育、德育、體育三[28]，精而言之，即《中庸》所謂智、仁、勇三者，天下之達德也。故治化之進退與民力、民智、民德三者相比例，三者進則治化進，而其國無不盛。三者退則治化退，而其國無不衰。古今一轍，無或爽也。

自强之道，不任天而任己，不與人争而與己争。孟子曰："禍福無不自己求之者。"又曰："夫人必自侮，而後人侮之；家必自毁，而後人毁之；國必自伐，而後人伐之。《太甲》曰：'天作孽，猶可違；自作孽，不可活'，此之謂也。"達爾文論勝敗之機，有天然淘汰，有人事淘汰，天然淘汰出於天擇，人事淘汰在於人爲，能自强則人定勝天。赫胥黎以天行、人治同歸天演，而歸重於人。人治[29]其意，以爲天不可任，貴乎以人持天，即此意也。

第九節　國際

欲保國必知國際。昔在春秋，列國相交，莫不依於禮。而管仲之霸齊，子産之安鄭，尤恃禮以成功，是與今日之國際公法義頗相近。惟春秋之時，列國而上，爲秉禮之宗者尚有守府之天王。今則國與國之間無更尊之主權爲之統治，故論者謂世界有强權無公理，而或者不揣事勢，徒斤斤曰公法。公法云者，誠不免於愚矣。雖然，今之學者謂國家之權力不外意力之合成，今公法既爲萬國所同認，已有漸成爲權力之勢，此海牙公會所以設仲裁裁判所也。就今日文化論之，强者雖不免越法而自逞，弱者猶或依法以自保。苟既不能爲雖[30]，而又茫然於國際之法，固不適於今日國家之存立也。

國際法有公私之别，欲考其詳，法家具有專書，爲倫理所不必言。今言國際，亦就道德而言之耳。昔孟子言交鄰國之道，曰仁，曰智，此爲國家言之也。孔子曰："言忠信，行篤敬，雖蠻貊之邦，行矣"，此爲個人言之也。吾國之對於外人，其在乎居無事，則鄙夷之，若不比於人類，及事至勢[31]迫，則俯首聽命，而不敢一校，此排外與媚外兩失之也。夫一切道德、學術、技能及物品之交通，本無國界可言，吾方[32]將其長以自補所短，而何可存傲睨不屑之意？若夫權利所關，則雖在同國之人，且不容以相侵，而何可聽客之所爲？故吾謂與外人交之道，無事則以理相待，有事則據理以争而已。惟以弱勢遇强鄰，權利之争有不得不隱忍以待時者。漢文與匈奴書謂："和親之後，漢過不先。"此即君子待人必先自反之道，亦即兵家先爲不可勝，以待敵之可勝之説也。國際之道德，固不出於仁智之外爾。

第十節　國耻

孟子曰："耻之於人大矣。"玩一"大"字，見"耻"字作用甚廣，有切於己者，有切於人者，有切於國者。何謂切於己？如孔子所謂"行己有耻"是也。何謂切於人？如伊尹耻"一夫之不獲"，蘧伯玉耻"獨爲君子"是也。何謂切於國，如霍票姚所謂"匈奴不滅，無以家爲"，岳忠武所謂"敵未滅，何以家爲"是也。

顧亭林曰："士大夫之無恥，是謂國恥！"按先生此語至沈痛。傷五季，實傷明季也。今日時較明季如何？如權制[33]日損，疆土日蹙，外人氣燄日張一日，視我國家如安南、朝鮮，視我人民如奴隸羊豕。至此而猶不引爲身恥者，殆非人類。吴恥携李之敗，遂能報越；越恥會稽之敗，遂以沼吴；美恥爲英奴，卒以獨立；普恥爲法弱，卒以稱雄。日恥樺太千島之交换，三尺童子皆有仇俄之志。精誠所至，金石爲開，俄雖强大，卒屈於彈丸墨子之國。上觀往古，縱覽全球，有恥者國昌，無恥者國亡。願我國士大夫同以國恥爲恥，勿令神明之胄再爲異族所屈辱，令人譏我爲劣種爲賤性，我國家庶其有豸乎！

吴子曰："凡制國，治必教之以禮，勵之以義，使有恥也。夫人有恥，在大足以戰，在小足以守矣。"《尉獠[34]子》曰："國必有慈孝廉恥之俗，則可以死易生。"觀以上二説，知欲强國，莫先於教戰，欲教戰，莫先於明恥。

【校記】

〔1〕"法政本"中，"迎"作"主"。

〔2〕"法政本"中，"氏"作"事"。

〔3〕"法政本"中，"私"作"家"。

〔4〕"法政本"中，"家"作"私"。

〔5〕"法政本"中，"快"作"怏"。

〔6〕"法政本"中，"其"作"我"。

〔7〕"法政本"中，"年"作"年春"。

〔8〕"法政本"中，"相"作"桐"。

〔9〕"法政本"中，"相"作"桐"。

〔10〕"法政本"中，"訢"作"訴"。

〔11〕"法政本"中，"文强"作"文明"。

〔12〕"法政本"中，"如"作"知"。

〔13〕"法政本"中，"女子"作"子女"。

〔14〕原書缺編第五章第五節序號。

〔15〕“法政本”中，“痛”字印倒。

〔16〕“法政本”中，“者”作“著”。

〔17〕“法政本”中，“生”字印倒。

〔18〕“法政本”中，“所”後脱“含”字。

〔19〕“法政本”中，“其”字印倒。

〔20〕“法政本”中，“短者”作“甚”。

〔21〕“法政本”中，“設”作“没”。

〔22〕“革”，當作“孚”。

〔23〕“法政本”中，“不”作“不可”。

〔24〕“法政本”中，“道”作“過”。

〔25〕“法政本”中，“士”作“大”。

〔26〕“法政本”中，“存”作“在”。

〔27〕“法政本”中，“哀”作“袁”。

〔28〕“法政本”中，“三”作“三者”。

〔29〕“法政本”中，“人治”作“治”。

〔30〕“法政本”中，“雖”作“强”。

〔31〕“法政本”中，“勢”作“埶”。

〔32〕“法政本”中，“方”作“力”。

〔33〕“法政本”中，“制”作“利”。

〔34〕“法政本”中，“獠”作“潦”。

修身講義

目　録

第一章　修身大旨

第一節　修身爲孔門唯一之學，東西教育家均不能出其範圍

《大學》曰：“自天子至於庶人，壹是皆以修身爲本。”

鄭端簡曉曰：“壹是皆以修身爲本，非謂齊治平以修身爲本，是格致誠正與齊治平通以修身爲本。吾儒格致誠正工夫，與佛老無甚異；但二家不歸於修身，遂涉虚無寂滅。吾儒却説，修身須於視聽言動、綱常倫理實踐，故曰格致誠正要在修身爲本。權謀術數、一切功名之術豈不可以治人，但知治人而不知治己，故曰齊治平要在修身爲本。”

日本中江藤樹日本陽明學派自藤樹提倡，有“近江聖人”之稱。始就學，讀《大學》“自天子至於庶人，壹是皆以修身爲本”，作而嘆曰：“幸哉此書之存，聖人豈不可學而至乎!”因淚下沾襟。

按：“壹是皆以修身爲本”，誰不讀過，而藤樹讀書至此，獨淚下沾襟，蓋其體認讀[1]真，斯感觸特異也。王偉元讀《蓼莪》而隕涕；徐仲車讀《孝經》而墮淚；朱子幼時，讀《孟子》至“聖人與我同類者”，喜不可言，以爲聖人亦易爲；吕東萊少時，性極褊，後因病中讀《論語》，至“躬自厚而薄責於人”有省，遂終身無暴怒。必如此，始爲讀書有得。

修身一科，泰西各學校俱[2]代以宗教。中國儒教，向以孔子爲大宗。自新學日昌，尊孔子者遂謂宗教多迷信，孔教專重人事非宗教家。不知國必有教，教必有宗，泰西大路[3]治家、大軍人、大冒險家，大都出於宗教。誠以有宗教斯有信仰，有信仰斯有能力，有能力斯能犧牲其身。中國人數號稱四萬萬，若心無宗主，一人一義，十人十義，則四萬萬其

人者即四萬萬其國，日言合群實日見解體，即空言愛國。試問：中國自開闢以來，可愛者何人？可愛者何事？皮之不存，毛將安附？

抑孔子者，又謂中國之衰自漢武罷黜百家，專尊孔氏始。日本遠藤隆吉《支那哲學史》首倡此説，中國講新學者多附和之。不知孔子之教，本乎大中，順乎時宜，應世則無適無莫，處事則毋固毋我，道而兼藝，文而且武，四裔之學亦采，百姓之長必録，於學界前途有何窒礙。如謂思想不可束縛，宜聽自由。然天下有信教之自由，决無教外之自由。蓋人心雖不可束縛，人心斷不可無範圍。試俯察乎地，自由於水者莫如輪舟，然不遵航路則飄流何極；自由於陸者莫如汽車，然不循軌道則傾覆堪虞。仰觀於天，如行星繞日，可謂極自由之能事矣！然向空迴[4]轉，各循躔次，不相差忒；使稍有凌亂，則如古之所謂四極廢、九州裂者，不免實有其事矣。是知有絶大之運動[5]者，仍貴有不易之準則。泰西科學雖極發明，尚以宗教範圍人心者，職是之故。

考全球所謂宗教，專指帶迷信性質者而言。但依中國訓詁解釋之，實無此義。蓋所謂宗教者，即教之宗主也。教以孔子爲宗，則有智信而無迷信，實爲環球無上之宗教。觀孔子寢疾時，有謂“明王不作，天下其孰能宗予？”殆即隱隱有爲萬世宗主之意。乃中國叫囂者流，奴隸於外人而自誣其先祖，甚至因中國之不振而遷怒孔子。豈知東海有聖人出焉，此心同，此理同；西海有聖人出焉，此心同，此理同。推諸南海、北海有聖人出，蓋莫不同。徵諸日人藤樹、德人花之安、法人沙理曼等所云，藤樹言見前。花之安謂：“五百年後，聖教將徧行於地球，而天主、天方終將歇絶衰微而不能自振也。”沙理曼云：“幼時聞所謂耶穌者係屬好人，理當奉敬而已。及長，而讀其教旨之書，並兼讀孔孟之書，始之孔孟所言綱常大義，其理平而且正，乃歷之萬古不能磨滅者”。近日本研經會對吴摯甫先生言，謂“道德莫尚於孔子，大定之日當風靡東西。”其見尤爲深遠。足見象山先生不我欺矣！善哉日本高橋作衛之言，謂“日本皇統一系萬葉，德澤漸入民心，故學生修德之基，一憑《勅語》爲依歸。中國有孔子教，至明至大，不落空遠，不陷奇怪，而旨深理邃，誠人生良訓也。孔子生於中國，爾來數千年，教旨漸入人心，以爲世界無二之道，猶西人信西教，是實足爲學生修德之基。”然則中國當宗孔子，在外人已有定論。

夫中國之教既當以孔子爲宗，孔子之教又當以修身爲本，是講修身者當折衷孔子實無疑義。外國倫理學亦多所發明，可資補助。但學者之教人譬如醫家之治病，醫師不察病者之身體病勢所由來，而惟執陳方以相嘗試，鮮不置人於死！施教者不詳察歷史變遷若何，社會情狀若何，國民性質若何，習慣若何，知識程度若何而因勢利導，縱舌焦脣敝，其如藥不對症何！此事於教育前途關係至鉅，故特發端於此。

第二節　修身之學講明與踐履并重

陸子曰：“爲學有講明，有踐履。《大學》致知，格物；《中庸》博學，審問，謹思，明辨；《孟子》始條理者，智之事：此講明也。《大學》修身，正心；《中庸》篤行之；《孟子》終條理者，聖之事：此踐履也。物有本末，事有終始，知所先後，則近道矣。欲修其身者，先正其心；欲正其心者，先誠其意；欲誠其意者，先致其知；致知在格物。自《大學》言之，固先乎講明矣。自《中庸》言之，學之弗能，問之弗知，思之弗得，辨之弗明，則亦何所行哉？未嘗學、問、思、辨，而曰吾惟篤行之而已，是冥行者也。自《孟子》言之，則事未有無始而有終者。講明之未至，而徒恃其能力行，是由射者不習於教法之巧，而徒有其力，謂吾能至於百步之外，而不計其未嘗中也。故曰：其至爾力也，其中非爾力也。講明有所未至，則雖材質之卓異、踐行之純篤，如伊尹之任、伯夷之清、柳下惠之和，不思不勉，從容而然，可以謂之聖矣！而孟子顧有所不學，拘儒瞽生又安可以其硜硜之必爲，而傲知學之士哉！然必一意實學，不事空言，然後可謂之講明。若謂口耳之學爲講明，又非賢人之徒矣。”

按：修身固貴實踐，然不先講明，則擇義未精，如鬻拳之忠、申生之孝、子家之仁、尾生之信、仲子之廉，其流弊有不可勝言者。陸子之學，人幾疑其偏[6]於頓悟，有近於禪，不知其不廢講明如此。又考朱子《答程久[7]夫書》，亦痛詆冥行之害。有曰："宰予以短喪爲安，是以不可爲可也。子路以正名爲迂，是以可爲不可也。彼親見聖人，日聞善誘，猶有是失，况於餘人。"又曰："理之所在，即是中庸。惟窮之[8]深則無所準則，而有過不及之患，未有窮理既深而反有此患也。《易》曰：'精義入神，以致用也。'蓋惟如此然後可以應務，未至如此，則凡作爲皆出於私意穿鑿，冥行而已。"是朱子所言與陸子絲毫無異。持朱陸異同之論，齦齦不相下者，觀此亦可息喙矣。

朱子曰："世俗之學，所以與聖賢不同，亦不難見。聖賢直是真個過[9]去做，説正[10]，直要心正；説誠意，直要意誠；修身齊家，皆非空言。今之學者説正心，但將正心吟咏一餉；説誠意，又將誠意吟咏一餉；説修身，又將聖賢許多修身處諷誦而已，或掇拾言語，綴輯時文。如此爲學，却于自家身上有何交涉？這裹須學着意。"

按：朱子此言，知講明原爲踐履起見，乃從身上做工夫，非從紙上做工夫也。近日，物理學科分論理與應用兩種。至倫理學之可分論理、應用兩科與否，異論紛如，莫衷一是。日本元良勇次郎則謂倫理學之性質實貴實踐，即論理時間或鈎深索隱，然其目的，固非爲發明學理，在躬行實踐以助社會之發達，是倫理學爲實踐科學，非論理學也。元良氏所言，與朱子詞殊而意合。然則萬事必本于學，各學宜反諸身，暨古今横中外，有異地無異理矣。

第三節　德育智育體育爲修身三要素，不可缺一

子曰："好學近乎知，力行近乎仁，知恥近乎勇。知斯三者，則知所以修身。"

按：知仁勇三者，即智育、德育、體育之謂也。知識不高，無以治身；德行不立，無以立身；體魄不强，無以衛身；故東西教育咸注意此三者。其倫理一科，則德育也。體操一科，則體育也。心理、倫理、歷

史、地理、算學、理化、圖畫、音樂以及農工商業各專門，則智育也。有完全之教育，斯有完全之人格。國民人格完全，小之足以强身，大之足以强國。英法德美日本之强，其以此乎？考中國古代教育，非不注意此三者。《周禮・地官・大司徒》："以鄉三物教萬民，而賓興之。一曰六德：知仁聖義中[11]和；二曰六行：孝友婣睦任恤；三曰六藝：禮樂射御書數。"夫所謂六德六行者，非德育之事乎？然知聖則爲智育所從出矣。所謂六藝者，非智育之謂乎？然射御則體育所必需矣。《禮記・内則》言：六年，教之數與方名。九年，教之數目。[12]十年，學書計，朝夕習幼儀，請肄簡諒。十有三年，學樂，誦詩，舞《勺》。成童，舞《象》，學射、御。二十學禮，惇行孝弟。夫數與方名，即算學與輿地學也。學書者，即國文也。學樂、誦詩，即音樂學也。此皆屬於智育學。幼儀、舞《勺》、舞《象》、學射、御，此皆屬於體育學。禮惇行孝弟，則屬於德育，是三代上之教育，與近日教育方針無少差異。自秦代以愚民爲政策，而智育遂不講矣。漢代，表章六經，於德育亦加提倡，而智育體育則尚缺而不全。宋儒注重德育尤過漢儒，以格致爲進學之階，非不留心智育者，獨諱言勇德，以斷私克欲注之，而一時冬烘名士幾奄奄無生人氣，陳同甫斥爲"風痺不知痛癢之人"。朱子雖不能任其咎，然中國民氣日趨柔懦，未始非教育不完不備有以致之也。獨明季顔習齋先生以後，《周禮》三物教法爲宗旨，其所定學規，有理學齋，課程朱陸王之學，所以重德育也；有武備齋，課古兵法、戰法、射、御各技藝，所以重體育也；復設文事齋，課禮樂書數；經史齋，課經史詩文，所以重智育也。中國當時教育，若取此爲準則，何至茶疲一至於今日。乃今日乳臭童子，莫不知知仁勇三者爲達德，試問四萬萬民若全此三德者爲誰？以言乎仁，則流于姑息矣。以言乎知，則流於黠巧矣。以言乎勇，則流于暴動矣。而不仁不知不勇者，更莫可名狀。竊思人必有魂，乃望生存；國必有魂，乃望存立。英以活潑進取爲國魂，美以蒙羅主義爲國魂，日本以武士道爲國魂，中國豈獨無魂乎？蓋知仁勇三者即中國之國魂也。國魂失，而國可望久存乎？魂些歸來，竊欲效宋玉之招矣。

第四節　修身之學當隨時變易，以期與道合

徐節孝先生曰："欲求聖人之道，必於其變。所謂變者何也？蓋盡中道者，聖人也；而中道不足以盡聖人，故必觀於其變。蓋變則縱橫反覆，不主故常而皆令[13]道，非賢人之所能。故孔子曰'未可與權'，孟子'惡其執一'也。"

王嘉秀問於陽明曰："孟子言'執中無權猶執一'。先生曰：'中只是天理，只是易。'隨時變易，如何執得？須是因時制宜，難預先定一個規矩在。如後世儒者，要將道理一一説得無罅漏，立定個格式，此正是執一。"

綜觀徐王二子之説，變通之利如此，執一之害如彼，知拘守故常不足以語大道矣。况社會日赴繁難，進步頗速，徒泥往昔之識見，不適於今日之社會，淺識皆知。但天下事有可無[14]民變革者，有不可得與民變革者，《戴記》所言固鑿鑿可據。可得變革者何？禮法是也。不可變革者何？道德是也。

自近世進化論發明，學者推而考諸各種學術，因謂即道德亦不能獨違此公例。日本加藤弘之有《道德法律進化之理》一書，即此種論據之崖略也。其實原書所言乃倫理之範圍，非道德之範圍。藉曰道德，亦僅道德之條件，非道德之本原。若夫道德之本原，則無古無今、無中無外，莫不相同。蓋道德者，即吾良知之發見也。古今中外，人莫不具有良知，即莫不具有道德。善夫王子之言曰："良知之於節目事變，猶規矩尺度之於方圓長短也。節目事變之不可預定，猶方圓長短之不可勝窮也。故規矩誠立，則不可欺以方圓，而天下之方圓不可勝用矣。尺度誠陳，則不可欺以長短，而天下之長短不可勝用矣。良知誠致，則不可欺以節目事變，而天下之節目事變不可勝用矣。"

今世之所謂舊道德、新道德云者，據其節目事變言之耳。至道德之本原，放諸四海而準，俟諸百世不惑，正孔子所謂"一以貫之"。明乎此

變則而不失其正，可言修身，可言處世矣。

第五節　修身在師範生爲尤要科

周子《通書》曰："或問曰：'曷爲天下善？'曰：'師。'曰：'何謂也？'曰：'性者，剛柔善惡，中而已矣。'不達。曰：'剛善，爲義，爲直，爲斷，爲嚴毅，爲幹固；惡，爲猛，爲隘，爲彊梁。柔善，爲慈，爲順，爲巽；惡，爲懦弱，爲無斷，爲邪佞。惟中也者，和也，中節也，天下之達道也，聖人之事也。故聖人立教，俾人自易其惡，自至其中而止矣。故先覺覺後覺，暗者求於明，而師道立矣。師道立，則善人多；善人多，則朝廷正，而天下治矣。'"

黄東發稱胡安定曰："先生明體用之學。師道之立，自先生始。然其始讀書泰山，十年不歸；及既教授，夙夜勤瘁，二十餘年；人始信服。立己立人之難如此。"

日本之竹岩造曰："欲善驗物之真相者，必先反而正其鏡；欲盡教育之本能者，必先反而修其身。正鏡而向物，則前之所不得呈露於鏡下者，今發見之矣，且增長其經驗焉。教師先正其人格，高之、深之、廣之、大之，然後出而臨兒童。前所未入我觀察之域者，今乃收納於我視綫之中矣。由是知教育範圍之更恢宏，及訓練之更有效驗，陶冶之更深遠，智慮以湧，精力以磨之，奮勵努勉不止，是故從事教育而舉偉大之效果者，必不怠於自己之修養者也。"

按：教授管理固貴有方法、有能力，然教師性格或有缺點，縱精通教授、妙用管理，教育必終多失敗。蓋教育之事，以身作則者也，非使生徒心悦，則奏效也難。故教師當不專恃其才識，宜磨練其性格，以益臻完美，則几席函丈間，有慮化于無形者矣。今試標舉實例於左：

一、宜正秩序。學校貴有秩序。秩序既正，教育始能效果。故教師無論何時何地，一言一行當有規矩；身無規律而欲生徒虔守範圍，不可得矣。

二、宜重然諾。民皆有死，無信不立。故重然諾爲完全國民之基礎，故不可忽。每遇一事，未諾之先，務極審慎；既諾之後，必求踐行。虚以應之，輕以處之，入世必多窒礙。教師日以守約束勵生徒，而己則漠視然諾，是相率而爲僞也，烏乎可！

三、宜尚清潔。清潔不僅於形式上求之；爲教師者，當力求身體之清潔、心意之明潔、行爲之純潔，實現之以爲生徒之模範。教師日對生徒言清潔，倘或污垢習慣日以滋長，則惰漫之弊深，不至萬事俱廢、拂鬱以終不止。蓋人而清潔，可馴致檢束事物之習慣，養成貴明白惡曖昧之思想，與整理秩序固有密切關係者矣。

四、處事宜綿密。挾獨斷之思想，不受他人制御，本志士所應爾；但輕躁以出，流弊滋多。故教師説明事理，則無滲漏；凡所援證，務求確實，及其處理事務，益當審慎周祥[15]，使生徒有所觀感，庶無齟齬凌亂之弊。

五、宜勤勉。有勤勉之主人，斯有勤勉之僕從；教師之於生徒也亦然。欲生徒勤於功課，必己先勤於教授。否則，任意缺席，懈怠以生；處理事務，冷淡遇之。縱訓誡[16]諄諄，容何補耶？故教師在教室當黽勉從事，勿稍懈弛。

六、宜熱心。教師於己應盡之義務，當若將碎身粉骨以赴之，驕隋[17]之容、冷淡之風皆非所取。教師能熱心教育，斯生徒研究學問靡不奮勵，且不特直接之感化也。語一有成之事業，曰是熱心所致也；語一失敗之事業，曰是不熱心所致也。孰當法，孰當戒？有移人於不覺者矣！

七、宜養成忍耐心。樹人如樹木，其功效非旦夕所可期，不可無忍耐心；稍有蹉跌，而遂隳其前志，是自暴自棄也。爲教師者，曷可出此。夫舉一二偉人建奇績、創鴻業者，以詔生徒，未始不可以感起忍耐心。然忍耐必根原於心性，始發表於行爲，非可襲取。爲教師者，必於教授事項，先以忍耐率之；使生徒知事業之成，皆須咬腦漿、糜心力以赴之。蓋欲成萬世不朽之事業，必先有百折不回之精神。

八、宜備寬宏之德。凡吝嗇、刻薄、嫉妒、憤怒、陰險諸惡德，悉緣思想褊狹而生。故爲教師者，必心志闊大，舉止雍容，使人接而彌親、仰而彌敬，教育始能奏效。然氣宇冲和、度量寬廣，雖英雄亦難强致，其功一歸之於平素修養。

九、宜有進取之氣象。孔子取狂者，以能進取。蓋人生斯世，不能無能貢獻於社會。衛武耄年猶思進德，况膂力方剛、年華甚富，迺早賦閒居、不省世事、歌嘯風月、怡然自娱，無識者推爲清流，有識者呼爲敗類。目今滄海横流，事機日迫，不圖進取，萬難保存，故教師必以唤起興味，促其進取爲最要，而尤不可自安於閒散，自怠其追求，蹈能言而不能行之弊。

十、宜富義務之觀念。人人各盡其天職，而天下自治。訓練生徒，務養成義務之觀念；然必教師先盡己所當盡之責任，示之模範，則生徒始有感觸。教師對學生一切器物留意珍重，對生徒加意體恤，是爲克盡義務。

日本谷本富曰："就教師之職言之，吾人宜學孔子者甚多。第一，宜役心於職務，謙恭自下。'默而識之，學而不厭，誨人不倦，何有於我哉？'聖人其詔我矣！第二，不可不知自檢。夫不自修其行，而僅知督責生徒，此今日教師之通弊也。聖人則曰：'德之不修，學之不講，聞義不能徙，不善不能改，是吾憂也。'爲師者，能勿省之？第三，教師不可不戒輕躁。故子之燕居，特以申申夭夭垂教。第四，教師弟子宜相信相扶，視若骨肉，故曰：'回也視予猶父也。'彼之不能相親者，實由教師過自遠耳。大哉聖人之慈也，門人有疾，必親防[18]之，且加以懇切慰問。徵諸《論語》所載伯牛之疾，可以概見。且自身患疾時，亦樂得門人之親切調護，而遠其他侍者。當其病篤日，子路使門人爲家臣學修大喪。孔子曰：'予與其死於臣之手也，毋寧死於二三子之手矣。'此雖責子路非禮之言，而師弟親愛之情可以觀矣。至讀至'二三子以我爲隱乎？吾無隱乎爾'一節，尤足見孔子心意之真摯。今世爲教師者，有動施陰險手段，言政略、弄奸策以籠絡諸生，而彌縫一時者，欲望師道之無墜於地，得乎？孔子之於弟子，惟其相愛相親也，故雖不得志於世，東西奔走，間關流離，而高足弟子常侍其側，孔子懷之，歷久不衰。予嘗讀‘從我於陳、蔡者，皆不及門’一語，未嘗不贊歎而不能已也。”

按：學不至於忘患難、出生死，不可謂之學。教師之於弟子，不能同患難、共生死，不足以言教。陳、蔡一役，孔門諸子歷九死一生，卒不改其初志。雖松柏其心，金石其性，而其陶鎔鍛練之功夫，豈無所由來乎？降及東漢，此風未絶。王伯厚曰：《曲禮》、《少儀》之教廢，幼不肯事長，不肖不肯事賢。東都之季，風化何其美也！魏昭請於郭泰，願在左右供給灑掃；荀爽謁李膺，因以爲御。闕里氣象，不過此也。全祖望注曰：明末陳繼儒弟子有此氣象，見黄梨洲《思舊録》。不知繼儒竟何以得此也。禮震從歐陽歙受《書》，及歙下獄，震年十七，自繫獄上書求代歙死。楊政從范升受《易》，及升繫獄，政肉袒伏路旁，候車駕上書，武騎射之傷胸，震[19]猶不退。推之桓榮赴朱普之葬，築土成墳；戴封送申君之喪，過門不宿。均《後漢書》。其敦崇師道，雖孔門弟子不是過也。且漢人説經，貴承師説；宋明之儒言學，均貴師承，咸能不忘其本。近人薄於師誼，輕者視若路人，重者幾成仇敵，則是人人皆逢蒙、皆陳相也。豈真於荀子所云衰國必賤師輕傳歟？願爲師者，亦先自反可耳。

【校記】

〔1〕“讀”，當作“獨”。

〔2〕據劉鳳章《論倫理學當以孔教爲基礎》（北京大學圖書館藏武昌中華大學1915年5月1日出版《光華學報》第1年第1期《論叢》第1～4頁），“俱”作“多”。

〔3〕據劉鳳章《論倫理學當以孔教爲基礎》一文，“路”作“政”。

〔4〕據劉鳳章《論倫理學當以孔教爲基礎》一文，“迴”作“旋”。

〔5〕據劉鳳章《論倫理學當以孔教爲基礎》一文，“絶大之運動”作“奇絶之思想”。

〔6〕“徧”，當作“偏”。

〔7〕“久”，當作“允”。

〔8〕“惟窮之”後，疑脱“不”。

〔9〕“過”，疑爲衍字。

〔10〕“正”後疑脱“心”。

〔11〕“中”，當作“忠”。

〔12〕“目”，當作“日”。

〔13〕“令”，疑爲“合”。

〔14〕據劉鳳章《倫理學》，“無”作“與”。

〔15〕“祥”，當作“詳”。

〔16〕“誠”，疑爲“誡”。

〔17〕“隋”，當作“惰”。

〔18〕“防”，當作“訪”。

〔19〕“震”，當作“政”。

第二章　修己之要

第一節　勤學

子曰：“學而時習之。”

陸氏《釋文》云：“以學爲首者，明人必須學也。”

《東塾讀書記》曰：“時習者，何也？求之古傳記之書，則《學記》云：‘大學之教也，時教必有正業。’《孔疏》言：教學之道，當以時習之；然則非冲遠解《論語》“時習”爲每日有正業也。《魯語》云：‘士朝而受業，晝而講貫，夕而習復，夜而計過，無憾而後即安。’此蓋所謂時習也。求之後世之書，則司馬温公云：‘范文正公掌府學，諸生讀書，寢食皆有時刻。’《涑水記聞》卷十。王伯厚云：‘凡作工夫須立課程，日月有常，不可間斷，縱使出入及賓客之類，亦須量作少許，風雨不移。’《辭學指南》。此蓋所謂時習者也。蓋讀書必立課程，朝讀此書，則朝朝讀此書，而不移於夕；習此業，則夕夕習此業，而不移於朝。有一定之時刻，有一定之功課。今塾師教童子猶如此。蓋聖人之學，千古未變者也。”

按：“時習”即學科有秩序之謂。陳氏謂讀書必立定課程，朝夕不移，説至精碻，但僅就一日之時言之，其義尤未盡。蓋古代治學以時習爲主，有就終身之時言者，如《禮記·内則篇》云“六年教之數與方名”，至“三十博學無方”，是也。有就一歲之時言者，如《文王世子篇》“凡教世子及教士必時，春夏教干戈，秋冬教羽籥”，又云“春誦、夏弦、秋學禮、冬讀書”，是也。蓋古代教育曆一時，有一時之程度，即有一定之課程，與今日學校其規制固無甚懸殊矣。

（甲）爲學貴有宗旨

黄梨洲先生曰："大凡學有宗旨，是其人之得力處，亦是學者之入門處。天下之義無窮，苟非定以一二字，如何約之使其在我。故爲學而無宗旨，即有嘉言，亦無頭緒之亂絲也。學者而不得其人之宗旨，即讀其書，亦猶張騫[1]初至大夏，不能得月氏要領也。"

陸桴亭先生曰："或問儀以'宗旨'，儀應之曰'實無宗旨'。昔朱子人問以'宗旨'，但只教隨分讀書。愚亦曰'儀無宗旨'，但只教人真心做聖賢，又曰格致二字爲總貫入門宗旨。"

（乙）爲學貴有方法

朱子曰："爲學當如築九層之臺，須大做脚始得。"

按：此即言學貴有方法也。今試舉爲學之要，臚列於左：

（一）循序

《中庸》曰："君子之道，譬如行遠必自邇，譬如登高必自卑。"

（二）博習

曾子曰："君子既習之，患其不博也。"

揚子曰："多聞則守之以約，多見則守之以卓；寡聞則無約也，寡見則無卓也。"

（三）奮勉

陸子曰："黄[2]厭辛苦，此學脈也。"

王陽明論諸子曰："堯舜生知安行的聖人，猶兢兢業業，用困勉的工夫。吾儕以困勉的資質，而悠悠蕩蕩，坐享生知的成功，豈不誤己誤人？"

按：陸王之學，人疑其近禪，不用困勉工夫，故特揭於此，以釋群疑。

（四）息游

《學記》曰："君子之於學也，藏焉，修焉，息焉，游焉。"

《雜記》："張而不弛，文武弗能也。弛而不張，文武弗爲也。一張一弛，文武之道也。"

陸桴亭先生曰："晦庵詩有云，'書册埋頭何日了，不如拋却去尋春’，此晦庵著述之暇，游衍之詩也。凡人讀書用工，或考索名物，或精究義理；至紛賾難通，或思遂俱絶處，且放下書册，至空曠處游衍；一游衍，忽地思至觸發，砉然中解，有不期然而然者，此窮理妙法。”

按：《雜記》所云，見學之貴乎息也。《雜記》本言治道，爲學者可以隅反。《思辨録》所云，見學之貴乎游也。近日東西小學訓練法最重游戲，與《記》所云“息游”用意相近，而擇術尤精，試條舉方法於左：

（甲）運動。運動分個人與共同二種。共同運動須教師督率，個人運動或則聽其自爲，或由教師指揮，循乎規律。抛球之類，個人之運動也。綱引綱繩之大者，繫綱之兩端而争勝負之類，共同之運動也。此等游戲，不惟養共同一致之精神，且使兒童磨勵敏捷、勇敢、沈着之大美德。然游戲之目的在發育身心，若競技之際，而有以卑劣手段制勝者，則禁之。故決勝一出，公明正大之途更當使之勝而不慢，敗而不怖。

（乙）散步。教師於放課時，宜偕兒童散步運動場，各開獻胸襟，以爲笑樂。師弟愛情由是交換，無形訓練之效果奏矣。時或率領全校生徒散步野外，接自然之現象，刷新眼界，陶寫性情，而師弟朋友間之交誼，亦由是而厚。蓋所接近之諸事物，皆足資乎訓練故也。是故野外散步實爲學校教育上惟一之靈藥，否則不得散放身心之鬱結，精力蓄積亦從是而難，教師宜利用此法。

（丙）行遠。若兒童漸長，往復可以行數里，則教師當率之遠步。蓋兒童際此時期，心身之發育頗盛，漸有獨立不羈之概；其欲於學校以外，别尋活潑之天地也，實頃刻弗忘。兒童或言某水某山有佳趣，當往游。教師宜導之，鼓勇而前，達於所欲往游之地，而兒童亦當相與騰奮。整列進行時，或唱軍歌，以暢其氣。甚有觸景生情，隨意談笑者聽之，或足力偶疲，偶爾休憩，亦欲任之。惟卑猥之言行與惰弱之容貌，當戒之。

（丁）修學旅行。修學旅行適用於上級生徒，或跋涉山川，或察視都邑，理科標本隨以搜集，而人情風俗亦可由是知其梗概。然訓育上利用此法者，則尚别有益焉：離家越里，流連乎異鄉風物，兒童之快事也，胸襟開朗，雜念自消，其利一；道途僕僕，甘苦與共，同輩愛惜之精神藉以養成，且由是益親教師，而師弟之情乃摯，其利二；省服裝，珍惜攜帶品，馴以致謹慎檢束之風，其利三；恢擴見聞，以强自信之觀念，宏暢襟抱，以生獨立之氣象，其利四。時或詣古社、過荒祠，則爲之話古人事蹟，肅然起敬，亦或經古戰場，愴然四顧，嗟天意之蒼茫，驗人事之興廢，此非足以觸吾人之感情耶？

教育貴活潑而忌束縛，固已然。苟非真正之活動及有效之活動，則惟養成不義不法之兒童，勢必至喧騷擾亂，種種弊端由是而生，後雖悔之，已不可及。蓋活潑在精神，不在形式，毫釐之差，即爲涇渭之判。教育家所當慎以出之者也。

（五）善疑

程子曰："學者只貴會疑。"

楊龜山曰："學者須有所疑，乃能進德，然須用力深，方有疑。今世之士讀書爲學，蓋自爲無可疑者，故其學莫能尚。"

陳白沙曰："前輩謂學貴知疑，小疑則小進，大疑則大進。疑者，覺悟之機也。一番覺悟，一番長進。其初學時，亦是如此，更無别法。"

法人笛卡兒曰："非見之極明者，勿下斷語。"

按：笛卡兒之語看似老生常談，然泰西近今之文明，論者咸謂自此一語産出。蓋爲學貴有心得，依門傍户，依樣壺盧，學業安有進步？王陽明之言曰："求諸心而得，雖其言之非出自孔子者，亦不敢以爲非也；求諸心而不得，雖其言之出於孔子者，亦不敢以爲是也。"蓋以己心爲標準，則古今學術之紛紜，悉得以己心爲進退，而思想以生，視經生家墨守訓詁者所得多矣。

（六）進取

朱子謂陳安卿曰："今也須如僧家行脚，接四方之賢士，察四方之事情，覽山川之形勢，觀古今興亡治亂得失之機，這道理方見得周徧。士而懷居，不足以爲士矣。不是塊然守定這物事，在一室關門獨坐，便可以爲聖賢。自古無不變通的聖賢，亦無關門獨坐的聖賢。安卿也須出去游學一遭。"

日本有賀長雄曰："鄙意欲爲天下士，則不可不留學外國。日本雖有專門學，然學貴該博，當以本國所學者爲基，取各國之長以補之，次則變日本性質爲世界性質。既爲日本人，則日本性質必須發育固已，然終歲居日本，使論日本之事，其見終淺狹。一旦出國門，則初見頓改矣。此後事事物物，俱當置身於日本之外以觀日本，斯爲新日本人矣。倘留心[3]歸來，所見如昨，則出洋亦不過時世妝耳，何足貴哉!"

按：有賀之言足爲游學外國者法。篇中所述，復有當注意者六事，兹揭其綱要於左：

一、語學。欲留學何國，須豫備何國語。欲學何國語，須接近何國人。

二、時期。以專門學卒業後，性質略定爲合時。

三、國土。不可拘定一國，以各國互有長短也。

四、勉學法。多購書籍，歸國時與書賈訂約，有新書出，即先寄目録以便購取。

五、居住。與同志或專門學者同居爲最合宜。

六、交際。以少與本國人往來爲上，他國人亦當擇交。

按：有賀結語有云，"留學不獨爲學問，半爲博覽世界各國國勢也。我日本不可徒爲日本，當爲世界日本。一切事業盡出於我日本人之手，更進則世界運命亦將操於我日本。"夫日本以區區三島，尚欲操世界運命，況以中國七十萬方里之廣，四百兆人民之衆，豈一島國之不若！觀有賀之言，當赦[4]然愧，躍然興矣。

（七）專精

《荀子》曰："好書者衆矣，而蒼頡獨傳者，一也；好稼者衆矣，而后稷獨傳者，一也；好樂者衆矣，而夔獨傳者，一也；好義者衆矣，而舜獨傳者，一也。倕作弓，浮游作矢，而羿精於射；奚仲作車，乘杜作乘馬，而造父精於御。自古及今，未有兩而能精者也。"

《管子》曰："思之，思之，又重思之。思之而不通，鬼神將通之。非鬼神之力也，精氣之極也。"

《列子》曰："用志不紛，乃疑於神。"

《韓非子》曰："一手畫圓，一手畫方，不能兩成。"

王氏應麟曰："堯舞[5]之世，名臣止任一事；仲尼之徒，高才皆爲一科。"

按：專精之至，神奇自生。歐洲之强，得力以此。或數代而製成一器，或數百年而發明一理，或數千年而成就一業。父死子興，前仆後起，不達其目的不止。中國所謂"愚公移山"、"精衛填海"不過託諸寓言，彼乃見之實事矣。我國士夫誠能齊效愚公、同爲精衛，宇宙雖大、事變雖繁、學問雖邃，果有何者足以阻我哉！

（八）忍耐

曾子曰："難者勿避。"

朱子曰："某生平不會懶，雖甚病，且要向前做事。今人所以懶，未必是真個怯弱，自是先有畏縮之心。纔見一事，便料其難而不爲，所以習成怯弱，而不能有爲也。"

吕氏《童蒙訓》曰："今日記一事，明日記一事，久則自然貫穿；今日辨一理，明日辨一理，久則自然浹洽；今日行一難事，明日行一難事，久則自然堅固，涣然冰釋，怡然理順。久自得之，非偶然也。"又曰："前輩嘗説，後生才性過人者不足畏，惟讀書尋思推究者爲可畏耳。"

才性過人者，必多浮佻之病。其始誠有過人處，其繼則不過猶人而已，其後則漸漸不如人矣。蓋凡事以爲易知易能，輕心掉之，則其過人不遠矣。若事必尋思推究，所謂弗得弗措也，雖資質平鈍，要亦無妨"聖門如參，竟以魯得之"，其他可知已。

"才性"二字，亦當分别言之。才過人者，謂氣質聰穎，如人聞一知二，彼能聞一知十。性過人者，謂孝忠哀樂皆有過人處，然或不學而失於愚、失於激，則亦害事。故以尋思推究爲貴，所謂格物致知而後能正心誠意也。

勤學之益。

陸桴亭先生曰："孔子聖人，其自言曰'我學不厭'，又曰'不如某之好學’。顏子大賢，孔子稱之不過曰‘好學’。後世周程大儒，亦不過好學。至于朱子，好學尤甚，故能集諸儒之大臣〔6〕。其間，儘有天資絶人者，只不好學，學術便偏僻矣。乃知傳千古之正脉者，好學而已。”

不學之害。

陸子曰：“人之不可以不學，猶魚之不可以無水，而世道至視若贅旒，豈不甚可歎哉！穹壤間竊取富貴何限，惟庸人鄙夫羡之耳。識者視之，方深憐則憫傷其賦人之形，而不求盡人之道，至與蟻蝨同其飽適好惡，虚生浪死。其在高位，適足以播惡遺臭。君子監戒而已。”

第二節　心之本體與作用

程子曰：“心一也。有指體而言者，寂然不動是也；有指用而言者，感而遂通天下之故是也。惟觀其所見如何耳。”

按：人本動物中之一，其所以異於物者，以靈於物也。中國舊説以爲靈明出於心，泰西新説以爲靈明出於腦。西人生理學謂人之神經有二統系：一曰腦脊髓神經統系，一曰交感神經統系。腦神經由腦髓分出普通百體五官，故五官百體一有感覺，則腦髓之運動神經感之而動，而知覺以生，故腦髓之大腦，即心所在之地。心理學家亦用此説。似兩相歧異，其實中國古説非不知思想之出於腦。考《説文》“思”字從“囟”，即象腦蓋之形。劉熙《釋名》有云：“心，纖也。”纖細則無物不貫。與新説五官百體皆受命令於腦筋，其義亦不違背。但物有動静，心亦有動静。儒家欲就不動之時驗心之本體，心理學者則隨此心發動之迹，考求其理法及作用。此心未動以前，非所得知。蓋心理學僅言形而下者，實則物必先有體，而後有用。朱子之釋《大學》也，以心爲人之靈明，所以具衆理而應萬事。聚衆理之説，近於西人之儲能，所謂心之本體也；應萬事之説，近於西人之效實，所謂心之作用也。惟言本體，易遁於虚無，涉於惝恍，儒釋聚訟由來舊矣。兹先就心之發動及作用，考求其次第，使修身者有所持循焉。

一、知之作用。《樂記》曰：“人生而静，天之性也。感於物而動，性之欲也。物至知知。”《大學》曰：“心不在焉，視而不見，聽而不聞，食而不知其味。”據《樂記》所言，身有所感，則心有所觸。據《大學》所言，則身有所感，貴心有所思。蓋凡物之至前，不能無大小、高下、精粗、美惡之判。思也者，即所以比較其大小、高下，分析其精粗、美惡者也。使萬物交感於前，而淆然莫辨，則孟子所謂“無是非之心，非人也”。不辨是非者，不得爲有知，故人之知覺靡常，貴憑思想而範之，使正明於《大學》正心之旨，知之作用得矣。

二、情之作用。《體[7]運》曰：“何謂人情？喜怒哀懼愛惡欲，七者弗學而能。”但人之用情，易致偏僻，故班孟堅言“節情”，陶靖節言“陶情”，然未嘗以情爲惡也。自後儒以欲爲惡，情緣欲生，遂並情而亦排斥之矣。不知人非本[8]石，孰能無情。孟子言：“乃若其情，則可以爲善。”《中庸》：“喜怒哀樂之未發，謂之中；發而盡中節，謂之和。”喜怒哀樂即情也。明乎中節之言，情之作用得矣。

三、意之作用。朱子曰：“情是性之發，意是主張如此。”如愛此物是情，所以去愛此物是意。蓋情有所動，即意有所營。意也者，即人心所起之志念也。一念之惡，疾風暴雨；一念之善，景星慶雲。始萌於思慮之微，終見於事爲之大。明乎《大學》“誠意”之旨，意之作用得矣。

知情意三者，悉緣心而起。然必有知而後有情，有情而後有意。智愚由是而分者，即善惡由是而判。故心理學家與倫理學家咸重視之。但心理學者就心之作用，而求其原理者也；倫理學者論心之作用，而使之納諸範圍者也。心之作用萬端，兹揭其最要三事如左：

一、立志

《學記》曰：“凡學，官先事，士先志。”

《孟子》：“王子墊問曰：士何事？曰：尚志。”

參觀以上二説，士人不可無志，彰彰明矣。然如何始解有志，此其故，象山先生曾言之。

陸子曰：“夫子曰：‘吾十有五而志於學’，今千百年無一人有志，也是怪他不得。志個甚底，須是有智識，然後有志願。”

又曰："人要有大志。常人汩没於聲色富貴間，良心善性都蒙蔽了。今人如何便解有志，須先有智識始得。"

按：以上二説，知拓智識爲立志先路。然渾曰立志，志道義乎？志貨利乎？志聖賢乎？志仕宦乎？是不可以不辨。此其故，象山先生又嘗言之。

傅子淵曰："陸先生教人辨志爲先，或問：何辨？曰：義利之辨。"

按：張蒿庵《辨志篇》區别人類，或爲百世之人，或爲天下之人，或爲一國一鄉之人。其劣者爲一室之人；至於最劣則爲不具之人、異類之人。陳義高深，立説沈痛，即申明象山先生之説也。然則立志之貴乎正大也審矣。

子曰："苟志於仁矣，無惡也。"此言立志之貴乎正。

陸子曰："大世界不享，欲要占個小蹊小徑子。大人不做，要爲小兒態，可惜。"此言立志之貴乎大。

立志正大，當以何者爲依歸？是當取法紫陽，折衷二曲。

朱子曰："書不記，熟讀可記。義不精，細思可精。惟有志不立，直是無著力處。只如而今，貪利禄而不貪道義，要作貴人而不要作好人，皆是志不立之病。直須反覆思量，究見病痛起處，勇猛奮躍，不復作此等人。一躍躍出，見得聖賢所説千言萬語，都無一不是實語，方始立得此志。就此積累工夫，迤邐向上去，大有事在。"

李二曲先生曰："立志當做天地間第一等事，當做天地間第一等人，當爲前古後今擔當大道。"

觀以上所言，知立志者必以天下第一等人自期。何謂第一等人？聖賢是也。顧何以志聖賢者多，成聖賢者少，此立志不鋭之故。

陸桴亭先生曰："鋭是入道先鋒。先鋒勇後軍方有進步，志氣鋭學問乃有成功。"此言立志之貴鋭。

立志鋭矣，何以復有墮落不振者，如冉子非不説子之道，而卒自晝；宰我知孔子賢於堯舜，而乃晝寢，終不能優入聖域，此立志不堅之故。

張子曰："有志於學者，不論氣之美惡，只看志如何。匹夫不可奪志也，惟患學者不能堅勇。”

朱子曰：“聖賢千言萬語，無非只説此事須是策勵，此心猛勇奮發，拔出心肝與他去做。如兩邊擂起戰鼓，莫問前頭如何，只認捲將去。如此，方做得工夫。若半上落下，半沉半浮，濟得甚事!”

又曰：“且如項羽救趙，既渡[9]船破釜，持三日糧，示士必死無還心，故能破秦，若瞻前顧後，便做不成。”以上言立志之當堅。

立志宜鋭且堅，既見於前説矣。其形似當如何?

如飢渴之於飲食，如居燒屋之下，如坐漏船之中。以上朱子語。

如猫捕鼠，如雞覆卵，精神凝融結，而不復知其有他。

如種樹然，方其根芽，猶未有幹；及其有幹，尚未有枝；枝而後葉，葉而後花實。初種時，只管栽培灌溉，勿作枝想、勿作葉想、勿作花想、勿作實想。懸想何益？但不忘栽培之功，怕没有枝葉花實？以上陽明先生語。

立志之形似，既如上所述矣，而其效果究如何?

周子曰：“志伊尹之志，學顔子之學，過則聖，及則賢，不及亦不失爲令名。”

陸桴亭先生曰：“聖人之所以爲能人，只是一個志，故曰：有志者事竟成。”

張蒿庵曰：“志之爲物，往而必達，圖而必成。及其既達，則不可以反也；及其既成，則不可以改也。”

二、有恥

孟子曰：“恥之於人大矣。”

玩一“大”字，見“恥”字作用甚廣。有切於己者，有切於人者，有切於國者。管子謂：“禮義廉恥，國之四維。”顧亭林則以四者之中，“恥”爲尤要。世人動以“廉恥”並稱。閻百詩則謂，“廉”易而“恥”難。觀二子之言，知“恥”之爲用大矣。

子曰：“行己有恥。”

此“恥”之切於己者。

伊尹“恥一夫之不獲”，蘧伯玉“恥獨爲君子”。

此“恥”之切於人者。

霍票姚曰：“匈奴不滅，無以爲家！”

岳忠武曰：“敵未滅，何以家爲！”

此“恥”之切於國者。

顧亭析[10]先生曰：“士大夫之無恥，是謂國恥。”

按：先生此語至爲沈痛，傷五季實傷明季也。今日時局較明季爲如何？權利日損，彊土曰蹙[11]，外人氣燄日張一日，以技藝傲我、以富强驕我、以文明炫我，甚至以無教育詈我！至此，而猶不引爲身恥者，殆非人類。吴恥檇李之敗，遂能報越；越恥會稽之敗，遂以沼吴。美恥爲英奴，卒以獨立；普恥爲法弱，卒以稱雄；日恥樺太、千島之交換，三尺童子皆有仇俄之志。精誠所積，金石爲開。俄雖强大，卒屈於彈丸墨子之國。上觀往古，縱覽全球，有恥者國昌，無恥者國亡。願我國士夫同以國恥爲恥，勿爲安南、朝鮮之續，則國恥可雪而身亦可湔矣。

《吴子》曰：“凡制國治軍，必教之以禮，勵之以義，使有恥也。夫人有恥，在大足以戰，在小足以守矣。”

《尉繚子》曰：“國必有慈孝廉恥之俗，則可以死易生。”

觀以上二説，知欲强國，莫先於教戰；欲教戰，莫先於明恥。

《詩》云：“人而無恥，胡不遄死！”

按：詩人之旨，温柔敦厚而斥無恥者，其辭嚴厲如此。每讀一過，毛髮竦然。

三、不欺

《大學》曰：“所謂誠其意者，毋自欺也。”

《晏子》曰：“君不[12]獨立，不慚於影；獨寢，不慚於魂。”

程子曰：“學始於不欺闇室。”

司馬温公曰：“凡人爲不善，能欺天下之人，不能欺其心。雖忍而行之，於其心不能無芥蔕。”

劉漫堂《麻城學記》曰：“温公之學，始於不妄語，而成於脚踏實地。學者明乎是，則暗室不可欺，妻妾不可罔。”

吕新吾先生曰：“相在室爾[13]，尚不愧於屋漏，此是千古嚴師；十目所視，十手所指，此是千古嚴刑。”

又曰：“盗只是欺人，此心有一毫欺人、一事欺人、一語欺人，人雖不知，即未發之盗也。言如是而行欺之，是行者心之盗也；心如是而口欺之，是口者心之盗也；纔發一個真實心，驟發一個僞妄心，是心者心之盗也。諺云：‘瞞心昧己。’有味哉其言之矣。欺世盗名其過大，瞞心昧己其過深。”

日本佐藤一齋曰：“不自欺者，人不能欺。誠也，不能欺無間也。譬如生氣，自毛孔出氣，盛者外邪不能襲。”

按：近日學者動言合群，語及慎獨，則以爲迂闊，不知對己不能無愧，接人安能無慚。華盛頓爲世界英雄，實自不欺其父始，學者當知所自反矣。

第三節　性命

子曰：“性相近也，習相遠也。”

按：孔子此言，爲古今論性之正鵠。孟子性善之説，論者多疑其異於孔子，此未深察孟子立言之旨也。《東塾讀書記》曰：“孟子所謂性善者，謂人之性皆有善也，非謂人之性皆純乎善也。其言曰：惻隱之心，人皆有之；羞惡之心，人皆有之；恭敬之心，人皆有之；是非之心，人皆有之；父母之心，人皆有之。非獨賢者有是心也，人皆有之。今人乍見孺子將入於井，皆有怵惕惻隱之心。人皆有不忍人之心，人皆有所不忍，人皆有所不爲。孟子言人性皆有善，明白如此。又曰：雖存乎人者，豈無仁義之心哉？無惻隱之心，非人也；無羞惡之心，非人也；無辭讓之心，非人也；無是非之心，非人也。其言人性無無善者，又明白如此。公都子曰：或曰有性不善，以堯爲君而有象。孟子答之曰：乃若其情，則可以爲善矣，乃所謂善也。此因有性不善之説，而解其惑。謂彼性雖不善，而仍有善。何以見之？以其情可以爲善，可知其性仍有善，是乃我所謂性善也。乃若者，因其説而轉之之詞，朱注云：乃若，發語辭。非也。如象之性誠惡矣，乃若見舜而忸怩，則其情可以爲善，可見象之性仍有善，是乃孟子所謂性善也。若論堯之性豈得，但云可以爲善而已乎？蓋聖之性純乎善，常人之性皆有善，惡人之性仍有善而不純乎惡，所謂性善如此，所謂人無有不善者加[14]此。後儒疑孟子者，未明孟子之説耳。"陳氏此言，至爲瑩澈，足息紛争。

考自古以來反對孟子者，莫如荀卿；致疑孟子者，莫如司馬温公。然荀子有言："涂之人可以爲禹。"涂之人者，皆内可以知父子之義，外可以知君臣之正，其可以知之質，可以能之具。在涂之人，其可以爲禹明矣。温公曰："桀紂亦知禹湯之爲聖也，盗跖亦知顔閔之爲賢也。人之情莫不好善而惡惡，慕是而羞非。"又云："盗跖、莊蹻諱聞其過，有羞惡也。"是則二子之言與孟子顯相背馳者，實隱相脗合。不俟駁斥，亦無俟調停，折衷孔子可矣。

《吕刑》曰："自作元命。"

按：經傳所言"命"字，有屬義理言者，有屬氣數言者。如《書·太甲》："顧諟天之明命。"《中庸》："天命之謂性。"《大戴記》："分於道之謂命。"此所謂義理之命也。《論語》云："道之將行也與，命也；道之將廢也與，命也。公伯寮其如命何！"子夏曰："死生有命，富貴在天。"孟子曰："孔子進以禮，退以義，得之不得曰有命。"此所謂氣數之命也。能賢雖亦言氣數，要不過於無可如何之時，託辭以自解，非真謂天命難回，人事可廢也。乃自暴自棄者流，見夫爲善者未必獲福，爲惡者未必得禍，求其故而不得遂，謂天命有在，非智力所能争。不知命造自己，非定於天。觀《詩》言"自求多福"，福由己求，非天錫之福也。又云"自貽伊戚"，戚由自貽，非天降之禍也。又《左傳》載閔馬父之言，謂"禍福無門，惟人所召"，其説皆足與《吕刑》相發明。蓋天道靡常，而人事有據，就修學而論，百倍其功者，愚可轉明，弱可轉强；就治事而論，百折不回者，危可使安，亂可使治。聖賢豪傑，亦視乎志氣如何耳，於氣數何與？知此乃可言造命。

《孟子》曰："知命者，不立乎巖墻之下。"又曰："桎梏死者，非正命也。"

按：《孟子》此言，見氣數之命，决不可聽，如謂命自天定，則是巖墻不須避，而桎梏不足羞矣。

第四節　自立

陸子曰："大凡爲學，須要有所立。《論語》云：'己欲立而立人。'卓然不爲流俗所移，乃爲自立。須思量，天之所以與我者是甚底，爲還是要做人否？理會得這個明白，然後方可謂之學問。"又曰："今人略有些氣餤者，多只是附物，原非自立也。若某，則不識一個字，亦須還我堂堂地做個人。"

又曰："學者須是打疊田地淨潔，然後令他奮發植立。若田地不淨潔，則奮發植立不得。古人爲學，即讀書，然後爲學可見。然田地不淨潔，亦讀書不得；若讀書，則是假寇兵、資盜糧。"

又曰："自立自重，不可隨人脚根、學人言語。"

又曰："吾之學與諸處異者，只是在我全無杜撰。"

吴草廬曰："陸子有得於道，壁立萬仞。"

楊斛山曰："士之處世，須振[15]拔特立，把持得定，方得有爲。"

鄒南皋曰："人生轉盼百年耳，貴能自立。"

劉静之曰："後世以是爲非，指醉爲醒，倒置已極。君子欲矯其弊，不得不矯枉。"又曰："我爲天地間之一人，豈當復抑承他人乎？"又曰："人於好惡持兩端者，衹是不能自立也。若能自立，衹當以己之好惡爲衡。"

日末[16]佐藤一齋曰："志學之士，當自賴己，勿因人熱。《淮南子》曰：'乞火不能取燧，寄汲不若鑿井。'謂賴己也。"

按：自來不朽之業有三，立德、立功、立言是已。然欲立德、立功、立言，必先由自立始。蓋自立者，不朽之基礎也。世事滄桑，古今旦暮，或爲日星，或爲河嶽，或爲草本[17]，或爲蟲沙，其終致霄壤之别者，其始僅毫釐之判，無他，能自立與不能自立耳。人奈何以聖賢豪傑之身，與蜉蝣蟪蛄同其好適哉！

第五節　改過

《易象下傳》曰："風雷，益。君子以有善則遷，有過則改。"

程《傳》曰："風烈則雷迅，雷激則風怒，二物相益者也。君子觀風雷相益之象，而求益於己。爲益之道，無若見善則遷，有過則改也。見善能遷，則可以盡天下之善；有過能改，則無過矣。益於人者，無大於是。"

按：有過貴改，改過貴速，此必然之理。第好譽惡毁，拒諫飾非，雖在英豪，有所不免，是當以子路爲師。

周子曰："仲由喜聞過，令名無窮焉。今人有過不喜人規，如護疾無[18]忌醫，寧滅其身而無悟也。噫！"

按：聞過宜改，固已。然借鑑於人，何如反觀於己。蓋過之顯著於外者，人得而知之，過之隱伏於中者，人不得而知之也。是又當以楊時發爲師。

楊庭顯，字時發，慈溪人，慈湖先生之父也。少時嘗自視無過，視人有過。一日，忽念曰："豈其人則有過，而我獨無過乎？"於是省得一過，旋又得二三，已而紛如蝟之集，乃大恐懼，痛懲力改，刻意爲學，程督之嚴，及於夢寐。

觀以上所言，知人非聖賢，孰能無過，特苦不自知耳。知而不改，决非人情。顧何以人每不以有過爲耻，而以改過爲羞？身墮陷穽，不思振拔，此其所以可異耳。是又當以周王二子爲師。

周處，字子隱，義興陽羨人也。父魴，吴鄱陽太守。處少孤，夫[19]弱冠，膂力絶人，好馳騁田獵，不修細行，縱情肆慾，州曲患之。處自知爲人所惡，乃慨然有改勵之志，謂父老曰：“今時和歲豐，何苦而不樂耶?”父老歎曰：“三害未除，何樂之有!”曰：“何謂也?”答曰：“南山白額獸，長橋下蛟，并子而三矣。”處曰：“若此爲患，吾能除之。”父老曰：“子若除之，則一郡之大慶，非徒去害而已。”處乃入山射殺猛獸，因投水搏蛟，蛟或沉或浮，行數十里，而處與之俱，經三日三夜，人謂死，相慶賀。處果殺蛟而反，聞鄉里相慶，始知人患己之甚，乃入吴尋二陸。

王心齋入京師，言動詭異，都中人大駭。還至會稽，陽明思裁之。及門三日，不與見。一日，陽明送客出門外，心齋長跪階下，曰：“某知過矣。”陽明不顧，心齋隨入至廳事，復厲聲曰：“仲尼不爲已甚。”陽明於是損[20]之起。時同志在側，莫不歎改過之勇。

改過之形似。

如日月之食焉，過也，人皆見之；更也，人皆仰之。

如天氣新晴一般，自家固自灑然，人見之，亦分外可喜。《思辨録》。

改過之究竟。

朱子《答蔡季通書》曰：“所謂一劍兩段者，改過之勇，固當如此。改過貴勇，而防患貴怯，二者相須。然後真可以修慝辨惑，而成徙義之功。”

第六節　仁義禮智信

《白虎通》曰：“五性者何謂? 仁義禮智信也。仁者，不忍也，施生愛人也。義者，宜也，斷決得中也。禮者，履也，履[21]道成文也。智者，知也，獨見前聞，不惑於事，見微知著也。信者，誠也，專一不移也。故人生而八卦之體，得五氣以爲常，仁義禮智信是也。”

朱子曰：“性是實理，仁義禮智皆是”。又曰：“仁義禮智，人性之綱。”

日本伊藤仁齋曰：“仁義禮智四者，皆道德之名，而非性之名。”又曰："自漢唐諸儒至於宋濂溪先生，皆以仁義禮智爲德，而未嘗有異議。至於伊川，始以仁義禮智爲性之名，而以性爲理，自此而學者皆以仁義爲理爲性，而徒理會其義，不復用力於仁義智之德。至於其功夫受用，則别立持敬、主静、致良知等條目，而不復循孔子之法。此予之所以深辨痛論，繁辭累言，聊罄愚衷而不能自已者，實爲此也，非好辯也。"

按：以五常爲五性，已見《白虎通》。仁齋之語，未免失考，但其立言宗旨，在爲窮性理而薄事功者痛下針砭，所見甚卓。今試即五者之作用分列於左：

一、仁

《説文》曰："仁，親也。从人，从二。"

《中庸》曰："仁者，人也。"鄭注曰："人也，讀如相人偶之人。"

戴氏震曰："仁者，生生之德也。民之質矣，日用飲食，無非人道所以生之者。一人遂其生，推之而與天下共遂其生，仁也。"

荀子曰："仁，愛也，故比[22]。"

董子曰："《春秋》以仁安人，故仁之爲言人也。仁之法在愛人，不在愛我。人不被其愛，雖厚自愛，不予爲仁。"

按：人與人相接，而仁始見，故仁從二人。鄭君《中庸注》云："人讀相人偶之人。"又法[23]《周禮·太宰》"以九兩繫邦國之民"云："兩猶偶也，所以協偶萬民。"蓋以仁道施之一人者爲耦，以仁道推之萬民者亦爲偶，但吾儒雖以仁天下爲心，而愛有差等，與佛教、基督教主張平等之愛，《雜實[24]藏經》曰："爾時如來被加陁羅刺刺其足，血出不止，以種種藥塗，不能得差。諸羅漢於層山中取藥塗治，亦復不除。十力迦藥[25]至世尊所，作此言曰：'能佛如來，一切衆生有平等心，於羅睺羅提婆達多等無有異者。'脚血應止，即時血止，瘡亦平復。"《新譯[26]全書》馬太傳曰："昔人有言曰：'以目償目，以齒償齒，此爾曹所夙聞也。爾勿惡敵人扯爾之右頰，則轉左頰而向之。訟爾而褫爾内衣者，爾則脱外服而并與之。人强爾執一里之公役，爾則偕之行十里。求於爾者，予之；貸於爾者，勿却抑。'又有言曰：'爾愛其鄰而憾其敵。此亦爾曹所既聞也。雖然，我欲告爾曹，敵爾曹者爾愛之，詛爾曹者爾祝之，憎爾曹者爾善視之，虐遇爾曹者爾爲之而祈禱。其所以如此者，爾亦天父之子也。天父不問善者惡者，而日月普照；不論義者不義者，而雨露普墜。爾曹愛愛己者，此非有報償之意也，稅吏不其然耶？催僅問兄弟之安否，此非有過人之事也，稅吏不其然耶？是故爾曹之完全，亦應如爾曹天父之完全。'" 實有差别。始而推之一族，如有子以孝弟爲仁之本。《中庸》言"仁以親親爲大"，孟子言"未有仁而遺其親"，是也。繼乃推之一群，如孔子以"欲立立人，欲達達人"爲仁，孟子"親親而仁民"，是也。終乃推之天下，如《易》言"體仁足以長人"，孟子言"以德行仁者王"，是也。相耦相親，四海之内皆兄弟；相猜相忌，一家之中若仇讎。醫書稱半體偏枯者爲麻木不仁。夫麻木不仁，則尸居之餘氣耳。告我同胞：欲謀存立，必先互相親愛始。

程子曰："學者須先識仁。仁者，渾然與物同體。義、禮、智、信，皆仁也。識得此理，以誠敬存之而已，不須防檢，不須窮索。若心懈，則有防。心苟不懈，何防之有！理有未得，故須窮索。存久自明，安待窮索。此道與物無對大不足以明之。天地之用，皆我之用。孟子言'萬物皆備於我'，須'反身而誠'，乃爲大樂。若反身未誠，則猶是二物有對，以己合彼，終未有之，又安得樂！《訂頑》意思，乃備言此體，以此意存之，更有何事。'必有事焉而勿正，心勿忘，勿助長。'未嘗致纖毫之力，此其存之之道。若存得，便合有得。蓋良知良能，元不喪失。以昔日習心未除，却須存習此心，久則可奪舊習。此理至約，惟患不能守。既能體之而樂，此亦不患不能守也。"

羅念菴曰："當極静時，恍然覺吾此心中虚無物，有如長空雲氣流行，無有止極；有如大海魚龍變化，無有間隔。無内外可指，無動静可分，上下四方，往古來今，渾成一片，所謂無在而無不在。吾之一身，乃其發竅，固非形質所能限也。是故縱吾之目，而天地不滿於吾視；傾吾之耳，而天地不出於吾聽；冥吾之心，而天地不逃於吾思。古人往矣，其精神所極，即吾之精神未嘗往也。否則聞其行事，而能憬然憤然矣乎？四海遠矣，其疾痛相關，即吾之疾痛未嘗遠也。否則聞其患難，而能惻然盡然矣乎？是故感於親而爲親焉，吾無分於親也；有分於吾與親，斯不親矣。感於民而爲仁焉，吾無分於民也；有分於吾與民，斯不仁也。感於物而爲愛焉，吾無分於物也；有分於吾與物，斯不愛矣。是乃得之於天者，固然如是，而後可以配天也。故曰‘仁者渾然與物同體’。同體也者，謂在我者亦即在物，合吾與物而同爲一體，則前所謂虚寂而能貫通，渾上下四方、往古來今，動靜而一之者也。”

日本中根東里曰：“聖人之學，爲仁而已。仁者，天地萬物一體之心也，而義禮智信皆在其中矣。蓋天下之物，其差等雖無窮，然莫弗得天地之性以爲其性、得天地之氣以爲其氣，此之謂一體。是故自我父子兄弟，以至於天下後世之人，皆吾骨肉也。日月、雨露、山川、草木、鳥獸、魚鱉，無一物而非我也，則吾不忍之心自不能已矣。是故己欲立而立人，己欲達而達人，己所不欲無施諸人，人之善惡若己有之。先天下之憂而憂，後天下之樂而樂，是之謂仁，是之謂天地萬物一體之心。其自然有厚薄者，義也。譬影之參差，非日月之所私焉。禮其節文也，智其明覺也，信其真實也，是心之德，其盛若此，但爲人欲所蔽，而不知其所謂一體者安在也。營營汲汲，惟一己之名利是圖，甚者視其家，骨肉之親無異於仇讎，况他人乎？鳥獸、草木乎？然而心之本體則自若也，其感於物也，輒戚戚焉如痛孺子之入井，閔觳觫之牛之類是已。况於吾父子兄弟，其能恝然乎？譬如雲霧，雖四塞，然日月之明則無以異，纔有罅隙，輒能照焉。聖人之學豈有他哉？勝夫人欲，以盡是心而已矣。合内外，以平物我而已矣。此之謂爲仁，此之謂好學。於戲，其廣大而簡易若是矣。彼以文辭爲學者，陋矣；求義於外，惑矣。吾懼學之日遠於仁也，於是乎言。”

按：孔門言仁，至精深、至博大，一切學説皆由此一言發展而出。紬繹曾子、子思、孟子、董子之言，其端倪可得而見也。孔子言仁，曾子、子思言仁義，孟子言仁義禮智，董子言仁義禮智信。以上三則，勘發“仁”字淋漓痛快，實能上斷尼山，下承諸子。學者從事其間，必有所得矣。

二、義

《表記》曰：“義者，天下之制也。”

董子曰：“《春秋》之道，以義正我，故義之爲言我也。義之法在正我，不在正人。我不自正，雖能正人，弗予爲義。”

又曰："義者，謂宜在我者。宜在我者，而後可以稱義。故言義者，合我與宜以爲一言。"

按：天下衝突，皆起於不平，惟義則有所裁制，能持人己之平。既不侵犯他人之自由，復能限制一己之自由，行而宜之，自少齟齬。《太平公例》曰："自由者，以他人之自由爲界。"此語初讀之，甚覺持平，細爲推究，實僅語及半面。蓋徒不侵犯他人而不能裁抑自己，是閒居可爲不善矣。孟子曰："義，人之正路也"，又曰："居仁由義"。惟義是由，斯乃自由之極則耳。

三、禮

荀子曰："禮起於何也？曰，人生而有欲，欲而不得，則不能無求；求而無度量分界，則不能不争。争則亂，亂則窮。先王惡其亂也，故制禮以分之，以養人之欲，給人之求。使欲必不窮乎物，物必不屈於欲，兩者相持而長，是禮之所由起也。"

又曰："禮者，治辯之極也，强國之本也，威行之道也，功名之總也。王公由之，所以得天下也；不由，所以隕社稷也。故堅甲利兵不足以爲勝，高城深池不足以爲固，嚴令繁刑不足以爲威。由其道則行，不由其道則廢。"

按：中國舊學言禮至精，泰西新學言法最密。禮法中之自由，乃真自由耳。先王之制禮也，酌乎天理，順乎人情，初無所矯揉造作於其間也。故有子曰："禮之用，和爲貴。先王之道斯爲美，小大由之。"自後世踵事增華，繁文縟節，多予人以難堪，於是隄防愈嚴，而潰决愈甚。延至晋代，竟有謂"禮法非爲我輩而設"者，而自由之禍烈矣。

四、智

董子曰："何謂之智？凡人欲舍行爲，皆以其知先規而後爲之。其規是者，其所爲得其所是，當其行，遂其名，榮其身，故利而無患。其規非者，其所爲不得其所事，不當其行，不遂其名，辱害及其身。故曰，莫急於智。"

戴氏震曰："人之不盡其才，患二：曰私，曰蔽。私者，生於其心爲溺，發於政爲黨，成於行爲慝，見於事爲悖、爲欺，其究爲私己。蔽也者，其生於心爲惑，發於政爲偏，成於行爲謬，見於事爲鑿、爲愚，其究爲蔽己。鑿者，其失爲誣；愚者，其失爲固；誣而罔省，施之事亦爲固。私者之安若固然，爲自暴；蔽者之不求牖於明，爲自棄。自暴自棄，然後難與言善。”

按：《漢書・古今人表》列愚人爲最下等。誠以智者萬善之所從出也，愚者萬惡之所從出也。西國舉行一大政，必先以此政之原理納入於國民之腦中而後任，所推行無不如志。否則識不及遠見，有舉動即互相猜疑，聞有更張，輒妄生詛咒。更求成事，豈可得乎！故欲成真事業者，必自求真知識始。

五、信

《説文》云：“信，誠也。”

挈誠者，即真實無妄之謂。治學力求其實理，固謂之誠。道德必見之實行，亦謂之誠。仁義禮智而繼以信，即謂實有此仁、實有此義、實有此禮、實有此智也。僅於言語求之，則失之淺。若並言語而失其信，其將何以行之哉！

司馬温公曰：“善爲國者，不欺其民；善爲家者，不欺其親。不善者反之：欺其鄰國，欺其百姓，甚者欺其兄弟，欺其父子。上不信下，下不信上，上下離心，以至於敗。所利不能藥其所傷，所獲不能補其所亡，豈不哀哉！”

按：此爲温公論商鞅之言，鞅於孝弟仁義均唾棄之，而猶不廢信。西人有斥其無信者，必持刃相向，以無信則不得爲人也。然則有國有家有身者，可不以信爲自立之基礎哉！

第七節　容貌言語

劉康公曰：“民受天地之中以生，所謂命也。是以有動作禮義威儀之則，以定命也。能者養以之福。俗本作“養之以福”，據《漢書・五行志》改正。

不能者敗以取禍。”

按：禍福爲善惡之結果，似與威儀無涉。不知善惡萬狀，擢髮難以盡數，而其大原則分於心之存不存。成子不敬劉子，知其不反；孫子先登，叔孫知其必亡。《春秋》名賢，以威儀決其人之禍福者，每相應如響。夫貌取色莊，豈不能勉强於須臾。無如誠於中者，必形於外。誕妄念常伏於人所不及見，斯惰敖之容，每露於己所不自覺，忽而端莊，忽而跛倚，如醉如狂，若昏若泣。夫固有掩無可掩，著無可著者，人不能致力於屋漏，旦明而徒致飾於大庭廣衆，烏可得哉！

陸子曰：“有懶病也，是其道有以致之。我治其大而不治其小，一正則百正。恰如坐得不是，我不責他坐得不是，便是心不在道。若心在道時，顛沛必如是，造次必如是，豈解坐得不是，只在勤與隋[27]，爲與不爲之間。”

周伯熊從陸子游。陸子問學何終，曰：“讀《禮記》曾用功於九容《禮·玉藻》：“足容重，手容恭，目容端，口容正，聲容静，頭容直，氣容肅，立容德，色容莊。”乎？”曰：“未也。”曰：“且用功於此。”後往問於晦庵，具述所言。晦庵曰：“公來問某，某亦不過如此説。”

朱子曰：“九容、九思，便是涵養。”

劉念臺先生曰：“九容便有九思。若只言九容，便是僞也。君子者乎？色莊者乎？”

按：孔子告顔淵以四勿，欲有以制於外也；言君子有九思，欲有以養乎中也。外有所制，内有所養，斯動作威儀之間無適非道，亦安往而不獲福哉！

《韓詩外傳》曰：“今夫肢體之序，與禽獸同節；言語之暴，與蠻夷不殊。混然無道，此明王聖主之所罪。”

《春秋繁露》曰：“其言寡而足，約而喻，簡而達，而具，少而可益，多而可損，其動中，其言當務，如是者謂之智。”

王陽明先生曰：“言語無序，亦足以見心之不存。”

按：威儀爲禍福之兆，言語爲榮辱之主，威儀言語實爲立身之要。

君子之威可畏，而儀可象。仁人之言，其利溥，是威儀言語有福於己，即有福於人，否則肢體與禽獸同節，言語與蠻夷無殊，致同韓子所譏，則威儀言語可以禍身，即可以禍世。縱觀地球萬國，其人愈文明者，其容貌言語必愈堪則傚；其人愈野蠻者，其容貌言語必愈多放肆。容貌言語根於一身，實影響於世界，其關係爲至巨也，可不慎歟！

第八節　衛生

《禮記·儒行》曰："愛其死以有待也，養其身以有爲也。"

按；身爲國家之一分子，欲愛國必先自愛其身，欲保國必先自保其身。若戕賊已身，則國家少一盡義務之人。父母如無此子，國家如無此民，其負罪實深，但保身先以治心爲要。試揭如左：

《大學》曰："心廣體胖。"

《韓詩外傳》曰："防邪禁佚，調和心志。"

《尚書大傳》曰："禦思心於有尤。"

鄭氏《毛詩箋》曰："心志定，故可自得也。"

按：治心免病，西人常言其法。以上所列爲治心之要道，亦即免病之要方。蓋疾病鬼神，悉緣心起。程子言"敬勝百邪，所見自卓"，否則杯弓蛇影，疑病以生；豕立人啼，怖心以起。始僅肇端於念慮，終則負疚於神明，所謂"有動乎中，必搖其精"者，其理信不誣矣。但内當有以治其心，外當有以練其體，二者實不可偏廢焉。

陸子曰："精神不運則愚，血脈不運則病。"

按：教育綱領有三，體育居其一。蓋有健全之身體，而後道德智識乃有所附麗。是學校衛生不但保身體之無病，並須養之使壯。舉凡邦國盛衰、社會隆污、身家成敗，莫不由此而判，關係亦至大矣。惟於體育以外，有關於衛生者尚夥。兹略揭其大要於左：

一、飲食。

《論語》曰："不爲酒困"，又曰："食饐而餲，魚餒而肉敗，不食。

色惡不食，臭惡不食，失飪不食，不時不食。”按：“不時”有二解。鄭曰：不時非朝日中時。《周禮·月令》言：四時之中，各有所宜之食。亦可據以釋此。

二、衣服。

董子曰：“過寒則生風疾，過煖則生熱疾。故寒煖勿失適，即能免疾”，又曰：“衣欲常漂。”

三、居處。

董子曰：“春襲葛，夏居密陰，秋避殺風，冬避重漯，就其和也。”

四、空處。

董子曰：“民知愛其衣食，而不愛其天氣。天氣之於人，重於衣食，衣食盡，而猶有間，無氣而立終。”

按：死生有命之説，子夏不過故爲慰藉，以解司馬氏之憂。後儒不達此義，遂以生老病死諉之於天，不知治身如治國，弱可轉强，危可轉安，彼不能盡其天年者，固莫非由自取也。昔曹立之因用心讀書成疾，象山先生與之滌蕩其胸襟，病亦隨減。迨後反其所言，遂至於死。黄東發曰：“曹立之若終聽象山之説，命尚可活也。”象山先生自言少時氣質素弱，年十四五，手足未嘗温暖，後以稍知所尚，體力亦隨壯。即泰西大哲學家若汗德，若斯賓塞，皆以身體脆弱善自珍衛，卒登大耋。然則天下萬事，何非操之自我？古今惟有學問者能忘生死，亦惟有學問者不輕生死。善夫！曾文正有言曰：“大丈夫當死中求生，禍中求福。此身不没，則天下無不可窮之理，宇内無不圖之事。人奈何以至貴至重之身，而不自貴自重哉！”

第九節　治生

賈氏思勰曰：“自天子以下，至於庶人，四肢不勤，思慮不用，而事治求贍者，未之聞也。”

邱氏濬曰：“民生天地間，既有此生，則必有所職之事，然後可以具衣食之資，而相生相養。其爲人也，一人有一人之職，一人失其職，則一事缺其用。非特其人無以爲生，而他人亦無以相資以爲生。”

顧亭林先生曰：“士農工商，謂之四民。其説始於《管子》。三代之時，民之秀者，乃收之鄉序，升之司徒，而謂之士，固千百之中不得一焉。太宰以九職任萬民，五曰百工，飭庀[28]八材，計亦無多人爾。武王作《酒誥》之書曰：‘妹土，嗣爾股肱，純其藝黍稷，奔走事厥考厥長’，此謂農也；‘肇牽車牛，遠服賈用，孝養厥父母’，此謂商也。”又曰：“‘庶士有正越庶伯君子，其爾典聽朕教’，則謂之士者，大抵皆有職業之人矣。烏有所謂‘群萃而州處，四民各自爲鄉之法’哉！春秋以後，游士日多。《齊語》言桓公爲游士八十人，奉以車馬衣裘，多其資幣，使周游四方，以號召天下賢士。而戰國之君遂以士爲輕重，文者爲儒，武者爲俠。嗚呼！游士興而先王之法壞矣。彭更之言，王子墊之問，其猶近古之意歟?”

日本尾崎行雄曰：“生産之人民之員數及其能力勝於消費之人民，則國富；消費之人民之員數及其能力勝於生産之人民，則國貧。國家貧富之別，亦在生産者、消費者之權衡何如耳。故任國家之教育者，非務加生産之人民，減少消費之人則不可。”

衣食住三端，西人極視爲重要，所謂生活程度也。生活程度必日求其高，程度高則爲享幸福，程度低則爲處不幸地位。而求幸福者必愛惜其名譽，勉勵其學問，精習其技藝，以期人人可伸其材能，可充其欲望。一藝術之長，可以逐年而進，即利用厚生之道，可以累代而增，故或發明一新理，或製造一新器，或探求一新地，國家無不優奬之。無他，爲求生活程度之高而已。非求一二人生活程度之高，欲求舉國生活程度之高也。中國人以保守爲習慣，不求進步，衣食住三者極形願小易足。甚或一人營生，一家坐食，或一人而養數口，以致數十百口。其游手無業者，不農不工不商，其始或希冀爲士，及老大無成，直無所得食，無所得衣者，既比比皆是。其不肖者，則爲丐、爲竊、爲鹽梟、爲會匪、爲海盜、爲馬賊、爲鬍匪。其對於外人也，黠者爲漢奸，愚者爲猪罠。其流竄於南洋群島及爪哇或美洲者，外人不以優種相待，鞭笞之、驅逐之、水火之，其傷慘更不堪言狀。無他，治生之道拙也。然則欲救中國人之流亡，治生固爲要着，欲救中國人之廉恥，治生猶其要方。人人能治生，斯人人能自立，影響於國家社會也甚大。否則，不能自立，待人而食，待人而衣，其亦國家社會之蠹耳。安得謂爲無罪哉？

第十節　知行

《易》曰："知至至之，可與幾也；知終終之，可與存義也。"

程子曰："須是識在行之先，譬如行路須得光照。"

又曰："人之性，本無不善，循理而行，宜無難者。惟其知之不至，而但欲以力爲之，是以苦其難而不知其樂耳。知之而至，則循理爲樂，不循理爲不樂，何苦而不循理以害吾樂耶？昔嘗見有談虎傷人者，衆莫不聞，而其間一人神色獨變，問其所以，乃嘗傷於虎者也。夫虎能傷人，人孰不知？然聞之有懼、有不懼者，知之有真、有不真也。學者之知道必如此人之知虎，然後爲至耳。若曰知不善之不可爲，而猶或爲之，則亦未嘗真知而已矣。"

又曰："人若知識明，則力量自進。"

謝氏良佐曰："聞見之知，非真知也。知水火自然不蹈，真知故也。填[29]知，自然行之不難。不真知而行，未免有意，意有盡時。"

以上見知之急於行。

《書》曰："非知之艱，行之爲艱。"《説命》本僞書，以理有可據，故徵之。

朱子曰："學之之博，未若知之之要；知之之要，未若行之之實。"

以上見行之重於知。

朱子曰："知行常相須，如目無足不行，足無目不見。論先後，知爲先；論輕重，行爲重。"

以上見行知之不可偏廢。

陽明王子曰："知者，行之始；行者，知之成。聖學只是一個功夫，知行不可作兩事。"

又曰："知之真切篤實處，即是行；行之明覺精察處，即是知。"

以上見知行之當合一。按知行合一之説，倡自陽明，於古訓無徵。毛西河於陽明事功推崇盡致，而亦致疑於此。不知知行各有定義，乳嗅童子尚能辨之，陽明大賢，豈反不得其解？不明其救世苦心、立言宗旨，輕信與輕疑，兩無當也。今試揭其宗旨如左：

問"知行合一"，曰："此須識我立言宗旨。今人學問只因知行分作兩件，故有一念發動，雖是不善，然却未曾行，便不去禁止。我今説個知行合一，正要人曉得一念發動處，便即是行了。發動去有不善，就將這不善的念克倒了。須要徹根徹底，不使那一念不善潛伏在胸中。此是我立言宗旨。"

黄梨洲先生曰："如此説'知行合一'，真是絲絲見血。先生之学真切乃爾，後人如何會得？"按此段所言，乃遏人欲於將萌，故謂一念發動便是屬行。乃先生他日又言："凡知君之當仁者，皆可謂能致其仁之知，知臣之當忠者，皆可謂能致其忠之知，則天下孰非致知者耶？"是甫發諸念慮，不得謂其即屬行爲，與前言似相矛盾，不知立言宗旨正可於此推勘。蓋由前之説，謂惡之當去也；由後之説，謂善之當爲也。知善當爲而不爲，即同未知，知惡當去而不去，即是已行。其發人猛省，最爲深切。特學者狃有當解，不能鞭辟入裏，故覺索解無從耳。此説在當時門人即多不能了解，兹試揭其疑問及辨解之辭如左：

一、門人問曰：如今人儘有知得父當孝、兄當弟者，却不能孝、不能弟。便是知與行出[30]明是兩件。

先生曰：此已被私欲隔斷，不是行的本體了。未有知而不行者。知而不行，只是未知。聖賢教人知行，正是要復邪[31]本體，不是着你只恁的便罷，故《大學》指個真知行與人看，説"如好好色"，"如惡惡臭"。見好色屬知，好好色屬行。只見那好色時，已自好了，不是見了後，別立個心去好。聞[32]惡惡臭屬知，惡惡臭屬行。只聞那惡臭時，已自惡了，不是聞了後，別立個心去惡。如鼻塞人，雖見惡臭在前，鼻中不曾聞得，便亦不甚惡，亦只是不曾知臭。就如稱某人知孝，某人知弟，必是其人已曾行孝弟，方可稱他知孝弟。又如，痛必已自痛，方知痛；知寒，必已自寒了；知饑，必已自饑了。知行如何分得開？此便是知行本體，不曾有私意隔斷的。聖人教人，必要是如此，方可謂之知。不然，只是不曾知。此却是何等緊切着實的工夫。

二、門人問曰：古人説知行做兩個，亦是要人見個分曉。一方做知的工夫，一方做行的工夫，即工夫始有下落。

先生曰：此却失了古人宗旨。某嘗説知是行的主意，行是知的工夫，知是行之始，行是知之成。若會得時，只説一個知，已自有行在，只説一個行，已自有知在。古人所以既説一個知，又説一個行者，只爲世間有一種人，懵懵懂懂的任意去做，全不解思維省察也，只是個冥行妄作，所以必説個知，方纔行得是。又有一種人，茫茫蕩蕩，懸空去思索，全不肯著實躬行也，只是個揣摸影響，所以必説一個行，方纔知得。此真是古人不得已，補偏救敝的説話。若見得這個意時，即一言而足。今人却就將知行分作兩件去做，以爲必先知了，然後能行。我如今且去講習討論做知的工夫，待知得真了，方去做行的工夫。故遂終身不行，亦遂終身不知。此不是小病痛。

三、門人問曰：工夫次第不能無先後之差，如知食乃食，知湯乃飲，知衣乃服，知路乃行。未有不見是物，先有是事。

先生曰：夫人必有欲食之心，然後知食。欲食之心即是意，即是行之始矣。食味之美惡，必待入口而後知，豈有不待入口而已先知食味之美惡者耶？必有欲行之心，然後行路。欲行之心，即是意，即是行之始矣。路歧之險夷，必待身親履歷而後知，豈有不待身親履歷而已先知路歧之險夷者耶？知湯乃飲，知衣乃服，以此例之，皆無可疑。

參觀以上各説，見先生大聲疾呼，無非因末流陷溺，欲人人俱求真知、俱尚實行起見，初非好爲新奇可喜之論也。自世儒但求知於聞見，所言則是，所行則非，人譏其未能實行也，而不知其未能真知。劉念臺先生曰："學有真知，有嘗知。"世有讀書萬卷而實未能識一字者，如劉歆才通《七略》，而背父行爲，是謂不知"孝"字；揚雄文擬六經，而頌莽功德，是謂不知“忠”字。若此類者，皆劉子之所謂“嘗知”耳。不然，當八股取士之日，言學者孰不尊孔孟而詆老莊，言治者孰不慕伊周而羞管樂。是三年之中，應得數千孔孟、數千伊周也，而何以民德日薄、世運日衰有如是哉？今之醉心歐化者，不察其病根所在，而矯枉過直，幾欲以《論語》當薪、六經覆醤[33]。謂中國之弱，弱於讀經也。不知彼於六經中所知者何條、所行者何事，即朝夕吚唔者，又不知於六經中所知者何條、所行者何事。蓋六經注脚全在躬行，墨守訓詁者不得爲知，穴[34]談義理者亦不得爲知。陽明先生以“知行合一”四字唤醒後儒，是真能發聾聵[35]而起膏肓，不獨救弊一時，實且立功萬世。論者乃以背古訓而少之，不知法聖人者，法其意而已。程朱雖未言“知行合一”，然程子有曰：“知不善之不可爲而猶或爲之，不得爲真知。”朱子曰：“知愈力，行愈篤，則知愈至。”是措辭雖殊而用意實合。試縱觀東西，若梭格拉底西人之所稱爲聖人者也，若中江藤樹東人之所稱爲聖人者也，皆以“知行合一”之訓啓發人心，與陽明桴鼓相應。即近日鞭撻西人而使西人不敢薄視東人者，如日本東鄉大將，其生平得力即在“知行合一”四字。觀其鐫章有云“一生低首拜陽明”，可以知其嚮往矣。嗚呼！滔滔天下，孰抱真知？聚訟盈庭，其何日已？“舍却自家無盡藏，沿門擊鉢效貧兒”，讀陽明之言，能勿痛乎！

陽明先生曰：“良知之在人心，無間聖愚，天下古今之所同也。”

又曰：“夫良知者，即所謂是非之心人皆有之，不待學而有，不待慮而得者也。人孰無是良知乎？獨有不能致之耳。自聖人以至於下愚，自一人之心以達於四海之遠，自千古以前以至於萬代之後，無有不同。良知即所謂天下之大本也。致此良知而行，即所謂天下之達道也。天地以位，萬物以育，將富貴、貧賤、患難、夷狄，無所入而弗自得矣。”

按：陽明“知行合一”之説得於龍場之一悟，時年三十有八。發明“致良知”宗旨，則在五十歲。其間經歷十餘年而約以三字，大有以“知行合一”發端，以“致良知”結尾之勢。但西人言“知”，以爲出於經驗，陽明言“知”，以爲出於直覺，其説似兩相柄[36]鑿，不知陽明“良知”之説，本於孟子。佛教言一切衆生悉有佛性，説亦相同。徵之東西教義，屬於直覺者，正復不少。直覺論者之説，非必無真理碻證；而經驗論者之説，未必悉可依據也。且人類不能離社會而獨立，經數千寒暑，漸次發達，爲人人所認之公理，亦即爲“良知”。蓋個人之良知即社會之良知，普遍萬古社會無論何人，不能須臾而違此理。雖道德標準亦隨時爲變遷，然徵之古今論理書，亦自有一定不變之大道義存焉。日落百川，處處皆圓。陽明謂良知之在人心，萬古於一日者，此也。今如以陽明之説爲非，請以與人類最近之猿證之。猿本無某根性，故雖如何教育，如何指導，終不能生良心。又就一身而觀，“資於飲食，能爲身之營衛血氣者，所資以養之氣，與其身本受之氣，原於天地非二也。故所資雖在外，能化爲血氣以益其内。未有内無本受之氣，與外相得而徒資焉者也。”戴東原語。由是觀之，人若無某根性，雖在經驗界，决不能生良心，昭昭明矣。但一持先天而概屏乎聞見，致等於墮聰黜明之寂静，則又非陽明立言宗旨矣。今試舉其説如左：

“良知不由見聞而有，而見聞莫非良知之用。故良知不滯於見聞，而亦不離乎見聞。”

按：陽明“良知”説，雖由於體認，實亦未嘗費經驗。今更揭其區分聖愚之言如左：

“良知良能，愚夫愚婦與聖人同，惟聖人能致其良知，而愚夫愚婦不能致。此聖愚之所由分也。”

門人問：“聖人生知安行，是自然的還有甚工夫?”先生曰：“‘知行’二字，即是工夫，但有深淺難易之殊耳。良知原是精精明明的，如欲孝親，生知安行的，只是依此良心，實落盡孝而已。至於困知勉行者，蔽錮已深，雖要依此去孝，又爲私欲所阻，是以不能，必須加人一己百、人十己千之工，方能依此良知以盡其孝。聖人雖是生知安行，然其心不敢自是，肯做困行勉行[37]的工夫。困知勉行的，却要思量做生知安行的事，怎生成得?”

按：陽明“良知”之説，内則袪夫蔽錮，外不離乎見聞。人一己百、人十己千，證諸程朱之學，備[38]序漸進者，既無相牴牾，即證之泰西經驗派即物窮理者，亦不相剌謬，而陽明必獨立宗旨，破除陳説者，其意安在？則一以可激發凡民之志氣也。中國人民每以聖爲天授，不可躋攀，自“良知”之説一倡，遂人人知堯舜可爲，禹皋可及。始而浙中，繼而江右，繼而南中、楚中，繼而閩粤，一時聞風興起者幾遍天下。若王心齋則鹽販也，朱光信則樵夫也，韓貞則陶工也，甚至聾啞之輩，如楊茂者，亦造席而前。苟非自暴自棄自别於人類者，孰不發揚蹈厲而思有以自見。觀日本精神教育，力闡王學而民氣勃發，如此其收效有由來也，一以可鼓吹學術之進化也。夫子既焉不學，濂溪無待而興，象山不聞所受。古昔聖賢未有不激厲奮興，而求所以自立者。無如中國士氣率多因循，遇有矯世厲俗，獨創異論者，輒受攻擊。自“良知”之説一倡，士人乃知學貴心得，不爲章句所拘，不爲聞見所限，所謂能空倚賴之性者此也，一以可振作士民之氣節也。古人謂氣節之盛爲道德之衰，然並氣節而無之，則世局何堪設想？自“良知”之説一倡，當時親受其感化者，類能忘禍福、出生死，若冀闇齋先生赴湯蹈火，舍命不渝，可見一班矣。迄至明季，乘此脈而起者，尤指不勝僂。朱舜水播其説於東瀛。維新之初，所謂慷慨志士東奔西走，身觸刑戮、前仆後起。若林子平、佐久間象山、横井小楠、西鄉隆盛、鍋島間[39]叟、梁川星巖、山田芳谷等，孰非爲此風所鼓盪乎？此尤可以針起痿痺者也。以上三説，時賢多能言之，而吾述修己之要，終之以此者，用意尤别有在。

《大學》言誠身之學必先於慎獨。陰[40]明曰：慎獨即是致良知。蓋所謂真知者，必己所獨知，而人所不知之地也。今之言“自治”，言“合群愛國”者，所在皆是。試反諸幽獨，真乎？僞乎？其良知必有不可欺者。又世變日亟、事變愈繁，而吾以一身應萬變，要不外乎知行。試問：所知果真切篤實否？所行果明覺精察否？返諸幽獨，亦必有不能自欺者。從此推究本原，則所知所行自不至失於浮泛，墮於昏迷。否則逐一講求，無論窮年兀兀，所得有限，即以奈端之博識，當其易簀時，自言生平所知不過如海漠之一砂粒，又何足多哉！

【校記】

〔1〕“驀”，當作“騫”。

〔2〕“黄”，當作“莫”。

〔3〕“心”，當作“學”。

〔4〕“赦”，疑作“赧”。

〔5〕“舞”，當作“舜”。

〔6〕“臣”，當作“成”。

〔7〕“體”，當作“禮”。

〔8〕“本”，疑作“木”。

〔9〕“渡”，疑爲“沉”。

〔10〕“析”，當作“林”。

〔11〕“彊土曰蹙”，當作“疆土日蹙”。

〔12〕“不”，當作“子”。

〔13〕“室爾”，當作“爾室”。

〔14〕“加”，當作“如”。

〔15〕“振”，當作“振”。

〔16〕“未”，當作“本”。

〔17〕“本”，疑作“木”。

〔18〕“無”，疑作“而”。

〔19〕“夫”，疑作“未”。

〔20〕“損”，疑作“揖”。

〔21〕“復”，疑作“履”。

〔22〕“比”，當作“親”。

〔23〕“法”，疑作“注”。

〔24〕“實”，當作“寶”。

〔25〕“藥”，當作“葉”。

〔26〕“譯”，疑作“約”。

〔27〕“隋”，當作“惰”。

〔28〕“庀”，當作“化”。

〔29〕“填”，當作“真”。

〔30〕“出”，疑作“分”。

〔31〕“邪”，疑作“那”。

〔32〕“聞”後，疑衍一“惡”字。

〔33〕“醫”，當作“瓿”。

〔34〕“穴”，疑作“空”。

〔35〕“瞶”前，疑脱“振”。

〔36〕“柄”，當作“枘”。

〔37〕“行”，當作“知”。

〔38〕“備”，當作“循”。

〔39〕“間”，疑作“閒”。

〔40〕“陰”，當作“陽”。

東游紀略

目　録

民國八年四月奉省長令，派往日本考察教育。同行者十人，五月七日抵東京，二十五日由神户乘輪返國。同人分别擔任報告，草率書此以塞責，非敢謂有心得也。

編者自識

日本東京府青山師範學校

日本全國男女師範學校共九十二所。青山師範創辦於明治六年四月，初爲小學校教員養成所，厥后名稱時有更易，至三十一年四月始改今名。校地一萬四千餘坪，建築費二十八萬六千百八十圓。較豐島師範規模稍遜，而開辦特早。豐島設農科，此校則設商科。豐島農業試驗場辦理甚屬周備，此校商業除教室授課外，全無設施。其編制如左。

豫備科　修業年限一年　二學級

本科
- 第一部　修業四年　九學級
- 第二部　修業一年　一學級

豫備科及本科第一部課表										
學年 學科目	每周教授時間	豫備科	每周教授時間	本科第一學年	每周教授時間	本科第二學年	每周教授時間	本科第三學年	每周教授時間	本科第四學年
修身	二	關於教育之勅語 生徒心得 體德之要領作法	二	同上	一	關於教育之勅語 戊申詔書 道德之要領	一	關於教育之勅語 倫理學之一班 教授心得 教授法	一	我國民道德之特質

續表

豫備科及本科第一部課表										
學年 學科目	每周教授時間	豫備科	每周教授時間	本科第一學年	每周教授時間	本科第二學年	每周教授時間	本科第三學年	每周教授時間	本科第四學年
教育					二	心理學	四	論理 教育理論 教授法及保育法 減文法	九三	近世教育史 教育制度 學校管理法 教育實習
國語及漢文	一	國文講讀 作文文法 漢文講讀	六	國文講讀 作文文法 漢文講讀	四	同上	三	同上教授法	二	國文講讀 作文 漢文講讀
英語			三	發音 綴字 讀方話方及綴方書方	三	讀方話方及綴方書方	三	讀方話方及綴方書方 文法 教授法	二	讀方話方及綴方書方
歷史			二	日本歷史	二	日本歷史 外國歷史	二	外國歷史 日本歷史 教授法		

續表

豫備科及本科第一部課表										
學年 學科目	每周教授時間	豫備科	每周教授時間	本科第一學年	每周教授時間	本科第二學年	每周教授時間	本科第三學年	每周教授時間	本科第四學年
地理			二	日本地理 滿洲地理	二	外國地理 自然地理概説	一	自然地理概説 人文地理概説 教授法		
數學	六	算術	四	算術 代數 幾何	三	同上	三	算術 代數 幾何 簿記 教授法	二	幾何 算術
博物			三	植物 動物	二	動物 生物 生理 礦物通論	一	礦物 教授法		
物理及化學					二	化學	三	化學 物理學 教授法	四	化學 物理
法制及經濟									二	法制大要 經濟大要
習字	三	楷書	二	楷書 行書	一	行書 平假名 黑板上之練習	一	草書 平假名 黑板上之練習 教授法		

續表

豫備科及本科第一部課表											
學年／學科目	每周教授時間	豫備科	每周教授時間	本科第一學年	每周教授時間	本科第二學年	每周教授時間	本科第三學年	每周教授時間	本科第四學年
圖畫	二	寫生畫 臨畫 考案畫	二	寫生畫 臨畫 考案畫 幾何畫 黑板上之練習	一	寫生畫 臨畫 考案畫 幾何畫 黑板上之練習	二	寫生畫 考案畫 幾何畫 黑板上之練習 教授法	一	寫生畫 考案畫 黑板上之練習
手工			一	竹細工 木工	二	粘土 石膏 細工 木工	一	關於小學校各種細工 教授法	二	木工 金工
音樂	二	基本練習 歌曲	二	樂典 基本練習 歌曲	二	樂典 基本練習 歌曲 樂器	二	樂典 基本練習 歌曲 樂器 教授法	一	樂典 歌曲 樂器
體操	六	普通體操 游戲 兵式體操	五	同上	五	同上	五	同上加教授法	三	普通體操 游戲 兵式體操
商業					二	商業要項 商業算術	二	商業要項 商業算術 商業簿記 教授法	二	商業簿記 商業地理 商品
計	三一		三四		三四		三四		三四	

按第一部課表所列科目，與吾國定章幾無以異。其大異者，則在修身、歷史二科。蓋彼國以修身、歷史爲陶鑄國民性之要素，於本國精神特別注重。吾國課修身、歷史，則注意此點者甚少也。又數學門五年均有算術，以期適用。於小學有幾何無三角，不虚耗學生腦力。理科則先授化學，後加授物理，期與數學聯絡。其間俱有斟酌，非隨意鈔襲者所能窺其奥窔也。

茲述該校辦理大概於左。

一、設備之完全

各科教室不相通用，以各科均有特别設備，設備室即與教室聯絡，一間兩間不等。教員準備功課，學生實習多在設備室。例如史地設備室，則陳設史地圖書及模型，凡各國物産及本國前代武器、歷代風俗事實，均燦然陳列，觀其物品即可知其教授用意所在。他如博物、理化等科陳列，尤極周備。每室有室監監理其事，以教員兼充。學生亦知保護公物之必要，毫無損失淩亂之弊。操場約三千餘坪，體操、柔術、擊劍諸器械，排列極有秩序。我國創設學校，於設備室、體操場漫不經意，故於管教上窒礙極多。始謀不臧，補救已無及矣。

二、教授之活潑

參觀圖畫、音樂、博物、幾何、商業各教室，除商業仍用注入式外，他科教授均極活潑。音樂則學生演習，教習在旁指導。圖畫陳列物品於桌上，學生臨摹，教習梭巡視察。博物、幾何均學生輪流上臺口講手畫，教習從旁輔導。蓋各門功課均令學生自習，與《學記》導而弗牽之旨極相脗合。觀此乃愈見經義之不可廢也。

三、物質學之精進

彼國人士以歐洲文明發展由於物質學之發達，故急起猛追，不遺餘力。如博物標本由教習製造者半，由學生采集者亦半。理化不獨不專恃講解，且不專恃試驗。即試驗器亦多出於教習自造，學生多能仿製。不獨不專恃舶來品，亦不專恃本國販賣品。教師即屬技師，學徒即屬藝徒。故近來理科一門，幾有一日千里之勢。吾國學子倘不從事根本計畫，僅空言抵制，恐終無補實際也。

四、尚武之精神

校友會名尚武會，即此可見該校精神。參觀時正值全班體操，時天氣尚涼，猶可着棉，諸生僅着單衣上操。操練片時，并單衣而亦卸却之。問諸嚮導人，則云雖至隆冬沍寒均屬如此。此爲該校特色，操法全屬兵式，間施行深呼吸及騰躍，發揚蹈厲之氣，令人一望心悸。柔術、擊劍則爲全國學校所同，此校尤視爲身心性命之事。舊例，畢業生入營見習六星期，今後所招學生則展爲一年，已奉文部省規定於大正十二年實行。由是而觀，則全國人人皆兵，全國教習人人皆軍官，兵不待練而自集，官不待教而自成，現可出兵四百萬。再過數年，即徵至千萬無難。我國舊習，不求增加實力，專逞虚憍空談。一旦變生倉卒，則驅市人與戰，始欲殺人終乃自殺。覆轍相尋，數十年如一日，大夢不知何日醒也。

五、實地之考查

學問不僅得諸講授，尤不僅得諸學校。孔門從游，隨在獲益。陽明講學，亦多於游山玩水露其端倪，則遠足會修學旅行尚焉。吾國學校亦提倡旅行，但多無目的。該校遠足會，全體學生每年舉行一次，修學旅行則分别辦理。本科一年級生旅行三日，二年級一星期，三年級十日，四年變旅行爲參觀。凡旅行必酌量地之遠近，所經過地點歷史、地理均預爲説明，俾學生考求有所依據。他如拜古墓、過荒祠、經古人争戰地，皆足發思古之幽情，激烈士之壯志。至採集標本、考察風俗，則尤有裨實用。而習勤苦、尚協同、珍惜物品、養成檢束事物之習慣，亦多於旅行得之。凡此皆可仿傚也。

六、整理之清潔及秩序

學校掃除每晨一次，每土曜日午後大掃除，均學生任之。浴室大万間甚整潔，先四年生，次三年生，秩序絶不紊亂。舍分五部，每部五室或七室，全部三十室。何人入何室，由舍監支配，自入學以至卒畢不得遷移。室置室長二，皆以四年生爲之。部置部長，早操口令會集時傳達命令等事。每三周更番。此外設炊事部、購賣組合部，會計系、衛生系、圖書系、裝飾系，各置委長，以四年生任之。十六人共一自修室，十人共一卧室。卧具由學生自備，席地設置，晨起高疊兩行，有定式，甚整齊。

七、畢業後之待遇及狀況

畢業後服務七年，前三年應聽府視學官支配於本府地方，後四年可任意爲各地教員。在服務期間有不稱職或曠職情事，不惟免職，且受懲戒，因其爲官費故也。二年以後，如聲明改悔，經府知事調查屬實，仍恢復其身分，畢業後無須母校介紹，均得任用。不足則以講習科補充之。入講習科者，須由中學畢業，或程度相當生。都會教員月薪平均數約三十三元，鄉村約二十五元，均以一人擔任一級。

教育貴有宗旨。學校苟無宗旨，縱辦理如何完美？正如黄梨洲所言："講學無宗旨，如張騫使大夏不得其要領而還。"吾參觀該校至修身教室，則中懸教育勅語；至教育教室，則中懸孔子像。竊嘆其教育之有宗旨，布置之有秩序，與冥行盲動者有别。吾國禮堂有僅懸外人像者矣，校舍有懸掛中外賢哲像，任意糅雜茫無秩序者矣。觀此二教室，乃知教育貴有真詮，非可襲取。或以美國教育無修身學，修身應否列入教科是一問題，且日本萬世一系，推尊天皇，二十世紀君主名稱將不能存於世界，何足稱述。不知修身者德育科也，美國各科教育無一不注重道德，故此科可減。例如歐洲以《聖經》代修身，故亦無修身科，然倫理學則培養道德者也。法國學校不讀《聖經》而易以公民科，則仍修身學也。我國若不廢講經，則修身科亦可不設。至日本崇拜天皇，乃審度國勢而然，以後有無變更乃另一問題。此次與井上博士接談，渠以修身一科最關重要，欲與我國有志教育者連合討論。此蓋具有深意。總之，教育不能無宗旨則可斷言也。或又疑孔子學説主尊君，日本一系萬葉，故思利用之。今吾國體既改，未可與日本并論。曰：是不然。孔子志在大同，大同乃共和之極則。孔子道本忠恕，忠恕乃共和之真髓。欲享真正共和幸福，斷自尊孔始。今世去大同尚遠，不必論矣，若口稱共和而不心存忠恕，則名爲共和實爲共亂，譬彼舟流將莫知所屆。今人多疑尊孔有礙進化者，吾内觀南通，南通另有報告。外察日本，均崇拜孔子，而無害自治，無損自强，故特爲揭出。知我罪我，一以聽之。

此次參觀，任繙譯者黄君文衡，任嚮導者該校教諭鈴木鶴吉。鈴木君招待勤懇，自上午九時起至下午二時，皆手執《康熙字典》一册，初不解其用意所在。後至操場，乃舉卯集手部揖字注，推手曰揖、引手曰厭，請爲區别。余手示形狀，并舉《周禮》九拜次序以告，謂肅拜即今之揖，乃欣然而去。蓋彼蓄疑已久，見余等至，即欲舉以相詢，至觀操始得乘隙，亦可見彼都人士之實事求是也。

京都府師範學校

明治九年五月開辦，十九年四月加設女子師範，四十一年女子部獨立。該校建築費額，總計十三萬五千元。學生九班一部級生、八班二部生、一班二部生，由中學畢業願充小學教員者受驗，一部每年招生八十名。受試驗者不過百數十名，畢業後不足供給社會需要，隨時開講習會，招中學生畢業生講習二月，即以彌縫其缺。此次參觀，任翻譯者李君博仁。校長帶領學生出迎皇儲，由教諭高橋覺君出任招待。兹將該校辦理大概具述於左。

一、旅行

該校以修學旅行事事得諸親歷，在教育上最關重要，視學生年級之淺深，支配旅行之遠近，略分七類如下：（一）伊勢神宫參拜。全校生徒四年中必出參拜一次。（二）皇陵參拜及伏見桃山御陵參拜。生徒在校中凡京都附近皇陵，悉往巡拜。又每年十一月三日，全校職員領帶生徒至伏見桃山御陵參拜。（三）東京旅行及奈良旅行。每年四月下旬，三學年學生旅行東京地方約一星期，途次經名古屋、鐮倉、横濱等處，又同時二學年生旅行奈良地方，往返三日。（四）參觀旅行。四年級及二部生教育實習期間，由本校教諭訓導帶領至管内小學校實地見學，指導一切。（五）見學旅行。關於鄉土歷史地理及其他社會文明，教員帶領學生實地考察，隨時記録以資研究。（六）神社參拜。敬神必致虔恪，爲道德之根源，本校提倡甚力。凡京都及市附近神社，在學生徒必全體參拜一次。（七）學年旅行及世話係旅行。學年旅行每年一次，世話係旅行舉行無定期。

二、體育之獎勵

（一）劍道及柔術。每星期練習二時，全校學生約四百人，習劍道者三分之二，柔道者三分之一。（二）庭球、野球、蹴球、徒步。柔道、劍道外，若庭球、野球、蹴球、徒步，任學生或選擇其一二以資磨練。（三）强行遠足。以鍛煉心身，忍耐堅辛爲目的，每年四月舉行一次，往返十五里，日里。約四十分鐘。（四）徒步練習。每日放課後練習一次，春秋特別競走各一次。（五）軍隊之連絡。第一學期，聯隊長及將校來校教練，實地指導。第二學期，大隊長及下士七名來校指導如前，翌日全校生徒至伏見兵場附近發火演習，大隊長及尉官一名、士官二名終日指導演習後，大隊長、聯隊長及師團長分別評判之。

三、學科之實驗演習

（一）博物、理化學之實驗及簡易器械之製作。博物及理化，每時各教材生徒必實驗觀察解剖，務得真確之智識。小學校物理、化學教授上所必需之品，必使生徒能親自製造博物標本，隨時採集。（二）手工理科之共同作業。第四年學生關於小學校理科教材，實驗簡易器械，必須能自造作；同時尤須與手工教員共同計劃，製作器械須與理科連絡，俾畢業後確能實施。（三）地理歷史科之演習。地理、歷史科設備完全，最足增長趣味。從前小學教員對此遺憾不少，近則兩科教員導引生徒至設備室，於圖表模型之製造、排列之次序，均切實指示，俾異日從事教育有所依據。（四）鄉土之研究。關於鄉土之研究，以地理、歷史、博物爲最要，博物科如植物類，宜就京都府附近先行採集，每年夏季實行，岩石類於舉行遠足時採集，以爲研究地質學資料。（五）臨海示教。每年一二學年生施行，海岸實行游泳、海産動植物及地理事項，均切實指導，使領略其興趣。（六）習字、圖畫、手工展覽會。習字、圖畫、手工關於技能之學科，近益進步向上，春秋各開展覽會一次，前僅習字、圖畫二科，大正四年度起始加手工，又生徒所製博物標本併陳列展覽。（七）夏季休暇課題成績展覽會。夏季休暇四旬餘，關於學生身心之修養，學校應特別注意。教員提出各題，令學生在家自修，以爲九月後入學展覽，成績如修身、教育、國語、理科、圖書、手工、習字等，任學生選擇一二各抒心得。（八）音樂會。每年春秋各舉行一次學級全體演奏，來賓及知名音樂家亦演奏以博興趣，附屬小學兒童亦有一部參加。（九）教務實習。學校事務如製作圖表及教授使用器具，并修理整頓，第三學年生二部生應更番練習，教員從旁指導，以爲畢業辦事依據。（十）課外研究。生徒中或對於一學科有特別趣味而欲深加鑽研者，可任分科研究教員從旁指導之。（十一）樂器及使用法實習。樂器使用法實習，每日課外聽各生交換自習，教員從旁指導之。

四、各種會合

（一）校友會。校友會以練磨身體、修養精神、互相切磋、協力發揚高潔善美之校風爲目的，内分三部，一講話二圖畫三運動。（二）義士會。追懷義士遺範，四十七士墓遺髮塔、瑞光院均往參拜。二月四日，爲義士切腹紀念日，開大講演會以誌追悼。（三）圖畫展覽會。生徒對於圖畫有特別趣味者，每學期開展覽會一次。（四）臨池會。生徒中對於書法有特別趣味者，每學期開臨池會一次。（五）學年會。學年主任圖學生全體之親睦，以爲修養智德之資，每學期開會一次。（六）郡會。一名世話系各郡教員與各郡學生父兄義切桑梓，共圖親睦，每學期舉行此會一次。

五、寄宿舍制度

（一）役員制度。寄宿舍各般事務，由生徒中互選役員，承校長之之任命、舍監之指導。關於改良舍風處理庶務，其事務分掌如左：（一）週番室長及副週番室長維持舍内全般之風化，關於衛生、給與及警備諸事務，副週番室長佐理其事務。（二）當番室長。當番室長每寮各置一名，一週間交替，關於一寮之風紀、衛生及警備等件歸其掌執。（三）室長。

掌室内風紀、衛生、給與、警備各事務。（四）炊事係長。掌食堂、浴室、洗面場諸事務。（五）衛生係長。掌病室、診斷室及關衛生療養一切事務。（六）圖書係長。掌圖書閱覽室及購入保管諸事務。（七）休養係長。掌休養室及關休養娱樂諸事務。（八）統計系長。關於調查統計、編製表册諸事務。（九）副係長及係員。各系長下置副係長及係員，補佐係長分擔其事務。

六、父兄之連絡

（一）學資保管。學生入學時諮明其父兄，攜帶學資若干，由校監會同會計代爲存儲，監督其用途。（二）生徒世話系，由同郡教員分别擔任，每員約二十名内外。（三）家庭訪問，休暇時利用之。大正三年度始實施，以圖連絡而加親密。（四）父兄召喚，通訊家庭，以期共同教養。（五）成績通知，每學期通告學生在校成績於素行上，促其特别注意。

七、學校衛生之施設

（一）學校衛生主事囑托醫。大正五年度，府置衛生主事，每年定期檢查生徒身體一次，囑托醫每周三四日，水、金。生徒受病者任其出校就診。（二）生徒衛生系。生徒中互選衛生係長、副係長各一名，各寮置衛生系各一名，關於處理衛生一切事項。（三）校舍校庭掃除整理。日日掃除整理，每月大掃除整理一次，每年四月及九月兩回月次大掃除，更丁寧細密。

八、職員各種會合及研究

（一）職員會　全校教員組織，月開常會二次。（二）土曜會　由教務舍務附屬小學組合而成，每土曜日開會一次。（三）舍監會議　每水曜日舉行一次。（四）教授法研究會　爲教授改良進步計，特開此會，校長及各科教員均列席。（五）管理訓練研究會　校長及教務主任均列席。（六）教務打合會　教務主事及各科教員每月舉行一次。（七）讀書會　職員互相醵金，遇有新刊圖書出版即開會商定購入，以資閱覽。（八）清游會　職員互相親睦，爲一日之清游，每年舉行五次；每月醵金若干，以充游資。（九）級長會　關於教務，必需指導事件，開級長會，各學級生依事實規定之。

九、附屬小學校之連絡

（一）編纂小學校各科教授法。（二）本校教諭至附屬小學參觀。（三）研究發表。（四）參觀旅行之指導。

十、卒業生之連絡

（一）各方面之連絡　學生畢業後服務社會，如有隔閡情事，或教授上有所疑義，皆與母校有連絡之必要。他如本校教員視察地方學事，及家庭訪問、參觀旅行等，畢業生亦可資藉以圖連絡。（二）卒業生招集　卒業翌年夏季休業中，可利用此時間招集母校，以考察其經驗及對於管教有無疑義。（三）校友會誌配布　校内學生組織校友會，畢業生亦可加入，每年刊布會誌一次，畢業生可知本校現時之狀況，本校可知畢業生服務之情形，實有交相爲用之益。（四）同窗會　卒業生組織同窗會，每年在母校開大會一次，本校職員一同出席，或共談話，或茶食，或爲一日清游，以各展其情緒。（五）創立紀念日　每年六月二日，舉行本校創立紀念式。

十一、管内小學校之連絡

（一）研究發表　小學校教材與教授室及其他設施，各校研究有得，可與本校教諭及附屬訓導共相研鑽，開會發表。（二）團體參觀　東都市及郡部各小學校長應隨時組織參觀團，以收相觀而善之益。（三）小學教員研究發表會　每年二月召集。（四）教員講習　卒業生選擇一科或二科，爲短期講習，本校已實行五次，極饒興味。

此外，大概與東京豐島、青山二師範略同，但豐島專設農科，青山專設商科，此校則農商并設，農科試驗場頗爲完備，與豐島略同。商科無何等設施，亦與青山相似。全校學生四百人，農科占三之二，商科占三之一。其對於職業教育，專於科學上，力圖增進爲根本之計畫，與急功近利者迥别。實習爲師範所最應注重，然東京府兩師校於畢業最終一學期始加實習，此校一部四年生末十周期始加實習，二部生一年後十周期始加實習。詢以師範生重在練習技能，何以實習時間迫促若此，據各校招待員言，則以從前實習期間原係一年，後審知技能之善良全恃學力之充裕，未能操刀而使之割，寧不僨事。夫美錦尚不使學製，學生光陰貴於美錦，教生根柢未深，自誤誤人，實匪淺鮮。其言饒有至理，非富於經驗者莫道。又言師範教生初至附屬實習時，級任先生從旁指導，下堂即批評其得失，但不令兒童知之。二星期後師範生練習漸熟，級任亦不加以干涉。實習前先編教案，交級任教員審定，如有不合即不令上課，其鄭重若此。小學成效卓著，有由來也。

小學教育，王君芝生擔任報告，故未贅述。兹以簡單數語括之，日本小學教育有宗旨，有秩序，全國進行一致，有統一之精神。數年前，吾國蓋交口稱之。近則有取美式者矣。美國小學教育，重發達個性。主活潑發達個性，乃孔門因才而教之意。活潑教育爲王陽明所極主張，已行之數千年或數百年，原非新義。吾觀日本佐佐木氏所言，氏游歷美國，著有《世界大勢與教育方針》。美教育有放任過甚者，初以爲必無成效可睹，後察其結果，成績亦復不惡。頗致疑慮。余以此無庸疑也。昔謝夫人責安石曰："何不教兒？"安石曰："我常自教兒。"此言最可味。蓋教育感化多在無形，不僅於講讀得之。美國女子中等教育早經普及，具高等知識者所在皆是，家庭薰習，業經良善，豫習復習，隨時均可獲益。吾國家庭難以美例，社會積習亦深。學校再取放任，醜婦效顰，不貽笑大雅者幾希矣。吾國教育家論小學教育，必取平等，似矣。而多延師在家課其子弟，科目乃與學校大異，此亦最可笑者。

愛知縣自治狀況

在東京訪建部遯吾博士，暢談良久。氏問此次參觀豫定地點，答以參觀東京學校後擬赴京都，中途尚須至鄉村視察地方自治情形。氏言東京如桃李盛開燦爛之極，隨將萎謝，鄉間元氣未斲，尚可察其真相。中國來此間參觀者僅至都會而不至鄉村，殊爲可惜。因介紹往見愛知縣農業學校校長兼農會會長山崎延吉君，復由山崎校長介紹參觀縣農會，及東日春井郡内丹羽政美家庭。同行者陳君獻候[1]、高君子衡、王君壽軒，五月十七日六時上汽車西行。黄君文衡送余輩至京都，亦上車偕行，且任譯事。十八日午後四時，抵名古屋，寓清居旅館。愛知縣署在市東。十九日晨八時，至愛知農學會，會所逼近公署。山崎會長住學校，不常到會，技士野村新七郎出而招待。時會中辦事人員處理會務甚形忙碌，野村技士言縣農會成立於明治十七年，郡町村會相繼成立，縣農會爲指導機關，郡會爲傳達機關，町村會爲實行機關。會長爲名譽職，幹事兼職，技士專職。兹將縣農會及各郡市農會經費及事業分别列表於左。

一、愛知縣農會經費及事業

經費總額	事業費	事業
二〇，三八八元	一五，二九一[2]	技術員設置、下級農會技術員設置獎勵、農事獎勵、多收穫、獎勵、副業的養雞獎勵、品評會助成、特殊事業獎勵、地主懇話會、共同購入販賣斡旋農事調查、小作者保護獎勵、特設講會、會報發刊等。

二、縣及各郡市農會事業一覽表據大正七年調查

郡市名	總經費	事業費	事業
豐橋	一，八三〇元	一，一九七	講習講話會、技術員設置、品評會、防除害蟲、視察、産業獎勵、養雞獎勵、園藝獎勵、青年會獎勵、採種圃、委託試驗、多穫研究會、會報發刊
圓崎	一，七〇二元	八二一	講習講話、視察、米麥採種圃、多收穫獎勵、堆肥獎勵、鹽水撰獎勵、蠶業獎勵、模範獎勵、害鳥獸蟲驅除 稻架獎勵、小作保護獎勵、種苗、交付試作場、勸業指導員設置、品評會表彰、會報發刊

續表

郡市名	總經費	事業費	事業
愛知	六，四七九	四，六四〇	記念事業、置技術員、講習講話會、試驗費、町村農會獎勵、產業組合會獎勵、畜產獎勵、模範獎勵、共同販賣獎勵、蠶業獎勵、堆積肥料獎勵、米穀改良、桑園改良、園藝改良獎勵、牛馬耕獎勵、稻作研究、褒賞調查、農業俱樂部設置
東春日井	五，八三七	四，二六七	技術員自給肥料、養蠶、桑園改良、品評會、園藝、耕牛、採種田、養雞、養豚、改良農具各獎勵、農談會、講習會、視察調查、農家經濟、農業狀態調查傳習、病爲害蟲驅除、表彰農具圖書標本、竹林米麥共同販賣、上級農會
西春日井	八，六〇一	五，七七〇	技術員設置、稻作多穫競進會、桑園品評會、八郡聯合會、園藝品評會、繭品評會、講話會、講習會、堆肥舍建築獎勵、種苗改良、養蠶組合獎勵、養雞獎勵、苗代組合 農具改良、各獎勵、褒賞拱贈與精農者表彰、重要物產調查、農事視察、印刷物補助、會報發行
丹羽	五，四八八	二，〇五二	大致同前
葉栗	三，〇一四	一，二五七	出品獎勵、講習講話、產業改良品評會、篤農家表彰、技手補設置、視察懇談會、御神田經營、褒賞採種田圃、技手囑托、會報發行、桑園調查、副業調查、講習生補助、模範農事補助、桑園改良、特設模範桑園、繼續四所、新設二所、對於繼續補助 桑園改植、青年會補助

續表

郡市名	總經費	事業費	事業
中島	五，〇四三	三，六二九	技術員設置、町村農會、技術員設置獎勵、講話會之設置、共同苗代獎勵、稻作多收穫獎勵、種禽種豚之飼育、耕牛飼育獎勵、共同購入販賣之斡旋、桑苗病虫驅除豫防獎勵、米麥採種之設置、試驗精農者獎勵、小作者保護獎勵、會報發行、農友會補助
海鄱	六，五元	三，三五二	技術員、指導員、講習講話會、農事調查、稻作採種圃、麥作採種圃、技員設置獎勵、共同苗代品評會、開設獎勵、稻作多穫獎勵、自給肥料獎勵、養雞獎勵、園藝獎勵、養蠶組合設置獎勵、苗木燻蒸獎勵、共進會、品評會、出品獎勵、印刷物及種苗配布、特設模範桑園、園藝品評會
知多	八，五五二	五，五八九	技術員、講習講話、視察、調查、町村農會、技術員設置獎勵、採種圃經營、桑園改良、增收研究、畜産獎勵、園藝獎勵自給肥料獎勵、特殊事業獎勵、品評會獎勵、苗代改良、地主會、養蠶組合聯合會獎勵、青年會、施肥標準查定、農子倉庫、行賞斡旋、會報、蠶業獎勵
碧海	三，〇九二	九，一五三	技術員設置、講話會、町村農會、技術員費補助、會子業獎勵、共同購入獎勵、桑園改良獎勵、養蠶組合獎勵、農蠶物品評會、賞與畜産獎勵 家畜改良獎勵、注意書印刷、養雞組合獎勵、傳習費、稻作增收研究會費、穀蟲驅除獎勵、畜牛之改良、種牡牛之購入、種豚改良

續表

郡市名	總經費	事業費	事業
幡豆	三，七三〇	二，二〇四	技術員設置、種苗改良、産米改良、桑園改良 副業養雞事業奬勵、自給肥料奬勵、害蟲驅除奬勵、畜産奬勵、經濟調查視察講習會、講話會
額田	五，二二七	二，七九五	技術員、農産物品評會、採種圃、講習講話、視察、畜産、農家經濟調查、農事改良、時報、堆肥舍建設補助、産業組合奬勵、特殊事業奬勵、小作保護奬勵 多收穫奬勵、養雞奬勵
西加茂	四，七九八	三，五〇六	技術員農事指導員設置、町村農會技術員費補助、米麥採種圃設置、種苗購入視察、講習講話稻作多收穫、競進會、畜牛改良、桑園改良調查、町村農會事業奬勵、産業團事業奬勵、畜産奬勵、及家禽改良稻作多收穫奬勵、蠶繭改良奬勵、畜牛貸下、農家行事同判
東加茂	三，五一五	二，五八一	天氣豫報、講習講話、篤農家懇話會、善行者表彰、會報發刊、農事奬勵員之設置、技術員設置、種苗共同購入奬勵、産業組合奬勵、品評會之開催蠶業奬勵、牛耕傳習、堆肥奬勵、採種圃之設置、家禽奬勵、褒賞授與技術員設置奬勵、見本桑園設置、試作青年會之補助
北設樂	二，一二	一，一四〇	技術員設置、農事指導員、品評會奬勵、桑園改良奬勵、産業組合米麥採種圃設置奬勵、講習講話會、印刷物配布、農事調查、以上認爲發見有益事業、列於豫算範圍内、對於農事爲相當之設施

續表

郡市名	總經費	事業費	事業
南設樂	一，八八一	一，一四〇	技術員農事獎勵員設置、講習講話會開設、肥料施用試驗、稻作多收穫獎勵、堆肥及農蠶業、其關於品評會開催獎勵、共同購入斡旋、採種圃設置、精農者獎勵、蓄穀害蟲驅除、養雞獎勵、視察事業補助
寶飯	三，八五〇	二六六四	技術員副業獎勵、農業調查、講習講話會、苗木配布、青年會指導獎勵、畜牛改良、町村農會技術員設置獎勵、犢牛貸與、優良苗種之共同購入、堆肥獎勵、柑橘委託試驗、施肥標準試驗、會報發刊、町村技術員學校、農業教師農事指導員、町村役場勸業主任、農事實行會員之打合、關於獎勵研究之事項
渥美	四，二九三	三，四四三	講習講話、技術員設置獎勵 農蠶獎勵、（農蠶委員品評會之助成、特殊事業獎勵）自給肥料之獎勵、畜産獎勵、增收研究獎勵、農事團體設置獎勵、（婦人農會之設置獎勵、農事改良實行會獎勵）視察、施肥標準查定、會報發刊
八名	三，四九六	二，二〇四	技術員設置、宅地利用方法獎勵、耕牛增殖獎勵、多穫品之新設農事研究獎勵、米麥採種圃之設置、桑園改良獎勵、副業獎勵、種苗共用購入獎勵、縣有種牡牛者借受、講話及視察印刷物配布
合計	九七，九六四元	六三，四〇四元	

觀前表所列，該縣農業發展可見一斑。試更舉關於自治各要點於左。

一、自治進步之町村

町村名	要　項	町村長及中心人物
愛知郡中村	事務整頓、村農會之活動、青年會之活動、村民共同一致	鬼頭繁吉
西春日井郡北理村	役場事務之整頓、町農會、地主會之活動、共同苗代、害蟲驅除、	大野松藏 熊澤恒人
東春日井郡小牧村	役場事務整理、町農會、地主會之活動共同苗代、耕地整理	江崎住次郎
知多郡野間村	役場事務整頓、村農會之活動、共同苗代、害蟲驅除、蠶桑業之發達、青年會之成績	磯部孝次
知多郡富貴村	役場事務整頓、村農會之活動、共同苗代 採種田、害蟲驅除、堆肥等之發達、風紀地主會、公老會	松崎滋助 森田萬右衛門
碧海郡六美村	公共事務之發展、村農會之活動、耕地之整理、種糧之會合 敬神之事蹟 青年會之活動 補習教科之普及 風紀矯正人心統一	野本芳三郎
額田郡下山村	役場事務之整備、部落財產之統一 公益事業之發展、村農會之活動	小林新太郎 小林作次郎
西加茂郡高橋村	部落有時產財之整理、役場事務之整理、農蠶業之發達	今井幾四郎
北設樂郡稲橋、武節村組合	神社中心之模範村、基本財產蓄積、殖林蠶業之發達、報德社信用組合之普及、風紀矯正等	古橋源六郎
北設樂郡振村	基本財產蓄積、殖林及蠶業之發達、村農之活動、公共事業之發展、風化矯正等	片桐保治郎
八名郡山右田村	共有一致之整理、林報德主義之實踐等	馬場虎之亟 内滕才次郎
寶飯郡鹽津村	役場事務整理、學校役場之連絡、學校教育、村民之聯絡	於浦兵吉 松尾幸吉治
渥美郡野田村	自治之整善、公共事業之發展、村農會之活動、耕地之整理、勤儉貯蓄等成績佳良、内務省選獎勵	河合要次郎 河合爲次郎
渥美郡泉村	納税並役場事務之整頓、村農會之進展、一村耕地整理、完全自治研究會之開設	平井香之三郎
南設樂部東鄉村	村農會之活動、補習教育產業組合普及發達、消防設備之完全、人心之統一、諸種會合圓滿發達	山内五壽雄

二、整備之部落

部落名	要　　項	中心人物
愛知郡東鄉村 大字和合	產業組合之活動、青年會之活動	小林兼松 磯村義太郎
愛知郡猪高村 大字猪子石	同上	小本悦心
東春日井郡志段味村 大字諏訪原新田	共濟會女子教育、户主母之教育、青年會、共同柿園、共同苗代、產業組合	小田佑一 中村太一
西春日井郡 大字小字斜村	產業組合、青年會之活動、農蠶之發達、風紀矯正等	大野松藏
西春日井郡楠村 大字喜撫治新田	共同苗代組合之設置、地主小作之融和、勤儉貯蓄共同美風、部落和協	高柳嘉仁吉
中島郡千代田村 大字今	農事改良之普及、貯金共同納税、巡回懇設會	村手源次郎
海部郡錫田村 大字鐮島	地主小作之蝸合、信用組合、家庭果樹園之成績等	蟹江史部
知多部八幡村 大字亥新田	青年會之活動、篤農家之團結、風紀之改善、補習教育之刷新	十井久太郎 神谷嘉一郎
同郡内海町 大村山山海	地主小作之融合、組合之活動、勤儉貯蓄等	内藤傳禄
同郡阿久比村 大字板山	組合之活動、户主會、青年會之活動、風紀改善等	山本德三郎
同郡小鈴谷村 大字野間	組合之活動、字民共同一致、共同苗代之成績、勤儉貯蓄等	大崎仁三郎 近藤多吉
碧海郡安城町 大字福	產業組合之活動、雞卵共同販賣、夜學校、其他共同事業發展、僧俗之經營、勤勞風紀矯正等	杉浦彦次 松林了觀
同郡刈谷町 大字康原	組合之活動、勤儉貯蓄、地主之共同、大字諸機關之整頓	小島健吉 内一郎
同郡依佐美村 大字高須	組合之活動、雞卵共同販賣、字民之平和、副業之發達	加藤謙次郎 山城才次郎
同郡明治村 大字榎前	產業組合之活動、雞卵共同販賣之發展、勤儉貯蓄、字民之平和共同會發達	加藤德松 加藤之八

續表

部落名	要　項	中心人物
額田郡幸田村大字荻蘆谷	補習學校之中心、各種事業之經營	内田才一郎
八名郡八名村大字一鍬田	勸農積德社之活動、勤儉貯蓄、農事改良、風紀矯正等	山田半次郎
寶飯郡大塚村大字赤根	産業之組合、罹災救護之組合、勤儉貯蓄、風紀矯正等	今泉種藏

三、活動之青年會非宗教家所組織

愛知郡中村東宿青年會	敬老會、鄰保相助、講習講話、農事研究
同郡日進村青年會	風紀改善、植材、夜學、朝起會、軍人會之連絡、體育之訓練
東春日井郡旭村今支會	夜學、修身會、視察、雜誌發行、日記帖記入結婚費之節約、試作溜地、利用貯金獎勵
同郡篠木村八幡支會	夜學利用休日講習、御神田經營
同郡守小町小幡支會	夜學講話會、雜誌發刊、貯金獎勵、興風曆之活用、品評會、運動會
同郡赤津青年會	夜學講學會、廢地利用、納税援助、道路修理
西春日井郡青年會	共同苗代、模範堆肥舍講習會、道路修理、實習設置等
同郡小田村比良青年會	矯風、夜學、勤勞、共同藁細工
同郡西春青年會	試作地之設置、多收穫研究會、講話會、夜學、視察、品評會
丹羽郡扶桑村青年會	講演會、敬老會、晨起會、夜學會、視察、表彰
同郡羽黑村青年會	同上
葉栗郡草井村青年會	談話會、講演會、學藝會、運動會、善行者表彰、先進地視察、試作地設置
同郡葉栗村西青年會	會場新築、共同小作、敬老會、表彰善行、講話會
中島郡大里村奧田三友會	補習教育、風紀矯正、視察、講話、共同藁工
同郡同村井口青年會	農産品評會、補習教育、視察、講話
同郡朝日村玉野啓成會	補習教育、視察、講話、風紀矯正、共同藁細工

續表

同郡稻澤町青年會	同上
海部郡八開村青年會	補習教育、講話會、試作、視察
同郡富田村青年會	夜學、小學校運動援助、講演會、試作、共同作業、雜誌發行、貯蓄、敬老會、軍隊式鍛鍊
同郡佐織村藤浪青年會	夜學會、講談會、清書會、巡回文庫、農業講話、運動會、擊劍會、敬老會
知多郡富貴村青年會	神精修養講話、夜學、勤勞、竹林經營、藁細工、貯蓄
同郡野間村青年會	夜學、勤勞、講話會、敬神信佛、稻作試驗、殖林公共事業之斡旋等
同郡小鈴谷村青年會	同上
同郡八幡村青年會	採種田模範桑園、各自試作、公共事業、視察、講話
碧海郡高岡村青年會	風紀改善、朝起、軍隊鍊鍛
同郡六美村青年會	同上
同郡櫻井村青年會	風紀改善、共同貯金、試作、朝起、補習教育、里道修理講話
同郡矢作町青年會	同上
幡豆郡平坂聯合青年會	訓鍊修養會、運動會、學藝會、競技會、懸賞問題、夜學、朝起、貯金、試作、神田設置、視察、日記、文藝表彰
同郡豐阪村青年團	夜學、雜誌發行、講習講話、擊劍、日誌、菌果樹試作、炭燒、竹柿經營
額田郡下小村青年專	貯金、夜學、試作肥料、植林、體育、道標、設置、道路溝渠修理視察一日一善日誌
同郡福岡町青年會	同上
同郡藤川青年會	紀念貯金、夜學農産物品評會、共同試作、擊劍、銃鎗、視察、道路修繕等
西加茂郡高橋村青年團	夜學會、共同事業、講話會、修身會、巡回文庫、術練習、基本會、蓄積堆肥製造、神田耕作、苗圃經營、善會日誌記入

續表

同郡猿投村青年會	夜學會、修身會、堆肥製造、種子共同購入、造林、多收穫、共進會、果樹栽培、敬老會 圖書館
東加茂郡旭村青年會	夜學、擊劍、視察旅行、共同貯金、共同勞動、道路修繕、敬老會、恤兵獻金
幡豆郡福地村青年會	補習教育貯蓄
東加茂郡旭村太田支會	共同勞動、視學旅行、擊劍、夜學、生産物品評會、實業講習
北設樂郡上津青年會	戰時紀念經營、共同貯金、風紀矯正夜學等
同郡武節村青年會	同上
同郡三輪村青年會	夜學、勵行共同勤勞模範、桑園、植林、農事獎勵及研究、敬老會

四、關於産業行政機關

本縣關於産業行政機關，大别爲三：（一）農林課（農務系砂防森林係），（二）蠶絲課，（三）商工課。其主掌事務如左：

農務課
- 農務係
  - 關于農事試驗場及講習所 地方測候所、農會及其他
  - 農事組合、耕地整理、米穀改良、肥料檢查、害虫驅
  - 除産業組合
  - 獸醫及蹄鐵工、家畜市場、國内移注各事項
- 砂防森林係
  - 關于砂防　森林　開墾　礦業　地方森林會及其他森林
  - 之組合
  - 公園等事項

蠶絲課
- 關於蠶種及蠶絲　原蠶種製造所　蠶業取締所
- 蠶絲係之組合諸會等

商工課
- 關於商工業會社 銀行及金融機關取引所及市場商業會議所　商
- 業陳列館 商工業係同業組合及其他組合諸會 發明實用新匠意匠
- 及商標度量衡　船舶及航路標識運輸交通信　水産 水産試驗
- 場　漁業組合及其他諸事項

五、關於農業教育機關

名稱	位置	設立年度	修業年限	卒業生數	在校生數	經費豫算	教員數
愛知縣立農林學校甲種	碧海郡安城町	明治三十四年	農科四年，林科四年實習：農林二年，農蠶一年	九五八人	三三	三〇，四〇二元	一九
幡立郡立農蠶學校甲種	幡立郡横須賀町	明治四十二年	豫科一年，本科三年	一五六	一三一	經一〇，八二九臨六二二	九
知多郡立農學校乙種	西加茂郡高橋村	明治三十二年	三年	三七九	一二〇	九，三三八	八
西加茂郡立農學校乙種	西加茂郡高橋村	明治三十九年	三年	二〇四	七〇	經七，五〇七臨五七六	五
作手村立農學校	南設樂郡作手村	明治三十七年	男三年女二年	男二四三，女六五	七八	二，一八五	四
寶飯郡立西鄭實業學校乙種	寶飯郡浦那町	大正二年	三年	一四四	二三七	經七，五七六臨六〇〇	九
稻澤町立園藝學校乙種	中島郡稻澤町	大正四年	三年	男二四女七	七七	三，八八五	六

觀以上各表，知實業教育之發達，皆本於自治精神。其進行步驟，亦可於各表中窺其崖略。茲并即野村技士所面述者記録於左。

農事以水利爲大宗。本縣農田灌溉分兩種，一引導河水，一開濬池塘。水利既興，水害自除，全縣從無水旱之災。蟲害因驅除得法，亦可無虞。惟九月初二日起至初十日，爲全國多風之期，禾苗收穫亦當是時，若遇大風，頗受損害。防禦之法，幾經研究，尚無結果。

住主勞動之調查，每年盡力農事二百五十二日九分，家事二十七日九分。婦人農事二百三十八日九分，家事九十四日。最近收穫與從前比較，米麥進步頗遲，僅加三之一。蠶桑蔬菜則進步甚速，蔬菜爲全國之冠。

縣地多平原，畜牧不甚發達。出産絲爲第一，每年出口金約六千萬元。米次之，年收二百萬石有奇，無出口。蔬菜、麥又次之。全縣出口貨十年前約六千萬元，近達一億以上

每年飼蠶五次，最晚九月上山。

按《周禮》原蠶有禁，此乃行之五次，似古訓未可盡信。後以此義詢諸山崎校長，亦以原蠶利息不及初次遠甚，桑枝剪伐過甚則洩盡生機，樹桑過多又妨礙禾稼，此事正在研究中。蓋古人謀事，皆計久遠、策周全。即禁原蠶一節，可見用意甚深矣。

先是，陳君獻侯謁文部省次官南弘云，擬赴愛知縣調查教育實業狀況，請作介紹書，余亦隨同造訪。蒙示勸業教育費總額如左表。

勸業費比較表	大正八年度	大正七年度	大正六年度
勸業總費	四一六，七七四九元	三三六，一〇三元	四七九，七九二元
經常費	三六一，〇八〇	二九九，七八八	三〇一，一九一
臨時費	五五，六六九	三六，三一五	一七八，六〇一
國庫補助金	五七，五五二	三八，八八一	二八，五六六
國庫獎勵金	三，九二〇	三，三五九	二九四四

教育費比較表	大正八年度	大正七年度	大正六年度
教育費	一，一〇三二三五元	八六九，四四一元	四八七，七八六元
經常費	四七八，六四三	三三七，〇二二	三九二，三八七
臨時費	六二四，五九二	五三二，四一九	九五三九九

查該縣區域，不過内地二大縣，人民僅二百萬，常年教育經費達於一百一十萬元以上，勸業經費達於四十一萬元以上，較吾鄂全省幾多二

倍。以吾鄂人口三千五百萬計，常年教育費應增至三千萬元，勸業費應增至一千萬元有奇。據此而觀國力之强弱、民智之高下，不難一望而知也。

參觀農會畢，由野村技士嚮導至鄉村視察。有丹羽政美者，爲勝川町東春日井郡屬大業主，因主其家。該氏家庭，距名古屋十二里華里。許。先是，東春日井郡長河合誠、郡書記官大脇作治郎、郡農會幹事長谷川良平學士、郡視學佐藤文之正本、町勝川尋常高小學校長高倉半次郎，均預至此歡迎，丹羽氏款以上賓禮。茶點後，繼以讌會，並拍影以爲紀念。在座者各請書一紙以誌鴻爪，河合誠郡長言："中華爲日本文化祖國，我輩對於中土人士素懷親善。"語次深以政府侵略政策爲非。是郡面積，十八方里三分四釐。東西六里，南北四里日本里。村町十六，人口十一萬。郡職員分三科如左表。

豫算科　議事 衛生 會計 社事 税務 庶務

教育
兵事
科

郡自治組織，職員三十七名，均名譽職。分科略如郡治，常年會費六萬四千餘元。

除由郡支二萬九千外，餘由縣庫撥助。郡費取給營業附加等税外，有時不濟，尚須特别籌集，但須由郡議會認可。町村亦有議會，如郡會，具體而微。

青年會，各町村均有組織，爲郡内最活動機關，係地方中心人物及少年有學識者所組合。勤施訓練，提倡體育。征人在外，并爲代理家事。關於地方公益事，踊躍趨赴，争先恐後，群有當仁不讓之决心。

勝川町尋常合級小學一所，尋常男生一百七十六名，女生一百五十三名，均單式編制。高小男生一百九名，女生二十四名。第一尋常小學男生二百四十七名，女生二百二十名。第二尋常小學男生一百七十九名，女生一百八十六名。實業補習學校三所：（一）五十八名，（一）一百三十五名，（一）二百四十名。此町受教育者，計百分之九十九。尋常小學全不納費，高小每學期一元或五角，由議會規定之經費，由本町籌集，大半取給於營業附加等税。人民對於□之擔負，每年平均約三元。

町小學校設備遠不逮都會，尋常每級教員一人，尋高小九級合校長亦僅十人。精神均能貫注，學生敦樸有禮，見長者皆鞠躬。較都會尤爲可愛。每周尋高功課均二十二時，教授均活潑而有秩序，啓發兼自學輔導式。且切實用。如高小班試驗國語作函牘，女生實習裁縫，尋常三年級以上令習農業之類。

丹羽政美氏家庭果樹園

面積一千二百坪

一座敷	二倉庫及其他建物	三花卉温室	四雞舍
五葡萄室	六芝生	七花壇	八桃園
九池漁	十茄室	十一松林	十二檜林
十三桑園	十四促成栽培場	十五柑橘園	十六盆栽置場
十七梨園	十八雜果園	十九柿園	二十苗園

余游丹羽氏芳園，如讀淵明《述異記》，髣髴身離塵世。見其家人，均撙節退讓以明禮。自丹羽母氏以下，均迎送盡禮，誠慤之容可掬。又如讀《漢書·石奮傳》，挹其冲和，而意爲之消。初以丹羽氏特此間之表表者耳，繼而調查全縣農界案内若丹羽氏家庭，所在皆是。歐美人遨游至此，莫不嘖嘖稱羡，信非虚譽矣。丹羽執卷索書，多歐美人留題字。

中國言政治，莫備如《周禮》一書。其言地方自治，更詳於官治。歐陽子不信《周禮》，以其設官太多。不知自鄉遂人以下，皆地方自治員也，秦漢以後古意寖亡。宋藍田吕和叔、明太倉陸桴亭實行鄉約，地方風氣均爲之一變，蓋猶秉《周禮》遺意也。此次游歷日本，由滬登熊野丸，見其舟中布置，咸有條理，與内地舟車管理情形迥殊。及由神户登火車赴東京，沿途眺望，無頹敗之牆垣，無破壞之板屋，無露天之糞窖，無蹺蹊之道路，市無游民，野無曠土，一雞一犬皆受教育，一草一木具見精神。初以火車所經地皆繁盛，未可概諸其餘也。及赴愛知縣觀察，乃知窮陬僻壤一道同風，較都會更見醇厚。昔師曠過宋朝，將私焉，以其無人也。余踽行曠野，不敢溲溺，以雖未見一人，而其人之精神固隨地暴露也。求其所以致治之由，殆不出實業、教育兩端同時發達。至實業、教育發達之由，殆不出地方自治，辦有條理。夫地方自治制度，乃《周禮》致太平之根基也。禮失而求諸野，孔聖豈欺我乎！

愛知縣農業學校附小學

二十日，參觀愛知縣立農學校。校址在碧海郡安城町，明治三十四年八月創立。校長山崎延吉氏出而接洽，誠懇倍至，痛詆東京一般人士浮華淺躁，有類流氓。詢余等參觀時間，答以須盡一日之長。氏云參觀本校，欲窺全豹，久須十日，暫須一星期，一日未免太促；并聲明午後即須出迎皇儲，恐不能久陪，深致歉仄。兹即其所述辦法，分列於左。

本校建築地	一千九百二十六坪
運動場	一千七百八十二坪
全敷地	二萬四千七十三坪
校舍敷地	一萬一千三百十三坪
農科實習地	一萬七百坪
林科同苗圃	二千四百坪
農林科借地	八千二百二十四坪

家畜類

牛　馬　豚　家雞　山羊　蜜蜂　緬羊　水禽

演習林

在愛知縣東加茂郡賀茂村，面積百四十五町，距校十二里餘。

編製分農、林二科，豫科二班，本科三班，共三百三十八人。

常年經費二萬八千元。

本校精神，在輸農學知識於全縣，使能實行改良而圖進步。其辦法分二種。

一由農會介紹業主與學校接洽，凡有疑問必詳細解釋，使得圖[3]滿之結果，并隨時召集開會解決一次。

一由學生分赴鄉村觀察，爲剴切之指導。

實習與講授並重。天氣晴明時，受課至下午二時止，即出外實習，傍晚始歸。

農事以養蠶蒔蔬進步爲最大，米麥亦有進步，但稍遲滯。自本校開辦後，全縣出産較前加倍。

本校所製孵卵器，較東京普通孵卵器爲適用，每次可孵卵四百。鄉村使用此項孵器，一家每年有孵卵至三千萬之多者，合全郡雞價總額，年踰百萬元以上。

本校自製礶頭分三類，一肉類、二蔬菜、三果類，火腿亦能自造。

本校每年伺蠶二次，種類數十，以意大利及中國新昌種爲最良。繅絲全用西法，絲價年約二千元。

學生畢業後，均從事本務，或充農會職員。

訓練學生分四大綱：

一、正禮節，重廉恥，養成古武士之風；

一、鍛練身體，馴致勤勞之習慣，期有貢獻於國家；

一、不誘於近利，不惑於歧途；

一、養成共同一致之精神，使人人均有真覺。

以上四事，一以誠意貫澈之。

語畢，導余輩參觀各室，種類如左：

飼雞室　　豢豚室　　養牛室　　養羊室

飼蠶室　　温室　　農具室　　林科器具室

劍道柔道室　標本室共五所，均教員、學生採集

農林化學試驗室二所。林科實習圖書室 大講堂上懸岳忠武所書忠孝字。

每至一處，山崎校長均詳爲説明，語繁不及備載。時已至一鐘，碧郡視學岸本千秋知余等有意觀察小學校，前來嚮導。詢以碧海郡面積人口各若干，答云面積十八方里而强，人口男女合計十六萬有奇。詢以教

育普及狀況，答以全郡男女免除受教育者不及百人，在猶豫期者二百有奇，大要以百分計算，已受教育者計百分之九十九而强。安城高小一所，計七班，校長并教員十人。尋常小學五所，六十級均單式，教員六十人，經費共三萬元。余等辭山崎出，約以觀察小學畢再來參觀實習，無須親陪。

随至高等小學，校長磯部三藏出而招待。詢以町學校辦法較他處有無特别情形，答以此間爲最注重農事地方，高小每星期課農事六時，講授四時，實習二時，尚有隨時增加情事。尋常小學，五年生亦允在家補助農事。隨引導視察教室，二年級生授國語，學生次第上臺演牌，提示要領，教習從旁指導。一年級授珠算，女生實習裁縫。女生一年級授筆算，學生演牌甚敏速，少錯誤。學生下堂見教員及余輩，均鞠躬致敬。尋常小學辦法與勝川町相似，重精神而略形式，設備可謂全無矣。

三時，復至農校參觀實習。教諭田中近三郎、技士杉浦尚一同嚮導，並逐一説明。實習場所一望無際，不能偏觀。僅歷舉所親到場所於左：

葡萄　茶　西瓜上用紗罩　防風　麥　苕苗　苺　梨　桃

每所均有學生十餘名，或數名，操作鬆土、播種、下肥各事項，無一農夫爲之助理。余見學生勤苦若此，場所闊闊若此，每年所收出産物價當屬不貲，詰以學校有無奬勵。田中教諭答云，實習事學生視爲分所應爲，生平習慣賴以養成，他非所希冀。不獨無金錢奬勵，即名譽奬勵而亦無之。

杉浦技士言：山崎校長苦心經營此校已十八年，不獨校務日有增進，關係全縣農業實非淺鮮，故全縣農人均爱之若父母，敬之若神明。旋即辭退，赱安城上火車。適通學生數十人散學，步余等後塵，行里許莫有或先者。途次遇小學生，皆脱帽鞠躬，同人均爲之驚悚。此次參觀農校，見該校學生氣象静穆，兼露沈毅之色，遇人輒致敬，在場所實習無戲容，無惰態，動作皆有秩序，已深嘆異。至邂逅途次，少長有禮，則尤足令人感動。後檢閲山崎校長訓練各節，乃知校風養成，洵非倖致。試節録大概於左。

（一）三遠主義

主張思想高遠、智識深遠、行爲宏遠，乃三遠主義也。

思想高遠

思想有高低之别，狃於目前而無慮遠者，是爲低思想。吾等主張，不可不持高尚之思想而常慮遠。

一、《論語》："君子懷德，小人懷土；君子懷刑，小人懷惠。"君子者，思想高尚之人也；小人者，思想低下者也。

一、爲公民及存欲爲公民之心，乃高尚之思想也。

一、存謀公益利公共之心，乃高尚之思想也。

一、重事功而輕名譽，乃高尚之思想也。

一、人有恩德於我，拳拳於中，而思有以酬報之，乃高尚思想之表現也。

一、不爲現代所縛，而爲未來計者，慮遠故也。

一、不僅臨事審慎而察於未萌，乃慮遠者也。

一、撫愛幼弱，乃爲前途計遠大者也。

一、明明德而志於不朽之事業，乃慮遠者也。

智識深遠

智識有淺深之别，僅知今日之事而不知將來，是爲淺知識。吾等須具深智識與貫澈將來之知識。

一、一知半解不足恃，故智識當期徹底。

一、窮究原理，乃得深智識之法也。

一、調查研究，反覆經驗，乃得深知識之道也。

一、注意自然現象，考慮社會事變，尚兼聽不尚獨守，乃得深智識之方便也。

一、勤見聞，親書籍，留意接人，乃得深智識者之覺悟也。

一、探賾索隱，發見真理，乃知遠者也。

一、知道者，其智遠。

一、慎今日而孜孜乎今日者，乃知未來者也。

一、蓄德積善，不憚勞瘁，知將來者也。

一、圖進步，重教育，有向上之信仰者，知未來者也。

行爲宏遠

人之行爲，有樹功一時者，有垂範永久者。吾等主張，垂範於永久，不僅樹功於一時。

一、立德乃永久之行爲，立功乃永遠之行事。

一、盡瘁事國，國存人亦與之俱存，乃永久之行爲也。

一、爲不朽之人類盡力，乃永遠之行爲也。

一、精神活動比物質活動有無量壽。

一、慈悲之行爲有不磨之光。

一、今日之勤勞，未來之安心也。

一、今日之貯蓄，將來之滿足也。

一、向上生活之内，有無限之生命。

三遠主義，非吾輩之所獨占者，凡人皆宜奉持之，始終由此主義活動。殉此主義，乃不愧吾徒，敢以己之所欲進於人。

（二）大國民之資格

大國民之資格，藉教育養成。既爲日本人，國民性自不可失。同時，尤須有世界眼光，蔚成大國民之資格。其要項有七：

一、自己表現。要理解我之爲我，正正堂堂向社會發表出來，勿令己性分内稍有遺憾。

一、正確之思考。事理在前忌誤解，尤忌曲解。吾人思考貴公明正大，不流於邪僻，不陷於虚假。

一、正義之實行。如讀《論語》而不實行，與未讀《論語》何異？義在正我不在正人，我能自正始謂實行正義。

一、的確之想像。只知現在不明將來，臨時必周章狼狽，演出種種醜態，前途必多失敗。吾人回憶已往，推究將來，默察世界大勢，以定進行方針，此爲的確之想像。

一、共同生活之美化。小而一家，大而一國，非得共同生活不能勝任而愉快。欲得共同生活，當聯絡感情，相愛相助，一袪自私自利之惡習。

一、心靈支配之信仰。近世物質力甚屬偉大，不知心靈效用爲力更大。世界全爲心靈所製造，知尊重心靈，自不爲物質所炫耀。

一、人類之平等。尊重自己人格，同時并須尊重他人格。自己熱心權義，對於他人亦當表示敬義。己愛自由，不得妨害他人自由。己愛平和，勿得損失他人平安。國民必須咸有此覺悟。

以上七事，一般國民對於此主張勇往邁進，造成大國民之資格，此則余所希望云。

（三）人格家格之要素

山崎校長著有《農村自治之研究》，關於人格、家格二項，語多切要。謹拔萃以供參考。

人格有三要素，欲完全偉大之人格，須具備三要，如左所列。

一、偉大之精神，包含主義、見識、信仰等。

一、正確之態度，動作、舉動均有定則。

一、端嚴之容姿，容貌風采、可儀可象。

一、偉大精神之修養

（一）振興農道。所謂農道，百姓魂應如當年武士道，繼續闡發而出。“富貴不能淫，貧賤不能移，威武不能屈，此謂大丈夫。”魂爲農民真收穫。

（二）農民有特別價值，飽忠信，飽道義，不肉食以爲飽，此農民價值特高處。

（三）養成犧牲的觀念

一、軍人犧牲生命以衛國家，平時農人即戰時軍人，須養成爲國犧牲之觀念。

一、汲汲私慾私利，此下等根性，務一刀斬斷。

一、過失當自引受，功名當讓他人，負有豪俠氣。

（四）學問爲生活要素，對於學問當持宗教信仰之熱心，但須確求心得，力避頑固之迷信。

（五）人有恩德於我，决不可忘，當力圖報酬。

（六）區别公私，當先公而後私。爲國家、町村圖公益，當犧牲一家一身之覺悟。

（七）雅量富玉石合併氣概。

（八）克己忍耐，藴智於深，練勇於沈，勿作小丈夫悻悻氣象。

（九）奉公心、共同心，偉大人物皆由此産出，當夢寐不忘。

（十）確立自營自治之觀念，斬除依賴性，以力圖進取。

（十一）倚勢凌人者，勢敗人亦凌之；恃財侮人者，財散人亦侮之。凌人實乃自凌，侮人實乃自侮，須知自反。

（十二）自欺欺人，最爲有識所鄙。天真爛熳，如天氣晴朗，人見之可喜，自身亦甚灑落。

（十三）遇困難而失敗，操持不可稍懈。經一挫折長一閲歷，前途當益呈綺麗，須奮起力追之。

（十四）物争最爲下劣品性。大丈夫當與天争時，與地争利，與世運争泰否，斯所争者大。

（十五）富同情心。

（十六）理想宜求高，實行不厭低。

以上種種，當時時懸掛心目，見諸實行。萬事成功，咸基於此。此爲偉大之精神。

二、正確態度之修養

（一）偉大之精神，實行發揮而出，即爲正確態度。

（二）言語所以發表意志，必須真由意志而出，不可虚假。

（三）衣服整潔。

（四）輕噪狂態，痛戒絶之。

（五）驕侈態度，如沐猴而冠，有類滑稽，徒資笑柄，宜力矯之。

（六）凡人之所以爲人者，禮義也。禮義始在正容體，齊顔色，順辭令，此爲立派態度之秘訣，宜記憶勿忘。

（七）朴訥與粗暴相似而大非，朴訥無害於理，粗暴兼害於事。

（八）恐懼傲惰，均不得其正。明理則恐懼之態自無，致敬則傲惰之態自去。

（九）不義之金錢不理之，威武不爲所動，不爲所屈。

（十）酒色美味，悉遠絶之。

（十一）體度勿呈曖昧，形容勿露圭角。

（十二）正確態度由主信義，重信仰。識見高超，意志確定，各種美德醖釀而出，故從事修養者當知内外交相養之益。

三、端嚴容姿之修養

（一）顔爲心之影，正顔色自正心始，色莊者終必敗露。

（二）美人美服，愈見其妍；醜婦美服，益形其醜。此語甚可玩味。

（三）天然美色，不假修飾，修飾者旋露本相。如美花美玉，天然色分外可愛。剪採作花，以蠟塗玉，隨即消滅。故大丈夫當不失本色。

（四）各職業有一定服制，須懍非法不服之訓。

（五）額傷而瘤，無損武士名譽；面目黧黑，無損農人名譽。

（六）手足指細爲亡國形狀，指大可以握國脈，勿以手指粗惡爲可恥。

（七）農人惡衣掬糞水，文人盛裝弄筆墨，相形似覺可恥。不知我能養人，彼藉人養如貓犬然，必待人而食。養人者貴乎？待人養者貴乎？

（八）温容足令人化，禮容足令人敬，二者必須兼之。

要之，容姿之端嚴，由主敬存誠而出。徒致飾於外，而不養其中，如登劇場、如上舞臺，百般修飾，一望而知其爲僞。從事修容者，當知修養之道。我農民有此根本覺悟，努力向上，斯爲真正人格云。

家格

人格之要素既如上所述，家格亦有三要素備述於下。

一、立派之家風

一、見義勇爲之家族

一、和協團欒之家庭

家格由人格發展而出，人格以敬意貫澈到底，家格以誠意貫澈到底。人格完全者，家格亦必圓滿。其構成方法可分言之。

一、立派之家風

立派之家風如何成立，歷徵名門舊家，其家法足以傳子孫而垂久遠者，具述於左，以資研究。

一、立派之家憲，若家訓、家語之類，内分成文、不成文二種。

一、祖先遺志與遺物，皆精神所留遺，能繼述保存。

一、盡瘁國家，盡力社會，代有傳人載諸歷史。

凡名門右族成爲立派之家風者，其先皆制定家憲，如家訓、家語之類，傳之無窮，其效果最爲顯著。我輩今日當各制定自家憲法，傳示子孫，永守中興之遺業，爲萬世不易之基礎，此所切望者也。

按山崎延吉氏所言，家格未經人道破。家憲二字，比附尤有味。國由家而積，不知有家，何知有國。《易》家人卦、《大學》齊家章爲最良家憲，有家者應共同永守。此外若《豳風》、《無逸》，爲姬氏家憲。蓋周家自后稷至公劉，以農事起家，千百年行之而勿替。孔氏家憲則更久遠，自契以人倫垂教，累世奉行，已五千年，爲全球所未見。三代後，若《顔氏家訓》、《温公家範》、陸梭山《正本制用篇》、張文端《聰聽齋語》、《恒産瑣言》、曾文正《家書》，均以農爲本務，屬成文憲法。顔之推生當喪亂，貴人巨族，方教子彈琵琶、學鮮卑語以媚事外人，顔氏則篤守舊學，甘爲時所唾棄而不惜，後子世孫若思魯、師古、杲卿、真卿、春卿輩，學問忠貞萃於一門，與教子媚事外人以博取一時富貴者，譬諸農人，收穫孰豐或歉，當有能辨之者。温公《家範》，執拗如安石，亦思取法。至陸氏《正本制用篇》，施之於國，施之於家，殆罄無不宜。積厚者流自光，宜英賢世出，三百年如一日，三千指如一人，爲有歷史來所罕有。桐城張氏、湘陰曾氏得其緒餘，家風均有可觀。此外不成文憲法，尤指不勝僂。惜山崎生於島國，未之知也。因所言家憲有理想而無事實，故附注於此。

二、見義勇爲之家族

家憲不僅以家族爲主義，若祖若宗如何勤勞國家、盡力社會，垂爲家訓以示子孫，子孫當服膺勿失，勵志繩武，先公後私，苟利國家犧牲生命勿惜，苟利社會犧牲財産勿惜，使播諸清議，曰：是某氏子也，某氏孫也。載諸信史，亦曰：是某氏子也，某氏孫也。先人芳聲因以不墜，是爲孝子，是爲賢孫。否則專爲一家一身計，買良田營華屋，舉凡公德公益事輒退避而不敢前，是爲墮壞門風。故振起家聲，即所以高其家格；頑固因循，非賢肖子孫所忍出也。

三、和協團欒之家庭

父子相親，夫婦相和，兄弟相睦，以爲一家和協團欒之美觀，如暑中得清風徐引，如寒極得春風扇和，爲人生一大幸福，家格亦隨之而高。否則父子責善，夫婦反目，兄弟鬩牆，經一度風波，增一番痛苦，凡百不幸皆由此出。世有不見信於家而見信於國者，未之前聞。

按山崎氏所言人格家格，皆吾國新進青年所不屑道者，然彼國治安若彼，吾國泯棼若此，以云幸福，不知幸福何存，以云過渡，不知彼岸安在。大道如青天白日，盡人可知，何背道而馳者滔滔皆是？邵康節云：“心静方能知白日，眼明始會識青天。”至此乃深有味乎其言。

社會教育述略

此次東游，於五月六日抵神户，二十五日復由神户乘熊野丸轉滬，往返不過二十日。除在舟車時日不計外，參觀學校僅十餘日，更無餘閒考察社會情狀。兹就沿途所親歷者，略約言之。

抵神户後，因憶前此至神户者盛稱楠公廟，遂往游焉。楠公朝[4]即日人所稱溱川神社，祀楠正成者也。日人以楠公比中國武侯、顔文忠、司馬温公、文信國公，崇拜甚至。楠公起師勤王，轉戰至此，捐身殉國，後人遂葬於此，故墓亦在焉。源光國題其碑曰：嗚呼，忠臣楠子之墓。碑陰贊文爲明遺臣餘姚朱之瑜魯璵撰，日本稱爲舜水先生者也。先生講學水户，倡尊王攘夷之説。日本王政復古，即權輿於此，故國人崇拜舜水，無異楠公。廟有古物陳列所，楠公肖像墨蹟，自作鎮宅。銅鈴寶符，身着兜鎧寶劍，手執指揮旗及戰争所經地圖均在焉。附陳舜水先生石印。摩挲久之，令人低徊而不忍去。十一日，游上野公園，縱覽博物院，大概如王韜王之春《東游日記》所述。十二日，游王子神社，中有乃木大將手書忠魂碑。十四日上午，游日比谷公園，内有公共運動場及演説場。下午，游九段坂靖國神社，規模閎闊，社内羅列多戰勝品。附近有公園，游人往來如織，園内樹有表忠碑。十七日上午，游東照宫。宫在上野山巔，四面蒼松喬木，蔭蔽天日。中甃石級曲折盤旋，兩旁皆樹石鐙。近寺以銅爲之，古色斑駁，前爲不忍池，亦名小西湖。池邊爲賽馬場，周圍數百畝。考東照宫爲德川氏家廟，德川氏反對皇室，冒大不韙，維新志士群起而顛覆之。國人以柄政二百餘年，尊崇儒術，功德在民，不忍廢其祀典，猶見公道自在人心。吾鄂反正，以種族之見，並曾胡彭楊諸祠而亦廢之，見此得勿爽然自失乎！順道參觀上野圖書館。館中附設閲覽室，計分四所，一特别閲書室，一普通閲書室，一臨時閲書室，一女子閲書室。另設有閲報處。室皆百餘坐，無缺席，或瀏覽，或抄胥，如銜枚戰士，如食葉春蠶。聞他館情形亦類是。回憶前參觀南通圖書館，館内藏書頗富，閲書處竟無一人。館長張君庸言，近來閲書人少，其原因有二：一、教員於講授之餘，從事表册及開會諸務，日無暇晷。學生功課繁多，兼事運動，根柢之學反無從過問。丁寧提倡此事，語次頗致感慨。後游杭州圖書館，館爲文瀾閣舊址，藏書共四十萬卷。當時閲書者僅二人，一閲李虚中《命書》，一閲《針灸資生經》。及登熊野丸，則舟中男女，凡屬日産，昕夕皆手執一册。後在火車電車所見，蓋莫不如是。此次特來圖書館，惆悵如有所失。昔原伯魯不悦學，仲尼決其必亡。即一圖書館而觀民智之高下、國力之强弱，已見一斑矣。正午游淺草寺。寺建于推古天皇三十六年，大化中僧勝海再加營構，爲東京極大蘭若。旁有蠟人院，運動如生，皆本國歷史人物。近寺有一公園，樹木蓊鬱，花木繽紛。旁有劇園，聞前亦流於淫靡，近則由内務省從嚴取締，一以懲惡勸善，有益風化爲宗旨。凡有功于國家者，皆于通衢中建立銅像，高聳雲際，令人一望而生崇拜之心。以吾所見者，若廣瀨、西鄉等。旅順一役，廣瀨捐軀衛國，以全忠孝。廣瀨死時，猶攜父影片曰："吾今而後，庶可見吾父於地下矣。"洵屬完人。若西鄉，則晚節有虧國人。以維新之功多資指臂，略其迹而原其心，葑菲之采不以下體而見遺，用意可謂深遠矣。

吾自神户至東京，一言以蔽之，曰：日本社會一以學問爲生活之社會也。觀其社會，可知其教育。教育不外德育、智育、體育三種，以吾所見各神社，皆表揚忠烈，各公園或刊樹豐碑，或建立銅像。瞻仰之餘，愛敬自生，則關于德育也。圖書館所在皆是，新書新報層出不窮，則智育也。公共運動場、賽馬場，則體育也。此外若道路之清潔，林木之整理，往來行人之有秩序。關於公共衛生，公共游覽之一切布置咸有條理，自然之教育令人潛移默化而不自覺，此關於積極方面者。至關於消極方面，則無茶肆，無賭局，室無詬誶之聲，市無囂張之氣，通學子弟不至沾染惡習。初以都會爲首善之區，故社會情形特異。及游歷愛知縣各町村，則設有敬老會、風紀改善會、修身會、矯風會、勤勞會、表彰美行會、精神修養會、一善會，非關于德育者乎？又有講習、講話、夜學、評品雜誌發行，補習教育、巡回文庫、視察旅行諸事業，非關于智育者乎？又有運動會，擊劍會，競技會，擊劍、相撲、武術練習，連絡軍人關于體育之訓練各項，非關于體育者乎？日風氣醇樸，較勝都會，尤易養成善良之習慣。聞諸友人曰：日本男女無别，種種穢行，國人亦深恥之。見吾國人，每自爲解説，謂本國鄉村風俗古禮猶存，與東京大别。東京風俗非本國故俗，乃沾染歐風；亦非歐美普通風俗，殆傳自旅館，慎勿視旅館風習爲全國風化也。余此次東游，館黄生文衡家，未寓旅館。所過京都、名古屋等處旅館，風習亦復不惡，故但紀其所見，未述其所聞。且攻人者在攻其短，師人者在師其長，我輩此次觀察，在舍其短而取其長，與政治家、軍人略異。甚勿疑排外之人，一出國門即作媚外之語也。

談　話

五月十日，與高君子衡乘高足電車至新宿，訪建部遯吾博士，黄生文衡任翻譯，自下午一時接談，四時始出。女公子進茶酒、食點數次，禮極周至。公子入學回家，出必告，反必面，對余輩亦鞠躬致敬。《曲禮》、《少儀》，中國幾無人不讀，實踐者蓋寡。不圖于異域見之，深滋内愧。余詰以先生，著有《世界列國之趨勢》，評判精核。今當戰後，世界趨勢較前有無變易，請示大略。

建部博士答曰：戰後之主題，世界之改造也。然此題尚非今日所能解決者，其理由如左。

第一，世界之改造，必以人類之改造爲前提。二十世紀人類之大病在專知利己，宗教乃拯之之一道。然宗教亦自頹壞，千九百七年馬克爾所調查宗教頹壞之事實足以證之。然則將希冀目下人類向上之志趣，以成就人類改造之業乎？是又不可得。蓋自大戰以來，全世界之人陷于一種心理變態，始而驚恐，繼而依賴，終而雷同，於是人之心理較戰前爲尤暗。所謂進步改善者，乃退步改惡耳。

第二，又將賴正義人道以改造世界乎？此欺人語也。試觀目下巴黎會議，所主持者乃霸力，非正義人道，是以對德講和條件雖極嚴酷，德亦不得不服從之。然他日德國勢力恢復，彼必主張其條件爲無效，蓋爲力所屈者，亦必藉力而求伸也。

第三，世界大同，固理想之所期。然國際統制則前途尚屬茫茫，觀國際聯盟之内容可以知之。

第四，民主思想乃由權利思想發達而生，非所以杜絶帝國主義即侵略主義而促進世界和平者也。蓋美爲民主國，而所行仍帝國主義。抑權利思想根於人之自覺，當人尚未自覺之時，專制猶可保持形式上之平和；及權利思想既發達之後，則决不可遏抑之。惟由個人方面而導於社會方面，益高其自覺之程度可耳。

第五，西力東漸，乃世界平和之一大恫嚇。昔則俄德，今則美矣。美于俄德潰裂、英法巨傷之後，傾其勢力以向東方，極可危也。日本不傾全力以争南洋而固屏藩，可謂失計矣。

余問：過激主義此時發于歐洲，將來恐有漫行全球之勢，防豫之方法若何？

建部博士答曰：此題有兩樣觀察。大觀之，則行過激主義之社會，必自趨于滅亡；細觀之，則不能任其奔馳自潰。於是有主張以思想解決之者，又有主張以法律解决之者。雖皆不無小補，然非當面之解决也。當面之解决法，則爲社會問題之綜合解决。此事尚在研究之中，若概言之，則防過激主義猶防傳染病，然强健體力乃其本計也。

余詰以美國假蒙羅主義實行侵略主義，自前總統羅斯福已有此主張，特采用老子術，不爲天下先，故此次參戰最晚而收效最大，使歐洲不自破裂則亦不能乘隙而入，今後東方國，若中國與日本各自覺悟，明唇齒相依之義，不自破裂，則西力東漸之禍或不至發生，亦未可知。高明以爲何如？

建部博士答曰：美用老子術，此言誠然。惟釁隙有兩種，其一爲消極釁隙，如我體重衹十五貫，縱極力奮張，所加重量亦無幾。其二爲積極釁隙，若啓釁是也。

十三日上午九時，與黄生文衡同謁井上哲次郎博士，與論所著《日本程朱派哲學及陽明派哲學之大概》。博士詰以中國現時講授修身倫理，宗旨如何，並謂德育問題爲施行教育者所最宜注意。余答：中國關于德育一節，有主張舊道德者，有主張新道德者，現時尚無統一之精神。博士謂：教育精神不統一，于國家前途進步頗有障礙。余因自陳私見，謂道德衹有真僞，無新舊，孔子爲聖之時，無論君主、民主國，均可適用。中國欲施統一之教育，除尊崇孔教别無主義。未審尊意以爲如何？

井上博士曰：此言極是。孔子人格完全，足爲萬世模範。此無待論，但須擴充其内容而光大之，能與時勢相應，乃不失孔子之真精神。余答以孔子真精神全在《易・繫》，有曰“變動不居”，又曰“變通者趣時者也"，又曰"變而通之以盡利"，斷無不能與時世相應之理。陽明善學孔子，亦在不立格式，惟取知行之合一。今因講孔學者多不能實踐，名爲尊孔，實則誣孔，是在采王學以補救之。博士極然此説，謂德育問題不獨中國此時當特别注重，日本亦尚在研究之中，最好合二國教育家，公同研究此問題。言之再三，又謂姚東木、吴摯甫二先生東游造訪，亦曾討論及此。

博士又謂：國民教育固屬重要，人才教育亦不可緩。以中國現時急須指導人才，因問大學辦理狀况。余據實以對。博士言：中國疆域廣大，大學須有二十區，今殊嫌寥落。又言中國地大物博，一經整理，無難與世界列强齊驅，極所希望云云。

十四日，與王君壽軒至帝國大學校，訪吉田熊次郎博士，黄生文衡任翻譯。

（一）問歐戰後教育之主要思潮如何

吉田博士答曰：美國杜威博士本實用主義之哲學，主張教育應以社會生活爲歸宿，而注重作業不特取其形式，尤須貫澈以精神。此爲戰後最有力之學説，有風靡全球之勢。又戰前德國凱善西台奈博士所主張之公民教育，亦甚有勢力，可與杜威博士之學説並行不悖。

（二）問戰後東洋教育應採如何方針

博士答曰：戰後之東洋教育，亦不能不協應歐美教育之趨勢。現今歐美各國皆極力講求增進國民能率之方，故如希臘拉丁語等勞而少功之學科，已逐漸削去。又作業之精神，在使國民澈底了解社會生活之實際，教育者不可不常留意于此。又廣義實業教育之擴張，及義務教育年限之延長，爲戰後教育之兩大問題。

（三）問中國採用平民教育應如何始無流弊

博士答曰：平民主義之教育，不外使國民遂其平等之發達，此主義乃民主國及君主國互宜採用者也。惟其弊往往陷於粗雜躁妄，致失平民教育之真意。鄙意以爲宜深知其意，不務博其名。蓋社會無論程度若何，必須有中心之人物立於指導地位。如謂人人皆成君子，此理想非事實也。

（四）問職業教育美德孰優

博士答曰：德國未受職業教育以前，所施之普通教育較久，且職業教育亦較有系統。然美國職業教育亦有自由應給之特效。

（五）問美國國内與菲力賓教育之差異

博士答曰：兩者之差，不外詳密與簡易，蓋内地較詳密，菲力賓則甚簡易也。

博士概論教育在貫澈永久，切實力行，不主隨波逐流，亦其識力獨到處。

二十一日，與陳君獻侯訪高瀨武次郎博士，黄生文衡任翻譯。自下午四時接談，九時始出。博士接洽殷勤，夫人前後進茶點四次，在旁檢理書籍，温惠有大家風。彼此各書字以爲紀念。去時天雨，夫婦冒雨執燈遠送，情意懇至，尤爲可感。博士著有《東洋哲學史》、《楊墨哲學》、《王陽明詳傳》、《王陽明新論》、《王學之修養》諸書，邃于東西洋哲學，而于姚江則崇拜尤至，嘗漫游中國，親至餘姚。關於姚江世澤遺蹟，如龍山公像及陽明像、綽楔陽明洞第一山均有攝影，陽明石刻及關於陽明一切著述，搜羅幾盡；又游湖南，購得陽明真迹，奉爲至寶，均由夫人檢出同觀。博士所藏王學派書籍，不下數百種。余覽其書目，如范彪西《廣理學備考》、鄭澹泉《今言》、湯潛庵《文集》、李穆堂《初稿》、《别稿》、《王子學譜》、王豐川《文集》均未列入。余言諸書與王學極有關係，穆堂著述尤極博極精，且爲之説明大概。博士深爲感謝。余言陽明深於《易》，先生邃於王學，必深通《易》理。博士遜謝，謂陽明簡易之旨即出于《易》，並出其師説以相示，大都如漢焦京、宋邵氏之流，詳於象數而略於義理。

余問：先生遍游中國南北，於中國教育想必精心觀察。就此時而論教育，應以何者爲先？

博士前此容貌甚爲和靄，至此忽露莊敬之容，正顔答曰：宜先謀統一。

問：統一之方法若何？

答曰：日本萬世一系，教育一憑教育勅語爲依歸。中國國體既改總統，四年一易，命令效力欲入人人身心，此頗難得，幸有萬世師表之孔子。孔子爲全球四大聖之一，世界共仰，無論中國。即以中國而論，漢學宋學各分門户，而尊崇孔子則一致。孔子爲中國道德中心，於政治上、教育上均有極大關係。余於民國元年至南京見孫逸仙，至北京見黄克强，均以此説進。黄克强亦有函答復。近閲報紙，見基督教人對於孔教多持異議，中國新進青年多從而附和之，此於統一精神大有妨礙。國基不能鞏固，此國家之大患也。

又言：日本變法初，國人醉心歐化，人心頗爲動摇。賴一般志士多能自覺，群起提倡國粹保存主義，東洋道德不至消滅，此舉爲力甚大。

又言：本國精神，本國人知之較爲深透，故基本教育不宜引用外人。中國於此點，似少注意。

又言：教育事業非可收功於旦夕，必須全神貫注，始終其事。中國終身教育事業者蓋寡，當道亦輕於易人，此兩失之道。

又言：中國爲人才淵藪，素重學問。現時非無學問之人，因當道不重學問，有學問者遂潛伏而不出。

余言：精神文明當與物質文明互相調劑。此次歐洲戰禍，死傷人至二千萬以上，爲有歷史以來未有之浩劫。物質文明爲禍酷烈若此，若再接再厲，無道德爲之調劑，全球人類恐有物質文明驅除之一日。先生富於東洋道德，并嫻西洋文字，如以孔子學説介紹歐美，則不獨東洋之福，而亦西洋之幸。尊意以爲如何？

博士答曰：此事余有同感。因檢示美人兼姆博士所譯《大學》、《中庸》，英人都格拉斯教授所著《孔子教》及《老子教》，喀兒所譯老子《道德經》諸書，謂歐美人近來思想與東洋道德頗有接近之勢。

博士宅前後皆園林，花鳥池魚，天機一片。書室門楣篆“致良知”三字，室内圖書滿架，中懸有“復我唐虞世”額，歷史家賴襄題。又有“温良恭儉讓”五字，則吾國吴摯甫先生手書。靖節目中無漢魏，博士精神殆遨游三代上矣，吾國文明爲外人傾慕若是，不知自寶貴，何故？陽明云："舍却自家無盡藏，沿門托鉢效貧兒。"讀之令人感喟不已。

書文部省次官南弘卷

西力東漸，具有掀天揭地、排山倒海之勢。地球之上存留者，僅亞洲一隅耳。亞洲地圖變色者已十分之六，存留者僅中華、日本、波斯、暹羅耳。波斯、暹羅卑卑無足道，環球中能與西人抗顔行者，左顧右盼，僅中日兩國耳。中國因爲愛新覺羅氏所竊據，不能吸收西洋之文明，國勢日趨孱弱，廿年以來，令日本獨爲其難。黄帝子孫由懼而覺，由覺而愧，由愧而奮，不得已而有武昌一役。於是求學於日本者駱驛於途。初以爲日本之文明，西洋之文明也。繼而博考深究，始知日本巍然獨立於世界者，固自有東洋文明存焉。西洋之文明爲何？物質是也。東洋之文明爲何？道德是也。有物質而無道德，則所謂文明者乃殺人之文明。殺人者，終必自殺。故此次歐洲大戰，以大巧而釀成大禍，爲亘古所無。物質文明之結果如斯，今者近東問題决矣。若無道德文明以濟物質文明，轉瞬遠東問題發生，其演出慘劇恐愈不可思議。西國不乏見微知著之士，聞吾道德之説必有勃然而興起者，患在無人爲之介紹耳。同人此來，意在分扶桑之光耀照我神州，而尤所希冀者，則在發展東洋之文明，鼓吹東洋之文明，使世界知人道正義爲東洋特産，殺人之事不至再見於世。東邦人士有起而肩其責者乎？吾將拭目而望，太平之有日矣。

同人謁文部次官南弘，次官出手卷索題詩文。自愧筆窳墨慵，無以應命，竊思物質文明中藴有異毒奇禍，一經觸發，即足傷人。此次歐戰，二十年前已早見及，曾刊入《戊堂修身講義》。蓋物質爲物欲導綫，最足錮蔽聰明，如飛蛾然，争趨光明而自忘其生命。此次游歷内地，謁張嗇翁、沈乙盦、唐蔚芝、陳善餘諸先生，縱談及此，所見略同。至日本訪井上、高瀨、服部諸博士，亦以此義相質，均有同感。余非有惡夫物質文明也。在吾中國，方當提倡之不暇，但善用之則足以致福，不善用之則足階禍。惜日本能知此義者寥寥耳。吾爲遠東懼，迅筆書此文字，工拙所不計也。

【校記】

〔1〕中國國家圖書館藏《東游紀略》中，“候”勘誤作“侯”。

〔2〕此處數字後脱“元”。下同。

〔3〕中國國家圖書館藏《東游紀略》中，“圖”勘誤作“圓”。

〔4〕北京大學圖書館藏《東游紀略》中，“朝”勘誤作“廟”。

佚文拾零

編者說明

《佚文拾零》卷輯存劉鳳章著述三十一篇。這些雜著文章散見於民國時期的書報、期刊、族譜及歷史檔案等資料之中（詳見各篇的篇題脚注），係編校者首次搜集整理，其編排次序不拘於時間先後，按諸篇内容特性而定。

目　録

論倫理學當以孔教爲基礎[①]

（一九一五年）

上

修身倫理一科，泰西各學校多代以宗教。中國儒教，向以孔子爲大宗。自新學日昌，尊孔子者遂謂宗教主神道，孔教專重人事，以孔子爲宗教，實誣孔子。不知國必有教，教必有宗，謂中國爲無教之國斯已耳。如以爲有教，舍孔子其誰宗乎？嘗考泰西大政治家、大軍人、大冒險家，大都出於宗教，誠以有宗教斯有信仰，有信仰斯有能力，有能力斯能犧牲其身。中國人民號稱四萬萬，若心無宗主，一人一義，十人十義，則四萬萬其人即四萬萬其國，日言合群實日見解體，即空言愛國。試問：中國自開闢以來，所可愛者何人？所當愛者何事？皮之不存，毛將安附？

抑孔子者，又謂中國之衰自漢武罷黜百家，專尊孔氏始。日本遠藤隆吉《支那哲學史》首倡此説，中國新學家多附會之。不知孔子之教，本乎大中，順乎時宜，應世則無適無莫，處事則毋固毋我，道而兼藝，文而且武，四裔之學亦采，百家之長必録，徵諸西人進化之學，實無障礙。如謂思想不可束縛，宜聽自由。然天下有信教之自由，無毁教之自由。蓋人心雖不可束縛，人心斷不能無範圍。試俯察乎地，自由于水者莫如輪舟，然不遵航路則飄流何極；自由於陸者莫如瀛車，然不循軌道則傾覆堪虞。仰觀於天，如行星繞日，可謂極自由之能事矣。然向空旋轉，各循躔次，億萬年永無差忒；使稍有凌亂，則古之所謂四極廢、九州裂者，不免實有其事矣。是知有奇絶之思想者，仍貴有不易之準則。泰西科學日益昌

---

① 據北京大學圖書館藏武昌中華大學 1915 年 5 月 1 日出版《光華學報》第 1 年第 1 期《論叢》第 1～4 頁。

明，猶以宗教範圍人心者，職是之故。

考全球所謂宗教家，專指帶迷信性質者而言。近來，泰西哲儒知民智日鑰，迷信决難久存，有倡議以哲學代宗教者。日本井上哲次郎，則擬以道德代宗教。夫環球哲理之精深，有過於孔子者乎？道德之高尚，有倫於孔子者乎？况宗教二字，依中國訓詁解釋之，實無迷信意義。蓋所謂宗教者，即教之宗主也。教以孔子爲宗，則有智信無迷信，實爲環球無上之宗教。《中庸》一書，闡明教旨，至爲深邃，而論其終極，則舉至誠以配天，殆明明示孔子爲萬世之教宗乎！

下

中國至今日不振甚矣！世儒求其故不得，多遷怒孔子，甚以秦政愚黔首之策，歸獄孔子，而引《論語》“民可使由，不可使知”爲證。不知所謂“可、不可”者，乃“能、不能”之謂，非命令禁止之辭。孔子蓋傷國民知識卑下，於國家立法之意不能見及精微，故不勝代爲慨歎。日本明治法學會，著論以闡明其義。儒者不察，妄事詆諆，或曲爲解釋，均失之遠矣。

或者又謂孔子生於專制時代，故言政言學，多爲專制君主所利用，不知孔子《春秋》明三世，《禮運》别小康大同，因時制宜，義各有在。觀《大學》平天下章，不言君主而責重一个臣，與現今責任内閣制將毋同。又言“民之所好好之，民之所惡惡之”，與所謂與民同意者何殊。其繫《易》，有曰：“群龍無首，天下治也。”其心傾向共和，尤昭然若揭。特進化必有次第，未至其時，固不敢輕言以召亂耳。

陸子曰：“東海有聖人出焉，此心同，此理同；西海有聖人出焉，此心同，此理同。推諸南海、北海，有聖人出，蓋莫不同。”嘗徵諸日人中江藤樹、德人花之安、法人沙理曼等所云，藤樹始就學，讀《大學》：“自天子至於庶人，壹是皆以修身爲本”，作而歎曰：“幸哉此書之存，聖人豈不可學而至乎？”因淚下沾襟。花之安謂：“五百年後，孔教將徧行全球，而天主、天方終將歇絶衰微而不能自振也。”沙理曼云：“幼時聞所謂耶穌者係屬好人，理當奉敬而已。及長，而讀其教旨之書，兼讀孔孟之書，始知孔孟所言綱常大義，其理平而且正，乃歷之萬古不能磨滅者。”日本研經會亦言：“道德莫尚於孔子，大定之日當風靡全球。”高橋博士言：“日本皇統一系萬葉，德澤浸入民心，故學生修德之基，一憑《勑語》爲依歸。中國有孔子教，至明至大，不落空遠，不陷奇怪，而旨深理邃，誠人生良訓也。孔子生於中國，爾來數千年，教旨漸入人心，以爲世界無二之道，猶西人信西教，實足爲修德之基。”民國成立以後，如俄伯爵蓋沙令、英發明家麥斐斯脱、衛西琴等均决言，中國之命繫於孔教，其辭甚詳，不勝枚舉。其言益信而有徵矣。是中國當宗孔子，在外人已有定論。乃醉心歐化者流，奴隸於外人而自誣其先祖，不惜舉中國數千年國粹，一舉而廓清之。嗟乎！滅人國者，必滅其宗教，滅其歷史，滅其語言、文字、風俗。今人未我滅而先自摧殘，吾爲此懼，故不憚長言之也。

按：倫理學當以孔教爲基礎，日本有賀博士嘗建此議。但鄙人此論，實發生十年以前。民國元年，初任講席，復昌此説。今雖尊孔之聲，洋洋盈耳，然反對讀經者，滔滔皆是。吾不解經學之爲害，竟若猛獸洪水也。昔老子以孔子以辨是非明仁義爲大迷，我輩今日，不順潮流妄逞臆説，亦正執迷不悟耳。鳳章自記。

中華大學第二次畢業式演説詞①

（一九一五年）

敝人與諸君處於茲三載。諸君之勤勉，固所深知。然學問無涯，豈可遂云畢業？惟望諸君仍繼續在校中勤勉之心，以求我在校中之所不知，則向之所知益熟，而運之以應世；向之所不知者，亦將逐日輸入而無窮，則吾人之學業庶有臻於滿美之一日也。然則今日畢業，非真畢業，不過求學之所必經之一階段耳。

---

① 據武汉方志館藏武昌中華大學 1916 年 1 月 7 日出版《光華學報》第 1 年第 2 期《附録・演説詞》第 14 頁《本大學第二次畢業式》載 1915 年 7 月 1 日《劉學長演説》。

觀古人比學如海，或比如九牛之毛，學問之真義，可想見也。然而吾人今日當如何？必也持其志勿餒其氣，勇往直前，超越吾人今日所歷之階段，而登此上之階段，遞登不已，方可達到最初之目的地。

然爲學無宗，猶冥行也。各國學者皆有所宗。吾國學宗，端推孔子。孔子之道，放之則彌六合，卷之則退藏於密。故百子之精華，皆孔教之所固有。即今日之新學，推其極亦無能外其範圍者，是孔子乃正朝夕之北辰，學問之指歸也。

諸君今日後，雖各人之操業均視性之所近，然存心行事、持己接人之際，尚其以孔教爲歸宿。學法政者，尤須有不忍人之心。方不負敝人所希望諸君者，而於本校之校訓，亦庶不相畔耳。

師範教學之改進意見①

（一九一五年）

歐美人民因受教育而得生活，吾國人民因受教育而失生活。受國民教育及普通教育者無論已，甚至受專門教育者亦然。受文科教育無論已，甚至受實科教育者亦然。如以爲讆言，則由甲乙實業學校畢業姑不具論，試觀由高等學校畢業能謀生活者，幾人乎！

蓋吾國教育二千年以來，皆以造成官吏爲目的，此項深毒中入骨髓，如沈痼之不能起。象山先生所謂千百年無一人有志者，以此。今欲立起沈疴，非大聲疾呼以教育促進實業，以實業補助教育不可。至謀精神之統一尤爲要著，否則墨子所言“一人一義，十人十義”，四萬萬其人者必至四萬萬其義。欲求國基鞏固，如南轅之北其轍，勢必不能統一，方法端在尊孔。

蓋孔教廣大深遠，無所不包，演《禮運》大同之義於國體，既無

① 據中國第二歷史檔案館編《北洋政府檔案》第93册（教育部第5册）第544～546頁影印《各省師範學校爲師範教學之改進意見·湖北省立第一師範學校》，中國檔案出版社，2010年12月第1版。

齟齬，徵“禮失求野”之文於科學，尤無妨礙。此義在東西哲儒多深知之。中國至今言教育者，彼亦一是非，此亦一是非，方针迄不可定。國魂既失，國基何由而尊？此本校職教員對於尊孔一節，一致主張者也。

至關於改進方法，近日教育家有分國民教育與職業教育爲二者，有合國民教育與職業教育爲一者。本校職教員則以國民教育之精神，貴有職業教育之傾向。教育者當使人智其智，勇其勇，尤當使人樂其樂，利其利。三代上大聖，兩漢大儒，莫不注重職業。此意自非言國民教育者所能曉。若日本前文部大臣尾崎行雄氏言，教育者當求增加生産之國民，減少消費之國民。此語則從事教育者所宜牢記。今日言教育者輒主普及，竊以職業教育不能發達，普及之説終成畫餅。

欲提倡職業教育，必自師範學校始。師範學校當另闢學校園，廣植果木，俾畢業學生從事教師，播種子於四方。學校旁各另闢一園，每園能植果樹二三百株，年即可收利數百串，手工科注意社會適用品，年可獲利百餘串，學校即可成立。此外，更須掘塘養魚，拓地樹桑，因地制宜，妥籌辦法，切實行之。既可令學生習勤勞，兼可爲學校儲基本。行之十年，自有成效可睹。願主持教育者，勿河漢斯言也。

建議呈請通令各校配置講經讀經案①

（一九一五年）

鄂支會主任幹事劉鳳章建議
總會編輯員　　紀景福代陳

民國以來，各校廢經久矣。甚有私塾讀經，地方官嚴加禁制，斥爲

① 據北京首都圖書館藏 1915 年上海出版《孔教會雜誌》第 2 卷第 1 號《議案・第二案》第 3～9 頁。

破壞學章者，怪象百出，無處無之。近教育部雖有採取群經菁華，編入教科，一以孔道爲歸之議，似嫌割裂聖經，將來必生數典忘祖之弊。幸尚未公布。本會闡揚孔教，自應以保存聖經爲先務之急，經存教存，經亡教亡，擬請及時分呈參政院、教育部，以圖挽救。事關國粹國本，保經即所以保教，保教即所以保國，關係至爲重大。謹略抒管見，草擬呈稿，理合附案。陳請公決施行。

右第二案，審查宗旨與第一案相同，而辦法稍異，前案既通過，此案應歸併，將呈文相同之點、可用之處，採擇請願，一致通過。

擬請參政院、教育部通令各校配置讀經講經鐘點敬陳管見由

爲請通飭全國各等學校，一律支配讀經講經鐘點，敬陳管見事。竊維國於天地，必有與立。數典忘祖，昔賢所譏。神洲古國，開化最先。三五以降，聖神代作。凡載籍所傳，覺世牖民、論道經邦之術，燦然具備，其大者尤莫著於經。方今東西諸國，競言國粹。國粹之絶續，國運之亡存係之。經學者，中國國粹之源泉也。蓋六經之源，皆出古史，孔子修之，遂以立萬世人道之極。秦漢以降，治不古若，國粹所寄，舍經末由，此不得執泰西進化之説以相例，而存薄古愛今之見也。今民國建立，閲三載矣，内亂敉平，治具日張，惟國民道德墮落尤劇於前清之季年。揆厥所由，匪惟歐西偏駁學説之輸入有以啓之，抑亦學校課目先已廢經，以致士論從風而靡，藩籬盡撤而無以持其後也。且我國設學立教，固嘗尊孔爲前提矣。經學廢則孔教廢，孔教廢則中國之倫理道德廢，拔本塞源，何以爲治？今之育才，一出學校，倘不於全國各校配置讀經講經鐘點，欲國人之知有經學，知有孔教，何可得也。故大總統有鑑於此，前於孔道會請令各校講經讀經一節，即交教育部通飭施行矣。乃遲之又久，未見明文，群疑滿腹，無所適從。是教育部未嘗以經學爲各校所必需，而猶涉遲疑之見也。不揣擣昧，謹一抉其利病所由然，爲大院大部陳之。

蓋向之主持學校廢經者，綜其理由，約有數端。

其一以爲時勢變遷，政體更易，群經之義理，不合於今日之趨勢也。不知先聖傳經，本以明道制治，代更而道則不變。苟得其道，則經義原本忠孝，善推之，即足以立共和之國基。如失其道，則新學流弊滋多。曷嘗因噎廢食，必膠柱而鼓瑟，亦安往而非病！況學校習經，所以涵養德性，非預期政治之效果乎？則謂經學不宜於時事者，誣矣。

其一以爲經義高深，經文古奥，非中小學校學僮所能悟也。不知聖人垂訓，言近指遠，見淺見深，各因其人。故揚子雲稱："聖人言近如地，六經翼世，皆布帛菽粟之文。"況各學肄習，皆有次第，加之講授，何患不心領神會，則謂經學不宜於中小學校者謬矣。

其一以爲經學浩博，講誦需時，學校習經，恐有妨於科學之課程也。不知經學之繁，繁於傳注箋疏之轇轕。專肄經文，則無此弊。班志稱古之學者耕且養，三年而通一經，十有五年，而五經立，故用力少而蓄德多。夫不妨於耕養，豈有礙於科學？且前清各校皆注重讀經講經鐘點，民國新章始行廢棄。而國文鐘點則有增加，豈知舍經學則國文一無根柢，豈非兩失乎！令中小各校每日以一時肄經，固不致多費日力。至大學專科，尤爲獨立性質，則謂各校肄經有妨於科學者過矣。

至今之輿論，亦有主持學校肄經者，知經之不可廢矣。乃謂不必誦習全卷，宜延通儒酌加刪削，擇其不悖於今日之時勢，爲人道所必需者，編成各級教科書以備誦習。是爲騎牆之論，亦不可從。微論宣尼不生，無人敢言刪定，且今之讀經講經，非但以其禮義之不可廢，亦藉以維繫人心，尊崇聖道。若妄爲擬議，重加編輯，形式全非，精神安寄？爲此説者，蓋有尊經之心，而猶懾於前三者之説，所謂失之毫釐，差之千里者也。按前清庚戌新章，初等小學讀《孝經》、《論語》，高等小學讀《大學》、《中庸》、《孟子》、《詩經》、《禮記》節本，中學讀《春秋》、《左傳》、《書經》、《易經》。大學經科分十一門，群經略備，而以四書爲通習之科。此其規定未盡適宜，令斟酌其意加以變通，擬於初等小學專誦《孝經》，高等小學讀《論》、《孟》、《學》、《庸》、《詩經》，中學讀《禮記》、《書經》，而以《易》與《春秋》、《周官》、《儀禮》、《左》、《公》、

《穀》三傳列於大學經科。綜其義例，可得而言。蓋初等小學，本以教十歲以下之兒童，實無從驟語經義，惟《孝經》篇幅最短，而關係我國倫理者尤鉅。我國人倫道德千條萬派，皆發源於孝，所以與東西各國異而爲固有之特質。《孝經》大義在天子、諸侯、卿、大夫、士，皆保其天下國家，其祖考基緒不絶，其子孫爵禄罔替，庶人謹身節用，爲下不亂。如此則天下世世太平安樂，故曰："先王有至德要道，民用和睦，上下無怨。"而荀爽對策，以漢制使天下誦《孝經》，即孔子教弟子入孝出弟之義，此初等小學專誦《孝經》之義也。《論語》一書，聖人之一言一動，與夫群弟子之講習討論俱在其中，故趙岐謂《論語》爲五經之錧鎋。《孟子》七篇，私淑孔子，别義利之塗，陳王霸之辨，尤足以挽今日人心之陷溺。《大學》備述修齊治平，而程子以爲初學入德之門。《中庸》陳義甚深，而亦不越日用常行之道，故宋儒配爲四書，以其爲德育之根柢也。而詩道性情，固小子所當有事，此高等小學宜讀《論》、《孟》、《學》、《庸》、《詩經》之義也。《詩》、《禮》二經，同見於孔氏過庭之訓。第《小戴記》文較繁，非小學所能卒業，而荀子至以讀《禮》爲儒學之終。《尚書》本記言之史，備載二帝三王之訓典。子夏稱《書》之論事，昭昭如日月之代明，落落如參辰之錯行，正不僅高語心法已也。此中學宜讀《禮記》、《書經》之義也。昔孔子作《春秋》，而有知我罪我之言。《史記》稱孔子晚而喜《易》，《文中子》曰："《春秋》斷物，志定而後及也；《易》以窮理，知命而後及也。"故《易》與《春秋》，非淺學所能驟窺；及《儀禮》、《周官》、《左》、《公》、《穀》三傳，皆經生專門之學。普通誦習，則勢有不能，竟東高閣，則道將墜地，此大學宜復設經科兼習群經之義也。至中小學校，兼有音樂科目，除高等小學講讀《詩經》外，並可將經文譜入樂歌。令各校肄習，亦足以宣導和平，扢揚風雅者也。

綜上所述，舉群經原文，分肄於全國各校，無割裂改訂之嫌，無廢稽時日之懼。且與校中科學，兼程并進，初無窒礙，以保國粹，以正人心，以崇聖道，一舉而數善備，誠百代之良規，不朽之盛事也。

伏惟大院大部闡揚文化，博稽衆論。苟有一言之當，足以宣揚國光，矯正時弊者，無不立予甄行。所有請飭全國各等學校一律支配讀經講經鐘點等事，是否有裨，諒邀鑑察，不勝迫切待命之至。

中華大學第三次畢業式演説詞①

（一九一六年）

上略。

謂今日爲諸君修業最終之日，亦爲諸君將來進德發軔之日，良足賀也。鄙人所願進一言者：學問之道，其深廣猶江海之無涯畔也。故雖至聖大賢，不能畢其業。諸君此次所謂畢業者，實際不過修業之一階段，豈真畢業耶？故諸君務宜努力進修，造成人格。

陸象山先生云："學者，學爲人也。"夫人者非僅具四肢五官之謂，乃知行合一之謂也。今鄙人之所希望於諸君者，亦在求爲社會上一真人而已。欲求爲一真人，必先求真學問。有真學問，斯有真樂趣。於是而富貴不能淫，貧賤不能移，威武不能屈。諸君勉之，予日望之也。

《孝感文徵》序②

（一九一七年）

吾國有文字，蓋四千餘年。在黄帝時，蒼頡著鳥書，沮誦著雲書。論者謂蒼頡書直行，中國祖之；沮誦書斜行，西國祖之。近因世變日急，

① 據中國國家圖書館藏武昌中華大學 1917 年 5 月 7 日出版《光華學報》第 2 年第 3 期《僉載》第 116～117 頁《本大學第三次畢業記》載 1916 年 6 月 26 日《學長劉耘心先生演説》。

② 據湖北省圖書館藏 1920 年孝感徐氏《聽竹廬叢書》之三徐焕斗（字星槎）纂《孝感文徵》第 2～3 頁《劉序》。

憂時之士，憤中國之弱、西國之强，中國之拙、西國之巧，遂疑中國之政教，無一可保存；中國之英賢，無一堪則傚。更其甚者，則直欲舉中國舊有語言文字，剗夷而廓清之，一切同化於外人。

嗚呼，中國自古以來，亡國者以十數計，而文字未亡。文字不①亡，則人心不亡，而國猶可復。文字亡，則其國永亡矣。夫鍾儀操土音，莊舄爲越吟，一二人之謳歌，何與國事，而君子多之。晋代兒郎效胡語，宋末學子肄蒙文，一二人之趨向，何關時局，而君子憂之。噫，我知之矣。《書》不云乎："惟土物愛，厥心臧。"况文字爲性情忠愛之所從出乎！

孝感徐君星槎，權漢口警務，公餘著有《漢口小志》，玆復編本邑文徵。自有明始，爲卷十有二，爲文五百首。書既成，索序於余。余維今中國情勢，蓋文字斷續存亡之秋也，如晋宋二代學爲奴隸者滔滔皆是。而有鍾儀、莊舄其人者，則舉世大駴，目爲迂怪。徐君獨不避叱唾，一意孤行，可謂豪傑之士矣。雖然，吾猶有説。文之至精粹者，莫若經史子。二南均在楚境，是當時女子亦吐辭爲經焉。若倚相能讀三墳五典、八索九邱，則史學肇焉。鬻熊爲文王師，著書言忠敬和嚴之旨，又爲子家所自始。

孝感爲吾楚名區。在明若唐子謀、楊夷思、程後臺、程荆庭、张文宇諸先生，均爲姚江嫡派。在清若熊文端、彭松友、夏觀川、涂燮庵、胡牧亭諸先生，均爲伊洛正宗。其文即非經史子，而亦經史子所浸潤而出也。

使當周室以後，有元以前，代有徐君其人者，裒集成編，其增光吾楚當何如？今則《論語》用以當薪，六經取而覆醬，一般時髦②，殆人人有屈蒼頡伸沮誦之志。而徐君心之所繫，目之所游，手之所編，獨津

① "不"，上海圖書館藏1934年《軍需雜誌》第25期《文苑》刊《孝感文徵序》第1頁，作"未"。

② "醬，一般時髦"，上海圖書館藏1934年《軍需雜誌》第25期《文苑》刊《孝感文徵序》第2頁，作"瓿，萬事趨新"。

津有味於鄉先生之著作，非一念愛敬之心所自出耶？是心不死，中國不亡。敢以質之識微憂時之君子！

中華民國六年八月黄陂劉鳳章撰

劉鳳章稟報養正小學情形折[①]

（一九一八年）

黎大總統鈞鑑：

敬稟者，今春胡君人俊南下，曾請代稟學校一切情形，想已轉達主座。比時因銀行利息清單尚未抄出，究竟年息應得若干，尚無確數可查，以故六年度下學期計算書遲延未上。本年四月底，始收到該行清單，截至陰曆丁巳年十二月止，合年息紅利共錢貳千肆百貳拾捌串伍百柒拾文。除認該行每月預支子金錢捌拾柒串柒百肆拾柒文外，尚存錢肆百肆拾串零捌百貳拾陸文，仍付該行作股本叁百元，合錢肆百貳拾捌串伍百柒拾文，餘拾貳串貳百伍拾文，列入七年計算書新收項下。所有該行送來清單及股本收據，理合彙齊附粘計算書内，敬請鈞核。

鳳章竊有請者，學校辦法，精神與形式原宜並重，本校因爲款項所束縛，關於形式方面不能過求完備。若不竭力提倡精神，恐大負主座興學育才至意。每一念及，悚惕萬分。幸開辦三年，各教員訓育殷勤，始終勿懈，校風雍睦，幾爲全省冠，因此頗爲社會所信任，世家子弟均願來學。本年尤形踴躍，名數已達百人以上。各教習勤勞，似不可没。查東西各國優待小學教員，有年功加俸、慰勞金、退隱料，暨豁免子弟學膳費種種辦法。現生活程度日益加增，本校教員薪水比較官校較從儉約，在各教員淡泊自甘，從未計及錙銖。

鳳章上體主座振興教育德意，下體教員研究教育苦心，旁採歐美待

① 《北洋軍閥史料·黎元洪卷》第9册第1076～1081頁，天津古籍出版社，1996年2月出版。

遇教員方法，非特別鼓勵，似不足以淬精神而開風氣。擬自本年起，按照每月薪水數目加送一月，以作慰勞金；教員有帶子弟入校者，每名月給火食費五串文，每員以一名爲限。此時教員均無子弟入學。似此辦理，安其心即可作其氣，於教育前途關係極大。

又，高等小學照章可加英語一科，已請前鑛業學堂學生劉行治兼授，每學期送車費貳拾串文，不另支薪。

以上所陳，是否有當，敬請鈞核。

恭叩

崇安

私立養正國民高等小學校校長劉鳳章謹呈

計呈賫六年下學期、七年上學期計算書各壹册，並銀行清單貳紙、收據壹紙。

節録黄陂劉岱樵先生與洗心社某君論孔教書①

（一九一九年）

上略。

愛國必自愛孔教始。某於二十年前即持此説。清宣統三年中央教育會議，民國四年師範校長會議，均以此説，號呲於大衆。奈聽者咸褎如充耳，目笑存之。

晚近來，教育重要機關，教育發達地方，往往摧殘大教尤力，幾若孔教爲文明之大障礙者。日號於衆，曰國亡國亡。日號於衆，曰愛國愛國。不知國何因而致亡，己所愛者，果屬何國！

顧亭林云："有亡國，有亡天下。"中國之亡，已十餘次矣，而天下未亡。天下未亡即國魂未亡，國魂未亡即國土終復。五胡、遼金、蒙古、

① 據上海圖書館藏1919年《來復報》第87號《文苑・文録》第39～40頁。

滿洲，能以兵力滅中國；然當滅中國之時，彼國即爲中國所滅。蓋孔教之精神凝聚國民之腦海，兵力能消滅有形，不能消滅無形。彼之精魂，既爲吾所鈎攝，而軀殼遂不能久存矣。日本有賀博士謂，此爲世界無比之文明，繼紹爲中國之特徵。何以東西人眼光，均未見及。某以東西人眼光未見及，無足怪；中國人亦未見及，則可怪。中國下流未見及，無足怪；至自負先覺，共推爲大教育家者，亦未見及，則大可怪！日日曰國亡國亡，國究因何而亡？聲聲曰愛國愛國，畢竟所愛何國？念及此，能勿效賈長沙之痛哭流涕哉！

松柏後彫於歲寒，雞鳴不已於風雨。天下事可以一二人敗壞者，亦可以一二人而振興，遥企河汾神魂飛越。晋省爲中國文化所自起，今日一綫之延亦在晋省。閻公計畫，有宗旨、有方法，若能自强不息，循序漸進，十年後必大可觀。今日能爲自治模範者，在縣則爲南通，在省則爲山西。西儒衛西琴君，前至南通。近聞講學山右，一以提倡大教爲宗旨。此亦泰西異人，吾道之干城也。

下略。

湖北省立第一師範校長劉岱樵致劉仁航函[①]

（一九一九年）

靈華先生大鑑：曩歲拜讀大箸，如坐春風，胃[②]懷灑落，怡悦不可言喻。次奉箏札，並頒著述各種，莊誦一過，如聽孫公説法，足令頑[③]石點頭，鎖佩無極。

世局至今，已不可説，欲圖自存，舍却地方自治别無方法。章程及宣言所載，背弟意中祈有[④]，筆下所無。月餘以來，已逢人説項。國慶

① 據上海圖書館藏1919年《民治報》第3期《通信》第8～9頁。

② “胃”，當爲“胷”（胸）。

③ “頑”，當爲“頑”。

④ “背弟意中祈有”，疑爲“皆弟意中所有”。

日曾抵天津，向前大總統黎公有所陳説，亦荷贊成。連日向省會提議，情形亦復相同。

敝縣知事謝鑄存君，刻擬選送衛之淇、彭君覺二紳前來肄業。二君皆一邑人望也，俟首塗時，當先有函奉達。

附呈拙著《東游紀略》一册，聊博一粲云爾。

肅此奉復。

敬頌

道安

弟劉鳳章　啓

節録《校長訓詞》①

（一九二〇年）

諸生出門，即擔任教育。教育術語，鄙人記得不多，僅有六字，願以奉贈。六字爲何？即學不厭誨不倦。諸生勿以此六字爲平常，此是孔子終身行之不盡的。

更有二字望諸生牢記着的，此二字爲何？即此次修身試題“真實”字。象山言“千虚不如一實”。諸生看今日，幾件不是虚的？譬如口説愛國，便要具實心，求實學，營實業，增進勢力，這才是與國有實際的。

從前郭筠説得有，中國自宋朝以來，人人都是尚虚談，争虚氣，弄得把天下屢次送與外人，就是這個緣故。諸生要知道此言真是不差的。兒童腦筋，本是虚空的，諸生務將一實字，灌入兒童腦筋，使步步向實地踏去。

---

① 據 1920 年 4 月《湖北省立第一師範學校校友會雜誌》第 1 期第 1 册第 4 頁《校長訓詞》，轉引自湖北人民出版社 2014 年 10 月第 1 版《百年薪火 桃李芬芳——武漢城市職業學院校史》第 50 頁及 53 頁節録劉鳳章 1920 年 1 月 18 日在湖北省立第一師範學校第五次畢業典禮上的講話（《校長訓詞》）。

節録劉耘心與武昌高師某君談話[①]

（一九二〇年）

敝校不主張罷課，非不愛國，意在切實向學，作異日救國之預備。鄙人與敝同學所見均在此，不代表亦以罷課不得已之苦衷相告，宗旨不同，各不相入。

原載1920年5月1號《漢口新聞報》

上吴巡閲書[②]

（一九二三年）

聞將軍邃於《易》久矣，初未之敢信。蓋以世俗所謂知《易》者，大抵如焦、京、管、郭之流，用以推測休咎，而於絜淨精微之旨，未必有合也。

頃閲《來復報》，記將軍與趙竺垣廳長語及《易》，謂近年極喜讀《易》，深悟治亂之理：大抵陽剛用事，則小往大來，其此恒治；陰柔用事，則大往小來，其此恒亂；陽勝陰則紀綱振，其此恒治；陰勝陽則綱紀紛，其此恒亂。讀《易》可知治亂之道，并知君子小人之分。寥寥數語，一部《易》理，幾該括無遺。虞伯施曰："不讀《易》不可爲相。"樓迂齋曰："不讀《易》不可爲將。"將軍邃於《易》理如此，不獨具戡亂之才，而且裕致治之略矣。

雖然，《易》理至精賾，至變至神，固有典常，而究不可爲典要。扶

---

① 據中共一大會址紀念館編《中共一大代表早期文稿選編（1917.11—1923.7）》（下册），包惠僧（署名：雷乙）撰文，上海人民出版社，2011年5月第1版，第1789～1790頁。

② 據北京首都圖書館藏山西宗聖總會1923年9月出版《宗聖學報》第3卷第3册第26號《藝林》第1～4頁。

陽抑陰，《易》之大義也。然《繫辭》則云："一陰一陽之謂道。"蓋孤立非謂道也，偏膊非道也。在造化，爲天地、日月、水火、晝夜、寒暑、雨腸①之屬；在人事，爲男女、夫婦、父子、動静、呼吸之屬；无非一陰一陽也。二者對立而道之體立，迭運而道之用行，不獨陰不可孤立，而陽亦不能偏勝。

乾至上九爲亢，宜變而之坤，故用九以"群龍无首"爲吉。否則知進而不知退，知存而不知亡，知得而不知喪，此孔子之所謂愚人。從王肅本。豈足以明時用乎？剛柔，一陰陽也。天道不能有陽而無陰，人道不能有剛而无柔。《洪範》謂："沈潛剛克，高明柔克。"《易》義亦如此，要在調劑之而已。君子多剛，小人多柔，故孔子曰："吾未見剛者。"但孔子非全不用柔。《易·繫下傳》曰："尺蠖之屈，以求信也。龍蛇之蟄，以存身也。"此即言用柔之利，特向相時爲之，非如老子之一於柔也。孔子主剛，利修德。老子主柔，利用兵。陶朱、留侯、光武，莫不操此術以制勝。惟施之政治，則以水濟水，如塗附塗，實貽養癰之患。近日網紀陵夷，敗壞不可收拾，職此之由。將軍所言，實爲單識，但未可施諸一切也。善夫周子之言曰："剛柔善惡，中而已矣。剛柔均有善有惡，合乎中乃合乎時，精義入神以致用，在人神而明之耳。"君子小人，一陰陽也。《易》爲君子謀，不爲小人謀，先儒多主此説。在《師》之上六曰："開國承家，小人勿用。"然邵堯夫有云："開國承家，小人勿用。則小人有時而用之矣。"意蓋以師爲毒天下之物，去毒者必以毒。魏與知荐陳平，以能不以行。仲叔圉、祝鮀、王孫賈，皆小人也。孔子論衛靈之不喪，賴此三人。蓋用人能富其才，不僅消其害，而并受其利，此理良醫知之，良相亦知之。諸葛用度外人，范文正嘖嘖稱嘆，意即在此。《泰》九二"包荒"，包者何？小人也。《剥》六五"貫魚"，貫者何？小人也。漢清流得吕强而禍稍緩，王陽明得張永而禍以矜，安見小人不爲君子用哉！

---

① "腸"，疑爲"暘"。

將軍治兵者也，君子思不出其位，今且舍相略而言將略。師爲用兵之主卦，六五爲任將之主爻，曰“田有禽，利執言，无咎”。禽在山林，無俟獵取，入于田則執之有辭，所謂師出有名也。名不正則言不順。坤，順也。坎剛居中，直也。順且直，則有言可執。文字之威，利於干矛。啓之伐有扈，胤之征義①和，湯武之誓命，自三代以迄今茲。師之壯老，蓋莫不視乎辭之曲直。南北戰争，頻年不息，所執何言？此不可不討論者，一也。豫爲利行師之卦，然僅於彖辭言之，而六爻概未之及，此何故？則以豫上震下坤，坤順也，震動也。師以順動，專往而不利。至六爻則此家消滅，故不復及。近年戰釁迭開，果順人心與否？此不可不計及者，二也。《謙》非用兵之卦，而六五則曰“不富以其鄰，利用侵伐，无不利”。其故何也？蓋六五爲坤之主爻，坤衆也，五居中善下，不自恃其衆，故能用衆。益之戒禹曰：“滿招損，謙受益。”而其義乃於征苗時發之。禹雖不矜不伐，而值地平天成之後，其志得意滿。或有流露於不覺者，非益見機於微，烏能發此語？非禹洗心於密，烏能受此規？古聖治心之學，嚴密若斯。閒嘗讀書至此，未嘗不廢書三嘆，見謙德之爲用無窮，尤爲行師者所必不可廢。晋文公退舍，孫叔敖南轅，謙也，不恃其衆也。曹操敗於赤壁，苻張②敗於淝水，不謙也，恃其衆也。豈惟衆不可恃，即衆而且强，百戰百勝，亦不可恃。德意志全國皆兵，可謂衆矣；機械精良甲天下，可謂强矣；歐洲各國，望風披靡，百戰百勝矣，而卒一蹶不振。違反經義，受禍之烈如此。以維磨第二之英斷，福垂眉睫而不知。《易》作於數千年前，而言之鑿鑿。李恕谷謂《易》之爲書，似聖人親見四千年以後事而始下筆者，豈不住然！此不可不三復者，三也。

以上所陳，將軍之明，諒早見及。而不憚覼縷者，則以此局至此，已届剥極，碩果而存，則君子有得輿之慶，碩果而亡，則小人有剥廬之

---

① “義”，疑爲“羲”。
② “張”，疑爲“堅”。

憂。存亡之機，問[1]不容髪，故不敢守括囊之義，惟將軍亮督焉。

十六世馥庭公傳[2]

（一九一四年）

公諱宗蔚，榜名桂林，字馥庭，生而穎悟，目數行下。甫弱冠，補博士弟子員。是歲，公堂兄弟獲儁者三人，宗選、宗瓆、其一爲公，年最少。道光庚子，本省鄉試中式舉人。北上十數次，竟不遇。

洪楊之亂，公座師某，奉朝命率師討賊，道出湖北，欲羅公至幕下，保任同知銜，謝不出。某公卒，以無功而奪職，論者服公有先見云。嘗就前清某貝子之聘，教讀府中，未幾亦辭去。公由是得悉愛新覺羅氏内容，謂滿清貴族中，除挾妓觀劇外他無事事，自斃之期當不遠矣。章兒時猶得聞之。

公館於老河口周軍門家有年，稍有贏餘乃歸家杜門，爲治生計，絶口不談天下事。續譜堂者，本正暹公房下子孫所組織，以爲續修譜牒經費計，嘗時積資甚微，公經理廿餘年，權子母獲息甚巨。公懼其久而散失，且啓争端，購買水田近百石。至今，闔房均食其惠，聞者羡之。

吾族當乾嘉時科名鼎盛，爲西南兩鄉之望。至道光後，日即衰微。公思有以振興之，於郡城設試館，鄉間設義塾，誘掖後進惟恐不及。

章少時天資魯鈍，人咸以爲不能卒讀。公與先君過從極密，章初執筆爲文，公即許爲可造。迨後每假期歸，公必屈臨就閲文字，見有進步輒大喜，不惜齒牙獎勵。先君捐館時，公與采臣叔祖均哭之慟，勸慰先母，謂縱令破家，總以不令章廢學爲要，先母誌之惟謹。章以至愚極庸、得卒業詩書者，固由堂上教誨，而受公與采臣叔祖之賜，亦自難忘。念

---

① “問”，當爲“間”。

② 據2015年新加坡君欣齋出版《武漢盤龍城（湖北黄陂）敦本堂·劉氏宗譜》第一編《1914（民國甲寅）年續刊敦本堂劉氏宗譜》卷二《宗譜贊傳·民國三年甲寅歲續修宗譜增補傳贊》。後同。

及此，輒汗流浹背，泣涔涔然下矣。

公瘦而長，寡鬚眉，聲音清揚遠聞，晚年精神猶矍鑠，夜能作細楷。性嫉惡，然無傷物言，終身不干涉訟事。與鄉人語，諄諄絮聒如老嫗。享壽八十有二。子二：承綸、承綍，均先公卒。女一，適夏。

族姪孫鳳章敬撰。

炳林公又傳

（一九一四年）

公諱宗藻，册名炳林，字采臣。啓構公四子，長宗誥、次宗範、公居三、四宗徽。宗誥宗範二公，文名重一時，然屢試輒北，啓構公盼望殷切，督責甚至，每遇下第時歸家，多日仍避匿不敢面。公體帖父志，乃益刻苦自勵，府縣試，屢拔前矛。馮侍郎譽驥督學鄂中時，補充博士弟子員，未幾食餼。每值科歲，考輒列優等，聲噪黌序。同治己巳年貢，禮部銓選訓導。教讀漢口數十年，從游者多所成就。

公性情樂易，接人以誠，見者如吟風弄月而歸。黄孝商人旅居漢上，遇有公益事，皆恃公爲提倡。漢口爲九省通衢，颿檣上下，交通向稱便利。惟北枕後湖，每值秋冬水涸，雨雪載塗，湖中泥淖深數尺，陷入者幾有性命之虞。公糾合黄孝商人，積資巨萬，築石路五十餘里，行旅便之。鄉人遇有疑難事，無論鉅細，經公排解，事立寢。獎勵族中後進，不遺餘力。

當時族中齒德俱尊者，馥庭公外，惟公負重望。然馥庭公性介直，人多不樂近。公不立崖岸，賢愚争趨赴之。昔程明道與伊川同游一寺，異門而入，隨明道者衆，從伊川者蓋寡。伊川自以爲不及，蓋伊川有泰山巖巖氣象，後生小子多不樂附，明道則一團和氣，予人以可親也。公與馥庭公爲弟，馥庭公則類伊川，公則類明道云。

公享壽七十有七。子三：長承翼上庠生，次承籙武庠生，三承寵業儒；次、三均先公卒。女一，適馮。

民國三年三月二十一日，族姪孫鳳章敬撰。

族叔緒之公傳

（一九一四年）

公諱承述，字緒之，父諱宗範，母鄧氏生四子，公其季也。宗範公業儒。弱冠後，應府縣試，輒列前矛，卒未獲一第，齎志以没。公幼承庭訓，稍長從堂叔馥庭公游，文名藉盛，然性素淡泊，不汲汲於功名，視人間富若貴有如敝屣，雖饔飧不繼，晏如也。中年以詩酒自娱，課徒教子，若將終身。

當是時，吾族在漢陽郡城建設試館，闔族應試者以數十計，惟公最窘。論者均以爲難堪。章則謂，吾族讀書者，不出二十年當惟公最樂，聞者咸爲默然，幾疑曲爲解釋者。乃未及十年，當時應試諸父諸兄，半化爲異物，存者如晨星寥落，可屈指數；又以拙於謀生，鬱邑侘傺，益復無聊，惟公家聲則隆隆日起。章昔日所言者，至是果驗。

公頎而長，面如削瓜，生平無疾言遽色，不喜干預外事。前清末季，鄉自治會成立，鄉人重公行誼，舉爲議員，非所志也。民國成立後，公子先儀兄弟等在漢貿易，億輒屢中。公在鄉經理家政，刻苦儉約，一如貧窶時，而憂勤惕厲過之。論者見公當憂而樂，當樂而憂，謂前後判若兩人。不知貧窮乃天之玉我，富厚則易以驕人。處富之難，較之處貧不啻倍蓰。士生斯世，苟非自甘暴棄，當遭際坎壈時，未有不激厲興奮以圖進取者。至處富厚，則自中人以下，多爲所陷溺。昔王承福嘗謂：一過爲墟，再過爲墟。章持此説以觀天下，蓋百不失一，乃嘆公之所見者遠，而所慮者深矣。

公享年五十有七。子三：長先儀、次先雲、三先翔，均以商業起家。女二：長適馮，先公卒；次適夏。

民國三年三月下旬，族姪鳳章敬撰。

十七世伯母彭夫人又傳

（一九一四年）

伯母姓彭氏，考諱言忠，年及笄，適族伯承宣。時舅姑在堂，伯母先意承志，能得二老歡，以孝聞於戚族。叔祖宗琯公，富於文，有遠識，然性不善治生，以教讀爲本。自伯母來歸後，苦力經營，井臼必躬，操家計乃漸有條理。嘗顧而樂之曰：“吾兒不事家人生産，得此賢内助，吾家其興乎！”厥後，其言果驗。生二子：長子早卒，次先發；女一。

伯母教育子女，於慈愛之中寓以禮法。嘗謂：雨露太過，草木之災；恩愛太過，子女之災。凡衣服飲食，必有一定節制，不使稍有過量。女適宋氏，苦節事翁姑，有司以聞於朝，曾旌表其里閭，聞者豔之。先發兄營業漢皋，以信義著，致家小康。論者謂，觀母所生子女均能克家，固見善人有後，而母之恩勤鞠育，方諸陶歐諸母，蓋亦無多讓矣。

伯母性仁慈，周濟貧乏，不欲令人知。遇有公益事，嘗命先發兄解囊相助。本邑木蘭女學校開募，亦命捐款，以示提倡。晚年，因諸孫夭折常不樂，先發兄百端慰藉以解憂。方伯母九十帨辰，先發兄年亦周甲，猶蹁躚起舞，效群兒戲。人以比老萊子嬉笑詐跌云。

伯母享壽九十有六。至老精神不懈，志慮清明不減於平時。臨終前數月始昏耄，他人問輒不省，先發兄有言則立應，蓋慈孝所感者至矣。

族姪鳳章敬撰。

梅孺人傳

（一九一四年）

嬸母姓梅氏，考諱漢卿，爲本邑名秀才，書法尤擅絶一時，兼有翁覃溪、何道州之勝。嬸母自幼閑内則，持身悉遵古禮廿餘年。于歸梓巖叔時，翁姑在堂，嬸母先意承志，與梓巖叔同以孝著稱。

堂上二老彌留時，均卧病經年，嬸母昕夕在側，令堂上竟忘其苦，論者以爲難。三叔錫三讀書穎悟，采臣公極鍾愛之，無何患咯血症，嬸母侍奉湯藥如事舅姑。昔唐韓昌黎、宋陸象山，均得嫂氏撫育致成大儒，爲後世所傳播。嬸母之待小叔，方諸古代賢嫂，誠有過無不及。乃錫三叔竟不能永其天年，令嬸母身苦而名不彰，豈非天耶！

嬸母平生性肅静，送客不踰閾。雖鄰里至親，非有慶弔大事，未嘗一至其門。處娣姒之間，數十年無疾言怒色。嬸母没後，戚族聞者謂：嬸母既亡，古禮亦與之俱亡云。

族姪鳳章謹撰。

馮孺人傳

（一九一四年）

族嬸馮孺人，考諱崇義，世爲陂南望族，年二十于歸劉氏，事堂上甚謹，與緒之四叔相敬如賓。緒之叔性恬淡，不事家人生産，且喜飲。嬸母勤苦佐讀，雖囊中不名一錢，而每餐必備酒。叔飲罷，輒他出，亦不問酒所從來也。生三子一女，衣食皆取給於嬸母。雖極貧憊，衣履必整潔，見者不知爲窶人子。

先母在時，語及族中娣姒之賢者，輒稱嬸母，論其時事，輒潸然下。蓋嬸以撑持家務計，自奉極約，平時褻衣亦與女共，適浣後曝曬於外，爲宵小所竊，母哭女亦哭，聞者哀之。然性復耿介，不肯向人稱貸，生平茹苦含辛，不欲人知，人亦有不能盡知者。

迄鳳亭兄弟，貿易漢皋，可望成立，嬸母乃先期逝矣。古謂行善必獲報，嬸母生三子均能克家，天之報施善人，不可謂不厚。乃竟不能目睹其盛，倘所謂天道，是耶非耶？靈均仰問，史遷致疑，誠不爲無因矣。

没後，緒之叔語及嬸，誦元微之《悼亡詩》，至“貧賤夫妻百事哀”之句，嗚咽而不能成聲。嗚呼酷矣。

族姪鳳章敬撰。

《易氏宗譜》序①

（一九一六年）

家之有譜猶國之有史也。欲觀一國之興衰莫如史，欲觀一家之興衰莫如譜。此殆爲有識者所公認。余則謂，譜固一家之言，而國勢興衰亦可于此得其概略焉。考《周禮》以大宗小宗之法治天下，而又有小史以奠世系，定昭穆，小宗、伯掌三族之别，以辨親疏，此蓋譜系之濫觴。當是時也，德行道藝垂爲教綱，孝友睦婣蒸爲風氣，其所謂"正家而天下定"者，其影響直捷於桴鼓。嗚呼，何其盛歟。迨商鞅用秦，盡廢孝悌仁義，專恃法以蕲勝。富民有子則分居，貧民有子則出贅，宗法于是大壞。而嬴氏千數百年古國，亦于是暴亡。漢興，劉向撰《世本》以辨姓氏，殆沿《周官》小史之法。厥後鄧氏則有《官譜》，應邵則有《氏族篇》，令後世纂修譜牒者有所依據，厥功實偉。魏晋以降，置圖譜局以郎令掌之，爲譜學最盛時代，即譜學最衰時代。蓋譜之作也，原於仁人孝子之思。而當時則纂自官家，重世族，輕寒門，□□仕，□屠沽，一時人心群爲顛倒，僞立世次，在所弗恤，屈伏外人，又何足羞。而莽莽神州，淪於異族者，竟三百六十年之久，不亦大可哀乎。唐代譜學較稱完善，五代大亂，而遂即陵夷。宋興，廬陵歐陽氏、眉山蘇氏始以家譜傳。近世若昆山歸氏、山陰劉氏、寧波萬氏、河間紀氏、長洲汪氏、桐城姚氏，其所爲譜體例，雖各有不同，而書法謹嚴，要皆得古史遺意焉。

丙辰，應城易君始盦纂族譜既成，徵序於余。余維易姓爲畢公高之後，食采于冀州東境易水，因是得姓。自始祖愷公，遞嬗至今，垂二千餘年。譜法大别爲二：一爲譜源，叙周代以來列祖，則如歐譜稱其先爲夏后苗裔，並詳述歷代遷徙都邑是也；一爲譜系，則如蘇譜斷自所親始是也。始爲此近三十年，其網羅散失，徵求文獻，用心之苦爲歸、劉、萬、紀諸

① 1916年10月劉鳳章爲湖北應城易奉乾（號始盦）家族宗譜撰序。

氏所不及，使天下爲人後者，咸具此悱惻仁愛之思，則《周官》太平之治，何難復見於今。而吾所謂家譜與國勢相關係者，不益信而有徵耶！顧何以今日奔走國事者，動曰：欲進文化必自家庭革命始。夫家庭革命，秦人已實行之矣，而其效如彼。今之爲此説者，横恣狂悍，尤勝秦人，其禍變所至，恐更酷於六朝五季。吾念及此，輒仰天搔首而莫知誰何。兹何幸尚得易氏譜而讀之也，又何不幸僅得易氏譜而讀之也。是爲序。

民國五年十月，黄陂劉鳳章謹撰。

《黄陂劉氏續修支譜》序①

（一九三四年）

宗法爲吾中華經國之大典。在《周官經》有曰："宗以族得民。"《詩》曰："君之宗之。"《戴記》别大宗小宗尤晰。蓋古代家法全視宗法爲陵替，家之有宗子，猶國之有元首也。自後，宗法既廢，即有篤信古禮，明達治體之大儒，若朱考亭、葉水心輩，群以宗法必不可復。

豈宗法之制宜於古不宜於今歟？蓋古代封建之國以萬計，凡得姓者皆爲一國大宗者，即爲一國之君。故一家長幼尊卑統受治於宗子，若網在綱，有條不紊，意至良，法至美也。三代以後，生息日益蕃衍，外人雜居内地者更散而無紀，如此而欲執古代宗法以相繩，譬如理亂絲而棼之，而欲其就理，此必不可得之數然。則宗法之不可行於今者，勢也，非意也。宗法之勢不可復，宗法之意不可忘，無已則譜牒尚焉。

譜牒之學盛於魏晋，國家設有專官以董其事，蓋不僅爲一族計也。自有宋以來，譜法益詳密，有合一姓而爲一譜者，有分一姓而爲數譜者。合一姓而爲一譜者如孔顔曾孟四家是，吾嘗讀四家之譜，見其紀載詳明。孔氏一支，據《史記》所述遠在五千年以上，餘亦越二千載以上，洵爲

① 據2015年新加坡君欣齋出版《武漢盤龍城（湖北黄陂）敦本堂·劉氏宗譜》第四編《1934（民國甲戌）年續印敦睦堂劉氏宗譜輯佚》卷一。

世界之特色。黄生貽孫，理化專科舊同學也，游學美國，稱美人無能記述三代以上者，則與中國難并論矣。分一姓而爲數譜者，如河南程氏、眉山蘇氏、金谿陸氏是。程氏之譜，斷自所知始。蘇氏之譜，斷自有服始。陸氏之譜，雖遠溯自嬀姓，而支派與宣公別，蓋亦斷自金谿始。

我劉氏系出陶唐，受姓者爲劉累，在夏爲御龍氏。晋主夏盟爲范氏，迨後士會奔秦，其處者爲劉氏；在周則有劉康公。是劉姓不僅一宗，在周室時已有然。至漢高統一天下，或賜姓，或冒姓，泯泯棼棼，乃更不可究詰矣。自吾始祖守中公，作宰黄陂，罷官後遂卜籍焉。考守中公派出江右，爲漢長沙定王之後。吾曾祖翼宸公紀其事頗詳，當必有所本。是吾族爲陶唐之苗裔無疑。

自民國肇造以來，政體一新，而輕躁喜事之徒傾心歐化，幾欲舉中國數千年之文化剗夷而廓清之。至宗法，則尤爲世詬病，以爲與大同主義相妨。值此滄海横流，外侮洊至，正士夫國[①]而忘家之時，區區家族主義誠不足以裨實用。但立愛必自所親始，血統也而秦越視之，豈秦越也而反血統視之乎？

吾族自民國後，續修支譜者計數房，雖較諸孔顔曾孟諸家不無愧色，而揆諸程氏、蘇氏、陸氏諸譜，亦微有合者。譬諸巴顔喀喇，滔滔細流積而成爲江河，再積成爲瀛海，使天下之人各自愛其親，各自敬其宗。則孟子所謂人人親其親，長其長，而天下平者即於是乎在，是不惟與近日大同主旨不相違背，即徵諸古代宗法之用意，不適相合乎？宗人蔚堂叔及潤亭兄，以吾三房支譜延六十年未修，有志如此，以事牽未果。近楚卿弟及梅舫昆仲，復慫恿而期其事成，三房子孫均責成於余，余不忍以抱病辭。時余有痿痺之症。於是乎書。

民國二十三年元月即夏曆癸酉年十二月吉日，十八世孫鳳章敬撰。

---

① “國”字前，疑脱“憂”。

七十自叙①

（一九三四年）

昔孔子年七十自述其生平，學問隨年而俱進，至七十而大成。予今年亦七十耳，自問一無所得，不獨大慚先聖，亦且有忝先人。去歲復患風痺之症，自揣悠悠忽忽與世長辭矣。今幸苟延殘喘，恐孤負我先人之德，聊爲後人述之。予於兄弟，行年最長。我家自有明以來，世以詩書爲業。至父，因世難而輟讀，大以爲憾事，屬望於予者綦切。甫六歲，即命入學。顧質魯，日授百字不成誦。父敬師，禮有加，乃師督責愈嚴，而予靈明愈汩，人以爲無讀書望矣。不得已，父攜至左右，仍令入塾讀。放學歸，即令補習。父熟於《通鑑》及宋儒嘉言懿行，並當代故事，有暇輒命予圈點，不解者婉曲誘導之。由是，悟漸開，曩不能成誦者，至是以得解而瞭然。年十四，命從江夏孫先生潤夫游。孫固名茂才，閱予文許爲有造。未幾，孫歿，復命從漢陽劉心田先生游。

年十八，始命入童子試，縣府皆終覆。父親往閱案，名在進取列，輒喜。無何，院試落第。次年，父竟一病不起矣。嗚呼，父尊師重道，期望於予者至殷且遠，乃竟不能博一衿以承父歡，痛也何如。因此，萬念俱灰，幾欲廢學。族叔祖馥廷、孝廉、采臣、明經交口誡之。謂爲山九仞，功虧一簣，先聖所譏；汝不忘讀，即爲不忘父；能體父訓，即是孝，不在匍匐靈前也。次年，乃出漢，仍從心田師游。守制滿，應童子試，院試牌取，復見遺。逾年，以府縣前茅入泮。家居二年，但喜雜覽，未習舉子業。偶出漢省師，師肄業晴川漢黄德道課，有故他出，交課卷命予代作。時道尹李篁仙壽榕親閱予文，拔爲第一，大異之，亟召予進署，詰平日所習何文。予以三山對，以時方推陳勾山、管韞山、周犢山

① 據湖北省圖書館藏1934（民國甲戌）年湖北黄陂敦睦堂續印《劉氏宗譜》卷十七《藝文紀》。

也。先生曰：汝才氣在三山上。談論頗洽。先生爲湖南中興十才子之一，名與王湘綺相埒。自是，以時文可不學而能，專涉獵經史子集。辛卯科，膺房薦。房師爲浙江新昌梁進士葆仁，評予文謂係留心四部之學者。折柬往見，先生詰以何所學。予以先生浙人，因舉袁簡齋、俞曲園著述對。先生頗不然之，謂吾浙講學，得其真者蕺山劉子也，汝其師之。厥後，屢往謁，必談論移時，先生稱爲有識。癸巳，房師爲順德進士馮永圖，得予文，頗激賞，主司取録，以額溢見遺。嗣後，每入場必薦，屢薦屢見遺。

時值甲申、甲午迭喪師之後，朝廷方議變法。予館徐惠卿家，徐君與予交最深，論天下大事輒合，相與研究中西政治。壬寅科，朝議變制義爲策論，入場後每藝直抒所見。予頗自負，榜發仍落第，私計以爲必被房官所擯也。及薦榜揭曉，仍薦而未中。後抽出紅卷，房師爲大挑舉人韓兆魁，閱予文，大驚異，各藝皆有批，延譽過當，復有總評。首場云："統校五藝，於中西政①之學具有切實功夫，真經濟才也。"二場總評："綜核五藝，其剴切直陳則賈誼治安之策，其温厚中正則宣公劄子之文，是當入經濟之選者矣。"蓋是年，朝廷以國事日艱，舉行經濟特科。韓君以予必膺保薦，故云然。不料，韓房師愈揚之，主司乃故抑之也。首場，主司亦取録，謂普及教育爲《周官》所自有，引證確鑿，爲他卷所未見及。次場，問俄主專制、英主立憲、法主共和，我國變法以采用何種政體爲宜。予亟言俄國專制之非，並舉該國大學生運動激烈，不久必至傾覆，宜疏通，不宜壓迫云云。韓師批云："上下五千年，縱横九萬里，無一字不的碻，無一語不切實，至謂立憲爲中國所固有，立言得體，尤爲通場所未夢見。"主司則以俄國學生正中於自由之説，斥之。蓋當時，自由之説爲政府所深忌也，不知予論自由原自有界限。自是，予遂無意科舉矣。

癸卯歲，端中丞創辦《湖北學報》，陳君士可邀予贊襄其事。至是，乃得識梁文忠、黄鮮翁諸先生。乙巳歲，梁公創辦武昌府師範，聘予主講修身、歷史二科，編有《修身講義》。金君封三頗然之，延講支郡戊堂

① "政"字後，疑脱"治"。

修身科。丁未年，丁母艱，罔極未報，痛不欲生，因辭兩校教科。學校堅留，百日後始到校續講。戊申年，黄公鮮庵任湖北提學使，委予充學務公所專門科副科長兼總務科科員。黄公以予所編《修身講義》爲讀書有得，亟稱之，行政事多決於予，談論常至夜分。顧善病，時趙次帥督鄂，委鮮翁從弟叔容先生代理。趙督綜核名實，納言惟恐不及。時有條陳利弊者，發交各司議覆。予逐條議駁，並伸叙己意。趙督大韙之，登其文於《湖北官報》，逢人説項，謂公所大有人在。鮮翁疾篤時，謂總務科長蔡君逸仲曰："予病度不起，學務無善後法，予負疚多矣。"屬予條陳辦法，以貽將來。蔡君轉以告予，予難之，蔡君屬署渠名。予因條陳各科辦法，末段復伸己見，以爲宜確定方針，免致扶起西來東又倒之患。公力疾起，披閱手摺，某條交某科照辦，末條批："此段看似空言，實則要之要者，此事有一分精神就有一分效驗，有十分精神就有十分效驗，是當仿宋元儒講學之法，組織一機關，召省内外教習輪流聽講，以定方針而杜流弊。"云云。並諭蔡君，擬以余充館長。批竣遂絶筆，語載《清史》本傳，未幾卒。予思知己難得，哭之數日。公大殮，次帥憑棺大哭，屬予勿離公所，無論何人繼任，辦事須人。梁公節庵聞有此摺，索觀，覆書云："蔡君學道君子也，所上條陳與鮮翁眉批及小行書可稱三絶，宜用珂羅板照出以廣流傳。"書交蔡君，以摺面署蔡君名故也。此摺舊存予手，辛亥起義失之，惜哉！

黄公卒後，繼任者爲高公澤畬。高公本舊相識，余不事干謁，遂離公所。高公親往走訪，虚己下士，敬禮有加；予答拜，即派爲普通科長兼總務①副科長。正科長陳介庵太守僅稽核公文，用人行政一決於予，而物議翕然。予嘗謂生平粥粥無能，惟事無不可對人言者。當是時，端午帥督兩江，有電招予。學部左丞喬公茂軒，創立法律學堂，聘予講倫理，並聲言調部。是時，予於服務公所外，並兼理化專科及各法政學校教習，堅辭未往。無何，趙督去，瑞督來。瑞喜評論人物，罔識政體。

① "務"字後，疑脱"科"。

與陳太守介庵及農堂教習張君懷九言，决其必僨事。後果然。

斯時，國勢日棘，清政府創設憲政籌備處，冀弭隱患。當道派喜道爲坐辦，姚彦長先生爲會辦。夏編修仲膺與予坐談云，坐會辦因議章程不合，頗懷意見。予云："官紳合辦一事，如各執意見，勢必阻礙進行，務將章程抄示，便息事未然。"夏君善記憶，因抄章程三則示予。予見主張平允，請高公代爲疏解。高公當致書陳督，陳允之。高公以告予，轉達本省籌辦憲政諸公，皆大喜。越日，喜道詣督署。陳帥諭令照姚所擬，無庸更張。喜言彼此所擬皆不用，俟各省章程出，擇善而從。陳復諾之。高公以此説告予，並斥喜道好使意氣云。予隨出轉語同人，胡君子笏聲言曰："不將喜源逐出，誓非鄂人。"各署名。予詰以采用何法。則曰："我輩同志數人耳。"予曰："僅我輩恐無益于事。"胡君曰："君意若何。"予曰："尚須老成耳。"胡云："老成不足恃。"予謂："此事乃反常律，我輩出與争，喜訴於陳督，陳督轉語高公，謂抨擊喜道者出自公所，我輩進乎，退乎?"胡君子笏旋往方言學堂，與李堂長蓮舫籌畫一切。予因馳書胡君，略言九節度之師潰於相，郭李均無能爲役，以負責無人也。八國聯軍入京，必推瓦西德以爲帥，無人負責，發言盈庭，誰執其咎?昨所言能得多數贊成，則敢附驥。否則，請削去鄙名。同人然之，詰以推何人爲領袖。時吴星階先生方長教育會，有志提倡民權。同人以予素爲先生所引重，屬往達其意，先生允之，並約本省巨紳與喜道同赴會。質問發言者，均公所同人；喜悻悻然，拂衣竟去。予曰："傳有之，先入有奪人之心，此類是也。"乃公稟督署，極言喜道之違法。喜至署，陳督大呵之。謂全省紳士均不滿於爾，爾見我何爲?喜詭辯曰："何來全省紳士，僅學務公所數人耳。"陳督曰："有吴星階在。"立撤喜差，專用紳士。時湯君濟武、張君海若均回國，予爲推轂高公，轉薦於陳督。二人遂連袂入籌備處。厥後，湯張二君群推爲諮議局正副會長。辛亥秋，黎公起義。諮議局通電全國，得其響應，清廷遜位。予嘗戲謂，吾無革命之志，而草[①]之功要不後人云。

---

① "草"後，疑有脱字。

民國元年，副總統黎公任本省都督，派予爲顧問。姚公彦長司教育，親送聘書于予，充参議，予力辭。是後，學校陸續開辦，予膺各專校教授計數處，編有《倫理講義》。陳君叔澄創設中華大學，延予充校長，亦力辭，薦鄒君昌熾、李君式金充管教員。次年，陳君復延充該校學長，意甚懇至，不容却。乃設一文會，延王君芷香代解文字，分薪水之半給王君。學生中多異才，均奮志求學。當是時，各省創立大學者指不勝僂。中央恐其雜濫，設法取締，派虞君銘新偕王君某，赴各省視察。報告書謂，中華大學管教得法，英文成績尤爲湘贛兩省所無，遂許備案。二年，姚公力辭教育司職。夏公仲膺任省長，與黎公協商，欲以予繼姚公職，徵予同意。予曰：是有二説，非愚妄即貪婪。何謂愚妄？予道德學問，自問不及姚公百分之一，姚公任斯職，人士尚有閒言。予何人斯，冒昧登場，是愚妄也。予愚妄不至若此。何謂貪婪？黎公初任都督，爲體惜民艱，節損財政，自都督以下普通支薪二十元。今則定薪額爲五百元，笑罵任人笑罵，多薪吾自受之，予不若是之貪婪，必强以相迫，非愛我乃逐我也。議遂寢。三年，湯公濟武長教育，介紹充本省第一師範校長。十月，段公書雲任湖北巡按。段公與黄伯雨先生爲中書同年，知黄官湖北有年，甚得士民信仰，請作嚮道。謂各科僉事可借才異地，教育爲張文襄精神所寄，今教育廳未設，教育僉事關係至爲重要，必須有繼續文襄之精神者始能勝任，君其爲我擇一人。黄公當舉予名以對。旋蒞校，致巡按意。予謂斯校設於民國二年，一年之中，三易校長；今予又去，是校長一職同傳舍矣。且本校學款較巨，校長紛更，則學生志亦紛，虚糜巨款矣。黄公云：君言本切中事理，但學校重要僅屬一部分，僉事則關係全局。予答以教育須賴人才，師範爲實施之地；僉事範圍雖廣，但專主行政，無人才則誰受指揮。黄公然其言，予因舉李君采卿以自代。四年，中央派袁觀瀾次長、蔣竹莊參議蒞校視察一日，談論甚合。後閲蔣報告，謂去歲曾來斯校，學生囂張之氣，不可嚮邇。未及一年，變爲靜。教育之功，偉大如此。予以公款支絀，無力購圖書儀器。無圖書儀器，則學校等于虚車。乃酌收豫科生一學期費，以爲購備之資。并分設英文特班，添加鐘點，以資深造。蔣公並請通飭各省仿辦。

四年，中央召集師範會議，予應召北上。甫入京，即聞項城有帝制自爲之説。私念項城服官有年，於世界潮流應知大概，且總統自誓，口血未乾，何茫昧若是，堅不信。後探知爲左右所愚，乃始恍然。入會議案仍如前清宣統三年中央會議所提議案，以尊孔之説進，大意以民國成立，信教自由，然據本國康有爲考察所得，歐美憲法信教自由，與確定國教實並行不悖。日本有賀博士著有《觀奕閒評》，亦覼舉各國憲法條文，信教自由與確定國教者，不一而足。蓋信教自由所以杜人民之争執，確定國教所以示教育之方針，中國萬世一教，援例加入憲法，實合國情而饜人心云云。然趨新者多厭舊，滄海横流，殆有不可遏抑之勢矣。閉會，項城讌同人於懷仁堂，接以盛禮，親出演説，蓋王莽謙恭下士時也。黎公聞予至，屬在籍籌辦養正小學，亦召讌於瀛臺。讌畢，款予於密室，深嘆袁世凱之誤國，正氣凜凜，具有大節不可奪氣概。南下後，籌安之説甚囂塵上，當局擬組織請願團，派人諷予爲發起人。予决此事發生，天下事必不可收拾，力拒之。後教育會正副會長廉得此情，具書將軍巡按，願爲號召。將軍巡按嘉其知大義。某會長知予不願也，首以名册囑師校副署，并舉例云：一、署名；二、不自署名者，伊爲代署；三、不肯署名，書明理由。咄咄逼人。自念生平奉一心爲嚴師，心所謂危，屈於威武而强從之，死何能瞑目也！因援筆書云："某月某日，大總統命令學界人員，不准干與政治。兹舉涉政治範圍，恪遵大總統命令，不敢署名。"斯時，各校觀望不前，唯予馬首是瞻。教育會無如之何，乃電京師籌安會，謂予首反對。同人爲予危。籌安會事務殷繁，不暇過問也。八月聖誕節，各省派員與祭，本省孔教會派予爲代表。及抵曲阜，黎公有電派予爲代表，大總統派陳博士焕章爲代表。祭畢，陳博士及予登場講經。予講《周易》大義，衍聖公令貽頗頷之。次日，謁陵。每遇勝迹均攝影，以誌鴻爪。著有《謁聖記》，待刊。即日過汶水，北上赴泰安登岱。予見岱嶽樵子，心儀之，於是有岱樵之號。同游者，王君文甫、徐生行可。回省，已届夏曆九月初矣。變制有期，余力辭校長，巡按慰留。

予決去，專辦養正小學。五年，項城卒，全校學生乃迎予復校；黎公登總統位，湯公濟武掌教育，以湖北教育人格未至墮地者賴有予，同①薦充教育僉事；予仍力辭。

八年夏，奉省長令，派往日本考察學務並内地學務，同行者十人，語載《東游纪略》中。在東閲報，見五四運動發生，知其必風靡全國，貽書校監請豫爲防範，勿令學生有越軌行動。乃學生不爲動，學校爲人所妒忌矣。自後，迭起風潮，本校則自爲風氣，一以讀書爲事。八月，赴天津祝高公壽，轉北京謁梁公節庵；時病未起，聞予至，召入卧榻垂詢。予答以辦學宗旨，公拊床大呼曰："强哉矯！惜予手不能書，無以贈汝。"遂命僕檢近日照像，並謁陵詩以遺之。十年，共黨運動萌芽。予見事不可爲，迭上辭呈；當局迭慰留，因伏居鄉里不出，延至半載始解職。統計長師範八載，自揣學無一長，而責任綦重。每日七點鐘早餐後，即到教員憩息室，事同事如嚴師。諸先生無一曠堂，無一遲到者，學生均爲感動。圖書儀器滿室，功課外勤於瀏覽，樂於試驗，日無暇晷，求學之外不知有他。每星期，必召集學生至禮堂，講群經大義及世界大勢，使不忘國粹及瞭然世界趨勢。八年如一日。職既解，仍居養正學校。十一年，蕭督促予發起孔教會，又屬教育廳委予充女師校長，均力辭。是後，風潮迭起，一年之中五易校長。他校亦頻有事。論者謂一身之進退，不獨關一校之盛衰，而全省學風之升降，亦於此判焉。蓋以事貴未然之防，機已動則不可遏也。

十二年，蕭督創立國學館，羅田王君青垞充館長，予充教授，講《周易》、《毛詩》，編有《周易淺説》三卷。康南海自豫還，取道鄂省，鄂人士歡迎之，予陪游，考察古蹟。車中語及梁卓如之爲人，先生曰："我名有爲，尚有所不爲；卓如則無所不爲也。"蓋譏其出處無狀也。是年，有《上吴巡閲書》，決其必敗，書載山西《宗聖雜誌》。越明年，章太炎游鄂，甚言聯俄聯共之非策。太炎前著《訄書》及所辦《民報》，於孔子、朱子、王陽明，均肆詆諆，頗疑其立論多偏。及親炙其風采，聆其言論，乃知學

① "同"，疑爲"因"。

與年俱進，早出之書，未可爲定評也。乙丑歲，陳士可將軍督辦本省賑務，屬爲草救荒之策。予區分治標治本二策：治標主發錢不發穀，以近來道路交通，米隨在可購，只須有錢耳。發錢用三聯票，無論何人不能侵蝕；治本之法，以興水利、除水害爲大要。《虞書》六府，言水、火、木、金、土、穀，水固最要也。其文甚長。比時通飭各縣，編載武漢各報。士可將軍推爲匡衡、班固之文，治本之策。蕭督擬於次年推行之。不幸逾年，二公相繼去世。以後，遂蟄居僻壤，絕口不敢言天下事。庚午秋，徐生行可薦予館四川蘇君汰餘家，姚玉堂、黃師讓子女附焉。越三年，毫無成效。乃在塾既虛糜錢穀，去塾復餽以多金。主人情厚，殊爲可感。

辭館家居，三房群衆以族譜逾期未修，交以相責。予不敢以抱病辭，肇事於癸酉秋，蕆事於甲戌春。莽鹵滅裂之弊知不能免，後起者其憐我乎，罪我乎？自維父母教養之恩，屬望將不止此。今年已七十，成就者止如此，後即苟全性命，更復何望。詩云："明發不寐，有懷二人。"念及此，有無窮之思焉。

鳳章自記，民國二十三年夏曆甲戌元旦。

《乾隆族譜》十三世定鵬序後誌語[①]

（一九三四年）

謹按：序中言在益公曾襄修省志，援例請編我始祖政績入名宦傳。今查《湖北通志》職官宦績門，未見此文。清季復修省志，董其事者爲張君仲炘，余節抄始祖在陂事略請查，答云舊所載者均仍舊。迄新志告成，遍查明代宦績漏載始祖名。因檢局中嘉慶志擬與之争，亦未見其文。蓋在益公所請，當時即漏登也，爲之欷歔者久之。

十八世孫鳳章謹誌

---

① 據 2015 年新加坡君欣齋出版《武漢盤龍城（湖北黄陂）敦本堂・劉氏宗譜》第四編《1934（民國甲戌）年續印敦睦堂劉氏宗譜輯佚》卷一。後同。

《凡例》第二十一條後誌語

（一九三四年）

按：此條據嘉慶宗譜《家規》列入。同治譜《凡例》，則於異姓瀆宗之事持之甚嚴。余考漢秦嘉早亡，妻徐淑乞子養之；淑亡，子還所生；朝廷通儒遺其鄉里，録淑所養子還主秦氏之祀。孫吴周逸本左氏子，爲周氏所養，周氏又自有子，人咸譏逸，逸敷陳古今，故卒不復姓。歐陽文忠《新五代史》且立《義兒傳》，蓋五代本八姓。唐明宗、周世宗且以異姓而爲令主也。由是而思，存其原姓爲回宗根據，著明恩義，亦無瀆宗之嫌，於家規人情兩無妨礙，亦變之得其通者也。知我罪我，惟明達裁之。

十八世鳳章誌

《九世祖墓圖》後誌語

（一九三四年）

謹按：《戴記・檀弓上》，公叔文子升於瑕丘，文子曰："樂哉！斯丘也。死則我欲葬焉。"此當爲擇地而葬之始。至晋，郭景純著《葬經》，堪輿家遂封爲寶筏，大儒若朱晦庵、蔡西山皆遵信，獨司馬温公暨張江陵闢之不遺餘力。上文言，三房子孫所以致殷實文明者，皆此墳之力，在當時原有此説。實則三房之興盛，緣懷謙公貽謀之遠也。後人慎勿誤會，忘先人培養之力。

十八世孫鳳章謹誌

《服制圖》誌語

（一九三四年）

謹按：此圖係遵古禮而作。入民國以來，制多變通，不刪除者，見禮有其舉之莫敢廢也之意。

十八世孫鳳章謹誌

《祖廟圖》對聯

（一九三四年）

卜居近六百年派溯贛江賴有文章能華國

傳世逾二千載詔班炎漢勿忘孝弟並力田

十八世鳳章謹撰

節孝祠對聯　光緒丙寅年季冬月

莫道是女流履潔懷清永爲孝子忠臣式

堪欽惟苦節建祠崇祀聊慰貞魂烈魄心

十八世鳳章敬撰

輓黄興、蔡鍔聯[①]

（一九一六年）

纔哭英雄，又哭英雄，英雄有幾，英雄有幾；
創造民國，再造民國，民國在兹，民國在兹。

輓李熙聯

（一九二三年）

國事不可爲，家事不須爲，生亦何榮，死亦何恨；
古人吾難見，今人吾未見，歌也有思，哭也有懷。

輓陳培庚聯[②]

（一九二三年）

當道盡豺狼，斯世那容公立足；
同堂處燕雀，前途更令我傷心。

① 劉鳳章 1916 年輓黄興、蔡鍔聯及 1923 年輓漢川籍學者李熙聯，據劉敦勤撰《敬述先伯劉公文卿數事》，載藝文印書館 1982 年校正重印劉鳳章撰《周易集註》附録第 24 頁。

② 劉鳳章 1923 年輓安陸籍學者陳培庚聯，據劉仲衡《回憶教育界耆宿劉鳳章先生》，載《武漢文史資料》1983 年第 2 輯第 142 頁。

賀饒母六十華誕①

（一九二〇年）

賢母能爲儒者婦，不歆富厚是奇行。
克勤克儉先身教，言孝言慈率性生。
萬福當隨年并永，一心直與氣俱清。
豈惟淑德堪徵壽，有子宜膺位禄名。

愚姪劉鳳章

① 據 1920 年饒漢祥編《慈慶集》卷十三，七言律詩鈔本。

荆楚文库
附 录

目　　録

中華大學第三次畢業式學生答詞（節録）①

生等根性蒙鈍，對於學業，膚受淺嘗，鮮知依據。而學長劉耘心先生，則時時講説道義，指示皈依，陶我性情，訓誨不倦。此生等對於循循善誘之學長先生，所宜感激於無既者也。

中華大學第四次畢業式學生答詞（節録）②

學長劉先生，道德高尚，舊學潛深；管教諸先生，督責謹嚴，新理透蘊。生等學問上樹有根器，心性上保守天良者，實學長劉先生之所賜也。行止整飭，新智啓發，實管教諸先生之所賜也。生等因受諸先生之賜，得完全人格於社會之上。此生等不能不致謝於我學長、管教諸先生也。

新教育會籌備之進行（節録）③

近維大局平定，當道有趨向教育之動機，故日前有教育會改組之通令。吾鄂教育界之健全分子亦從事籌備改組事宜，日前於牙釐局街吏治研究所開教育會，改組籌備會議。公推籌備職員第一師範校長劉文清爲籌備正主任，國立商業校長汪君爲副主任。但劉氏是日并未到會，雖經

---

① 據中國國家圖書館藏 1917 年 5 月 7 日武昌中華大學《光華學報》第 2 年第 3 期《僉載》第 119 頁《本大學第三次畢業記》載 1916 年 6 月 26 日中華大學第三次畢業式學生答詞。

② 據中國國家圖書館藏 1917 年 5 月 7 日武昌中華大學《光華學報》第 2 年第 3 期《僉載》第 122 頁《本大學第四次畢業記》載 1916 年 12 月 24 日中華大學第四次畢業式學生答詞。

③ 據中共一大會址紀念館編《中共一大代表早期文稿選編（1917.11—1923.7）》（下册），包惠僧（署名：雷丙）撰文，上海人民出版社，2011 年 5 月第 1 版，第 1612 頁。

該會專函敦請其來鄂供職，而劉猶逗留桑梓、漫游田間，亦未函覆。惟劉氏勢利心薄，不愿與此輩争此頭銜，故冷静至此也。

原載 1919 年 7 月 20 日《漢口中西報》

贈黄陂劉文卿蕭北丞[①]

論事陳同甫，龍洲亦快哉；黄陂山水秀，白屋一時才。穎士蕭生出，活人藥籠開；晚交增惜别，放手悔深杯。

臘鼓聲中之教育談（節録）[②]

大學校長之物色　黎黄陂籌備武漢大學各情既詳前報，兹又查該校募款行將就緒。而校長一席殊關重要，黎氏擬擇一新學純粹者保之，已定就汪精衛、李四光二氏中擇一。又擬選一舊學純粹者爲教長，已定饒漢祥、劉鳳章二氏中擇一。其成立之期，約在明年“就陰曆算”夏秋間云。“右説係與黎黄陂接近之某要人傳出。”

原載 1920 年 2 月 12 號《大漢報》

奉呈劉岱樵夫子[③]

木鐸聲飛漢水潯，循循善誘破聾瘖；長才每覺經師少，積學能探易理深。夫子邃於易學，著有《周易集説》行世。化洽青衿歌載道，曩主師范學校，成績卓著，鄂人至今稱道不衰。手栽紅杏樹成林。漢上設有“求是醫院”。疏庸已分同樗櫟，

① 據上海圖書館藏 1917 年 8 月 2 日《時報》第 4 张《詞林》，作者署名前人。

② 據中共一大會址紀念館編《中共一大代表早期文稿選編（1917.11—1923.7）》（下册），包惠僧（署名：雷丙）撰文，上海人民出版社，2011 年 5 月第 1 版，第 1749 頁。

③ 據上海圖書館藏 1935 年《軍需雜誌》第 33 期《文苑》第 3 頁，作者署名笛仙。

孤負當年鶚薦心。民國十九年春，曾蒙薦至徐某處，任讎校之役，後以不合而去。

憶念劉鳳章先生[①]

一

我是一個任天而動的人，許多親身經歷過的人與事，當時并不能領會他（它）存在的意義，直到境過情遷，才在追憶中湧起萬千惆悵。近五十多年來常常想到我住湖北省立第一師範學校時的校長劉鳳章先生，總感到真正以宋明儒講學精神辦學校的，民國以來僅有他一人。這在教育史上，在儒林傳中，都應占非常重要的地位。但他生時，被一時浮薄的風氣所掩，死後又因"樹人不善爲名"而聲名漸漸湮滅，使我心裏有説不出的歉疚。

宋明儒講學的精神，或者可以三端來加以概括：第一，他們講學的動機是來自繼往開來的真實責任感。第二，他們所追求的是要能證驗之於身心、證驗之於社會的"真知灼見"。第三，他們要培養出的是在人格上能擔負得起人類運命的考驗。劉先生所處時代不同，但用心未嘗不是一致的。

劉先生以民國四年擔任省立第一師範學校校長，一直到民國十年。這中間因堅決反對袁世凱稱帝而一度辭職，因不願捲入新舊之争而又一度辭職；兩次辭職不久，皆被學生熱烈歡迎返校；但終因厭惡新舊之争，實際是厭惡飯碗之争，而於民國十年一去不復返。我是民國七年秋季考入一師，於民國十二年上季畢業的。他當我的校長只有三年，也只有這三年讀點書；以後兩年，便在我完全不能了解的學潮中斷送了。

劉先生篤信王陽明致良知、知行合一之教，生活清嚴，言笑不苟；

---

① 據《徐復觀全集・無慚尺布裹頭歸・交往集》第 280～284 頁，九州出版社，2014 年 6 月第 1 版。

但對人周到懇篤，來往總是步行，極少坐人力車；冬天只穿棉袍，我曾看到背上脱了縫，絶不穿皮襖。大家稱他爲劉陽明。排擠他的人，説他是“作僞”。他在上修身課時曾向我們説：讀書人要能站得起來，不走上升官發財的老路，首先必從生活儉約上立根基。生活一任意，便易流於放侈；生活放侈，行爲不能不隨之邪僻。我們只要相信是對的便去做，不怕人罵爲作僞；守之終生不改，不就是真的嗎？

我們一進學校，便由學校發給兩套灰布制服，經常要穿得整整齊齊。衣服都是自己洗。他校的學生，稱我們爲“槓子隊”。因武漢當時駐紮的都是北洋軍隊，軍隊中有專搬運東西的“長伕”，出街時常成隊地背着一條粗長的竹竿，我們的制服，和他們非常相像，較之正式士兵穿的要差一等。因此，當時的女學生有兩句流行的話：“文華文而雅，一師窮而鄙。”文華書院是教會辦給有錢人子弟住的，穿的是青白兩色的嗶嘰呢制服，和我們比起來自然文而雅了。但我們當時并不覺得自己是窮是鄙。

二

在食堂裏，六人一桌，四菜一湯，要坐得整整齊齊地吃。早上老是吃稀飯，所以有人開玩笑，把“師範生”稱爲“稀飯生”。學生只有星期三的晚飯後，才可出街，九時以前一定要返校。只有星期天下午一時才放假，八時以前一定要返校。上自習，下自習，都有一定時間，不僅由校監常來巡視，校長也常來巡視。以後因爲有的學生太用功，自習下得太遲，早上起得太早，以致健康發生問題，所以巡視的目的，不僅在警告不用功的學生，同時也勸告太用功的學生。一連兩年，死了兩三位考第一的同學，在開追悼會上，劉先生都是聲淚俱下。

我們那一次共收了三班，三班中特以一班爲英文班，給有志、有力升學的以升學的便利。其餘的特别重視國文、歷史、地理、修身等課；修身由劉先生自己擔任，編有講義；他上課時常是把書上的道理和時下的情形，兩相對照，痛下针砭。他卑躬折節地去請好老師。我們班上是安陸一位對古文甚有研究的陳先生（忘其名）講授國文，講到重要的地方，把書一掩，手在案上輕輕一拍，以贊嘆的口氣，拉長了腔調説："你們看啊！看古人的文章怎樣的寫法啊!"由一位對周秦諸子很有研究，但一説話臉便紅的李希如先生改作文，他常出富有啓發性的大題目。我們班上的周德本同學，大家稱他爲"周大頭"，一篇文章總是兩三千字，老是第一，但我們當時并看不懂。可惜他畢業後早死了。沔陽的一位傅先生講歷史，大家稱他爲傅聾子，他非常佩服章太炎，講堂上常向我們提起。這都是一時之選。後來也聘請了黄季剛及劉伯平兩位先生教文字、聲韻的課，他兩位似乎不太瞧得起講文字學的魯潤九先生，但魯先生實在講得有聲有色，能引起學生興趣，我們私下稱他爲魯瞎子。也重視習字，有一定的要求。總的説起來，我們的功課都很紮實。

星期天上午由十時起，在大禮堂由劉先生自己講程伊川《易傳》；還常請在英文班教課的李立夫先生講演。李先生是一位異人，到過很多地方，家庭一切事情都夫妻兩人自己做。他把在各地收集的小物品，例如他在桐柏縣一株古柏上拿到的幾片樹皮，和他自己做的布鞋等給我們看。以後又請些新人物來講演，有如李漢俊向我們講要建設必先破壞等。這都是自由聽講。

但是劉先生還非常重視"體操"。除一般的體操外，一定要練"兵操"；學校有百幾十枝舊步槍，還有用木做的步槍。所以"駝槍"，"槍放下"，"瞄準"，是每個星期都有的。他又提倡拳術，由一位早期畢業的湖南趙先生教；每天教拳的時間，總是天蒙蒙亮開始，到早晨時收功。練拳的同學固然起得很早，不練拳的也一大早起來跑步或用功。

劉先生深感於"儒者必先治生"，及提倡工業應由個人做起的主張，所以鼓勵同學們由課室的手工業，擴充到帶有市場性的手工業；有部分同學做得很熱心，成立了什麽社、什麽會，小規模做牙粉、粉筆、油墨等類的東西，由學校率先采用，再推之社會。他希望以師範學校兼具備職業學校的功能。

三

當時學校圖書館的綫裝書有二十多萬册，到圖書館借書看書的風氣很盛。我們班上的國文程度，現時没有那一個大學的中文系能趕得上。我在前兩年，作文成績總是倒第幾名，到了第三年才爬到前三名。學校的氣氛，諧和而充實。

但新的風氣，吹到了武漢，新人物要破舊立新，把劉先生當作舊的大目標，由校外的攻擊，滲入到校内。首先説劉先生排斥新知之士，其次是説對學生管得太緊，妨礙了自由發展，劉先生在這種壓力之下，也一次聘請了幾位北大、武高畢業的當教員，但被學生瞧不起。擾攘漸次代替了和諧，劉先生憤而辭職，被大多數學生熱烈歡迎回來。但不到半年，攻擊之聲更盛，學生中一向佩服劉先生的也漸冷淡下來，劉先生便從此離開了學校。

劉先生字文卿，晚更號耘心、岱樵，湖北黄陂縣人。生於咸豐九年（一八五九年）二月十五日，卒於民國二十四年（一九三五年）。他在當一師校長以前，曾以舉人任教兩湖經心書院、文普通學堂及方言學堂，并曾任中華大學“學長”，陳啓天、余家菊兩先生皆其弟子，亦皆有所記述，尤以陳先生《寄園回憶録》中記述得有意義。黎元洪聘他爲總統府諮議，月致薪三百元，他没有接受，把郵滙來的錢存在黄陂實業銀行。辭一師校長後，因同人之勸，以此存款在南樓辦私立蒙正小學。他常住在這裏，不問世務。後因以疾返鄉，平日以孝友爲鄉人所敬重。他在省立國學館講授《周易》時，將數十年研究積累所得，寫成《周易集註》一書，於民國甲戌歲由一師的幾位同學印行，我曾有一部，在喪亂中遺失；年來輾轉尋覓，最近知周謙冲先生之夫人劉敦勤女士，爲劉先生侄女，有一影印本，寄陳修平（啓天）先生設法印行，我非常希望此書能早日問世，以作先生學重的紀念。

原載 1981 年 6 月 1 日《華僑日報》

五四運動的一个角落（節録）①

當時講陽明知行合一之學的劉鳳章先生，當我們第一師範的校長。他盡力爲學生聘請好的先生，盡力提倡讀書的風氣。每星期日上午，他在大禮堂講程伊川《易傳》，或請其他名人講演。李漢俊（早期共産黨領導人之一）也以“破壞與建設”爲題來講過一次。劉校長除了重視普通體操以外，也重視“軍操”和拳術。學生多是寒家子弟，生活儉樸而嚴整，天還没有很亮，大家就起來練操練拳，或在樹底下讀英文。晚上十二點鐘，他和監學分别巡查自習室，取締學生過分用功，因爲一連有幾届考第一的都不幸短命而死。劉先生本人平時不坐人力車，總是走路；冬天不穿皮裘，一件舊棉襖打上補丁；自律很嚴，對人都謙恭有禮；國家民族的觀念很强，似乎很稱道蔡松坡；所以劉先生不僅在本校裏得到一致的擁戴，同時也是武漢文化教育界中的重鎮。但新文化的風吹來以後，大家開始對他冷淡了，接着是厭倦了，於是開始鬧學潮，鬧的積極目的乃至消極目的到底是甚麽，我也是“鬧”中的一分子，我一點也不知道，相信其他同學也不知道，只是“人心思變”，覺得鬧一鬧總是好的。劉先生潔身自好，一遇着學潮，立刻辭職而去，到我畢業時，三年中换了五次校長，我便被開除五次。

……

我現在回想起來，民主、科學是新文化運動的兩根柱子。在武漢，没有任何人拒絶科學，但推行新文化運動的却没有甚麽人研究科學；改革政治社會須要民主，却并没有任何人宣揚民主。武漢這様的新文化運動，過了兩年，自然是煙消雲散了。但當時的社會，腐朽陳滯，有如農曆九十月的樹上葉子，甚麽風一吹，便都會飄飄而下。我常常想，劉鳳

① 據《徐復觀全集·無慚尺布裹頭歸·生平》第58～60頁，九州出版社，2014年7月第1版。

章先生這種人，難道應爲這種腐朽的社會受過嗎？

原載 1973 年 5 月《中大學生報》

我的教書生活（節録）[①]

民國十二年暑假，師範畢業。……讀師範雖然是公費，但零花錢是由家庭辛苦籌措出來的。現在畢業當教員了，對家庭的生計，總要有點交代。可是，合五塊半到六塊銀洋的待遇，維持個人生活，還要私下借債。這種經濟窘境，簡直逼得我無路可走。當時聽説武昌創辦專門研究國學的國學館，我於是鋌而走險，跑到武昌去參加考試；我當時只是在無路可走中，以暫能脱離窘境爲快，并没有什麽堂皇的目的。

參加考試的有三千多人，我的卷子是黄季剛先生看的，他硬要定我爲第一名。他在武昌師大和中華大學上課時對學生説："我們湖北在滿清一代，没有一個有大成就的學者，現在發現一位最有希望的青年，并且是我們黄州府的人……"當旁人把這些話告訴我的時候，我并不是得到鼓勵，而是心裹又抱愧又好笑。因爲我一向喜歡逛舊書鋪，當考的前一天，在一家舊書鋪裹拿起張惠言的文集看了半天；第二天入場，我選擇的題目是"述而不作"，不知如何從張惠言談禮的文章中受了些暗示，寫上一兩千字，居然把这位國學大師蒙混住了。平生辜負了許多師友的期望，黄先生正是我抱疚的恩師之一。因爲自己太不成才，所以從來不敢公開説是他的學生。

在上述的一陣興奮之下，只有住進國學館，生活完全靠考課的獎金維持；我從來不用功，考試的成績，時好時壞，生活得朝不保夕。有一次，原係第一師範學校的校長，此時也在國學館教《周易》的劉鳳章先生把我找去説："我知道你很窮。但不要灰心。像你這一枝筆有一天露了

① 據《徐復觀全集·無慚尺布裹頭歸·生平》第 62～64 頁，九州出版社，2014 年 7 月第 1 版。

出來，一定會名動公卿，還怕没有飯吃嗎？……我現在介紹你到漢川分水嘴周家辦的私立小學去教書，每月四十串錢，暫時維持生活，你願意嗎？”劉先生是真正知行合一的陽明學者，對《周易》很有研究，我們平時很怕他，不敢和他接近。突然聽到他這一番懇切的話，精神上得到的鼓勵，超過了季剛先生所給我的鼓勵。於是一面爲了窮，一面受到劉先生的感動，便在民國十四年下季，又到漢川當上四個月的小學教員。

原載 1959 年 8 月 1 日《自由談》第 10 卷第 8 期

師範出身的徐復觀先生（節録）①

徐先生的五次講演，可説是他生前昌言讜論之精華。因篇幅所限，僅以《我的師范學校生活》一題爲例，將當時講述的經過及内容，作一追述。

…………

我十五歲，高小畢業那年，正是民國七年七月。因爲家境清寒，才投考武昌第一師範，幸被録取，遂成爲一介師範生。當時我們的校長是劉鳳章先生。那時他大約五十幾歲，講陽明知行合一之學，名重一時。他個人生活，刻苦嚴肅，外出時路程再遠，從不坐人力車。冬天不穿皮襖，煙酒不沾，甚而連茶都很少飲。在他的衣、食、住、行任何一方面，都找不出絲毫浮華之習。

他平時教各班的“修身”（即現時的《公民》），教學極端認真，學生一面聽講，一面筆録，無人敢掉以輕心。星期日的上午，照例向全校學生講授《伊川易傳》，連續三小時，毫無倦色。有時利用星期日的上午，約請名人講演。凡有外人來校講演，他總是畢恭畢敬地站在一旁，直至講演完畢。

---

① 據《徐復觀全集・追懷》第 106～109 頁，黄金鰲撰《師範出身的徐復觀先生》，九州出版社，2014 年 3 月第 1 版。

全校有四百多學生，一律住校（無通學生）。只有星期三晚飯後一點半鐘的時間，和星期日下半天，學生才准外出；但必須準時返校，因爲點名認真，無人敢越時而歸，其嚴格與我以後讀日本士官學校，并無兩樣。會客的時間和地點，也和軍事學校限制得一樣的嚴。不准學生戴戒指、穿長袍。内務整潔，須合規定。衣服統由個人自洗。每週除兩小時體操外，尚有兩小時操槍（系毛瑟槍，而非教育槍）。

課程方面：特别注重國文，每班皆聘有兩位國文老師，而且都是飽學之士。同學作文做得好的，學期終了由學校出資印書。裝訂、版本，都很講究。學校共有四位學監。學監的任務很繁，尤以晚間爲甚，因爲禁止學生私自燃燭看書，所以查得很嚴。同學想夜間起來看書，是絶對不許可。

我平時對於功課滿不在乎；但對於國文，很下工夫，記得在三年級時用一年的工夫，就讀完周秦諸子。至如四書、五經、《資治通鑑》、《昭明文選》、《古文辭類纂》等，則在二年級時已統統讀過了。因此，我在作文方面很自負，在班上常常是壓卷之作。

三年級時，五四運動的新思潮，由北京伸入到武昌。開始時有一般新人，開一家書店，辦一小張週刊，提倡白話文，打倒禮教，勸青年向前求新，不要退後保守。舊書中只提倡《紅樓夢》，其餘的書多被否定。他們把攻擊的總目標指向劉校長，認定他是守舊勢力的長城。起先，同學們一致不平，起而護衛校長、老師、道統；但過了幾個月，同學中對於劉校長的信仰，慢慢地動摇起來了，覺得他確是固執而陳腐，雖還没有公開反對，而學校裏的空氣，一天比一天浮動。互相攻擊、招貼標語也越來越多。像這類的事迹，是學校從來所没有的，於是劉校長便决然辭職離去。剩下的兩年時間，打了兩次大架，開除了五次學生，换了五位校長。每次事情，都有我在内。當時覺得不鬧事，就不夠勁，尤其是覺得當代表，出來講演、請願，好像是一個英雄。對於功課，哪會有興趣？就連作文，都覺得無聊，不再執筆。

過了幾年，遇着當時同學，談起以往的故事，才知每一次事情的後面，都有人在牽綫，他們都是另有目的。他們都得到出力的代價，而像我們這自以爲英雄的人，只不過都是他們暗中操縱的大傻瓜。

畢業後，再經過十多年的時間，又慢慢想起我們那位陳腐的劉校長，確是一位了不起的人物。他是以宋明儒者的講學精神，辦理學校。他先要我們切切實實、堂堂皇皇地做一個人，因爲知識是要人格去擔當的。現在想起來他的用心，他的思想很有見地，并不陳腐。

在我最窮困的時候，他把我找去説："你的一枝筆，將來要負天下大名，還怕没飯吃，你堅忍地讀下去。"這話當時對於我確是莫大的鼓舞！現在他雖已不在人世，而他的精神，他的風範，却永留人心。

原載 1982 年 6 月號《中華雜誌》第 20 卷總 227

年紀初稿（節録）①

中華民國元年，西曆一九一二年，二十歲。……

秋入武昌中華大學政治經濟别科。是校爲吾鄉陳蔡平先生及其子叔澄（名時）所創辦，聘名儒劉文卿先生爲學長。劉先生雅有作育人才之意，好講陽明之學，學者因稱爲劉陽明先生。劉先生主講倫理學，並於課外設"文會"，於每星期日舉行之。每開文會，主講經學及理學，并出題作文，由劉先生親批改之。文會原爲自由性質，而每會予必參加，獲益不淺。

教育生涯的回憶（節録）

武昌中華大學，創立於民國元年五月十五日。……大學教育的精神領導者，是學長劉文卿先生。他名鳳章，湖北黄陂人，曾留學日本，好講陽明之學，學者因稱爲劉陽明先生。著有《倫理學講義》及《周易簡

---

① 據陳啓天著《寄園回憶録》，臺灣商務印書館，1972 年 10 月增訂 1 版。後同。

義》等書，頗能發揮國學的要領。對於學生循循善誘，不辭勞瘁，亦具有講學精神。在清末民初，他是一個不可多得的教育家。

學長劉文卿先生的精神，最使我感念難忘。他所任的學長名義，似乎相當於現在大學的教務長。但他并不處理實際教務，只盡力設法引起學生努力修養與研究的興趣。他所教的正式功課，只有倫理學一門，每週兩三小時。他利用這門功課，指點實踐倫理的道理與方法，尤其着重發揮王陽明之學。因此我得稍稍了解陽明之學的要旨，是要人先拔本塞源，去掉私欲，做一個以天地萬物爲一體的大人物，而其下手方法，則在致良知與知行合一。這種學説，不但足以矯正當時科舉與官場的積弊，而且可以鼓舞學者的志趣，將學問從自己的心上和事上實踐出來。我有了這點了解之後，即將王陽明的《傳習録》及《明儒學案》做課外的必讀書，以便隨時自己鞭策自己進修。我這樣做了一兩年功夫，似乎多少有點長進，勉强能夠自己控制自己了。出校以後，我於説話與做事，總勉力求其接近而不相違反。這多是得力於劉文卿先生的指點，應該感念。劉先生除教倫理學外，又每星期日上午舉行“文會”一次，由他講演國學，並出題作文，由他批改。這種文會，取義於“以文會友”，具有講學的意味。講演與改文，并無報酬。學生聽講、作文與否，也悉聽自由。每次文會，大約有百餘同學聽講，而我總在座静聽。聽完之後，即回宿舍補記起來，并照題作文送交劉先生批評。改文是非常麻煩的，但他能不憚麻煩，詳細批改。如文意與他的見解太相反，他還要學生去面談。我記得有一次作文，我大談盧梭天賦人權之説，他認爲不妥，約我去面談。結果，我雖不同意他的見解，但他的精神——諄諄教誨的精神，實在令人感動。我國舊日分老師爲兩種：一是經師，二是人師，而以人師最爲人所推重。依我看來，劉先生可算是晚近的一個人師而兼經師，具有中國傳統文化的精神。我參加文會，不但使我的國學常識與作文能力都得到一點進步，并且使我深深了解劉先生的人格教育精神，爲現在許多教育家所不能及。

六三回憶録・人物誌（節録）[1]

我生多幸，所與交友的人中往往有益於我，或爲師友、或爲當代名流，不可無一言以記之，但在《五十回憶録》中已記載之，爲避免重複起見，不多涉及。

劉鳳章　我在十四歲的時候離開家塾到武昌念書，遇劉鳳章先生，他是黄陂同鄉，講陽明之學，提倡致良知與知行合一，教書時以强烈的熱情發揮他不平凡的意見，我受他很大的影響。……在大學同班中有惲代英者，受劉先生的影響也不淺，提倡即知即行，走路不坐人力車，暑天不戴帽，思想充沛，行動矯捷，在同輩中不可多得……

五十回憶録・王陽明學説（節録）

清代末年，學人已不耐煩瑣的考據之學。當時的風氣，無論是維新，或是革命，都一面要發揮自己主觀的見解，一面是投身於實際的活動。與此種趨向相應的，當然是王陽明之學。加以日本的維新人物又頗有得力於陽明學的人，提倡陽明學的中國人，更復增加其信心。梁任公有《節本明儒學案》的刊行。法令上的正統學派雖是朱子，陽明學似乎已成全國的主潮。在湖北提倡陽明學的人，是黄陂劉文卿鳳章，晚年自號耘心，著有《周易註》。陽明之學主張致良知，將不學而知的良知發展出來，做人就夠了。又主張知行合一，真知必然行，知而不行，只是未知。前一種説法，使人自信心堅强。後一種説法，使人進取心旺盛。在一個要求人人積極有爲的時代。此種學説，自易流行。他的弊病則在於每易認邪見爲良知，而又魯莽滅裂，不肯從容用博學慎思的功夫。……我少

---

① 據余家菊著《余家菊景陶先生回憶録》，臺北市慧炬出版社，1994 年 1 月初版。後同。

年受陽明學于耘心先生，敢于行其所知，已是自誤不少；而默察同輩，則至死不悟者有之，遺禍於不覺者亦有之。至於今日的風氣則大似明末，需要顧亭林的"博學於文"，"行己有恥"以矯正之。

疑是録·武昌負笈（節録）

暑假既滿，予乘家中自用商船赴省垣，船行遲滯，至則文華已前一日開學矣。道明同學在中華者多邀予入中華，予亦嫌文華課程進度太遲，乃决計入中華。函稟先父，不之許，而已莫可如何。在中華肄業游美預科，教英文者爲前任文華學生軍總理鄒允中先生，施教有方，遂安之。民二奉部令改游美預料爲大學預科，予遂爲大預一學生，各學科多用英文教授，予以英文基礎較佳，每試輒列前茅，非所敢望，亦非我幸事。

時值共和初建，法治主義受人重視。中華法政别科頗多英俊士，予因習聞法政學説。劉鳳章文卿先生爲大學學長，宣揚王陽明，時作國學講演，予頗受影響，傾向研習國學。顧年齡太幼，於義理實少所得，及入本科肄業中國哲學門，劉先生授《易經》，寇煜先生授諸子，所得亦不多。唯美國金先生授哲學、社會學、美學等，讀西文能力大增。鄒先生之基本英文，劉先生之作人啓示，金先生之西學領導，是爲三不可忘者。

師門五年記①

疾恶如仇

民國四年至九年（一九一五—一九二〇年）間，我在湖北省立第一師範，受伯岳劉文卿先生教誨達五年之久，獲益匪淺。他以校長兼教修身課，講的都是修齊治平的道理，爲人處世的方針，等於倫理學和人生

① 據臺北藝文印書館 1982 年重刊《周易集註》附録周謙冲撰文。

哲學。他講課時，耳提面命，疾惡如仇。他最深惡痛絶者，爲升官發財的世俗觀念。他説："'升官發財'是中國幾千年帝制官僚傳統不斷的壞風俗惡習慣。民國儘管誕生，而舊帝國舊傳統舊風俗舊習慣，依然根深蒂固於人心而不可拔除，這是最可悲哀的事。"所以我在一師附小畢業班以優才生送考一師時，由伯岳親自出作文題："破山中賊易，破心中賊難，其故安在，試申論之。"他當時最推崇山西模範省，尤其喜歡太原的"洗心社"。他敦勸青年人必須及早養成不自私自利的習慣及勤學儉樸的精神，作革新社會的準備。他講課時，有條理，理直氣壯，尤其有熱情。在發揮要義時，更爲激昂慷慨，"時節的時節……"不絶於口，由此一端，也可想見其發揮先聖先賢至理名言的勇氣和熱情爲何如了。

《文選拔萃》

《文選拔萃》這是一師出版的學生文選，因爲過去湖北一師畢業生在地方鬧笑話，愧爲人師，其最大原因，即由於文字不通順，因之笑話百出。所以伯岳特别敦聘名師碩儒教授國文，計有魯潤九教文字學，劉頤（伯平）教《文心雕龍》，黄侃（季剛）教文字源流及音韻學，并請有名的文豪改作文，又特請一位手抄過十三經的翰林教書法，而且要我們懸肘寫字，用九宫格寫大字，每次必改正，每週一課，改正後發還。如再犯同一錯誤，必受斥責。我在三年級時所寫《〈莊子秋水篇〉書後》一文僥倖列入《文選拔萃》，承伯岳獎飾逾恒，説我將來不僅是一省一鄉之人，并以國士相期許。回憶往昔，益增愧汗。伯岳平時訓示諸生，常謂"勤能補拙"。又常云："人一能之，己百之；人十能之，己千之。"他終身手不釋卷，習以爲常；并勸諸生養成愛好買書、讀書、抄書、寫日記和讀書心得、練習寫作的習慣。

星期講《易》

伯岳每星期日上午在大禮堂講《易經》兩小時，自由聽講，其《周易集註》即由此演講整理而成書的。他所創辦的武昌南樓小學，所以名爲“養正”小學者，即采《蒙》卦“蒙以養正”之義。其着重童蒙教育，爲人生教育奠基之本，與現代教育家重視幼稚教育及“入校前的兒童教育”，若合符節。伯岳常謂《周易》非僅卜筮之書，實中華民族文化與智慧的結晶。德儒衛禮賢曾謂彼研究中國經書，均有所得，獨於《周易》則不敢自詡，特來鄂請益於伯岳。這也是伯岳所以特别要講解《易經》以開諸生茅塞的動機。今則衛禮賢公子（衛德明 HELLMUT WILHELM）已攜其先父在德國友人家所獲珍本《周易》來美親自校正《周易譯解》英文版三版訂正本，并於一九六八年六月出版於紐約，經波林根基金會資助，由普林斯頓大學出版部印行。《周易》題耑是董作賓教授的墨寶。講解口譯，係由北京京師大學堂校長勞乃宣任其責。在德軍進攻青島時，曾一度中輟，戰後又繼續完成。現衛禮賢公子與我老友蕭公權、施友忠兩教授同執教於西岸華盛頓州西雅圖之華盛頓大學。《周易譯解》三版訂正本中之六十四卦中文卦題字，即由施友忠教授題耑。此誠中西合璧之儒林佳話也。伯岳有知，當可含笑於九泉。

反袁復辟

一九一五年袁世凱稱帝前夕，湖北教育界少數無恥之徒，亦有發起籌安會勸進復辟者。伯岳堅決拒絶簽名，誓死反對。召開全校師生大會於大禮堂，慷慨陳詞，寧爲保衛民國而死，决不偷生開倒車去擁護復辟醜行，熱淚横流，拂袖辭校長而去；泣别前高呼：“爲保衛民國計，雖赴湯蹈火，所不辭也。”一師全體師生，泣不成聲，聲震瓦屋，送别劉文卿校長於銅元局街校門。這是民國史上有聲有色的一頁，也是“一旅之興夏，五百之田横”偉大勝利的前奏曲。後來梁任公先生在東南大學講學時，曾於雲南起義日，在南京公共演講廳講演《護國之役回顧談》。當日座無虚席，修老（陳啓天字修平）與我，均獲躬逢其盛。任公宣講講稿時（他在東大講先秦政治思想史，講稿均事先親自寫好，工楷整齊，一筆不苟），説到當時有一位參加此役的老伴，今日亦在場，説他站在講台對面最後一排，着灰色袈裟，并手指其人，因他已出家爲僧，姑隱其名。

大家回頭看了老兵，報以熱烈掌聲，表示敬意後，再回看口若懸河的文豪——梁任公先生，已經啞然無聲，熱淚奪眶而出了。

伯岳這次在一師的反袁復辟壯舉，足證他不愧爲辛亥革命的思想導師和再造共和的精神領袖。

這和巴黎大學哲學教授維克多·辜瞻（VICTOR COUSIN，1792—1867 年）在路易拿破崙復辟前夕，一八五一年在講堂演説是一樣的壯烈："今天我不講書，我要示範。明天投票，有一張反對'拿破崙小乖乖'（NAPOLEON LE PETIT）復辟的票，那就是我所投的。諸君再會！"他立即被革職。今日巴黎大學門前一條馬路，叫做"維克多·辜瞻路"（RUE VICTOR COUSIN）就是紀念這位以《真善美論》馳名於世永垂不朽的哲學家的。伯岳講修身課時常云："東海有聖人出焉，此心同，此理同；西海有聖人出焉，此心同，此理同。"經師易遇，人師難逢。若伯岳與維克多·辜瞻教授者，誠東西輝映永垂不朽的人師也。

《東游紀略》

《東游紀略》是伯岳在一師校長任内組織江浙和日本教育考察團的報告書。當時一般人對南通師范，萬竹小學，張季直之模範縣運動，推崇備至。我的内弟名敦謇，號鄂士，是由伯岳取名，由此可以想見其推崇張南通的心情。此書即報導江浙和日本教育界的新趨向，以爲改進湖北教育作參考。他説："禮失而求諸野"，凡是中國傳統的優良風俗習慣，在我們祖國業已式微者，均於日本參觀時見之。中國學生對老師點頭爲禮，已很是"尊師重道"，成爲空谷足音了；而日本學生對老師行禮，則是不折不扣的九十度的鞠躬敬禮，習以爲常。日本人的書法，比我們講究，他們寫字，一筆不苟，不像我們潦草。日本治安好，路不拾遺，街道整潔，没有小偷。如果被捕，小偷也要坐監牢三十年。亂世用嚴刑，保安之道也。中學爲體，西學爲用，采歐美之長，而又實行王陽明先生知行合一的愛國主義教育，并不忘中國傳統的勤儉起家的優良風習，所以它能以蕞爾島國，稱伯於列强之林。

創辦“英文班”鼓勵青年升學——我們聽了伯岳考察江浙及日本教育報告後，非常感動。那年招了兩班新生，恐畢業生一時不易就業，特别創辦一班注重升學準備的英文班，敦聘李立夫教英文，美國人WAGNER教會話，黄季剛老師教國學。這三位專任名教授，均特别從優待遇，十塊大洋一小時，此在當時實屬創舉。其重視教育青年，準備青年升學考入國内著名學府深造，以爲他日致用之基礎，其有决心與遠見，誠可佩也。李立夫老師采用兩書爲課本：（1）蒙哥瑪利著《美國史大綱》（LEADING FACTS IN AMERICAN HISTORY，BY MONTGOM ERY)；（2）爲《經濟學概論》（ELEMENTS OF ECONOMICS)；两書皆美國大學教本，他與納氏文法同時並用，並常以納氏文法圖解兩讀本中詞句。因此一面學習英文文法，同時增進對美國歷史及現代經濟學的常識。於是對英文深造，極感興趣而無平常專習文法枯燥乏味之苦。李老師不僅教授方法新穎，他的公館從厨房到厠所，也是自己與師母創造革新的新作風，生活方式也與衆不同。家在武昌山後某巷，我和英文班同學曾往飲茶參觀，大家非常羡慕。所以當時在武昌横街頭開辦“利群書店”的老板曾在“少年中國”學會的會報上，寫過一篇《武昌的一個模範家庭》，就是報導李立夫老師和師母的新家庭生活。我當時在一師附小任教，下課後即往母校英文班旁聽，準備升學，實得力於三位名教授的啓示。

吾道不孤

伯岳生平最高興的一件事，就是發現劉士志（行道）先生，在清末曾任成都高等學堂中學校長，川中名儒如王光祈、曾慕韓、周太玄、李劼人、魏時珍諸先生，皆其門人。一九三四年冬，我受劉爾繩兄之託，特將其所手抄成册之《劉士志詩文集》，於寒假返鄂時，面呈伯岳，請其作一篇序文。他纔知道“吉水狀元府，黄陂知縣家”，有一位知名華西的學者——劉行道（士志）先生，講學蓉城，桃李滿天下，盛譽遍海内外。他真是喜出望外，還未竟讀其手稿，便對我説：“吾道不孤矣，故樂爲之序。”

王光祈（1891—1936年）先生於一九三六年初逝世於德國萊因河上之波恩大學，成都少中會友於四月十九日上午十時舉行追悼會於成都文廟西街（南較場）成公中學，何以故？因爲成公中學就是四川成都高等學堂分設中學舊址，即光祈的母校，也就是伯岳的族孫——劉行道（士志）先生講學授業傳道之所也。

《周易集註》跋①

先伯黄陂劉公文卿，諱鳳章，譜名華銈，別號耘心，民初奉黎元洪總統之命，赴曲阜代表祭孔，歸來後又自號岱樵。生平以講學傳道爲職志，對從游學子，授以涵養省察之方，修齊治平之道，而於功名利禄之途，則深以爲誡焉。

清末，先伯任職湖北學務公所，推行南皮廢科舉、興學校之政策，以培養新青年，鼓鑄新國魂。曾先後執教於兩湖經心書院、文普通學堂、方言學堂，誨人不倦，受業者如沐春風，如滋雨露。

武昌起義，推翻滿清，建立民國，先伯出任中華大學學長，兼講授倫理學；繼又出長湖北省立第一師範，講修身學。每星期日上午，則講《易經》大義，達兩三小時之久。《周易集註》乃先伯不朽之作，即由此演講發其凡。後有感於兒童教育之重要，復創辦養正小學，聘一師高材生任教，三育並進，爲民族培育幼苗，爲國家創造新機。

晚年息影家園，著書立説，已出版者，有《倫理學》，係任教中華大學及湖北第一師範時之講義；另有《東游紀略》兩巨册，爲先伯率領“湖北教育考察團”赴日本考察歸來後所撰，因日本教育思想亦尊崇我國儒學，予先伯印象甚深，故有此翔實之報告也。而《周易集註》一書，

① 本文係劉鳳章侄女劉敦勤1980年作，據臺北藝文印書館1982年重刊《周易集註》附録。

尤爲先伯之精心傑作，足以永垂不朽也。

抗戰期中，日軍進犯陂邑，故居被焚，萬卷藏書，悉付一炬；先伯之《陽明學説》手稿暨若干詩文稿亦遭浩劫，化爲灰燼，殊可痛惜！

《易經》一書，窮究萬事變易之理，直探宇宙造化之源，論者謂爲世界奇書之一，歷伏羲、文王、孔子三聖發展而成；漢代以後，治《易》者代有其人，皆各有所見，要不出象數、義理兩派。先伯著此書，博覽有關《易經》之著述達百數十種，深思熟慮，取菁擷華，而以孔傳爲宗，還儒家易學之本來面目，其弘揚儒教，保存國粹，嘉惠後學，實非淺鮮。

允綿兒自幼來美，由小學而中學、而大學、而研究院，攻讀理科，以餘暇涉獵中國哲學書籍，尤酷愛《易經》，曾遍讀德、法、英文之譯本，體認祖國固有文化之偉大價值。予告以外伯祖潛心易學多年，且有《周易集註》一書傳世，曩本藏有是書，惜頻年流徙，早已遺佚，海外更無覓處。因函行倬侄，囑其多方尋覓，影印寄美。行倬乃先伯最鍾愛之嫡孫，隨侍先伯有年，獲教益最深，對祖父之印象亦最親切。經數載之奔走探詢，終與表姊丈杜士珍君在武昌省圖書館發現此書，飛函報知，不久該書影印本寄到，得之懽然，思之愴然。今幸得藝文印書館慨然承印，使先伯不朽之作，幾經浩劫，終獲重見天日於海外，誠生平一大快事。特致謝忱！

本書乃據先伯之門人吴惕和、劉璣、蔣士奇、徐復觀諸先生之校正本重印，然魯魚帝虎之誤，仍所難免，尚希大雅君子，不吝指教，俾再版時得以改正，則幸甚矣。

一九八〇年暮秋十月六日姪女劉敦勤謹跋於美西加州金山

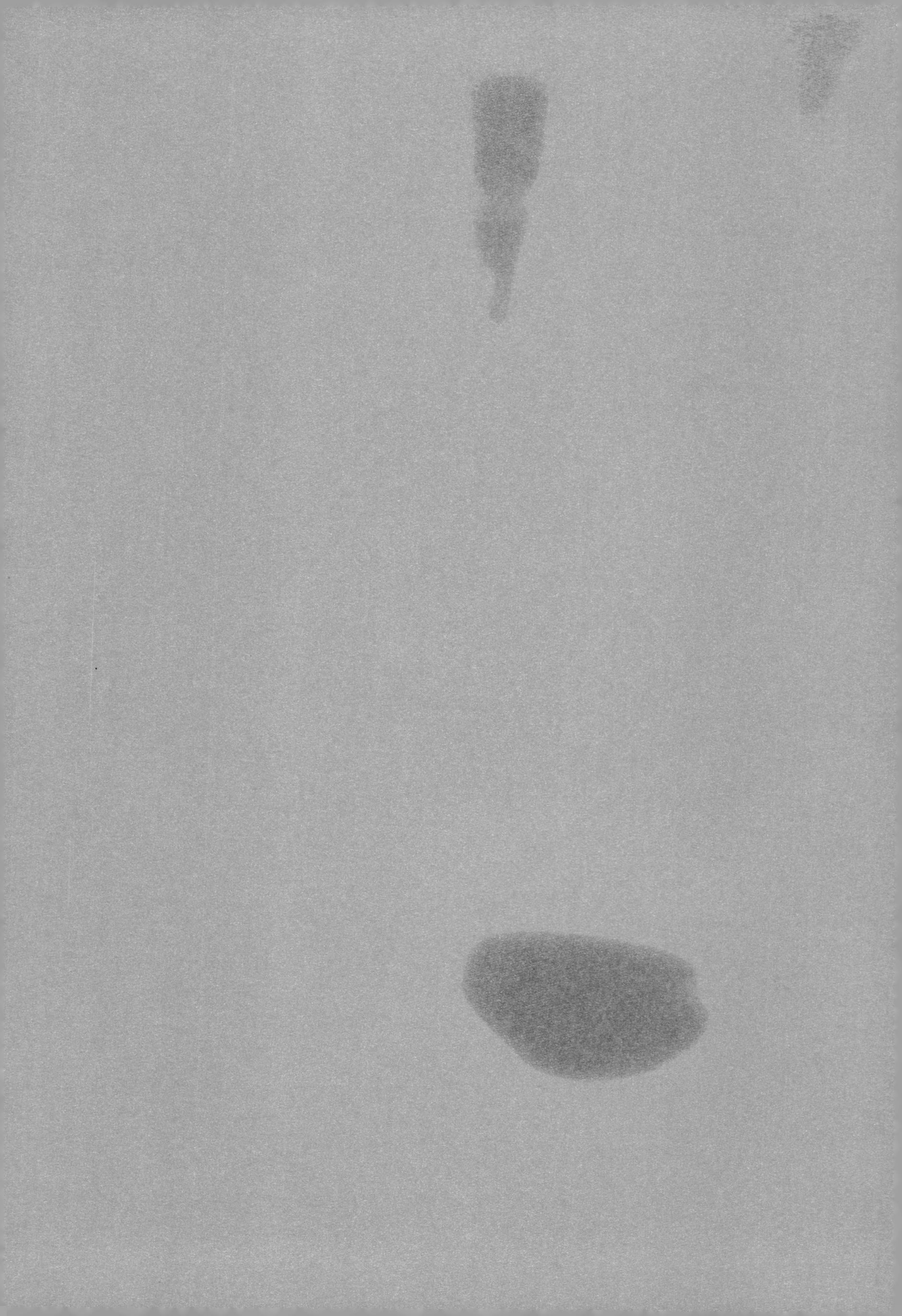